Islam et démocratie

HICHAM ALAOUI

ISLAM ET DÉMOCRATIE

COMMENT CHANGER LA FACE DU MONDE ARABE

le cherche midi

Vous pouvez consulter notre catalogue général
et l'annonce de nos prochaines parutions sur notre site :
www.cherche-midi.com

92, avenue de France
75013 Paris
serviceclients@lisez.com

Conception graphique : Justine Dupré
Composition : Facompo
Dépôt légal : novembre 2024
ISBN 978-2-7491-8186-8

Ce livre est dédié à la jeune génération montante des militants de la démocratie au Moyen-Orient et en Afrique du Nord. Ces penseurs et activistes sur le terrain ne cessent de m'inspirer, car ils portent désormais le flambeau pour faire avancer la liberté et la démocratie dans notre région.

INTRODUCTION

Les questions de démocratie, de religion et de changement politique ont occupé mon esprit dès ma jeunesse à Rabat, principalement parce que ces thèmes rythmaient aussi les débats sur l'avenir du Maroc que je suivais au palais royal et dans la société. En effet, ces questions sont au cœur du dilemme fondamental de la politique arabe et islamique. Au Maroc, les réformistes et les démocrates insistaient alors sur la nécessité pour la monarchie de s'adapter à la modernité et, peut-être, d'évoluer vers un modèle constitutionnalisé semblable à celui du Royaume-Uni. Chez certains d'entre eux, cet argument masquait une intention plus radicale, à savoir le remplacement de la monarchie par une république. Face à ces demandes, des voix conservatrices soutenaient qu'un tel avenir libéral était contraire à la nature même du régime en place. Leur point de vue s'emparait de principes puisés dans l'islam – l'imposante foi et toute l'entreprise civilisationnelle qu'incarne notre monarchie, dont les héritiers dynastiques descendent du Prophète – pour faire valoir que le régime ne pouvait pas s'engager dans une telle voie. Dès lors, d'une façon ou d'une autre, l'avenir paraissait à la fois sombre et sans équivoque. La monarchie marocaine ne pouvait survivre que fortuitement en tant qu'exception ou alors, comme tant d'autres maisons régnantes, elle allait finir dans la poubelle de l'Histoire.

La difficulté de proposer une issue à ce dilemme s'est imposée à moi avec d'autant plus d'acuité que j'étais témoin des événements politiques qui ont secoué la scène marocaine. Des coups d'État militaires qui ont failli anéantir ma famille aux paris politiques de mon oncle, le roi Hassan II, au cours des dix dernières années de son règne, en passant par les « émeutes du pain » et les troubles sociaux qui ont bouleversé le pays, j'ai vu de nombreuses forces tenter de donner un sens à un système autoritaire ancré dans ses composantes religieuses et ses institutions politiques. Des interprétations particulières de la tradition islamique ont souvent été invoquées pour justifier l'absence de réforme. Je me suis demandé comment rendre le changement non seulement possible, mais aussi plausible, tout en cherchant à m'émanciper de mes aînés, notamment de mon oncle, mais aussi de mon père, Moulay Abdallah.

En même temps, je me souviens du sursaut d'espoir et du choc de la déception qui ont marqué de leur double sceau la fin de la guerre froide. Dans les années 1990, s'accrocher aux oripeaux d'une autocratie verrouillée ne correspondait plus à l'époque. C'est ainsi qu'au Maroc, l'expérience de l'« alternance » a ouvert l'accès au gouvernement au vieux parti d'opposition de gauche, l'USFP (Union socialiste des forces populaires). Mais j'ai aussi été témoin de la résistance qui a entravé cette dynamique vers un changement potentiel, alors que je commençais à aborder plus formellement la question de la démocratisation dans mes études de master. J'ai alors réalisé qu'une véritable compréhension de la politique démocratique n'était pas possible en restant dans les couloirs du pouvoir, et qu'elle ne le serait que grâce à un travail sérieux de formation intellectuelle et de recherche. Ce constat est devenu encore plus clair pour moi lors de mes premières expériences professionnelles, d'abord comme observateur électoral pour le compte du Carter Center, puis en travaillant avec Human Rights Watch.

Par la suite, dans les années 2000, il paraissait évident que les sociétés du monde arabe aspiraient à la démocratie, c'est-à-dire à de nouveaux systèmes politiques dans lesquels les citoyens ordinaires choisiraient leurs dirigeants et façonneraient leur propre destin. À ce titre, l'intermède néoconservateur en Irak et au-delà n'a guère compté, puisqu'il visait à imposer la démocratie par la force – une contradiction dans les termes. En revanche, la première vague du Printemps arabe en 2011-2012, qui allait être suivie d'une deuxième vague de soulèvements à la fin des années 2010, étaient le fruit de luttes locales qui ont révélé la vacuité des hypothèses « culturalistes » occidentales selon lesquelles les autocraties du Moyen-Orient[1] étaient appelées à durer éternellement.

1. L'appellation euro-centrique « Proche-Orient » tend à être supplantée par « Moyen-Orient » – Middle East – depuis que l'Amérique domine la géopolitique. Ici, les deux termes seront employés comme des synonymes.

Pourtant, même face au Printemps arabe, les vieux débats de mon enfance politique ont ressurgi. Ce qui changeait, en revanche, c'était la montée en puissance d'une nouvelle cohorte de chercheurs islamiques, de théologiens et de théoriciens qui promouvaient des interprétations bien plus libérales de l'islam – des interprétations insistant sur le fait que les musulmans étaient *obligés* de devenir des « démocrates » et que la foi qu'ils avaient en partage exigeait une rupture radicale avec le passé. De cette évolution témoignait la guerre civile algérienne qui, aux yeux de beaucoup, a complètement discrédité toutes les prétentions à l'unanimité islamiste.

La récurrence de ces luttes a catalysé le projet d'un doctorat, lequel est devenu ce livre. Je me suis rendu compte qu'en matière de foi et de théologie, les choses dépendaient en dernière analyse de l'interprétation ou, puisqu'il s'agit de textes sacrés, de l'exégèse. En revanche, dans le domaine profane de la politique, laisser les choses à l'interprétation reviendrait à se condamner à une attente sans fin, voire à un désastre. Lorsqu'un dictateur tombe, il faut organiser des élections et réécrire la Constitution – les concurrents politiques ne peuvent pas s'attendre à ce que des siècles de débats islamiques se résolvent d'un coup et qu'une voie unique, proprement islamique, se révèle.

—

Dans la mesure où la Tunisie n'est englobée ni par l'une ni par l'autre, il sera également question du « monde arabe » ou de la région MENA (Middle East and North Africa). Enfin, l'expression « monde islamique » renvoie au cadre le plus large de la réflexion menée ici.

Il faut faire des choix, il faut faire de la politique, le tout ici et maintenant.

Ainsi le raisonnement que j'ai développé à Oxford est-il nouveau en ce qu'il cherche à répondre aux questions suivantes : et si la politique *ne devait pas attendre* que la religion rattrape son retard ? Et si les musulmans, ou, plus précisément, tous les partis et groupes qui se disputent le pouvoir dans des pays musulmans, acceptaient la perspective de ne jamais parvenir à un consensus universel sur ce que l'islam a à dire au sujet du blasphème, de la participation politique, de la liberté de parole, de la responsabilité ou du genre ? Que se passerait-il si les concurrents pour le pouvoir considéraient que leur tâche n'est pas de parvenir à de grands accords sur le type d'ordre politique à mettre en place conformément à l'islam – ce que des générations de théologiens les ont exhortés à faire – mais, plutôt, de trouver des compromis de base permettant à chacun de rester dans la compétition à condition que toutes les parties prenantes renoncent à quelque chose qui leur est cher ?

Autrement dit, pour rendre possible la démocratisation dans des contextes musulmans il est capital de faire passer la politique *avant* la religion. Ni les révolutions populaires du Printemps arabe, ni les campagnes contre-révolutionnaires visant à les réprimer n'ont reçu un imprimatur théologique ; elles relevaient du domaine des décisions humaines, des réponses institutionnelles et de la gouvernance quotidienne. Cette prise de conscience est à la base de ce livre. En explorant les suites tumultueuses des révoltes de 2011-2012, nous soutenons que l'obstacle fondamental aux percées démocratiques au Proche-Orient n'est ni la religion ni la culture, mais plutôt l'absence de réconciliation au quotidien entre des forces opposées – islamistes et non-islamistes – qui ont au départ des vues incompatibles sur la nature de l'État et de ses instances dirigeantes. Pour que cette réconciliation ait lieu, toutes les parties prenantes doivent être convaincues que les principes fondamentaux de la démocratie, à savoir la compétition électorale et les garanties constitutionnelles élémentaires, sont préférables à un *statu quo* marqué par le conflit et le désordre. Cet accord nécessite un vrai compromis entre ceux qui prétendent parler au nom de la religion et leurs opposants, qui rejettent la religiosité en politique, sur la base commune que ni les uns ni les autres ne souhaitent revenir à l'autocratie tout juste vaincue ou s'enfoncer dans le chaos. C'est ce que la politologie comparée appelle la « recherche d'un pacte » ou, en anglais, le *pacting*[1], où les rivaux idéologiques comprennent une vérité simple et immuable : la démocratie n'est pas idéale, mais elle garantit au moins la survie mutuelle. Elle est la « moins pire » des options. C'est seulement ensuite que la théologie peut entrer en scène en s'adaptant, comme elle l'a d'ailleurs toujours fait, aux nouveaux développements

---

1. Quand il s'agit de souligner le caractère *dynamique* de la conclusion d'un pacte pour que des forces politiques antagonistes puissent avancer ensemble vers plus de démocratie, je me servirai de cet anglicisme. Par ailleurs, je parlerai aussi de la « stratégie fondée sur un pacte » ou d'une démocratie « pactée ».

politiques avec des interprétations déjà existantes grâce à la longue expérience historique de l'islam.

Dans les pages ci-après, la notion de *pacting* est appliquée à l'étude des cas contrastés que sont ceux de la Tunisie et de l'Égypte pendant les premières années ayant suivi le Printemps arabe, quand la poussière des ruptures transitoires y était retombée. Cette étude montre que la Tunisie a alors connu une transition démocratique réussie grâce aux compromis négociés entre les islamistes et les gauchistes pendant des crises marquées par des menaces et des tensions. En revanche, l'Égypte est un cas de pacte manqué. Ses paramètres structurels n'étaient pas aussi favorables au *pacting* que ceux de la Tunisie. Les islamistes et les forces sécularistes n'ont pas réussi à négocier les compromis qui auraient pu empêcher le coup d'État militaire de 2013 et le rétablissement de l'autoritarisme. Si l'analyse de ce livre s'achève au milieu des années 2010, il est évident que l'histoire de la démocratisation dans ces deux pays ne s'arrête pas là. La lutte pour sa conquête s'y poursuit en effet, notamment en Tunisie, qui subit un grave retour à l'autoritarisme depuis 2021.

Toutefois, ces récents développements ne doivent pas nous détourner de la thèse principale développée ici, qui ne concerne pas la *consolidation* démocratique – un stade que la Tunisie n'a pas encore atteint –, mais plutôt la *transition* démocratique. Les Tunisiens ont été capables de pactiser pour l'avènement d'un nouveau régime démocratique et se sont engagés dans une transition après 2011 non pas parce qu'ils auraient soudainement adopté des interprétations plus ouvertes de l'islam ou hérité d'une culture exceptionnellement modérée, mais parce qu'ils ont compris que la démocratie était le meilleur moyen d'éviter l'aggravation du conflit. Les raisons économiques, sociales et institutionnelles pour lesquelles leur fragile démocratie n'est pas à ce jour consolidée constituent un narratif important que d'autres études viendront traiter en profondeur. *A contrario*, les Égyptiens ont connu une période de transition démocratique tragiquement courte. Elle n'était pas viable compte tenu de l'incapacité des forces islamistes et non islamistes à négocier un accord stable susceptible d'empêcher l'armée de s'immiscer dans la gouvernance.

Le choix crucial pour le monde arabe et, plus largement, islamique est de savoir comment tirer les leçons de ce passé récent et réaliser des percées démocratiques de manière pacifique, durable et inclusive, dans le respect des demandes de tous ceux appelant de leurs vœux le changement, même quand ces voix semblent idéologiquement opposées les unes aux autres. Cette question reste la préoccupation de quantité d'autres commentateurs, chercheurs académiques et acteurs de la région MENA, de la même manière qu'elle a façonné ma conscience politique depuis ma jeunesse au Maroc. Comme le suggère ce travail, la réponse ne se trouve peut-être pas dans la formulation d'une grande résolution sur la religion, mais plutôt dans une prise de décision sensée entre les acteurs d'une transition pour résoudre leurs conflits politiques. En fin de compte, cela permettrait le retour du pluralisme et de la diversité inhérents à l'islam et chers à l'expérience musulmane à travers les siècles. Telle est la tâche qui attend la nouvelle génération de militants, d'avocats et d'intellectuels qui mènent aujourd'hui la lutte pour la démocratie au Proche-Orient.

1

Le champ de l'étude

Comment concilier religion et démocratie dans le monde islamique est une question à la fois pressante et persistante dans l'étude de la politique moderne. Elle mène au vif du sujet qui est de savoir comment amorcer, puis consolider des transitions démocratiques. Le questionnement sur la compatibilité entre la démocratie et les principes de l'ordre social tels qu'ils sont envisagés pour des sociétés musulmanes fait ainsi l'objet de virulents débats depuis des décennies. Posée en termes théologiques[1], cette controverse âpre et intense repose sur

1. Tout au long de cet ouvrage, j'utilise les termes « théologie » et « théologique » dans le contexte islamique lorsque j'aborde des questions de doctrine, de pratique et de jurisprudence, telles que le *fiqh* et la *sharī'a* – sur lesquelles nous reviendrons. Toutefois, je suis conscient du fait que, dans son acception la plus classique, la théologie islamique en tant que champ d'investigation est née très tôt et a culminé dans les débats autour de la *mu'tazilah* (une école de théologie musulmane qui, à partir du VIIIe siècle, s'inspire des œuvres traduites de philosophie grecque pour insister, notamment, sur le libre arbitre humain). En ce sens, les questions théologiques de la divinité sous Dieu au sein de l'islam ont disparu au IXe siècle de notre ère. L'utilisation que je fais ici de ces termes a donc surtout pour but de faire le lien entre leur

des interprétations de l'islam qui permettent à la religion musulmane de régner en maître. Voilà un « clash intellectuel » qui occupe d'innombrables esprits au Moyen-Orient et en Afrique du Nord (région MENA), voire au-delà.

Or il s'agit largement d'un faux problème. Car considérer le potentiel de la démocratie comme une fonction de la religion, ou comme le résultat de la résolution de tensions profondes au sein de l'islam, mène à une impasse. Pourquoi ? Parce qu'il est folie de faire de gens ordinaires les otages de débats théologiques qui, pour avoir une importance indiscutable en ce qui concerne la « lettre » de la foi au sens le plus sacré, ne sont pas d'une grande utilité dans le domaine profane, quand des acteurs politiques s'efforcent de mettre en place de nouveaux gouvernements et de nouvelles institutions à la suite de ruptures révolutionnaires historiques, telles que le Printemps arabe.

Mais il existe une alternative, une nouvelle voie. Car l'on peut concevoir les possibilités de démocratisation dans des pays musulmans non pas comme le résultat de considérations religieuses et d'interprétations contradictoires – qui sont en conflit les unes avec les autres –, mais plutôt comme une œuvre de politiques pragmatiques. Les sciences politiques considèrent la démocratie comme le résultat d'interactions réitérées entre des personnes qui, quand on fait abstraction de leur foi, sont des

---

signification générale dans les traditions islamiques et occidentales, plutôt que de renvoyer à cette période spécifique de l'histoire islamique.

agents humains capables de penser rationnellement et de prendre des décisions après avoir délibéré. Un ordre politique démocratique devrait être possible, même dans des sociétés dont des observateurs occidentaux se plaisent à souligner le caractère si profondément religieux qu'elles manqueraient des préceptes culturels et sociaux nécessaires au libéralisme de type occidental.

Cet ouvrage applique cette approche alternative à la région MENA, le cœur d'un vaste ensemble de pays musulmans qui regroupe près de deux milliards de personnes. Nous postulons ici que des transitions démocratiques peuvent s'y dérouler essentiellement grâce au pragmatisme. La démocratisation passe alors par des transitions « pactées » auxquelles des acteurs religieux, voire des islamistes, peuvent et doivent participer, et qui élaborent de nouveaux compromis entre eux et des groupes pas forcément religieux tels que des libéraux et des gauchistes. Ces parties prenantes en situation de concurrence font des compromis non pas parce qu'il s'agirait là de l'objectif le plus sacré de l'islam, mais parce que l'absence de règlement serait synonyme d'impasse, d'aggravation du conflit et de violence potentielle qui pourrait consumer tout le monde, au point qu'il n'y aurait en fin de compte aucun gagnant. Ces compromis initiaux, par exemple les islamistes acceptant de réduire le rôle de l'islam dans le champ politique tandis que les non-islamistes consentent à ce que les partis religieux puissent adopter de nouvelles lois – inspirées par leur foi – en tant que vainqueurs électoraux, génèrent les premiers éléments d'une stabilité démocratique. L'accent n'est pas mis sur une réconciliation « totalisante », mais sur une médiation efficace. Grâce à ces accords, des élections sont organisées, leurs résultats sont respectés et des Constitutions sont rédigées, la logique du donnant-donnant de la politique représentative devient une habitude.

Le résultat peut être qualifié de « sécularisme politique », si l'on entend par là non pas la réduction délibérée de la religiosité dans la vie publique, mais plutôt une séparation minimale et raisonnable entre autorité politique et pouvoir religieux. Cependant, dans une perspective plus large, il est peut-être préférable de parler tout simplement de « démocratisation ». Ce n'est là rien de nouveau. Comme le savent bien les politologues comparatistes, des transitions « pactées », ayant donné lieu à des négociations douloureuses entre forces politiques opposées, ont transformé l'Europe méridionale et l'Amérique latine à la fin du XXe siècle. Au cours de cette vague de démocratisation, le *pacting* est devenu le mécanisme de sauvetage lorsque la politique était désespérément conduite dans l'impasse par un conflit extrêmement polarisé entre des groupes concurrents dont chacun cherchait à revendiquer le rôle de sauveur principal mais sans pouvoir imposer sa volonté aux autres par la seule force. Dans ces contextes, la démocratie a émergé non pas parce que les rivaux idéologiques auraient entièrement changé de cadre philosophique, mais parce que leurs dirigeants ont compris que la seule façon de survivre était de procéder à une conciliation pas à pas.

Ces conditions correspondent à celles qui ont prévalu dans une grande partie du Moyen-Orient et de l'Afrique du Nord au sortir du Printemps arabe. En 2011-2012, des soulèvements populaires ont déposé plusieurs dictatures dans la région MENA et inauguré des périodes d'incertitude au cours desquelles des partis religieux et non religieux ont cherché à s'emparer du pouvoir. En explorant la manière dont les dynamiques de pacte ont joué en Tunisie, où elles ont été couronnées de succès, et en Égypte, où elles se sont au contraire soldées par un échec, nous soutenons que les pactes négociés peuvent faire advenir une démocratisation et surmonter le clivage entre islamistes et non-islamistes, ce qui met en évidence *ipso facto* la capacité de la sphère religieuse et du monde politique à s'accommoder l'une de l'autre. En effet, cela peut induire une sécularisation et des changements théologiques, soulignant une thématique récurrente de l'histoire politique dans le monde islamique.

Cette situation atteste que les musulmans ne sont pas liés par une vision uniforme des Écritures saintes, mais qu'ils s'inspirent de leur signification et de leur interprétation pour évoluer au plus près des circonstances politiques changeantes. L'objectif est la coexistence sur la base de la réciprocité. Dans certaines conditions, cette coexistence peut émerger, même si certains participants adhèrent à des idéaux illibéraux, ou si d'autres s'appuient sur des principes tellement ancrés dans la foi qu'ils semblent étrangers aux conceptions occidentales selon lesquelles la démocratisation requiert au préalable une sécularisation généralisée. De tels préjugés ont longtemps amené à dépeindre l'islam comme antithétique à la politique démocratique, partant du principe qu'il rejette toute forme de pensée sécularistе. Ce livre montre, au contraire, qu'un chemin vers la démocratie existe pour les sociétés musulmanes et qu'à rebours des thèses occidentales, il ne passe pas nécessairement par une rupture avec ce qui est perçu comme étant l'essence ou les fondements doctrinaux de l'islam. Cet accès à la démocratie requiert simplement que tous ceux qui sont en compétition pour le pouvoir, quel que soit le fondement idéologique de leur vision du monde, répondent à leur instinct de survie. Car c'est du besoin de survivre que tous ont en partage, et non d'une profonde réflexion religieuse ou d'interprétations théologiques, que naît la démocratie.

Bien entendu, la large réfutation des théories orientalistes ne date pas d'aujourd'hui. En grande partie, les études islamiques travaillent, à travers diverses disciplines des sciences humaines, notamment la sociologie, à la mise en faillite du présupposé orientaliste selon lequel l'islam serait une religion despotique, ses adeptes liés par des textes tyranniques et la région MENA ainsi condamnée à perpétuité aux dictatures et aux conflits. *A contrario*, le présent ouvrage vise à démontrer que la politique dans des contextes musulmans n'est guère exceptionnelle. Comme partout ailleurs, les conflits politiques qui y suivent l'effondrement de l'autoritarisme tournent autour d'objectifs familiers : remporter des élections, rédiger des Constitutions, contrôler les organes de l'État et gagner du soutien populaire. Comme l'explique une bonne partie de ce livre, ces intérêts très concrets guident la manière dont la politique a toujours été menée dans le monde islamique. Le compromis n'y est pas non plus une notion radicalement nouvelle, car il s'accorde avec une riche tradition de pluralisme, voire de pensée progressiste, remontant à la période classique de l'histoire islamique, comme nous allons l'expliquer en détail plus loin.

Depuis les Printemps arabes, les échos de ce pluralisme, tout comme les preuves de la capacité inépuisable des acteurs politiques à s'adapter, à changer, à négocier et à faire des compromis pour survivre, sont omniprésents dans les expériences en cours dans la région MENA. Les cas de la Tunisie et de l'Égypte étudiés ici forment une excellente paire pour une comparaison montrant en détail comment les forces religieuses et politiques peuvent s'entendre et comment leur entente peut fixer les contours d'une gouvernance électorale. Ces cas parviennent à des résultats diamétralement opposés à partir de conflits entre acteurs islamistes et non islamistes consécutifs à l'effondrement de dictatures anciennes. Pourtant, avant le Printemps arabe, la Tunisie et l'Égypte avaient en commun d'être toutes deux considérées comme des autocraties fermées et non comme des régimes autoritaires compétitifs. Ni l'une ni l'autre ne permettait une véritable compétition politique dans laquelle l'accession au pouvoir des forces d'opposition aurait été un cas de figure ne serait-ce que vaguement envisageable. C'est pourquoi leur renversement a pris la forme d'un effondrement subit, massif et écrasant, qui a laissé dans son sillage un vide de pouvoir que les forces islamistes et non islamistes ont cherché à combler. Contrairement aux transitions plus graduelles dans des États autoritaires dits « compétitifs », ces ruptures totalisantes ont eu pour effet que les islamistes et leurs adversaires se sont affrontés pour l'enjeu suprême entre tous, à savoir le contrôle du nouvel ordre politique. Faire comprendre les raisons pour lesquelles la Tunisie s'est initialement engagée dans une transition démocratique « pactée » (même si, pour l'heure, elle ne prend pas le chemin de la consolidation de sa démocratie), alors que l'Égypte est tombée dans une restauration autoritaire, constitue l'essentiel de l'analyse de ce livre.

1.1. Thèse développée et méthode

Comme l'illustre le schéma ci-dessous, notre proposition repose sur une théorisation solide (cf. figure 1). Nous soutenons qu'après la chute révolutionnaire des autocraties fermées dans la région MENA (ou, au-delà, dans le monde islamique), une concurrence émerge entre les islamistes et des forces sécularistes, c'est-à-dire les deux principaux camps qui structurent le paysage politique postautoritaire. Chacun adhère à une vision idéologique différente de l'ordre politique à bâtir et cherche, sinon à éliminer, du moins à marginaliser l'autre.

C'est alors que le *pacting* apparaît à l'horizon politique comme un moyen pour désamorcer ces risques. Les rivaux islamistes et non islamistes peuvent s'engager dans des compromis négociés qui ne résolvent pas les débats théologiques et ne règlent pas les profondes craintes mutuelles, mais répondent à un désir commun d'éviter la pire des issues – la disparition des deux camps qui pourrait résulter d'une impasse interminable susceptible de mener à une explosion de violence et de conflits. Des accords partiels, des concessions à petite échelle et une tolérance réciproque qui peut devenir une habitude (malgré toutes les réticences) permettent aux concurrents de mettre de côté leurs divergences philosophiques afin de forger un cadre provisoire propice à l'avènement d'un système démocratique régi par l'incertitude institutionnelle et la persistance de la concurrence : dès lors, tout groupe ou parti peut détenir le pouvoir à condition qu'il l'obtienne par la voie des urnes.

Il est important de souligner que les transitions négociées ne garantissent pas la pérennité d'une démocratie bien-portante, libérale et consolidée. Comme l'attestent les récents développements en Tunisie, la consolidation et l'institutionnalisation sont des processus auxquels les nouvelles démocraties doivent se soumettre en dehors des années frénétiques et incertaines de la transition qui suit la chute d'une dictature. La régression de la Tunisie vers l'autocratie ces dernières années montre que la démocratie a besoin d'être encore et toujours défendue, aussi prometteuse que soit, au départ, sa base pactée. Néanmoins, le pacte reste fondamental, car il garantit au moins que la transition ait lieu dans un premier temps.

Figure 1

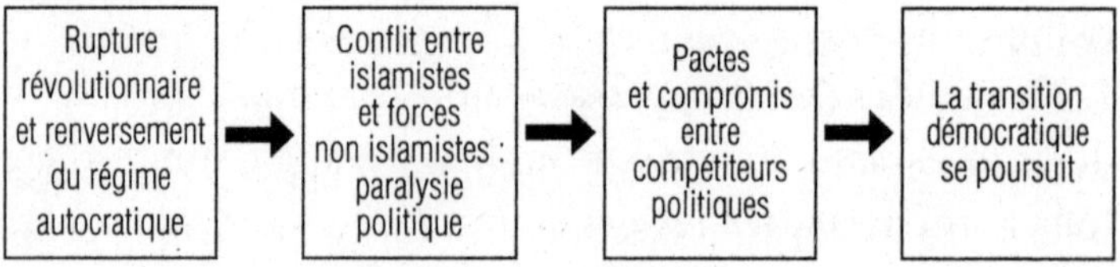

Sur le plan méthodologique, notre étude approfondie des cas de la Tunisie et de l'Égypte adopte des critères essentiellement qualitatifs. Il prend au sérieux la notion d'études de cas en tant que configurations uniques d'attributs causaux et de données empiriques qui, lorsqu'elles sont explorées et comparées en détail, aident à mettre en lumière les processus explicatifs sous-jacents reliant entre elles les conditions initiales pour trouver des issues[1]. À cet égard, la Tunisie et l'Égypte servent ici à une comparaison contrôlée[2]. En tant que dictatures, les deux pays ont connu des ruptures révolutionnaires pendant le Printemps arabe qui ont renversé leurs autocrates et inauguré un processus de transition timide vers un nouvel ordre politique. Mais leurs résultats contrastent radicalement : le pacte conclu en Tunisie a abouti à une démocratie électorale (mais pas libérale et/ou nécessairement consolidée), tandis qu'un processus de négociation s'étant soldé par un échec

---

1. James Mahoney, « Strategies of Causal Inference in Small-N Analysis », *Sociological Research and Methods* 28, 4, 2000, p. 387-424 ; ainsi qu'Alexander George et Andrew Bennett, *Case Studies and Theory Development in the Social Sciences*, Cambridge (MA), MIT Press, 2005.

2. Dan Slater et Daniel Ziblatt, « The Enduring Indispensability of the Controlled Comparison », *Comparative Political Studies* 46, 10, 2013, p. 1301-1327.

a conduit l'Égypte vers le renouvellement de l'autoritarisme militarisé.

Ces études de cas impliquent un « traçage » méticuleux des processus à l'œuvre[1]. Car il importe de suivre dans tous leurs méandres les développements historiques afin de localiser dans les deux pays les antécédents causaux des choix faits et des événements politiques survenus au cours de la période 2011-2014. Ces développements incluent les héritages du régime colonial, la montée des mouvements islamistes, la nature des soulèvements, le paysage institutionnel du conflit postrévolutionnaire et, enfin, les environnements nationaux et régionaux dans lesquels s'affrontent des forces politiques concurrentes pendant et après le Printemps arabe. Cela dit, puisque le projet vise avant tout à formuler une nouvelle proposition sur les causes et le succès de la démocratie « pactée », la technique d'analyse est itérative[2]. Au lieu de se borner à un « test » unique d'une hypothèse axiomatique comme le font, typiquement, la plupart des sciences politiques quantitatives et expérimentales, elle s'attache, pour chaque cas considéré, à confronter étroitement, et systématiquement,

---

1. Cf., pour aller plus loin sur le « traçage » des processus, David Collier, « Understanding Process Tracing », *PS : Political Science and Politics* 44, 4, 2011, p. 823-830 ; David Waldner, « What Makes Process Tracing Good ? Causal Mechanisms, Causal Inference, and the Completeness Standard in Comparative Politics », dans *Process Tracing : From Metaphor to Analytic Tool* (dir. : Andrew Bennett et Jeffrey Checkel), Cambridge, Cambridge University Press, 2015, p. 126-152.

2. Sean Yom, « From Methodology to Practice : Inductive Iteration in Comparative Research », *Comparative Political Studies* 48, 5, 2015, p. 616-644.

la théorie et les données empiriques de manière à parvenir à une conclusion fiable quant à la validité généralisable de la thèse développée.

Dans la meilleure tradition des études sur le Proche-Orient, cela a nécessité une immersion totale dans des données dont la collecte a demandé beaucoup de temps, et ce pour chaque cas. Ces données comprennent des études académiques et des documents médiatiques en arabe, en français et en anglais, ainsi que les fruits d'un travail de terrain intensif ayant abouti à des entretiens semi-structurés avec des acteurs de l'élite impliqués dans les transitions post-révolutionnaires, notamment des responsables politiques, des membres d'organisations islamistes et des activistes de la société civile. Ces données ont été collectées entre 2017 et 2019, mais le travail de terrain a demandé quelques ajustements « créatifs ». Mes venues en Tunisie ont en effet été entravées par le gouvernement, qui est allé jusqu'à ordonner mon expulsion en septembre 2017, quelques heures seulement après mon arrivée. Je n'ai pas pu davantage accéder librement aux membres de l'élite politique en Égypte. Dans ce pays, non seulement des recherches universitaires étaient devenues extrêmement dangereuses en 2017, mais la plupart des personnalités que je cherchais à contacter – notamment des cadres dirigeants des Frères musulmans et les têtes pensantes de la mouvance séculariste – s'étaient exilées après le coup d'État de juillet 2013. C'est pourquoi les entretiens avec mes interlocuteurs égyptiens et tunisiens n'ont pu avoir lieu qu'au Royaume-Uni, en Turquie, au Qatar ou par téléphone.

Malheureusement, de tels impedimenta n'ont rien d'exceptionnels quand on entreprend des recherches sur des questions sensibles dans des contextes autoritaires. Ils sont même devenus très fréquents dans la région MENA depuis le Printemps arabe, étant donné la méfiance (et, parfois, l'hostilité pure et simple) que de nombreux gouvernements y manifestent à l'égard de chercheurs extérieurs[1].

Chaque ensemble de données qualitatives joue un rôle différent dans la construction de ma thèse. L'analyse historique étudie en profondeur le passé de chaque cas et prépare le terrain à l'analyse des interactions entre islamistes et forces sécularistes pendant et après le Printemps arabe. Quant aux témoignages recueillis dans des entretiens, et complétés par l'exploitation de coupures de presse en langue arabe, ils mettent en évidence le processus de prise de décision plus contingent tel qu'il s'est déroulé pendant les transitions dans les deux pays considérés. Ils éclairent les objectifs, les craintes et les réflexions des élites dirigeantes et montrent pourquoi les unes ont pu mettre en place les prémices d'un système démocratique, alors que les autres sont restées bloquées par des calculs à somme nulle qui ont abouti à leur disparition.

Ce livre, qui s'est inscrit au départ dans un projet universitaire, vise à faire comprendre à un public plus large les

---

1. Marlies Glasius *et al.*, *Research, Ethics and Risk in the Authoritarian Field*, New York, Palgrave, 2018 ; Aili Mari Tripp, « Transparency and Integrity in Conducting Field Research on Politics in Challenging Contexts », *Perspectives on Politics* 16, 3, 2018, p. 728-738.

enjeux politiques de l'avenir dans le monde arabe. Dans le domaine de la science politique, il ressuscite les théories du pacte – un mode de transition démocratique qui a disparu des radars intellectuels au cours des dernières décennies – et les applique – ce qui a été rarement fait, surtout depuis le Printemps arabe – à la région MENA. Or les transitions de régime comme en Tunisie et en Égypte constituent un grand champ d'étude encore inexploité pour la « transitologie[1] ». Comme le montre clairement la thèse développée ici, ces cas mettent en évidence des voies de démocratisation « pactée », et le Proche-Orient offre un horizon prometteur à la concrétisation continue de cette théorie.

Pour des chercheurs travaillant sur l'islam, cette étude énonce clairement que les questions relatives à la place de la religion dans la politique restent sans réponse. D'ailleurs, les théologiens et les juristes ne sont pas encore parvenus à un consensus sur les questions fondamentales relatives à l'ordre politique dans les sociétés musulmanes. Cependant, puisqu'il faudra encore bien des années – même dans le meilleur cas de figure – pour parvenir à une véritable concorde sur les différences doctrinales, toute ouverture significative à la démocratie ici et maintenant exige de laisser de côté la théologie au profit d'une action pragmatique dans le domaine temporel, soit celui de la politique au jour le jour. Autrement dit, il est possible de parvenir à

1. Ce néologisme a été inventé par Philippe Schmitter. Cf. Philippe Schmitter et Terry Lynn Karl, « The Conceptual Travels of Transitologists and Consolidologists : How Far to the East Should They Attempt to Go ? », *Slavic Review* 53, 1, 1994, p. 173-185.

la démocratie *politique* sans nécessairement atteindre l'harmonie *religieuse*. D'ailleurs, comme il s'agit d'un ouvrage axé sur des cas concrets, les arènes politiques tunisienne et égyptienne pendant et après le Printemps arabe offrent une configuration idéale pour observer concrètement comment la relation entre religion et politique peut être accommodée sur des bases démocratiques.

1.2. Le découpage de l'ouvrage

À présent que nous avons dessiné le cadre de cette étude, voici comment vont s'organiser les chapitres suivants. Le deuxième s'emploie à décrire les circonstances historiques et théologiques au Proche-Orient et, plus largement, dans le monde islamique. En nous appuyant sur notre connaissance du sécularisme, de la religiosité, de l'histoire islamique et des traditions occidentales, nous montrons pourquoi le *pacting*, en tant que réponse institutionnelle « mécanique » à une profonde division idéologique, est une étape logique et nécessaire vers la démocratie dans de nombreux pays du Proche-Orient. Le troisième chapitre expose ensuite une théorie du pacte, illustrant les fondements de ce cadre à partir de la politologie comparée. Il pointe l'utilité de la conclusion d'un pacte pour parvenir à la démocratie au cours de périodes de transition incertaines après la chute de régimes autoritaires, en particulier en Amérique latine ; il prévoit aussi que le *pacting* au Proche-Orient inclura sans doute une certaine variabilité. Avant tout, il établit comment trois conditions dans une arène politique peuvent faciliter la réussite d'un pacte : la *parité* des concurrents, la *polarisation* de la politique et la *diversité* des normes.

Les chapitres 4 et 5 examinent la Tunisie comme un cas d'école du pacte en action. Sur le plan analytique, ces chapitres visent une prise en compte équilibrée des éléments structurels et des effets propres à l'agentivité[1] (*agency*). Le quatrième chapitre montre comment de longs développements historiques, enracinés dans le passé colonial et les décennies postcoloniales, ont créé des conditions qui, au lendemain de la révolution du Jasmin en 2011, ont projeté les islamistes et leurs antagonistes dans un paysage politique marqué par la parité, la polarisation et la diversité normative. Ces conditions reposent sur des facteurs incluant la force de la société civile, la faiblesse de l'armée, une conception partagée de l'identité tunisienne, une mobilisation islamiste relativement récente et le modèle hautement centralisé – jacobin – de « la façon de faire État » (*stateness*), qui plus est un État républicain, qui ont caractérisé les dictatures tunisiennes successives. Puis le cinquième chapitre fait progresser ce récit explicatif en montrant comment, au cours du processus de transition, des facteurs contingents tels que la peur réciproque, le soutien géopolitique (en particulier de la part d'acteurs occidentaux ayant un fort intérêt dans la démocratie tunisienne) et l'apprentissage par l'habitude ont permis aux compromis négociés de se prolonger, même pendant les périodes de crise intense

1. L'« agentivité » désigne la capacité intrinsèque d'un sujet à agir. Le néologisme a été inventé pour rendre le concept d'« *agency* », très courant en anglais.

telles que la rupture de l'été 2013 et le remplacement de l'opposition sécularisté par de nouveaux groupes s'inspirant de l'ancien ordre autoritaire, notamment Nidaa Tounes (« Appel de la Tunisie »). Le résultat a été une transition réussie vers la démocratie ayant incorporé à la fois les islamistes et leurs antagonistes, bien que sa consolidation reste – aujourd'hui plus que jamais – une question ouverte.

Le chapitre 6 présente l'Égypte comme un cas contrasté d'échec dans le *pacting*. Il montre comment la brève ascension au pouvoir des Frères musulmans après la révolution de janvier 2011 a été caractérisée non pas par des négociations et des pactes adéquats entre cette force islamiste et les autres forces politiques, mais plutôt par une montée d'hostilités et d'inquiétudes. Sur le plan analytique, bien que cette expérience démocratique ait pris fin en juillet 2013 avec le coup d'État militaire, ces éléments d'un pacte manqué aident à comprendre pourquoi la trajectoire en Égypte a été si différente de celle en Tunisie. Certes, après le Printemps arabe, la politique égyptienne était marquée par une polarisation intense et une diversité normative, mais pas par la parité, et ceci en raison de plusieurs facteurs : la fragmentation au sein de la Confrérie, la force de l'armée égyptienne en tant que pilier institutionnel de l'appareil d'État et la faiblesse concomitante de la société civile, ainsi qu'une forte influence géopolitique, en particulier les pressions divergentes des pays du Golfe et, *in fine,* la complicité de l'Occident au moment du coup d'État. Cette trajectoire invite à un raisonnement contrefactuel audacieux : après la chute du régime Moubarak, s'il y avait eu en Égypte plus de parité entre les islamistes et leurs antagonistes, et donc moins de perturbations de la part de l'armée et d'autres acteurs exogènes au champ politique, alors la démocratie égyptienne aurait pu survivre grâce à de meilleures négociations et des accords plus larges entre les factions concurrentes.

Le dernier chapitre rassemble les fils de la thèse développée et ouvre des perspectives sur l'avenir. Il réitère ses implications théoriques en soulignant l'importance d'appliquer la théorie du *pacting* à de nouveaux environnements régionaux, tout en abordant le problème de la neutralisation des débats théologiques et philosophiques portant sur la place de la religion dans l'arène politique. La solution aux querelles épineuses sur la nature de l'ordre politique « islamique » au Proche-Orient et au-delà serait que, pendant les périodes de transition, ces questions ne soient plus à l'ordre du jour mais fassent l'objet de négociations concrètes et d'accords pratiques pour faire avancer un processus institutionnel. Paradoxalement, la conséquence à long terme pourrait bien, alors, être théologique dans la mesure où les changements de doctrine religieuse sous l'égide des islamistes pourraient refléter les décisions politiques pragmatiques qui ont été prises et les acquis démocratiques qu'elles ont permis de réaliser. En ce sens, l'avenir de la démocratie dans le monde islamique peut être un avenir qui ne part pas de la théologie pour aller vers la politique mais, au contraire, qui *passe par la politique* avec des impacts concomitants sur les sphères parallèles de la religion, de l'identité et de la foi.

2

Histoire, sécularisme et islam

En s'appuyant sur d'autres disciplines que la science politique – notamment l'histoire des religions et la sociologie – ce chapitre retrace les contours historiques et théoriques de la démocratisation et de la religion dans le monde musulman, en particulier au Moyen-Orient, pour formuler des observations plus générales sur les raisons pour lesquelles il reste si difficile de résoudre les débats sur la place de la religion dans la politique au Moyen-Orient. De la sorte, il amène à comprendre pourquoi le *pacting* est une solution élégante aux disputes philosophiques, qui privilégie la stabilité institutionnelle et les avancées démocratiques par rapport à la résolution plus profonde des désaccords concernant l'identité et la place de l'islam.

Nous commencerons par présenter *la* problématique, à savoir la contradiction perçue entre l'islam et la démocratie au motif que cette dernière est impossible sans sécularisation préalable, une sécularisation que les sociétés et les États musulmans sont supposés être incapables de mettre en œuvre. Dès lors, la thèse d'une possible réconciliation islamo-démocratique telle qu'elle va être développée ici requiert d'abord que l'on s'interroge sur les notions de sécularisme et de sécularisation, ainsi que sur la manière dont l'une et l'autre sont liées à la démocratie telle qu'elle est généralement comprise par les sciences sociales occidentales. Ensuite, il s'agit de montrer comment, une fois libérée de sa caricature occidentale, la sécularisation, telle qu'elle est comprise à travers des accommodements pragmatiques de la religion et de la politique, entre en résonance avec certains moments historiques de l'expérience islamique à travers le temps. La jurisprudence islamique en témoigne et les pratiques de *maqāṣid al-sharīʿa* (les objectifs supérieurs de la *sharīʿa*) et de *siyāssa sharʿiyya* (une gouvernance en accord avec la *sharīʿa*) en représentent, comme nous allons le voir, deux exemples par excellence.

Puis nous nous attacherons à thématiser la montée de l'islamisme en tant que réaction à l'empiétement occidental, et le besoin expressif de religiosité des forces sociales. Les mouvements et groupes islamistes modernes deviennent ainsi la principale opposition politique dans de nombreux États arabes et comptent parmi les principaux acteurs de tout conflit postrévolutionnaire et de toute transition vers la démocratie. Par ailleurs, les transitions et les accords « pactés » seront présentés comme étant non seulement une voie pour la démocratisation pacifique, mais aussi un substitut contemporain aux accommodements islamiques entre la religion et la politique observés avant l'ère moderne. Enfin, nous terminerons en mettant en évidence une implication qui sera reprise dans la conclusion, à savoir que l'évolution religieuse, y compris les changements doctrinaux et réformes normatives, peut se produire à la suite de ruptures politiques concrètes telles qu'un processus de démocratisation « pacté ». Cela a été le cas, par exemple, au sein du parti Ennahda (Mouvement de la renaissance) en Tunisie (même s'il faut bien constater qu'Ennahda n'a pas pu empêcher la restauration autoritaire qui est en cours dans le pays – nous y reviendrons plus longuement).

2.1. Sécularisme et sécularisation dans la tradition occidentale

Le point de départ de l'argumentation théorique est l'examen d'une hypothèse subjective prédominante, défendue par de nombreux observateurs du Moyen-Orient. Il s'agit d'une idée simple : l'islam, en tant que religion vécue et tradition civilisationnelle, serait incompatible avec la démocratie. À la différence de la plupart des autres interventions qui mobilisent les débats religieux et politiques pour maintenir la possibilité d'une démocratie islamique, le raisonnement déployé ici s'écarte des querelles interprétatives pour mieux se concentrer sur les exigences institutionnelles des transitions démocratiques. Car la possibilité d'organiser des élections démocratiques et de voir s'épanouir un pluralisme participatif dans des pays comme la Tunisie ou l'Égypte dépend beaucoup plus des accords pratiques, des choix et des négociations entre les acteurs politiques que du consensus théologique visant à établir si l'islam, dans sa tradition éthique et religieuse, autorise telle ou telle politique. Pour étayer solidement cette thèse, il est tout d'abord nécessaire de passer en revue les fondements théoriques de l'argument antidémocratique.

Modernisation et sécularisme

La théorie de la modernisation doit ainsi être traitée ici, car elle est au cœur de la manière dont les politologues ont imaginé les perspectives de démocratisation dans le monde. Selon eux, dans le cadre de la modernisation, la démocratie n'émerge que par l'expurgation de la religion de tous les domaines de la vie, c'est-à-dire par le sécularisme de la société. Ce livre soutient au contraire que la démocratisation n'est pas, même à la longue, le résultat inexorable d'une telle transformation de la société, mais qu'elle peut être réalisée dans l'immédiat du moment que les acteurs politiques sont prêts à négocier et à faire des compromis.

La théorie de la modernisation postule que la démocratie et la religion s'excluent. Au niveau conceptuel, elle suppose que la démocratie est le produit inévitable d'une séquence historique englobant des processus interconnectés, la « modernisation ». Telle qu'elle a été conceptualisée par des sociologues comme Talcott Parsons, sous l'influence de Max Weber et d'Émile Durkheim, la modernisation est définie comme le développement de sociétés « traditionnelles » par les processus de transformation que sont l'urbanisation, l'industrialisation, la sécularisation et l'éducation[1]. Ces changements structurels élimineraient inexorablement la signification sociale et culturelle de la religion au niveau sociétal, argument connu sous le nom de « thèse de la sécularisation[2] ». Cela se produirait par le truchement d'un changement de valeurs au niveau individuel, les gens abandonnant les valeurs religieuses et la foi traditionnelle au profit d'objectifs matérialistes et d'identités séculières[3].

La démocratie occupe une place centrale dans cette tradition académique, car les processus de modernisation aboutiraient à la fois au sécularisme sociétal et à la démocratie. La démocratie est généralement définie comme un état de souveraineté populaire dans lequel les individus ont la capacité d'influencer le gouvernement grâce à des élections et d'autres moyens de participation[4]. Comme l'a formulé Seymour Martin Lipset, les processus de transformation – économique et, plus largement, structurelle – de la modernisation ne catalysent pas seulement la sécularisation, mais incitent également les gens à prendre la parole

1. Talcott Parsons, *The Social System*, New York, Free Press, 1951. La même argumentation est développée dans Myron Weiner (dir.), *Modernization : The Dynamics of Growth*, New York, Basic Books, 1966.

2. Cf. en particulier les travaux de Peter Berger, *The Social Reality of Religion*, Londres, Faber and Faber, 1967 ; David Martin, *A General Theory of Secularization*, Oxford (UK), Blackwell Publishers, 1978 ; et Bryan Wilson, *Religion in Secular Society*, Londres, C. A. Watts, 1966.

3. Daniel Lerner, *The Passing of Traditional Society : Modernizing the Middle East*, New York, Free Press, 1958, p. 405.

4. Karl W. Deutsch, « Social Mobilization and Political Development », *The American Political Science Review* 55, 3, 1961, p. 493-514.

en politique[1]. Plus les citoyens sont éduqués, prospères et libres de penser, plus ils souhaitent être partie prenante dans les décisions et les lois qui régissent leur vie. La théorie de la modernisation soutient donc que la démocratisation et la sécularisation sont étroitement liées et que les politiques démocratiques s'épanouissent préférentiellement dans un contexte culturel affranchi de l'emprise de la foi[2]. En somme, la théorie selon laquelle la modernisation aboutirait à la démocratie incube un très fort préjugé contre la religion : sans sécularisme, point de démocratie. Certes, des acteurs politiques peuvent émerger dans les démocraties avec des principes et des identités religieux fondamentaux, mais ils deviendront inévitablement plus séculiers avec le temps ; les démocrates-chrétiens en Europe en sont un exemple type.

Il est essentiel d'interroger la théorie de la modernisation car elle a longtemps été un outil important pour les politologues afin d'évaluer les possibilités de changement démocratique. Elle considère le sécularisme et d'autres processus de modernisation comme des rites de passage pour les pays qui espèrent devenir démocratiques. Autant dire que, dans l'ensemble, ce corpus théorique mobilise des vues pessimistes sur les chances d'avènement de la

—

1. Seymour Martin Lipset, *Political Man : The Social Bases of Politics*, Garden City (NY), Anchor Books, 1963, p. 27-53.

2. Ronald Inglehart et Christian Welzel, *Modernization, Cultural Change, and Democracy : The Human Development Sequence*, New York, Cambridge University Press, 2005, p. 34-37. Un exemple classique illustrant la corrélation entre démocratisation et sécularisation peut être consulté chez Daniel Lerner, *op. cit.*, p. 405.

démocratie en dehors de l'Occident, notamment dans le monde islamique. Si la politique démocratique exige d'abord le retrait de la religion et de la foi de tous les domaines de la société, alors une grande partie du Moyen-Orient et d'autres régions seront condamnées à la dictature parce que les linéaments conceptuels du sécularisme sont étrangers au caractère canonique de l'islam.

Mais qu'est au juste le *sécularisme* en tant que concept ? Cette notion s'appuie sur une littérature abondante et variée, qui couvre de multiples disciplines et reflète en grande partie l'histoire et les expériences occidentales. Dans son acception la plus large, le sécularisme tel qu'il est compris en Occident est l'aboutissement de sept siècles de pensée juridique et théologique. Deux grands théoriciens, Max Weber et Émile Durkheim, ont décrit le processus de sécularisation de l'Occident comme une transformation totale de la société. Weber a décrit la sécularisation comme un phénomène sociétal caractérisé par un « désenchantement » massif à mesure que les routines de la vie matérielle et l'avènement du capitalisme économique remplacent les identités et les valeurs religieuses[1]. De façon similaire, Durkheim prévoyait que les pays modernisés redéfiniraient les limites du « sacré » dès lors que les citoyens commenceraient à perdre leur rapport avec le

1. Max Weber, *The Protestant Ethic and the Spirit of Capitalism* (traduit par Talcott Parsons), New York, W. W. Norton, 2009 [1930], p. 59. Cf. également Ernst Troeltsch, *Protestantism and Progress : The Significance of Protestantism for the Rise of the Modern World* (traduit par W. Montgomery), Boston, Beacon Press, 1958.

« monde transcendantal », et que la vie sociale se fonderait plutôt sur des bases scientifiques matérielles.

Dans ces deux perspectives fondatrices, le sécularisme en Occident est conçu et enseigné comme une sorte de « méta-narration » qui, comme l'a soutenu Charles Taylor, exige que la religion ne joue que peu de rôle, voire pas du tout, dans la formation du tissu social, même pour des personnes en quête d'une vie riche de sens[1]. Il se manifeste comme « émancipation » des systèmes de croyance inhérents aux valeurs et identités religieuses[2]. Il exige que l'État lui-même joue un rôle actif dans ce processus d'élimination des influences religieuses parmi les citoyens[3]. Plus précisément, le bannissement de la foi peut se produire dans trois sphères : institutionnelle, c'est-à-dire dans les structures mêmes de la gouvernance ; publique, soit le domaine des interactions sociales en dehors de la maison ; et privée, c'est-à-dire celle de la vie familiale et de la croyance personnelle. Ces domaines constituent les frontières de la sécularisation. Plus la religiosité recule dans ces domaines, plus la société et l'État sont « sécularisés ».

Il importe de relever que, si l'Occident est généralement considéré comme le berceau historique du sécularisme, la reconfiguration de la religion ne s'y est pas produite

---

1. Charles Taylor, *A Secular Age*, Cambridge (MA), Harvard University Press, 2007, p. 391.

2. Steve Bruce, *God is Dead : Secularization in the West*, Hoboken (NJ), Wiley-Blackwell Publishers, 2002 ; et Robert Audi, *Democratic Authority and the Separate of Church and State*, Oxford, Oxford University Press, 2011.

3. Bruce, *op. cit.*, p. 12-14.

uniment. À grands traits, nous pouvons identifier trois voies de la sécularisation occidentale : la Réforme protestante, le modèle américain et la laïcité française[1]. D'abord, la Réforme protestante a entamé la sécularisation par des contestations sociales et théologiques de l'Église catholique, ce qui a conduit à l'émergence d'Églises nationales plus fragmentées et soumises aux autorités politiques locales[2]. Le modèle américain s'est développé par la séparation *de facto* de l'Église et de l'État, non pas sur la base d'une tolérance mutuelle, mais plutôt en raison de la crainte qu'un groupe religieux ne monopolise le pouvoir – une crainte de persécution qui faisait écho à la peur des protestants d'être réprimés par l'Église catholique pendant la Réforme[3]. La Réforme protestante et le modèle américain impliquent tous deux la sécularisation des institutions gouvernementales et des espaces publics.

Enfin, la laïcité française a émergé des ruptures spécifiques provoquées par les différents moments révolutionnaires qui ont ponctué l'histoire de la France à partir de la fin du XVIIIe siècle. Le point de vue prédominant parmi les partisans de la laïcité était, comme l'a soutenu Guy Haarscher, que la religion n'était pas seulement rétrograde, mais qu'elle constituait un obstacle à

---

1. La distinction entre ces trois modèles au sein de la sécularisation occidentale correspond au cadre proposé par Guy Haarscher dans *La Laïcité*, Paris, PUF, coll. « Que sais-je ? », 1996, p. 45-89.

2. José Casanova, *Public Religions in the Modern World*, Chicago, University of Chicago Press, 1994, p. 19-21.

3. Ronald Thiemann, *Religion in Public Life : A Dilemma for Democracy*, Washington D.C., Georgetown University Press, 1996, p. 42-45.

la liberté elle-même, et que l'État devait donc éliminer les influences religieuses de tous les domaines de la vie publique[1]. Toutefois, plus que la Réforme protestante et les archétypes américains du sécularisme, la laïcité française a envahi même les foyers en contestant la primauté de la foi jusque dans la sphère privée.

Sécularisme politique : une reformulation

Sécularisme et sécularisation jouent un rôle central dans la vision mécaniste de la théorie de la modernisation selon laquelle, sans eux, il n'y a point de démocratie possible. La déperdition de la religiosité étant considérée comme une progression naturelle dans l'évolution d'une société industrialisée, toute expérience civilisationnelle – comme celle de l'islam – qui ne s'accorde pas avec le sécularisme de type occidental est par conséquent jugée incapable d'atteindre la démocratie. Cette idée est problématique pour deux raisons. Tout d'abord, d'un point de vue théorique, elle crée un seuil général qui interdit à toute société d'instaurer la démocratie tant qu'elle n'a pas adopté et émulé les normes occidentales. Deuxièmement, d'un point de vue empirique, elle ne tient pas compte du fait que, dans les démocraties fonctionnelles actuelles, la place de la religion dans la vie publique et politique varie considérablement. Comparez, par exemple, le modèle laïc de la France avec la démocratie à majorité musulmane qu'est l'Indonésie, ou la prégnance croissante de

1. Haarscher, *op. cit.*, p. 11.

la doctrine juive dans l'État israélien. C'est pourquoi la notion même de sécularisme doit être reformulée.

L'un des nombreux problèmes que pose la théorie de la modernisation est d'associer si étroitement la sécularisation à l'identité occidentale qu'il devient impossible de séparer les deux. Ainsi en va-t-il du « modèle américain » qui, par définition, requiert les spécificités culturelles et historiques des États-Unis et ne peut donc être instauré ailleurs. Aussi faut-il, pour exporter avec justesse le concept de base du sécularisme en dehors du contexte occidental, en extraire une notion plus précise. Cette notion n'est pas l'idée générale du sécularisme car, dans l'expérience occidentale, cette dernière a entraîné l'affaiblissement de la foi et de la religiosité dans de multiples sphères de la société, même s'il s'agit là de voies distinctes qui reposent chacune sur des modèles et des conditions uniques au sein de l'expérience chrétienne, qui ne peuvent être reproduits ailleurs.

Nous avons donc besoin, plutôt, d'une définition *politique* du sécularisme qui ne soit pas prise en otage par des débats philosophiques sur les valeurs et les normes au sein de la société. Le sécularisme politique ne s'applique qu'au domaine des institutions, c'est-à-dire à la politique et au gouvernement – il est donc muet quant aux valeurs religieuses ou à la religiosité en tant que telles en dehors de la politique. Il différencie juridiquement les institutions gouvernementales des institutions religieuses, de sorte que les autorités gouvernementales restent en grande partie, voire totalement, libres de toute influence religieuse formelle[1]. En ce sens, le sécularisme politique est l'opposé de la politique théocratique, qui se définit par la fusion des instances d'autorité religieuses et politiques au sein de l'État, de sorte qu'il n'y a pas de différence fonctionnelle entre les deux. La théocratie, en tant que type de régime, interdit toute activité dans le domaine non institutionnel, à savoir la vie publique et la sphère privée, qui ne serait pas conforme aux préceptes dominants de la foi. En même temps, le sécularisme politique n'est pas non plus la forme la plus extrême du sécularisme, où l'État *impose* une pensée et une pratique antireligieuses et nie donc le droit des groupes religieux à participer à la vie politique et à la société civile.

Le sécularisme politique se caractérise par deux traits distinctifs. D'abord, il ne comporte aucune prétention morale de portée générale quant à la supériorité de notions abstraites telles que la « raison » scientifique sur la tradition religieuse – une prétention qui serait évidemment très problématique pour des communautés de foi. Si le sécularisme politique exigeait le bannissement de la foi ou de la religiosité du domaine public et de la sphère privée, il serait alors définitivement incompatible avec le contexte islamique, ce qui va à l'encontre de la thèse défendue, et n'aurait pas permis non plus la résurgence de la religiosité dans certains pays occidentaux, comme

1. Le « sécularisme politique » a aussi été appelé « sécularisme centré sur l'État » ou « sécularisme institutionnel » ; cf. Noah Feldman, *Divided by God : America's Church-State Problem – And What We Should Do About It*, New York, Farrar, Straus, and Giroux, 2005, p. 221.

en atteste, par exemple, la montée des droites chrétiennes notamment en Amérique[1]. En effet, comme le relève José Casanova, la déperdition des influences religieuses en Europe – l'exemple paradigmatique du sécularisme sociétal – est moins le résultat d'un « projet de modernité et de programmes culturels » cohérent que le produit contingent d'événements historiques spécifiques qui ne peuvent être reproduits ou imposés ailleurs[2]. Donc, en limitant le sécularisme au seul fonctionnement des institutions politiques, on aboutit à un concept largement libéré du bagage culturel et historique qui leste cette notion quand elle est entendue au sens occidental. Ce rétrécissement conceptuel est nécessaire, car le sécularisme invoqué par la théorie de la modernisation est à ce point corrélé à la société occidentale que toute tentative théorique de l'appliquer en dehors des limites de l'expérience chrétienne échoue *ipso facto* et devient absurde.

Ensuite, dans le domaine de la gouvernance, le sécularisme politique ne signifie pas que la participation à la politique exige de renoncer à l'identité religieuse. En revanche, il implique qu'au niveau institutionnel, les décideurs politiques élus et les instances dirigeantes ne

1. William Martin, *With God on Our Side : The Rise of the Religious Right in America*, New York, Broadway Books, 1996, p. 17-23. Pour d'autres exemples de la résurgence de la religiosité dans le monde et des doutes sur la thèse de la sécularisation, cf. Anthony Gill, « Religion and Comparative Politics », *Annual Review of Political Science* 4, 2001, p. 117-138.

2. José Casanova, « The Secular, Secularizations, and Secularisms », dans *Rethinking Secularism* (dir. : Craig Calhoun, Mark Juergensmeyer et Jonathan Vanantwerpen), Oxford, Oxford University Press, 2011, p. 55.

peuvent être subordonnés à aucune autorité religieuse ni à aucun diktat juridique fondé sur la foi. Donc, non seulement les personnalités religieuses ne peuvent pas gouverner directement au nom de la foi, mais les élus ne peuvent pas non plus être soumis au veto d'autorités religieuses non élues. En d'autres termes, une démocratie caractérisée par le sécularisme politique a un gouvernement élu, qui n'est pas soumis à une autorité religieuse ; mais elle peut se distinguer par une société pieuse où la foi et la piété imprègnent l'économie, l'éducation, les manifestations publiques et la vie privée.

L'argument développé ici vise à établir que seul le sécularisme *politique* est nécessaire à la démocratie. Comme le souligne Rajeev Bhargava, « si la démocratie doit exister ou survivre, les différents groupes religieux, quelle que soit leur force numérique, doivent renoncer à l'idée qu'ils peuvent utiliser la politique pour mettre en œuvre un programme dans son intégralité afin de créer une société conforme à leurs valeurs et à leurs intérêts particuliers[1] ». Ce renoncement ne doit pas être simplement rhétorique mais doit correspondre à des actes. Par exemple, les islamistes qui se disent démocrates ne peuvent être considérés comme tels que s'ils respectent cette séparation fondamentale lorsqu'ils sont au pouvoir. De cette manière, le sécularisme politique garantit aussi la diversité et le pluralisme, qui sont essentiels à

1. Rajeev Bhargava, « Introduction », dans *Secularism and Its Critics* (dir. : Rajeev Bhargava), Oxford, Oxford University Press, 1998, p. 11.

l'existence de la démocratie, comme l'ont montré les travaux de John Rawls. D'après celui-ci, la démocratie n'exige pas l'élimination de la religion, mais seulement une condition unique dès lors que des acteurs religieux choisissent de participer à la vie politique : aucune religion n'est autorisée à imposer ses croyances et règles à une autre communauté, car cela détruirait le « consensus imbriqué » – *overlapping consensus* – qui assure la stabilité de la démocratie[1]. Le sécularisme politique permet un tel consensus imbriqué étant donné que les différends relatifs au pouvoir politique se prêtent bien plus au compromis pacifique que les grandes questions de foi et de religion.

Comment le sécularisme politique se manifeste-t-il en pratique ? La séparation juridique de l'autorité religieuse et des institutions gouvernementales requiert deux standards d'excellence institutionnels. Le premier est que soit élaboré un cadre constitutionnel garantissant les droits fondamentaux et l'égalité de tous les citoyens. Le second, que les interactions entre les acteurs religieux et politiques respectent ce qu'Alfred Stepan a appelé les « tolérances jumelles », qui fondent une distance « de principe » entre la religion et la politique dans le domaine de la gouvernance[2]. Autrement dit, les autorités religieuses et les

---

1. John Rawls, *Political Liberalism*, New York, Columbia University Press, 1993, p. 58-62.

2. Alfred Stepan, « Religion, Democracy, and the "Twin Tolerations" », *Journal of Democracy* 11, 4, 2000, p. 37-57. Cf. également Alfred Stepan, « The Multiple Secularisms of Modern Democratic and Non-Democratic Régimes », dans *Rethinking Secularism*, *op. cit.*, p. 114-144.

autorités politiques doivent respecter mutuellement leur autonomie en étant séparées sur le plan organisationnel. Les acteurs religieux tels que les églises, les tribunaux religieux ou le clergé ont tout à fait le droit d'exister, mais ils n'ont pas le droit de mettre leur veto aux décisions des législateurs élus. Inversement, les élus n'ont pas le pouvoir de restreindre une tradition religieuse, ni sa pratique publique ni la pratique privée. Ils ne peuvent le faire que si des pratiques religieuses spécifiques portent directement atteinte aux droits constitutionnels d'autrui.

Il est essentiel de noter qu'au-delà des accords institutionnels au sein du gouvernement, le sécularisme politique n'exige pas l'instauration, à l'échelle de la société tout entière, d'une sécularisation générale sinon intégrale telle qu'elle est imaginée dans les définitions plus larges. Il n'exige pas non plus le déclin de la religion dans la sphère publique ou privée. Il ne l'exclut pas, mais il ne l'impose pas non plus. L'élaboration de nouvelles Constitutions ne dicte pas aux citoyens la manière dont ils doivent traiter leur foi dans toutes les sphères extérieures à la politique. Un État politiquement laïc ne peut ni imposer ni bannir la dévotion religieuse ; quant à déterminer si un groupe de personnes peut ou non assister régulièrement à des cultes religieux publics, cela ne relève pas de la compétence du gouvernement, tant que ces cultes ne portent pas directement préjudice à d'autres citoyens. Le fait que les forces religieuses et politiques parviennent à une tolérance mutuelle n'impose pas non plus de mandat quant à la place de la piété dans des domaines tels que l'éducation. Par exemple, on ne peut pas interdire aux étudiants de porter des symboles religieux essentiels à leur foi, à moins que cela ne cause un préjudice direct à d'autres personnes. Comme le montrent ces exemples, la manière dont la religion se manifeste en dehors de la politique sera le reflet d'autres facteurs, tels que les préférences des forces sociales, les niveaux de développement économique, les orientations de l'opinion publique et les changements culturels, ainsi que d'autres éléments qui ne relèvent pas de la gouvernance.

Tel que nous venons de le définir, le sécularisme politique met en évidence ce qui, du concept de sécularisme, peut être transposé avec justesse pour des comparaisons intellectuelles. L'accent y est mis sur un seul domaine d'interaction – les institutions de gouvernance. Ce qui implique que la sécularisation est le processus visible par lequel les autorités politiques et religieuses finissent par être légalement séparées grâce à un cadre constitutionnel consacrant leurs tolérances jumelles.

2.2. Au-delà des querelles d'interprétation

Le sécularisme politique est-il possible dans des pays à majorité musulmane et, dans l'affirmative, comment ? En embrassant le monde islamique d'un coup d'œil, on voit déjà qu'on n'y trouve guère d'États théocratiques. Dans la région MENA, par exemple, presque tous les régimes séparent en pratique l'autorité religieuse du pouvoir politique, même si les deux sont symboliquement confondus. Cependant, en théorie, selon de nombreux analystes, l'exigence fondamentale selon laquelle les institutions politiques, élues ou non, ne doivent pas être soumises au contrôle direct et au veto légal d'autorités religieuses non élues ne peut pas être satisfaite dans les sociétés islamiques. Leur point de vue est conforme à la pensée islamiste traditionnelle mais, et c'est assez ironique, il renvoie aussi aux notions les plus datées de la pensée orientaliste.

Batailles orientalistes

Selon la théorie orientaliste, toute expression « authentique » de l'islam, à la fois comme foi et comme tradition, rejetterait l'idée de séparer l'autorité religieuse des institutions politiques[1]. Comparant l'islam au christianisme, Bernard Lewis a ainsi fameusement soutenu que le leadership politique dans une société musulmane était en soi un devoir religieux et qu'aucune source dans des textes sacrés ne justifiait la séparation des deux[2]. Dans l'un de ses axiomes les plus fréquemment cités, Lewis affirme que, dans l'État islamique idéal, les musulmans n'ont pas

—

1. Nous verrons plus loin dans ce chapitre, plus en détail, comment le concept de sécularisme fait partie de l'histoire de l'islam et de la tradition de la pensée islamique.

2. Bernard Lewis, *Islam and the West*, New York, Oxford University Press, 1993, p. 180-181. Une argumentation similaire, basée sur l'inséparabilité de la religion et de la politique qui rendrait des sociétés à majorité musulmane – comme celles du monde arabe – incompatibles avec la démocratie se trouve aussi chez Elie Kedourie, *Democracy and Arab Political Culture*, Washington D.C., Washington Institute for Near East Policy, 1992.

à choisir entre la religion et la politique, car les deux ne font qu'un : « Il n'y a pas de César, il n'y a que Dieu[1]. » Ce postulat est étayé par les arguments d'anthropologues et de sociologues classiques tels qu'Ernest Gellner, qui, en étudiant les sociétés islamiques préindustrielles, a relevé qu'un « ethos tribal » y rejetait non seulement les valeurs occidentales, mais l'État-nation moderne lui-même[2]. Comme les institutions politiques de gouvernance telles qu'elles sont conçues de nos jours requièrent les fondements wébériens d'un État territorialisé accordant à l'autorité politique le « monopole de la violence légitime » et des moyens bureaucratiques, cela voudrait dire que le « vrai » islam répugnerait à l'État séculier – et à la démocratie que celui-ci permet.

Ce fondement ethnocentrique de l'orientalisme a été soumis à un roulement de critiques dans les milieux universitaires. Par exemple, Abdou Filali-Ansary a fait valoir que la sécularisation s'est déjà produite dans le monde islamique de manière implicite, c'est-à-dire sans effet d'annonce, simplement par l'avènement de nouveaux États-nations et les impératifs d'une gouvernance autoritaire :

> Aucune société musulmane n'est aujourd'hui gouvernée uniquement en référence à la loi religieuse ; les

---

1. Lewis Ware, « State and Society Under Islam », *The Wilson Quarterly* 13, 4, 1989, p. 39-53.

2. Ernest Gellner, *Muslim Society*, Londres, Cambridge University Press, 1981, p. 56-73.

> traditions religieuses n'y ont plus de prédominance absolue ou quasi absolue (sauf, peut-être, dans certaines zones rurales reculées) ; et les nouvelles classes dirigeantes émergentes remplacent ou marginalisent presque partout la cléricature des experts théologico-juridiques qui contrôlait auparavant l'organisation et le sens donné à la société[1].

La différence avec l'Occident, affirme encore Filali-Ansary, réside dans le fait que la sécularisation a précédé toute réforme doctrinale semblable à l'expérience européenne[2]. Dans le même ordre d'idée, Talal Asad affirme que l'exploration de voies séculières dans le monde islamique est une entreprise incertaine parce qu'il s'agit moins d'une tâche sociale scientifique que de l'incubation d'un préjugé extrême à l'encontre de toutes les formes de la foi, qui est présentée comme l'opposé irrationnel et anachronique de la raison moderne[3].

Toutefois, les critiques les plus vigoureuses contournent l'hypothèse que l'islam pourrait refuser le sécularisme et mettent plutôt l'accent sur son adhésion à la démocratie, indépendamment de la question de la sécularisation. Au cours des dernières décennies, des penseurs musulmans réformateurs comme Khaled Abou el-Fadl et Abdulaziz

1. Abdou Filali-Ansary, « The Challenge of Secularization », *Journal of Democracy* 7, 2, 1996, p. 79.

2. *Ibid.*

3. Talal Asad, *Formations of the Secular : Christianity, Islam, Modernity*, Stanford (CA), Stanford University Press, 2003, p. 21-30.

Sachedina ont ainsi soutenu qu'un engagement mutuel entre la tradition islamique et la démocratie libérale n'était pas seulement concevable, mais possible en raison des ressources inhérentes à la première qui peuvent être mobilisées pour la seconde[1]. En dehors de la tradition érudite islamique et de l'exégèse des textes sacrés, des universitaires occidentaux ont également affirmé que les acteurs politiques qui prétendent parler au nom de l'islam, tels que les islamistes, devraient être pris au mot lorsqu'ils se disent engagés en faveur de la démocratie sur la base de leur propre volonté de réconcilier la tradition avec la politique électorale[2].

Tous ces auteurs se livrent à un délicat exercice d'équilibre en rejetant non seulement les préjugés orientalistes, mais aussi les interprétations fondamentalistes de l'islam qui sont adoptées par de nombreux islamistes et dont nous allons parler plus en détail dans un instant. Ainsi, ils ne contestent pas l'infaillibilité des sources scripturaires telles que le *Qurʾān* ou des sources canoniques telles que les *ḥadīth* (les paroles et les actions du Prophète), mais ils notent que ces sources sont ancrées dans des contextes historiques et culturels spécifiques et qu'à ce titre, elles

---

1. Khaled Abou el-Fadl (dir.), *Islam and the Challenge of Democracy*, Princeton (NJ), Princeton University Press, 2004 ; et Abdulaziz Sachedina, *The Islamic Roots of Democracy Pluralism*, New York, Oxford University Press, 2001.

2. Cf., par exemple, Graham Fuller, « Islamists and Democracy », dans *Uncharted Journey : Promoting Democracy in the Middle East* (dir. : Thomas Carothers et Marina Ottaway), Washington D.C., Carnegie Endowment for International Peace, 2005, p. 27-56 ; et Noah Feldman, *After Jihad : America and the Struggle for Islamic Democracy*, New York, Farrar, Straus and Giroux, 2004.

ne peuvent pas éclipser les valeurs éthiques et juridiques plus profondes de l'islam qui, lorsqu'elles sont prises en compte de façon adéquate, sont tout à fait en phase avec le pluralisme et le libéralisme modernes. Autrement dit, parce que les exigences de la vie moderne nécessitent l'adaptation et l'évolution des pratiques islamiques, les musulmans sont à la fois obligés de regarder au-delà de la vision dominante de leur tradition, et habilités à le faire. En somme, les questions de foi restent, dans leur quintessence, des questions d'interprétation.

Les contre-argumentations citées, dont celles affirmant que l'islam peut soutenir la démocratie grâce au sécularisme politique, sapent l'authenticité historique des théories orientalistes tout en faisant appel elles-mêmes à des éléments religieux et théologiques. En revanche, notre thèse que la démocratie islamique est possible, et qu'une telle démocratie doit être politiquement laïque, ne repose pas sur une victoire remportée à l'issue d'une quelconque querelle d'exégèse. Il s'agit même, pour nous, d'éviter de telles querelles car, dans la réalité politique contemporaine, les luttes interprétatives interminables ne sont d'aucune utilité à l'instauration concrète de nouveaux ordres politiques démocratiques. Par exemple, pendant le Printemps arabe, la chute des régimes autocratiques en Tunisie, en Égypte, en Libye et au Yémen n'a pas été accompagnée d'une période tranquille de réflexion théologique au cours de laquelle les citoyens et les politiciens se seraient engagés dans un débat religieux visant à déterminer si leurs sociétés à majorité musulmane devaient adopter telle ou telle interprétation de l'islam. C'est plutôt une compétition politique intense qui a eu lieu entre différents partis et acteurs, dont certains prétendaient parler au nom de l'islam tandis que d'autres, ne voyant pas vraiment le rôle que pourrait avoir la religion dans une démocratie, appelaient de leurs vœux l'avènement d'un ordre séculier.

Quand le contexte est aussi fluctuant qu'il l'a été pendant le Printemps arabe, demander aux acteurs politiques, qui se trouvent être des musulmans, d'observer une pause pour pouvoir se mettre d'accord sur l'« essence » de l'islam ne fera que relancer le conflit étant donné que les querelles théologiques n'ont pas d'arbitre final. Qui plus est, l'idée même d'une victoire d'exégèse implique le remplacement d'une interprétation par une autre – et, donc, une défaite pour certains. Un partisan de la démocratie islamique moyennant le sécularisme politique va rejeter la vision essentialiste de la religion adoptée par les orientalistes, mais uniquement en faveur de sa propre conception de l'islam comme un discours intrinsèquement prodémocratique. Du point de vue antiorientaliste, l'islam est pluraliste, diversifié et accueillant. Certains observateurs vont préférer cette interprétation, car elle semble moins ethnocentrique et culturellement réfractée. Mais toute préférence normative doit accepter de ne pas devenir forcément le consensus normatif. Chercher à savoir si un certain verset du *Qurʾān*, un *ḥadīth* particulier ou un courant de la jurisprudence islamique doit ou non exiger des musulmans qu'ils bâtissent un État politiquement laïc est certes un débat crucial, mais ce n'est qu'un débat – il ne sera pas nécessairement pertinent dans le domaine de la politique en temps réel.

Encore une fois, le débat sur l'interprétation des textes sacrés est important mais il est inopérant. Il ne fournit pas de plan pratique pour la démocratie au Moyen-Orient contemporain. J'entends par là un modèle de règles et de structures institutionnelles susceptibles de guider la mise en place d'un nouveau régime politique pendant les périodes de transition au cours desquelles des élections doivent être organisées, des Constitutions élaborées, tandis que la compétition entre des factions rivales doit rester exempte de violence. Pourtant, comme le montreront les chapitres ci-après, le rôle de l'islam dans la politique constitue l'axe principal du conflit, non seulement sous les régimes autoritaires, mais aussi pendant les périodes de transition et de changement postautocratique, comme en a d'ailleurs témoigné le Printemps arabe.

Le risque de conflit est donc important. Par exemple, au cours des douze mois suivant l'effondrement d'une dictature installée de longue date, on peut s'attendre à ce que les acteurs politiques s'attaquent à un ensemble de chantiers institutionnels, comme la rédaction d'une nouvelle Constitution, la redéfinition du rôle de la justice transitionnelle, l'élection de nouvelles assemblées législatives, le choix d'un nouveau titulaire de l'exécutif et la reformulation ou l'assouplissement des anciennes lois légalisant la répression et tout autre mode abusif d'intervention de l'État. Dans ces batailles aux enjeux considérables, il est très peu probable que des islamistes convaincus, dont le programme prévoit l'islamisation des institutions de l'État en accord avec leur interprétation fondamentaliste de l'islam, abandonnent leur position simplement parce qu'ils sont confrontés à une interprétation concurrente plus libérale de la part de réformistes modernes. Inversement, il est tout aussi peu probable que les opposants plus séculiers, qui souhaitent empêcher les islamistes de s'exprimer en politique par crainte qu'une théocratie advienne, renoncent à leur programme et se fassent les défenseurs des islamistes. Dans une telle situation d'incompréhension mutuelle, il serait absurde de vouloir gagner la guerre de la « bonne » interprétation.

La stratégie alternative proposée ici offre une issue à cette impasse. Plutôt que de vouloir déterrer une essence immaculée de l'histoire et de la tradition islamiques, ou de vouloir déchiffrer le vrai sens de Dieu ou de la raison islamique, on peut regarder simultanément vers le passé et l'avenir pour trouver des pratiques politiques parallèles qui indiquent comment le sécularisme politique peut exister dans des contextes musulmans. Il ne s'agit pas de produire un argumentaire théologique intégral pour exiger que les musulmans, et en particulier les acteurs politiques tels que les islamistes, se comportent de telle ou telle manière. Plutôt, le but est de créer la *possibilité* d'une politique innovante lorsque les circonstances l'exigent. Comme le montrera le chapitre suivant, le *pacting* représente une telle possibilité. Son impulsion sous-jacente n'est pas un texte sacré ou Dieu, mais l'exigence de la survie grâce à des adaptations pragmatiques aux circonstances changeantes. Dit autrement : la politique précède la religion, et non l'inverse.

Le *pacting* est donc une pratique politique susceptible de déboucher sur la démocratie, même en cas de conflits religieux, lors de la transition d'un régime à un autre. La séparation de l'autorité religieuse et des institutions politiques prend forme non pas parce que des acteurs religieux, tels que les islamistes, l'acceptent de prime abord, mais parce qu'ils s'y habituent au fil du temps, au fur et à mesure que le nouvel ordre démocratique s'installe. En d'autres termes, les chances de succès de la démocratie islamique dépendent moins de ce que les musulmans croient et expriment en termes religieux que de leur capacité à s'adapter à des situations conflictuelles pour surmonter la discorde et créer un système démocratique stable. La démocratie ne se réalisera pas en demandant à une communauté de musulmans de « trouver » le sécularisme qui leur convient à travers des batailles d'exégèse visant à définir et à redéfinir ce qu'est l'islam. Elle se réalisera grâce à des compromis, des marchandages et des accords qui sont le matériau dont est faite la politique moderne.

Bien entendu, il y aura toujours des cyniques pour soutenir que les musulmans ou la tradition islamique ne sont pas capables d'une telle souplesse de pensée. Pour contrer leur objection, tout en restant fidèle à notre positionnement anti-interprétatif, nous ne devons pas chercher à prouver que l'islam « est » quelque chose – par exemple « favorable à la démocratie » –, mais, plutôt, apporter des preuves historiques et juridiques attestant que les musulmans se sont *toujours engagés* dans des choix créatifs et des innovations institutionnelles quand ils étaient confrontés à des défis de gouvernance et à des conflits. Quelques notions clés méritent alors notre attention, notamment le *fiqh* et la *sharīʿa*[1]. Ces concepts fondamentaux de la jurisprudence musulmane sont inextricablement liés au développement de l'islam lui-même. Car, loin d'être des objets singuliers d'une sagesse révélée, ils ont pris leur forme compacte au fil du temps grâce à diverses interprétations successives ayant des fins *pratiques* plutôt que théologiques. Deux pratiques, en particulier, émergent dans ce contexte, à savoir le *maqāṣid al-sharīʿa* (les objectifs supérieurs de la *sharīʿa*) et le *siyāssa sharʿiyya* (une gouvernance en accord avec la *sharīʿa*). Ces innovations ont permis aux acteurs musulmans de s'adapter à de nouveaux défis au cours de l'histoire de l'islam en faisant primer l'action humaine sur les diktats scripturaux. En fin de compte, elles incarnent les ressources propres dont dispose l'islam pour générer des résultats démocratiques.

Le passé islamique

Le *Qurʾān* – la révélation transmise par le prophète Muhammad – est la principale source scripturaire de l'islam. Le Livre saint incarne la vérité, mais il ne donne que peu d'injonctions sur les questions de droit et de

---

1. Le *fiqh* – un dérivé du mot arabe signifiant « comprendre » – est généralement traduit par « le droit musulman » tel qu'il est édicté par les juristes de l'islam. La *sharīʿa* – « le chemin » pour respecter la loi de Dieu – est, quant à elle, un corpus de normes et de règles révélées et, donc, d'origine divine.

gouvernance. En effet, sur les quelque 6 200 versets qu'il contient, seuls 500 traitent de questions législatives[1]. Les musulmans se sont donc également tournés vers la *Sunna*, les faits et gestes du Prophète donnés en exemple à tous les croyants et dont certains sont rappelés par les *ḥadīth*, les comptes rendus de l'enseignement du Prophète[2]. Par exemple, alors que le *Qur'ān* stipule que la prière est l'un des piliers de l'islam, la forme précise du rituel est indiquée par la *Sunna*. Les prescriptions législatives du *Qur'ān*, complétées par les paroles divinement inspirées des *ḥadīth* et de la *Sunna*, s'appliquent à deux domaines – *'ibādāt* et *mu'āmalāt*[3]. L'un relève du culte, l'autre des relations interpersonnelles. Conformément à la tradition sunnite, ce corpus de connaissances a été préservé pendant les trois décennies après la mort du Prophète en 632 par les quatre califes dits « bien guidés », les *Rashidun* (soit Abu Bakr, 'Umar, 'Uthman, 'Ali).

Les conceptions naissantes du droit et de la gouvernance au sein de l'islam continuèrent de se développer pendant l'expansion rapide du califat omeyyade après 661, qui administra un vaste territoire. À cette époque, avant la formation d'un savoir juridique systématique, les dirigeants musulmans devaient être des administrateurs

—

1. Nathalie Bernard-Maugiron et Jean-Philippe Bras, *La Charia*, Paris, Dalloz, 2015, p. 9-10.

2. Noel Coulson, *A History of Islamic Law*, Édimbourg, Edinburgh University Press, 1964, p. 54.

3. Tariq Ramadan, *Introduction á l'éthique islamique*, Paris, Presses du Châtelet, 2015, p. 19.

pragmatiques lorsqu'ils traitaient de la politique au quotidien. En effet, comme l'a fait remarquer Albert Hourani, « un tel empire exigeait un nouveau style de gouvernement », capable d'incarner le caractère islamique du califat tout en tâchant de résoudre les questions pratiques de gouvernance et de commerce[1].

Dans certaines régions, des garnisons militaires tenues par des soldats arabes étaient chargées de maintenir l'ordre, de faire respecter les règles et de bâtir des mosquées. Comme l'a relevé Wael Hallaq, ces garnisons étaient des espaces pour exprimer les valeurs et comportements islamiques originaux des *Rashidun* et appliquer les connaissances coraniques complétées par l'autorité prophétique (c'est-à-dire les *ḥadīth* et la *Sunna*[2]). Dans les régions où il n'y avait pas de garnison, les administrateurs arabes, y compris les *qāḍis* (juges), devaient trancher les conflits locaux en s'appuyant sur le *ra'y* (l'entendement personnel) ou sur leur propre opinion discrétionnaire que pouvait compléter le savoir coranique. Hallaq note que dans certains endroits, comme les villes d'Irak où étaient implantées de fortes garnisons, l'exercice du droit au nom de l'islam donna lieu à des pratiques fortement personnalisées et individualisées[3]. Par ailleurs, le recours

1. Albert Hourani, *A History of the Arab Peoples*, Cambridge (MA), Harvard University Press, 1991, p. 26.

2. Wael Hallaq, *Sharia : Theory, Practice, Transformations*, New York, Cambridge University Press, 2009, p. 34-36.

3. Wael Hallaq, « From Regional to Personal Schools of Law ? A Reevaluation », *Islamic Law & Society* 8, 2001, p. 1-26.

au *raʾy* signifiait que les coutumes locales, les traditions et d'autres influences antérieures à l'arrivée de l'islam influençaient les décisions juridiques, fût-ce de manière implicite. Ces appels à l'opinion personnelle raisonnée se sont généralisés et systématisés. En effet, en 770, la méthode du *raʾy*, y compris l'*ijtihād al-raʾy* (soit l'effort mental destiné à parvenir à une opinion réfléchie et raisonnée), « incorporait des arguments systématiques et logiques de premier ordre[1] ».

L'on voit donc que, très tôt, ce n'est pas uniquement l'inspiration des textes divins, mais aussi des interventions contingentes qui furent la force motrice des innovations juridiques et des nouvelles traditions au sein de l'islam. C'est ainsi qu'est né le *fiqh*, défini au sens large comme l'ensemble des connaissances relatives à la loi et à la jurisprudence islamiques. Les dernières décennies du règne omeyyade, avant son effondrement en 750, furent marquées par une contestation croissante de la part de ceux qui estimaient que le califat n'avait pas réussi à mettre en pratique l'esprit de la législation coranique[2]. La montée de cette contestation « pieuse » n'a pas seulement annoncé la montée en puissance du califat abbasside ; elle a également amorcé la réorganisation systématique du savoir islamique[3].

---

1. Hallaq, *Sharia*, *op. cit.*, p. 49.

2. R. M. Savory, *Introduction to Islamic Civilisation*, Cambridge, Cambridge University Press, 1976, p. 56.

3. Marshall G. D. Hodgson, *The Venture of Islam*, vol. 1 : *The Classical Age of Islam : Conscience and History in a World Civilization*, Chicago, University of Chicago Press, 1974, p. 247-256.

Au cours du siècle suivant, des *madhāhib* (écoles de droit) – différents les uns des autres et souvent concurrents – ont vu le jour et se sont finalement consolidés en un nombre réduit. Les quatre doctrines qui se sont imposées au sein de l'islam sunnite sont l'école Ḥanafī de Kufa, en Irak, fondée par Abu Ḥanifa (mort en 767), l'école Mālikī de Médine, fondée par Anas ibn Mālik (mort en 795), l'école Shāfiʿī, fondée par Al-Shāfiʿī (mort en 820), et l'école Ḥanbalī, fondée par Ahmad ibn Ḥanbal (mort en 855). L'école Ḥanafī a été la première à utiliser l'*istiḥsān*, soit la préférence juridique, qui permettait aux penseurs islamiques d'exprimer leur penchant pour certains jugements plutôt que d'autres lorsque le *Qurʾān*, la *Sunna* et les *ḥadīth* fournissaient des orientations contradictoires ou ambiguës[1]. Pour sa part, l'école Mālikī mettait l'accent non seulement sur l'autorité scripturaire et prophétique, mais aussi sur l'exemple des compagnons du Prophète à Médine, d'où cette école est originaire[2].

Le *fiqh* a réalisé un saut qualificatif avec l'essor de l'école Shāfiʿī, qui fonda ce que l'on a appelé l'*uṣūl al-fiqh*, une méthode systématique permettant aux autorités d'extraire des lois, des règles et des conclusions des sources scripturaires[3]. Il est important de noter qu'un autre érudit de la tradition chiite *shīʿa*, Jaʿfar al-Ṣādiq – le sixième imam de l'islam *shīʿa*, c'est-à-dire du parti d'Ali, gendre et compagnon du Prophète –, formula des principes

1. Hallaq, *Sharia*, *op. cit.*, p. 107-109.

2. Coulson, *op. cit.*, p. 38-46.

3. Hodgson, *op. cit.*, p. 332-334.

similaires de manière indépendante. Par le truchement de l'*uṣūl al-fiqh*, l'école Shāfiʿī a proposé une nouvelle science juridique, qui réaffirme la centralité du *Qurʾān* et de la *Sunna* du Prophète[1]. Mais en reconnaissant que le *Qurʾān* et l'autorité prophétique ne pouvaient régler toutes les questions de la vie, Shāfiʿī a avancé deux sources supplémentaires de droit, à savoir l'*ijmāʿ* (le consensus) et le *qiyās* (le raisonnement par analogie[2]). L'*ijmāʿ* soutenait que le consensus de la communauté musulmane sur certaines questions était irréfragable et représentait ainsi une source de jurisprudence et de droit. Mais précisément parce que le consensus universel était quasiment impossible, l'utilisation de l'*ijmāʿ* a effectivement découragé l'innovation juridique. La dernière source du *fiqh*, le *qiyās*, stipulait que les individus pouvaient raisonner par analogie lorsque les autres sources ne fournissaient pas d'indications suffisantes pour parvenir à un jugement adéquat.

À la fin du IXe siècle, comme l'observe Hallaq, l'accent mis sur l'*uṣūl al-fiqh* signifiait que les sources scripturaires et l'autorité prophétique comme fondements de la jurisprudence inhibaient l'utilisation d'anciennes sources de raisonnement juridique, telles que le *raʾy*[3]. Certains experts ont affirmé que cela signifiait la fin de l'innovation théorique dans le droit et la pensée islamiques. Par exemple, selon R. M. Savory, « les juristes ont donc estimé qu'à

---

1. H. A. R. Gibb, *Mohammedanism : A Historical Survey*, Londres, Oxford University Press, 1968, p. 103.

2. *Ibid.*, p. 59-60.

3. Hallaq, *Sharia*, *op. cit.*, p. 56.

l'avenir, aucun raisonnement indépendant n'était nécessaire, et ils ont limité leurs activités à l'interprétation et à l'explication de la loi telle qu'elle avait été définitivement établie[1] ». Ainsi, au IXe siècle, comme l'ont affirmé des chercheurs tels que Joseph Schacht, la porte de l'*ijtihād* (l'enquête indépendante) s'est fermée[2]. Cependant, comme nous allons le démontrer, cette affirmation est contestable. Bien que le corpus général des connaissances juridiques islamiques ait été stabilisé, les musulmans étaient toujours libres et capables de créer de nouvelles notions théoriques et des innovations juridiques pour adapter leurs traditions et leurs idéaux aux situations pratiques.

Tout cela pour dire que les musulmans ont bien été obligés d'adapter leurs traditions pour faire face à des circonstances que le *Qur'ān* et l'exemple prophétique n'avaient pas anticipées. En effet, des pratiques intellectuelles telles que le *ra'y* démontrent que l'art de gouverner, qui est toujours contesté, avait dans de nombreux cas besoin des opinions personnelles et jugements subjectifs des penseurs musulmans. Bien que la formation du *fiqh* ait mis davantage l'accent sur les sources scripturaires et l'autorité prophétique, cela n'a pas sonné le glas du développement conceptuel. Le pragmatisme qui s'était exprimé dans les premières années de l'islam a continué à se manifester au cours des siècles suivants en générant

---

1. Savory, *op. cit.*, p. 57-58.
2. Joseph Schacht, *An Introduction to Islamic Law*, Oxford, Oxford University Press, 1964, p. 70.

des ressources qui restent utilisables même en ce début de XXIe siècle.

2.3. Adaptation et pragmatisme : *maqāṣid al-Sharī'a* et *siyāssa Shar'iyya*

Le *fiqh* représente donc le cadre canonique général de la jurisprudence islamique. Pour parvenir, à partir du *fiqh,* au sécularisme politique et à la démocratie dans le cadre d'une transition « pactée », les acteurs musulmans seront toutefois obligés de formuler des solutions dans le langage de la *sharī'a.*

Le terme *sharī'a* recouvre deux sens distincts, l'un littéral, l'autre figuré. Tous deux ont des implications qui importent ici. Au sens littéral, la *sharī'a* décrit le corpus général des lois et des décisions issues de la jurisprudence qu'est le *fiqh*, qui n'a véritablement pris forme qu'au XIe siècle[1]. En raison de la nature conservatrice de l'*uṣūl al-fiqh* depuis le IXe siècle, la *sharī'a* a été extraite des deux sources fondamentales – le *Qur'ān* et l'autorité prophétique – pour lesquelles le *fiqh* a été, pour ainsi dire, le prisme de décodage. En d'autres termes, la *sharī'a* a été le réceptacle des connaissances produites par le *fiqh*, et elle a été systématisée en un tout juridique[2]. Par exemple, les actions humaines y sont classées en cinq catégories : obligatoires pour les croyants, recommandées mais non

---

1. Bernard-Maugiron et Bras, *op. cit.*, p. 6.
2. Gibb, *op. cit.*, p. 100-101.

obligatoires, indifférentes, répréhensibles mais non interdites, et enfin carrément prohibées. De la même manière, la *sharīʿa* définit aussi les catégories de crimes *ḥudud*, qui dépassent les « limites » ou « frontières » – c'est le sens du mot –, et appellent ainsi des punitions arrêtées une fois pour toutes sur instruction divine[1]. Prise au pied de la lettre, toute articulation moderne des dispositions juridiques et politiques du gouvernement dans une société musulmane doit donc faire référence à la *sharīʿa.*

Toutefois, l'autre sens de la *sharīʿa* – son sens figuré, plus profond – est susceptible d'encourager l'innovation intellectuelle et la créativité juridique. En tant que « chemin » menant vers Dieu, la *sharīʿa* renvoie à une « conception globale de la Création, de l'existence, de la mort et du mode de vie qu'elle implique, découlant d'une lecture normative et d'une compréhension des sources scripturaires et déterminant "comment être musulman[2]" ». Ce sens de la *sharīʿa* est souvent mis en tension avec l'autre, plus étroit, de « loi ». Si ce dernier implique une adhésion stricte à des règles formelles, le premier connote le parcours d'un croyant musulman qui vise à affiner sa compréhension profonde de la vérité de Dieu. Parce que le divin ne peut jamais être pleinement compris, ce parcours est une quête sans fin de nouvelles

1. Rudolph Peters, *Crime and Punishment in Islamic Law : Theory and Practice from the Sixteenth to the Twenty-First Century*, Cambridge, Cambridge University Press, 2005, p. 6-68.

2. Tariq Ramadan, *Radical Reform : Islamic Ethics and Liberation*, Oxford, Oxford University Press, 2009, p. 359-360.

découvertes et une perpétuelle réflexion sur soi-même. C'est là que se trouve le potentiel pour l'introspection et le changement.

Comme Hallaq et d'autres chercheurs l'ont souligné, la fameuse remarque selon laquelle la porte de l'*ijtihad* s'était refermée au IXe siècle n'est pas nécessairement vraie. Les pratiques réelles des érudits, des *qāḍis* et des autorités de la communauté musulmane au cours des siècles suivants ne répliquaient pas à l'identique, tel un miroir renvoyant une image, le corpus juridique[1]. En outre, compte tenu des circonstances politiques en constante évolution, les connaissances et les méthodes jurisprudentielles ne parvenaient pas toujours à fournir des instructions sans équivoque sur de nombreuses questions pratiques de législation et de gouvernance. Cela a ouvert la voie à de nouveaux développements significatifs – le *maqāṣid al-sharīʿa* et le *siyāssa sharʿiyya* – qui, comme nous allons le voir, permettent aujourd'hui aux acteurs musulmans de concevoir le sécularisme politique et la démocratie grâce au *pacting* comme un ajustement nécessaire pour traiter les problèmes modernes.

L'utilisation de l'*istiṣlaḥ* – la méthode des juristes musulmans pour résoudre des problèmes pour lesquels il n'y a pas de réponses claires dans les textes sacrés – a permis le développement du *maqāṣid al-sharīʿa*. Si le cadre de l'*uṣūl al-fiqh* de l'école Shāfiʿī a contribué à « stabiliser » la

—

1. Wael Hallaq, « Was the Gate of Ijtihad Closed ? », *International Journal of Middle East Studies* 16, 1, 1984, p. 3-41.

jurisprudence islamique à la fin du IXe siècle, les *madhāhib* ont continué à élaborer des développements complexes[1]. Le *madhab* Mālikī a ainsi préconisé le recours à l'*istiṣlaḥ*, qui vise l'intérêt public de la communauté musulmane au sens large, pour compléter le *qiyās*, le raisonnement par analogie, tel un autre pilier de l'*uṣūl al-fiqh* dans des circonstances où l'utilisation du *qiyās* produirait des effets indésirables[2]. Le *qiyās* a été remis en question par l'accent mis sur l'*istiṣlaḥ*, et il en va de même pour le troisième pilier de l'*uṣūl al-fiqh*, à savoir l'*ijmā*ʿ (le consensus). En mettant en évidence que l'un des principaux objectifs de la loi islamique pouvait être la réalisation du bien public, l'*istiṣlaḥ* a donné aux penseurs islamiques une certaine latitude pour aller au-delà d'une compréhension purement littérale de l'*uṣūl al-fiqh*[3].

Par la suite, le raffinement de l'*istiṣlaḥ* jusqu'au XIVe siècle a donné naissance à une nouvelle ressource. Pour Abū Isḥāq al-Shāṭibī de Cordoue (mort en 1388), il existait des objectifs immuables qui étaient intégrés à la *sharīʿa* et pouvaient être déduits de ses travaux par « des logiques inductives[4] ». La *sharīʿa* n'était pas considérée ici comme une collection invariable de décisions incontestables, mais comme un instrument permettant d'atteindre les desseins de Dieu (*maqāṣid*). Bien que de nombreux

---

1. Coulson, *op. cit.*, p. 91-92.

2. Bernard-Maugiron et Bras, *op. cit.*, p. 35.

3. Hallaq, *Sharia*, *op. cit.*, p. 506-508.

4. Ibn Ashur, *Treatise on Maqasid al-Shari'ah*, Londres, The International Institute of Islamic Thought, 2006, p. 15.

chercheurs de tous horizons aient invoqué cette notion, Shāṭibī est celui qui l'a le mieux énoncée dans la tradition Mālikī en définissant formellement ces objectifs immuables des musulmans comme *dīn*, *nafs*, *nasl*, *ʿaql* et *māl* – la religion, la vie, la lignée, l'intellect et la propriété[1]. En remplissant ces *maqāṣid*, les dirigeants islamiques pouvaient donner la priorité à la collectivité plutôt qu'à l'individu. Le bien public que représente la réalisation de ces objectifs profite à la communauté musulmane tout entière ; d'ailleurs, le degré de ce bénéfice est proportionnel au nombre de croyants protégés[2].

Des chercheurs ont fait valoir que ce nouveau cadre de *maqāṣid al-sharīʿa* (les objectifs supérieurs de la *sharīʿa*) élargissait la capacité du savoir juridique islamique à faire face aux défis imprévus et aux complexités inhérentes au droit et à la politique. Le *maqāṣid* ne nie pas les instructions des sources scripturaires. Mais, et c'est l'argument que nous développons ici, l'interprétation plus ouverte de la tradition islamique qu'il représente peut éventuellement montrer aux musulmans comment accueillir une certaine proportion de sécularisme politique et de démocratie « pactée ». Comme le note Ahmad al-Raisouni, le *maqāṣid al-sharīʿa* oblige les dirigeants, les juristes et les penseurs islamiques à se concentrer sur les objectifs sous-jacents de la *sharīʿa* plutôt que sur le

---

1. *Ibid.*, p. 96-108.

2. Allal al-Fassi, *Maqasid al-shari'a al-islamiyyah wa-makarimha*, Le Caire, Dar Al-Kalima Lil-nashr Wal-tawzi, 2014, p. 58-59.

corps textuel des dispositions légalistes elles-mêmes[1]. En effet, comme l'observe Ibn Ashur, si l'objectif global de la *sharīʿa* est de « préserver l'ordre du monde et de réglementer la conduite des êtres humains dans ce monde », cet objectif ne peut être atteint qu'en « acquérant ce qui est bon et bénéfique » pour la communauté[2]. Nous soutenons que les acteurs politiques pourraient ainsi justifier que leurs institutions juridiques et leurs règles de gouvernance doivent changer au fil du temps, si c'est là le meilleur moyen de préserver la religion, la vie, la lignée, l'intellect et la propriété de la communauté musulmane.

Le *maqāṣid al-sharīʿa* représente une réponse pragmatique et nouvelle « par le bas », qui permet aux musulmans de s'écarter de l'application littérale de l'*uṣūl al-fiqh* pour faire face à de nouveaux défis dans leur vie quotidienne. Cependant, les penseurs islamiques ont cultivé encore une autre ressource juridique qui répondait au même problème de savoir comment les législateurs et les dirigeants chargés de gouverner la communauté musulmane pouvaient surmonter l'absence d'indications explicites dans les sources scripturaires de l'islam. Dans cette optique, des érudits ont avancé la notion de *siyāssa sharʿiyya*, soit une gouvernance en accord avec la *sharīʿa* qui permette la flexibilité et l'efficacité nécessaires au niveau de la

---

1. Ahmad al-Raissouni, *Maqasid al-maqasid : al-ghayat al-'ilimiyyah wal-'amaliyyah al-maqasid al-shari'a*, Le Caire, Dar Al-Kalima Lil-nashr Wal-tawzi, 2014, p. 13-14.

2. Ibn Ashur, *op. cit.*, p. 116.

direction politique. D'un point de vue doctrinal, les exposés sur la manière de relever les défis du gouvernement et de l'administration tout en protégeant toujours les intérêts de la communauté musulmane, y compris le respect de la *sharī'a*, ont commencé avec Al-Mawardi au XIe siècle[1].

Au fur et à mesure de son développement, la doctrine de la *siyāssa shar'iyya* a permis aux dirigeants musulmans d'exercer des pouvoirs discrétionnaires afin de gouverner avec justice[2]. Elle est née des défis pratiques auxquels les dirigeants du califat étaient confrontés dans le cadre de la gestion de leur vaste empire en constante évolution. Par exemple, comme le décrit Hallaq, chaque calife était « incapable, en raison de la distance qui le séparait du centre, de contrôler la violence excessive des gouverneurs provinciaux et de leurs hommes, violence exercée le plus souvent dans le but d'extorquer des impôts[3] ». Dans ce contexte, le gouvernement islamique ne pouvait pas se fier à une compréhension purement littérale du *fiqh*, qui ne donnait que peu de conseils pratiques sur ces questions. La *siyāssa shar'iyya* lui suggérait que le dirigeant devait instaurer par la loi de nouvelles institutions et exercer de nouveaux pouvoirs qui n'étaient pas ordonnés en toutes lettres par le *fiqh* afin de résoudre des questions

---

1. Pour les débuts remarqués de cette théorie de la gouvernance islamique, cf. Al-Mawardi, *Ordinances of Government* (traduit par Wafaa Wahba), Reading (UK), Garnet Publishing, 2000.
2. Ibn Ashur, *op. cit.*, p. 320.
3. Hallaq, *Sharia*, *op. cit*, p. 200-201.

administratives telles que la collecte des impôts et l'utilisation des terres.

La doctrine de la *siyāssa sharʿiyya* a continué d'évoluer au cours des XIIIe et XIVe siècles sous l'impulsion de penseurs tels que Shihab al-Din al-Qarafi, Ahmad ibn Taymiyya et Ibn Qayyim al-Jawziyya[1]. Bien que chaque penseur ait apporté de nouvelles méthodes à cette théorie, tous ont limité leur domaine à l'analyse minutieuse et à la justification des expédients que les dirigeants musulmans pouvaient utiliser pour surmonter les défis et les complexités d'une gouvernance efficace[2]. Il ne s'agissait pas d'énoncer une théorie à tout faire sur le pouvoir absolu ou sur l'autorité. En même temps, on voit comment les idéaux islamiques ont continué à être fortement infléchis par une compréhension réaliste des circonstances quotidiennes, des siècles après la formation de l'*uṣūl al-fiqh*. Par exemple, dans l'idéal, les dirigeants musulmans se qualifiaient pour exercer leurs fonctions en appliquant la *sharīʿa* et en s'en remettant aux juristes islamiques en cas de besoin ; de la sorte, ils ne pouvaient jamais agir de manière injuste. Mais, comme l'observe Coulson, cela relevait souvent de la fiction : il n'existait pas de « mécanisme constitutionnel » ni de système judiciaire indépendant pour contrôler institutionnellement le dirigeant et pour garantir que « ses pouvoirs ne seraient pas utilisés de manière abusive[3] ». L'existence même de cette tension révèle déjà le large

1. Bernard-Maugiron et Bras, *op. cit.*, p. 51-52.
2. Hallaq, *Sharia*, *op. cit.*, p. 214-216.
3. Coulson, *op. cit.*, p. 129-134.

écart entre la théorie et la pratique dans la gouvernance islamique.

Bien que provenant de sources intellectuelles très différentes, la *siyāssa shar'iyya* complète le *maqāṣid al-sharī'a* d'une manière déterminante. Au sein de l'islam, toutes deux démontrent que le strict respect des sources scripturaires et des doctrines juridiques qui y figurent ne fournit pas toutes les directives nécessaires pour bien régler les affaires complexes de la vie et de la politique. Elles représentent donc des réponses innovantes aux divers défis pratiques qui se sont posés, et qui continueront inévitablement à se poser, dans des sociétés musulmanes. Il s'agit donc d'une ressource interne à la tradition islamique qui suggère que, plutôt que d'ossifier une essence singulière ou une interprétation arrêtée une fois pour toutes de l'islam, la voie vers la démocratisation dans les pays musulmans exige des acteurs politiques et religieux qu'ils fassent des choix stratégiques en réponse aux conflits et à l'incertitude. Lorsque les sources d'inspiration divines ne peuvent fournir la praxis nécessaire pour actualiser l'idéal, les musulmans doivent innover et s'adapter afin d'établir un ensemble viable d'institutions et de lois – en particulier lorsque l'alternative est l'instabilité et le désordre.

Il y a donc non seulement un argument théorique qui plaide en faveur du contournement des débats théologiques sur l'exégèse des textes sacrés lorsqu'un nouvel ordre politique doit être mis en place, mais aussi un argument *historique* qui milite en faveur d'une action politique en l'absence d'orientation religieuse établie.

Cette action est d'autant plus importante que le conflit politico-religieux au Moyen-Orient perdure et, comme l'a prouvé le Printemps arabe, qu'il structurera probablement tout processus de transition postautoritaire. Comme nous allons le voir, les acteurs islamistes jouent un rôle indéniable dans la conception et la fonction des institutions politiques après l'effondrement des régimes autocratiques. Dans le monde arabe, ils représentent des forces de contestation populaires face aux dictatures en place, puis dans toute transition de régime. Non seulement ils entrent en compétition pour ce qui est du rôle de la religion en politique, mais ils constituent aussi une faction majeure en lice pour conquérir le pouvoir et contrôler l'État.

2.4. La montée de l'islamisme et des conflits religieux

Le Printemps arabe n'a pas apporté le changement partout dans la région. Cependant, il a démontré les conséquences de la mobilisation populaire en même temps qu'il a exposé le pouvoir potentiel des mouvements islamistes. Bien que les islamistes n'aient été ni à l'origine ni à la tête des divers groupes de protestation et des forces sociales qui ont conduit les soulèvements, ils ont été les principaux bénéficiaires des ouvertures démocratiques qui en ont résulté, telles que des élections postrévolutionnaires, la rédaction de nouvelles Constitutions ou l'entrée au gouvernement. L'échec du Printemps arabe à instaurer des régimes démocratiques stables dans l'ensemble du Moyen-Orient et de l'Afrique du Nord ne doit pas occulter cette réalité qui a été mise en évidence : les transitions politiques dans la plupart des pays arabes nécessiteront l'implication et l'engagement d'acteurs islamistes, qui souhaitent que la religion joue un rôle central dans l'organisation du pouvoir et la gouvernance de la société – une position à laquelle s'opposent implacablement d'autres acteurs, partisans d'une position plus séculière.

L'idéologie et les organisations islamistes ont considérablement changé au cours du siècle dernier en évoluant en étroite interaction avec leur environnement et par le fait même de dynamiques internes. Néanmoins, la plupart des islamistes actuels adhèrent toujours à une plateforme d'idées cohérentes. Parmi ces principes fondateurs figurent l'impossibilité de séparer la religion de l'État, la primauté du *Qur'ān* et de la *Sunna* pour dicter la pensée, les appels universels à la piété personnelle, l'idée que l'établissement d'un ordre islamique est une lutte divine et la nécessité de définir la vie sociale par la justice morale et les valeurs conservatrices tirées du passé islamique[1]. Pour comprendre combien sont intenses les préférences religieuses des islamistes, il est nécessaire d'examiner leur montée en puissance et l'attrait qu'elles exercent.

---

1. R. Hrair Dekmejian, *Islam in Revolution : Fundamentalism in the Muslim World*, 2e édition, Syracuse (NY), Syracuse University Press, 1995, p. 36-54.

Revivalisme et islam

La montée de l'islamisme en tant que mouvement politique moderne a débuté à la fin du XIXe siècle, au crépuscule de l'Empire ottoman. Le triomphe de l'impérialisme occidental et l'effondrement du dernier califat plongent alors de nombreux érudits musulmans dans une crise. C'est l'*inḥiṭāṭ*, le déclin, c'est-à-dire la perception de la décadence culturelle, technologique et économique d'une civilisation autrefois fière et debout face aux pressions étrangères ; les musulmans s'avèrent incapables de mobiliser une résistance cohérente. Sur le plan intellectuel, une réponse a été apportée par des penseurs musulmans de la fin du XIXe siècle, qui ont cherché de différentes manières à inverser cet *inḥiṭāṭ* en réinterprétant les principes de l'islam. Pour relever le défi extérieur de la modernité mondiale, il fallait un renouveau interne de la foi publique.

Jamāl al-Dīn al-Afghānī et Muhammad 'Abduh, en particulier, tentèrent de rendre l'islam plus lisible en en proposant des interprétations modernistes[1]. Pourfendeurs de l'empiétement européen et partisans de l'unité panislamique, ils exhortèrent les musulmans à accepter des progrès technologiques et éducatifs. Surtout, ils firent valoir que rien dans le canon islamique n'interdisait l'introduction d'idées et d'outils nouveaux, notamment quand cela pouvait permettre aux sociétés

---

1. Cf. Charles Kurzman (dir.), *Modernist Islam, 1840-1940 : A Sourcebook*, Oxford, Oxford University Press, 2002.

musulmanes de résister aux impositions étrangères[1]. Les éléments traditionnels qui pouvaient être sauvés furent inclus ; les éléments inutilisables pour leur projet de modernisme islamique furent écartés. En ce sens, ces érudits peuvent être considérés comme des homologues de Martin Luther puisque, comme lui, ils cherchèrent à modifier la doctrine établie et à créer de nouveaux vocabulaires théologiques pour justifier des réformes religieuses.

Al-Afghānī et ʻAbduh figuraient pendant cette période parmi les voix les plus importantes s'élevant pour « sauver » l'islam grâce à un renouveau interne. Ce faisant, ces réformateurs ont aussi involontairement décentré la vision du monde musulman en provoquant son basculement de l'abstrait vers les contraintes territorialisées des États-nations. Cela a jeté les bases de l'islamisme moderne. Pour comprendre les origines de l'islamisme, il est donc essentiel de noter le changement dans la relation entre la religion et l'autorité de l'État. Jusqu'à sa chute, de nombreux musulmans ont centré leurs conceptions religieuses sur l'*oumma*, un terme qui, dans son acception matérielle, désigne la communauté des croyants, et englobe plus largement la totalité de l'islam et de ses réalisations humaines – la civilisation islamique, en somme. Cependant, le colonialisme européen dans des États comme l'Égypte, la Syrie, la Tunisie, l'Algérie et le Maroc a mis en évidence

—

1. Voir, par exemple, Albert Hourani, *Arabic Thought in the Liberal Age : 1798-1939*, Cambridge, Cambridge University Press, 1982, p. 130-160.

la nouvelle réalité de l'État territorial. Il a créé de nouvelles institutions politiques dotées de compétences sans précédent pour réglementer les relations sociales, prélever des impôts, projeter une capacité coercitive et contrôler la vie publique et privée – il a construit un État dans le but de fournir une infrastructure et un pouvoir despotique à un seul lieu d'autorité bureaucratique centralisée[1].

La construction d'un tel État est en elle-même un processus de sécularisation. Comme l'ont soutenu des chercheurs tels qu'Asad, le colonialisme était aussi un projet visant à imposer le sécularisme *sociétal* aux peuples musulmans. L'islam était considéré comme un corpus spirituel informe qui devait être codifié, privatisé et finalement contrôlé par un appareil d'État non religieux (fourni par les autorités impériales), qui pouvait à son tour faire des sujets musulmans des êtres laïcs et, donc, modernes[2]. L'un des moyens pour parvenir à cette fin était l'appropriation du discours islamique, auparavant monopolisé par les oulémas, ces juristes et érudits traditionnellement habilités à interpréter et, parfois, à légiférer sur des questions sociales en se fondant sur leur compréhension jurisprudentielle. Les institutions politiques, d'abord sous le régime colonial, puis sous les régimes postcoloniaux, ont agressivement cherché à coopter la sphère religieuse en intégrant les oulémas en tant qu'employés de l'État, en réorganisant et en supervisant l'éducation religieuse, en contrôlant les mosquées et

1. Michael Mann, « The Autonomous Power of the State : Its Origins, Mechanisms, and Results », *European Journal of Sociology* 25, 2, 1984, p. 185-213.
2. Asad, *op. cit.*, p. 227-228.

autres lieux de culte et, enfin, en absorbant la pensée et la pratique juridiques islamiques (notamment la *sharīʿa*) dans des systèmes codifiés de droit civil et de droit pénal[1].

Bien que des éléments de cette reconfiguration institutionnelle aient pu être trouvés sur le tard dans l'Empire ottoman à travers ses réformes post-*Tanzimat*[2], les effets de l'impérialisme occidental dans ce domaine furent plus clairement visibles au Moyen-Orient, dans l'Inde britannique et en Afrique subsaharienne. Dans ces régions, les traditions juridiques externes, qui mettaient l'accent sur des règles précises et des constructions systémiques, ont remplacé le discours plus « fluide » de la *sharīʿa.* « Les greffes juridiques continues des lois anglaises et françaises ainsi que la codification des lois musulmanes n'ont fait qu'assurer l'évolution progressive du droit musulman vers le positivisme juridique, déconnectant ainsi le droit de ses ancrages éthiques et moraux[3]. » Ce sont ainsi la vie privée, pour ce qui regarde la famille et le mariage, et la vie publique, à travers le culte, le commerce et le comportement, qui ont été refondues

1. Ebrahim Moosa, « Colonialism and Islamic Law », dans *Islam and Modernity : Key Issues and Debates* (dir. : Muhammad Khalid Masud, Armando Salvatore et Martin van Bruinessen), Édimbourg, Edinburgh University Press, 2009, p. 158-181.

2. *Tanzimat,* le mot turc pour « réorganisation », se réfère à un train de réformes adoptées entre 1836 et 1876 et souvent inspirées par des modèles occidentaux qui incluait notamment la sécularisation du système d'éducation, le recrutement par conscription dans l'armée, la création d'assemblées régionales représentatives et l'adoption de nouveaux codes de droit commercial et pénal.

3. Ebrahim Moosa, p. 168.

par de nouvelles taxonomies juridiques et de nouveaux cadres de pratiques.

Par conséquent, au début du xxe siècle, les héritiers du mouvement de renouveau qu'avaient initié Al-Afghānī et 'Abduh, ainsi que les fondateurs des Frères musulmans en Égypte et leurs contemporains ailleurs, comme Abul A'la Mawdudi en Inde britannique, n'avaient guère d'autre choix que de considérer la prise de contrôle de l'État comme leur objectif primordial. Le but n'était pas simplement d'accéder au pouvoir pour le pouvoir. C'est plutôt que l'idéal suprême de revitalisation de l'islam avait besoin du pouvoir de l'État puisqu'il n'existait plus aucune notion d'espace islamique qui ne coïncidât pas avec les interventions de l'État et la législation politique. Comme l'a souligné Olivier Roy parmi d'autres chercheurs, c'est là que réside le paradoxe de l'imagination politique islamiste : elle rejette le projet de modernité séculière mais, ce faisant, elle doit occuper (et donc revendiquer) le cœur institutionnel même de cette modernité, sous la forme d'un pouvoir étatique territorialisé et de ses exigences bureaucratiques[1].

En effet, même le credo de la protection et de la restauration de la *sharī'a* reflétait les conséquences perverses de la transformation coloniale[2]. En bouleversant les pratiques précoloniales de jurisprudence religieuse et en retranchant

1. Olivier Roy, *The Failure of Political Islam* (traduit par Carol Volk), Cambridge (MA), Harvard University Press, 1994, p. 60-74.

2. Cet argument est le mieux développé chez Sami Zubaida, *Law and Power in the Islamic World*, Londres, I. B. Tauris, 2004, p. 74-120.

(ou en éliminant) les autorités islamiques indépendantes en dehors des frontières institutionnelles des nouvelles structures étatiques, l'intrusion du colonialisme a créé chez ses antagonistes musulmans la conviction que ce n'est qu'en sauvant la *sharī'a* en tant que doctrine juridique imposée par l'État qu'ils pourraient remodeler la vie publique et légiférer sur de nouveaux principes pour la société. Pourtant, dans le passé, la *sharī'a* n'avait jamais été vécue par les sociétés musulmanes comme l'intervention codifiée d'un État unique, centralisé et bureaucratisé ; c'est pourquoi imaginer la *sharī'a* comme nécessaire à la renaissance de l'islam reproduit involontairement l'héritage étatiste de l'empiétement colonial[1].

Cependant, malgré tous ses paradoxes et contradictions, l'islamisme – c'est un constat de fait – est devenu un facteur clé pour le changement politique dans le monde arabe en raison de sa popularité, qui dépasse aujourd'hui de loin celle des idéologies non islamistes. L'islamisme – un terme inventé par Voltaire comme synonyme de « mahométisme », avant d'être politisé dans les années 1970 – a aussi suscité un énorme travail de recherche tant chez des penseurs islamiques qu'occidentaux. Ce qui le définit n'est pas simplement la fusion de la religion et de la politique, mais, bien plus, l'islamisation de la société par l'islamisation de la gouvernance et, donc, de l'État. L'islamisme en est ainsi arrivé à englober une catégorie variée de mouvements religieux et leurs multiples ramifications.

---

1. *Ibid.*

Les chercheurs ont cartographié ce paysage politique en employant un éventail étourdissant de qualificatifs tels que « moderniste », « radical », « intransigeant », « modéré », « néotraditionnel » et surtout « fondamentaliste », chacun d'entre eux caractérisant une position particulière concernant l'authenticité scripturaire, la *sharī'a* et l'expérience historique[1]. La dichotomie aujourd'hui courante est celle qui oppose les islamistes « modérés » aux islamistes « militants » (eux-mêmes subdivisés en « extrémistes », « *takfiri*[2] » ou « radicaux[3] »).

De telles typologies sont utiles mais peuvent également poser problème. Non seulement elles ne reflètent pas l'évolution des croyances et des stratégies des islamistes au fil du temps, mais elles témoignent, aussi, des préférences normatives cachées des analystes et en disent plus sur leurs désirs que sur les faits objectifs. Par exemple, les islamistes « modérés » sont censés être ouverts au dialogue et disposés à accueillir les demandes des libéraux – jusqu'à ce qu'ils ne le soient plus, auquel cas ils sont relégués dans le domaine du militantisme et méritent d'être réprimés. Certains anti-islamistes ne croient d'ailleurs pas du tout que l'islamisme puisse être modéré et ne voient guère de différence entre les Frères musulmans,

---

1. Cf., par exemple, William Shepard, « Islam and Ideology : Towards a Typology », *International Journal of Middle East Studies* 19, 3, 1987, p. 307-335.

2. Le terme *takfir* (pluriel *takfiri*) renvoie à l'excommunication des apostats – « faux musulmans » – et, donc, aux luttes intestines parmi des croyants rivalisant de piété pour témoigner de la plus grande pureté dans leur foi.

3. Tamara Cofman Wittes, « Three Kinds of Movements », *Journal of Democracy* 19, 3, 2008, p. 7-12.

le Hezbollah et al-Qaida. Bien que ces querelles typologiques aient leur importance, il serait plus productif d'en user avec parcimonie et de recourir plutôt à des indicateurs empiriques moins controversés. Les entités islamistes qui comptent le plus pour le changement politique et qui sont à l'avant-garde de nombreuses forces de contestation peuvent ainsi être qualifiées de « courant principal » ou, en anglais, de *mainstream islamism* ; elles s'orientent vers des méthodes pacifiques, s'engagent dans la politique au moyen d'élections et de mobilisations, et considèrent que la mainmise sur le pouvoir d'État requerra des efforts graduels plutôt qu'une révolution brutale. En ce sens, elles se distinguent du salafisme dans toutes ses nuances, qu'elles soient quiétistes ou violentes, en même temps que des salafistes-djihadistes et des autres groupes promouvant des expressions violentes de l'idéologie islamiste.

Le courant principal de l'islamisme est incarné par le plus important acteur islamiste dans le monde arabe, à savoir les Frères musulmans. C'est d'ailleurs cette organisation qui témoigne le mieux de la trajectoire moderne de l'islamisme. La fondation de la Confrérie en 1928 en Égypte par Hassan al-Banna et ses associés reflète les efforts d'un petit groupe d'activistes pour réinterpréter l'islam d'une manière nettement différente de celle des oulémas égyptiens traditionnels de l'université d'Al-Azhar. Al-Banna et la plupart de ses disciples ont cherché à établir un lien entre les problèmes sociaux, économiques et politiques qu'ils percevaient comme analogues aux défis rencontrés par l'islam dans le passé. Ils prêchaient que ces maux modernes pouvaient être surmontés en revenant à une pratique plus traditionnelle de l'islam censée refléter plus fidèlement les sources divines d'orientation, en particulier les « dispositions coraniques pour la vertu personnelle et communautaire » qui permettraient aux musulmans de « vivre librement et pleinement » à une époque de changements coloniaux et postcoloniaux déchirants[1]. Al-Banna et les siens ont répété le message idiomatique des revivalistes selon lequel le déclin de la civilisation s'était produit parce que les musulmans s'étaient écartés de leur foi. Mais ils ont également fait valoir d'une manière plus agressive que le retour à l'authenticité islamique et à une vision religieuse du monde plus appropriée passait par le rejet des outils et des valeurs extérieurs, en particulier occidentaux. Il fallait leur substituer, selon eux, une action collective impulsée par les dévots, par exemple le contrôle de l'éducation, et le prosélytisme au moyen de la *da'wa* (appel public).

En résumé, l'islamisme avait besoin d'un mouvement social organisé capable d'atteindre les masses. La Confrérie a créé des sections dans d'autres pays et de nouveaux groupes islamistes ont également vu le jour. Tous ont cherché à faire progresser l'islamisation au sein de la société. L'islamisme est devenu plus explicitement politique au milieu du XXe siècle, comme en témoigne l'ascension de Sayyid Qutb, membre influent des Frères musulmans égyptiens.

1. Charles Butterworth, « Political Islam : The Origins », *Annals of the American Academy of Political and Social Science* 524, 1992, p. 26-37, ici p. 35.

Qutb a transformé les principes définissant la Confrérie en réinterprétant radicalement le passé et le présent. En qualifiant l'état des musulmans, en Égypte et ailleurs, de *jahiliyya* (l'ignorance préislamique, donc, impie), Qutb a soutenu que le véritable salut n'exigeait rien moins que le *jïhad* (la guerre juste). Cependant, contrairement à ce que prônaient par le passé les oulémas invoquant le *jïhad*, Qutb affirmait que les islamistes devaient se préoccuper non seulement de l'activisme social au niveau local, mais aussi de la politique elle-même – défier sans relâche l'État séculier dans le but ultime d'obtenir le pouvoir juridique nécessaire pour remodeler le droit et la société. Une telle position de confrontation a non seulement suscité la controverse dans les rangs de la Confrérie, mais elle a aussi entraîné la persécution de Qutb et une période de répression contre les islamistes égyptiens par le régime nassériste. Néanmoins, les écrits et, plus largement, l'influence de Qutb ont fait que, dans les années 1970, la plupart des islamistes traditionnels considéraient la politique comme indissociable de leur vocation sociale et religieuse.

La popularité croissante de l'islamisme en tant qu'idéologie de contestation a été ponctuée dans la région MENA par plusieurs événements exogènes qui ont affaibli les remparts de l'autoritarisme, en particulier la défaite arabe lors de la guerre israélo-arabe de 1967 et la révolution iranienne de 1979. Cette dernière a inspiré une nouvelle vague de militantisme islamiste, car elle a démontré que des activistes politiques forts de convictions religieuses pouvaient vaincre même les dictatures les plus puissantes soutenues par l'Occident. Les groupes islamistes – qu'ils soient pacifiques et engagés dans l'activisme politique, salafistes militants ou groupes plus extrêmes prêts à recourir à la violence – se sont imposés à la fin du XXe siècle comme la forme prédominante de la contestation politique. Il s'agissait là d'une tendance cohérente, mais pas monolithique. Car, premièrement, les groupes islamistes ne collaboraient pas partout pour former un front régional ; beaucoup se considéraient comme des adversaires et les divisions étaient profondes sur la base de l'identité nationale, des positions sur des questions controversées et des rivalités personnelles entre leurs dirigeants[1]. Deuxièmement, l'islamisme revêt des formes sunnites et *shī'a*. Alors que les Frères musulmans et leurs diverses sections, ou des groupes inspirés par eux comme Ennahda en Tunisie, appartiennent à la sphère sunnite, la République islamique d'Iran et le Hezbollah au Liban appartiennent à la sphère chiite. Il est important de reconnaître ce distinguo doctrinal, même s'il n'occupe pas une place centrale dans cette analyse.

Troisièmement, les islamistes ont joué des rôles politiques bien différents selon les pays. En Iran, l'islamisme a été le fondement de l'État postrévolutionnaire et a ainsi atteint le sommet du pouvoir politique. L'expérience sunnite n'a pas été couronnée de pareil succès. Si l'islamisme a été intégré au régime militarisé du Soudan et si des groupes

1. John Voll, « Relations Among Islamist Groups », dans *Political Islam : Revolution, Radicalism, or Reform ?* (dir. : John Esposito), Boulder, (CO) Lynne Rienner Publishers, 1997, p. 207-230.

politiques islamistes tels que le Hamas ont parfois réussi des coups d'éclat électoraux, nulle part avant le Printemps arabe un mouvement islamiste n'est parvenu à remporter des élections démocratiques et à faire accepter ce verdict des urnes par les autres forces politiques. Le modèle turc, avec la montée au pouvoir du parti islamiste l'AKP (*Adalet ve Kalkınma Partisi*, soit Parti de la justice et du développement), d'orientation islamiste conservatrice, a ceci de spécifique qu'il est rare, et qu'il est advenu en dehors du monde arabe.

En revanche, il a été d'une grande importance pour le monde arabe que la perspective de voir l'islamisme arriver au pouvoir ait provoqué en Algérie la guerre civile des années 1990, qui a opposé l'État militarisé à divers groupes islamistes, dont le plus visible était le Front islamique du salut. Ce conflit a envoyé des signaux différents à divers camps. Pour de nombreux islamistes, il représentait le danger d'être trahis après qu'ils eurent fait confiance aux autocraties en place pour honorer leur triomphe électoral ; pour des adversaires des islamistes, il signifiait au contraire la menace violente qui naissait de la permission donnée aux acteurs religieux de dominer et de façonner la politique. Il n'est donc pas surprenant que même les groupes et partis islamistes les plus pacifiques aient vu leur acceptation dans le monde arabe varier considérablement[1]. En effet, dans certains États, la

1. Amr Hamzawy et Marina Ottaway, « Islamists in Politics : The Dynamics of Participation », dans *Getting to Pluralism* (dir. : Marina Ottaway et Amr Hamzawy), Washington D.C., Carnegie Endowment for International Peace, 2009, p. 69-96.

réticence à l'égard de leur potentiel de mobilisation s'est traduite par des interdictions totales, comme en Libye, en Irak, en Tunisie, en Syrie et dans la plupart des royaumes du Golfe. Dans d'autres, les régimes autocratiques les ont tolérés dans l'arène politique, mais avec des restrictions ; c'était le cas, par exemple, en Égypte, en Jordanie, au Yémen, au Maroc et au Koweït.

Néanmoins, cette variété de traitement n'a pas empêché les islamistes de réaliser des avancées majeures pendant et après le Printemps arabe. Certaines de ces avancées ont été la conséquence de la chute d'anciennes autocraties et des excellents résultats obtenus par des islamistes dans les premières élections postrévolutionnaires, comme en Tunisie, en Égypte et en Libye. D'autres succès ont été le résultat de concessions faites et de réformes mises en œuvre par les régimes en place, comme au Maroc et en Égypte. Le Hamas en Palestine et le Hezbollah au Liban ont maintenu leur visibilité politique intérieure et leur base sociale. Et que certains pays aient fermement barré la route à toute nouvelle mobilisation islamiste, comme dans une grande partie du golfe Arabique et en Syrie, traduit bien la crainte profondément ancrée de nombreux régimes que tout relâchement de la répression ne permette une contestation qu'ils ne sauraient contrôler.

Mobilisation islamiste

À partir des années 1990, des chercheurs ont fréquemment décrit l'islamisme de façon métaphorique comme une vague de rage et de désir – la « revanche » de la société musulmane dont l'élan volontariste a prouvé sa force après des décennies de stagnation –, ou comme une « renaissance » de l'action sociale qui reflétait les valeurs religieuses mais exprimait aussi le désir des masses de pouvoir exprimer leur volonté en politique[1]. Plus concrètement, des chercheurs en sciences sociales ont soutenu que « l'avantage » islamiste observé dans les années 2000 était la conséquence logique de différents facteurs. L'un d'entre eux était le fonctionnalisme idéologique. Avec l'épuisement du nationalisme arabe dans les années 1970 (un déclin amorcé par la guerre israélo-arabe de 1967), la mort de Nasser et l'impossibilité de créer un État panarabe, l'islamisme est venu combler le vide idéologique en fournissant aux sphères publiques arabes un cadre global non seulement pour expliquer les crises modernes, mais aussi pour offrir une voie de salut au moyen de la lutte religieuse[2]. La défaite du communisme à l'issue de la guerre froide et le déclin des mouvements de gauche au Moyen-Orient après les années 1980 ont renforcé cette tendance. Vue sous cet angle, la politique islamiste mobilise le domaine des idées et de l'identité et atteint ainsi les individus à un niveau cognitif profond où elle engendre un haut degré de ferveur et d'engagement personnel[3].

---

1. Emmanuel Sivan, *op. cit.*, p. 353-364.

2. Adeed Dawisha, « Arab Nationalism and Islamism : Competitive Past, Uncertain Future », *International Studies Review* 2, 3, 2000, p. 79-90.

3. Cf. notamment François Burgat, *Face to Face with Political Islam*, 2e édition, Londres, I. B. Tauris, 2003, p. 24-58.

Un autre argument pointe le recul de l'État en raison des contraintes économiques. Bien que toujours capables de réprimer la société civile grâce à leurs énormes appareils coercitifs et services de sécurité, la plupart des États arabes ont été confrontés à de graves crises budgétaires après les années 1970 consécutives à la baisse de leurs rentes pétrolières et des aides reçues, à la croissance démographique et à l'épuisement naturel des stratégies de développement dirigées par l'État qui mettaient l'accent sur l'emploi dans le secteur public et sur des industries peu productives. Le « retrait » de l'État s'est traduit non seulement par une hausse du chômage, mais aussi par une déperdition de services dans l'éducation, la santé et d'autres domaines sociaux – des lacunes dans la vie publique et privée que les organisations islamistes se sont empressées de combler[1]. En somme, la loyauté politique reposait sur une base matérielle, et les islamistes ont pu s'assurer un soutien populaire parce qu'ils étaient plus performants que l'État dans son propre domaine social et économique. Ils ont surtout recruté parmi des citadins à revenus moyens, dont des étudiants et des salariés – le cœur de leur électorat dans la plupart des pays[2].

—

1. Sheri Berman, « Islamism, Revolution, and Civil Society », *Perspectives on Politics* 1, 2, 2003, p. 257-272.

2. Carrie Rosefsky Wickham, *Mobilizing Islam : Religion, Activism, and Political Change in Egypt*, New York, Columbia University Press, 2002 ; Janine Clark, *Islam, Charity, and Activism : Middle-Class Networks and Social Welfare in Egypt, Jordan, and Yemen*, Bloomington, Indiana University Press, 2004 ; et Mark Tessler, « The Origins of Political Support for Islamist Movements :

Enfin, d'autres chercheurs encore ont soutenu que les islamistes excellent en politique à cause de leur activisme de proximité et de leur pouvoir d'attraction. S'écartant du fonctionnalisme idéologique et des raisons matérielles, ces chercheurs font valoir que de nombreux partis islamistes, tels que les Frères musulmans et leurs greffons, ont appris à exceller, même dans des conditions de répression autoritaire. Ils exploitent les cycles électoraux législatifs, s'investissent à fond sur des questions décisives pour le vote, exposent la corruption des politiciens en place et calibrent leurs opérations en fonction des valeurs et des intérêts de leurs partisans potentiels[1]. Autrement dit, l'« avantage » des islamistes découle de leurs stratégies politiques et de la réputation générée par leurs différents partis et groupes lorsque ceux-ci participent aux élections ou déploient des efforts tactiques pour obtenir du soutien au niveau local[2].

Sans chercher à déterminer laquelle de ces explications est empiriquement la plus juste, on peut dire sans risque

—

A Political Economy Approach », dans *Public Opinion in the Middle East : Survey Research and the Political Orientation of Ordinary Citizens* (dir. : Mark Tessler), Bloomington, Indiana University Press, 2011, p. 25-55.

1. Tarek Masoud, *Counting Islam : Religion, Class, and Elections in Egypt*, New York, Cambridge University Pres, 2014 ; Nathan Brown, *When Victory Is Not an Option : Islamist Movements in Arab Politics*, Washington D.C., Carnegie Endowment for International Peace, 2012 ; et Lisa Blaydes, *Elections and Distributive Politics in Mubarak's Egypt*, New York, Cambridge University Press, 2010.

2. Melani Cammett et Pauline Jones Luong, « Is There an Islamist Political Advantage ? », *Annual Review of Political Science* 17, 2014, p. 187-206.

de déclencher des controverses qu'en tant que mouvements sociaux et organisations politiques, les entités islamistes telles que les Frères musulmans exercent leur influence simultanément dans des domaines idéologiques, économiques, sociaux et politiques. Leur endurance découle à la fois des défis et des restrictions auxquels sont confrontées leurs sociétés au sens large, et des décisions internes et des ressources mobilisées par les dirigeants islamistes pour réaliser des gains, y compris sous des conditions dictatoriales. Même lorsque les islamistes sont interdits, leur capacité à mobiliser de nombreux partisans laisse à penser qu'ils possèdent des compétences indéniables qui leur permettent de surpasser d'autres acteurs politiques. Par exemple, comme nous le verrons dans le chapitre 4, l'interdiction et la répression d'Ennahda sous le régime de Ben Ali pendant près de deux décennies n'ont pas entravé sa capacité à rivaliser avec les partis non islamistes, voire à remporter une majorité dans les premières élections postrévolutionnaires en Tunisie en octobre 2011.

Quels que soient les facteurs déterminants de leur popularité, les islamistes sont symboliquement liés par leur désir d'instaurer un ordre islamique idéal en reconstruisant la vie sociale et économique à partir de la sphère du pouvoir politique. Ils rejettent le sécularisme aussi bien sociétal que politique par principe idéologique, car l'éloignement des bases religieuses de la vie publique et privée est considéré comme l'héritage de la domination occidentale et de la corruption moderne. Ensuite, le sécularisme est aussi rejeté par nécessité institutionnelle : la revitalisation de l'islam et de la vie musulmane nécessitant le pouvoir d'État, il ne peut y avoir de résultat significatif si les acteurs religieux que sont les islamistes n'occupent pas les postes de commande ; l'islam est donc à la fois religion et État (*dīn wa-dawla*)[1].

Dans une perspective comparatiste, il importe de souligner que l'islamisme n'est pas un phénomène politico-religieux unique. Les orientalistes ont soutenu qu'il n'incarne rien d'autre que la tendance atavique des musulmans à rejeter la modernité et à se replier sur la ferveur religieuse en réponse aux défis politiques et économiques de la vie contemporaine[2]. Pourtant, comme le fait ressortir une étude, quand l'islamisme est rapporté à une expression du fondamentalisme religieux parmi d'autres – aux côtés de mouvements chrétiens, juifs, hindous et sikhs équivalents –, de stupéfiantes similitudes apparaissent : la nostalgie du passé, l'hostilité au pluralisme d'exégèse des textes sacrés et un manichéisme moral qui sépare le monde en deux, d'un côté les croyants et, de l'autre, les pécheurs, réprouvés ou corrompus[3]. La comparaison provocante de Goldberg entre le protestantisme

—

1. Gudrun Kramer, « Islamist Notions of Democracy », *Middle East Report* 183, 1993, p. 2.

2. Abdelwahab Meddeb, *The Malady of Islam* (traduit par Pierre Joris et Ann Reid), New York, Basic Books, 2003 ; Bernard Lewis, *The Crisis of Islam : Holy War and Unholy Terror*, New York, The Modern Library, 2003.

3. Gabriel Almond, R. Scott Appleby et Emmanuel Sivan, *Strong Religion : The Rise of Fundamentalisms around the World*, Chicago, University of Chicago Press, 2003, p. 92-110.

calviniste et les Frères musulmans souligne en outre cet autre point qu'ont en commun les communautés marginalisées : lancer des attaques radicales contre les pratiques religieuses conventionnelles afin de corriger les iniquités dues aux abus politiques autoritaires[1].

Nonobstant, compte tenu de l'aversion que la plupart des islamistes semblent éprouver à l'égard de la démocratie et de ses exigences sécularistes, il n'est pas étonnant que leur participation à la politique électorale suscite des craintes de théocratie[2]. Cette crainte n'est pas seulement le fruit d'une réaction à la vision islamiste du monde, elle résulte aussi d'une méfiance à l'égard des intentions des islamistes quant au respect des engagements démocratiques qu'ils ont pris, tels que maintenir l'échafaudage institutionnel de la démocratie après leur accession au pouvoir, protéger les droits de libre expression des groupes non islamistes par la suite, respecter le cadre constitutionnel de l'État et, enfin, accepter de céder le pouvoir s'ils perdent les élections à un parlement ou à un poste présidentiel qu'ils occupaient auparavant. En effet, la crainte d'une victoire des islamistes dans les urnes, alimentée par les cauchemars de la guerre civile algérienne et renforcée par le succès inattendu du Hamas aux élections palestiniennes de 2005, a souvent tempéré

---

1. Ellis Goldberg, « Smashing Idols and the State : The Protestant Ethic and Egyptian Sunni Radicalism », *Comparative Studies in Society and History* 33, 1, 1991, p. 3-35.

2. Cf. Bassam Tibi, *The Challenge of Fundamentalism : Political Islam and the New World Disorder*, Berkeley (CA), University of California Press, 1998.

l'enthousiasme des promoteurs occidentaux de la démocratie avant le Printemps arabe[1].

En réponse à cette crainte, des chercheurs ont souligné que l'engagement démocratique des islamistes était une entreprise transparente et qu'il ne devait pas être jugé différemment de celui des autres partis à motivation religieuse ailleurs dans le monde, y compris en Occident[2]. Par ailleurs, alors que le débat animé autour de l'hypothèse « inclusion-modération » – l'idée que l'inclusion des islamistes dans la politique démocratique modérera leurs tendances les plus extrémistes – continue d'évoluer, il est de plus en plus considéré comme établi que les partis islamistes qui participent *de manière répétée* aux élections ne se transforment pas en acteurs violents et autoritaires[3].

Toutefois, à l'instar des batailles d'interprétation sur le « vrai sens » de l'islam, les débats théoriques visant à déterminer si les islamistes sont véritablement des démocrates méritent d'être tempérés par une dose de réalisme pragmatique. Comme l'a montré le Printemps arabe, il est très peu probable que ceux qui s'opposent à l'islamisme sur la base de ses idées puissent le considérer soudain

—

1. Fareed Zakaria, « Islam, Democracy, and Constitutional Liberalism », *Political Science Quarterly* 119, 1, 2004, p. 1-20. L'argument de Zakaria a précédé la victoire du Hamas aux élections palestiniennes de 2005, mais a prédit l'antipathie de l'Occident à son égard.

2. Vickie Langohr, « Of Islamists and Ballot Boxes : Rethinking the Relationship between Islamism and Electoral Politics », *International Journal of Middle East Studies* 33, 4, 2001, p. 591-610.

3. Jillian Schwedler, « Can Islamists Become Moderates ? Rethinking the Inclusion-Moderation Hypothesis », *World Politics* 63, 2, 2011, p. 347-376.

comme une force démocratique au cours d'une seule campagne électorale ; et les islamistes ne peuvent pas faire grand-chose pour s'attirer les sympathies des politiciens et des groupes estimant que leur plateforme idéologique est contraire à la modernité. Certes, chaque camp peut, de son côté, séduire des électeurs indécis mais, en termes relationnels, aucun des deux concurrents au sein de l'arène politique ne se laissera convaincre, en un court laps de temps, de renoncer à son opposition à l'autre. Or les transitions sont souvent brèves et obligent ces acteurs à prendre rapidement des décisions cruciales et risquées concernant le nouveau gouvernement.

C'est là que réside tout l'intérêt du *pacting* en tant que solution aux conflits obstinés entre islamistes et non-islamistes – des conflits tout à fait compréhensibles puisqu'ils reflètent à la fois le contentieux sur l'interprétation religieuse et l'héritage peu glorieux laissé par les reconfigurations coloniales de la religion et de l'État.

En examinant la prétendue incompatibilité entre l'islam et la démocratie, nous venons de considérer plusieurs grands ensembles de textes essentiels à ce livre et qui nous ont permis de bâtir un nouveau cadre théorique. Nous avons passé en revue les principes de la théorie de la modernisation et du sécularisme, leur ancrage dans l'expérience occidentale et leur mise au service d'arguments orientalistes concernant le rejet supposé par l'islam de toute séparation entre la religion et la politique. Nous avons vu que les débats interprétatifs sur le « vrai sens » de l'islam puisent aux sources de la révélation divine, qu'ils sont riches et variés, mais qu'ils ne fournissent pas de mode d'emploi lors des transitions de régime quand des acteurs politiques concurrents peuvent avoir des conceptions divergentes du rôle de la religion dans l'État. Nous avons vu par ailleurs qu'au lieu de s'engager dans des disputes théologiques, il peut s'avérer plus productif de s'appuyer sur l'histoire pour explorer la manière dont les musulmans se sont adaptés à des circonstances politiques difficiles. Les domaines du *fiqh* et de la *sharīʿa*, ainsi que les concepts plus spécifiques de *siyāssa sharʿiyya* et de *maqāṣid al-sharīʿa* sont historiquement entrés en jeu. Ces deux dernières pratiques représentent des innovations qui témoignent des efforts que des musulmans ont entrepris pour reconfigurer leurs idéaux afin de mieux répondre aux défis complexes de la politique et du droit, ainsi qu'à des conditions socio-économiques difficiles. Ces pratiques découlent de l'interprétation des textes sacrés mais elles sont aussi des élaborations humaines visant à réconcilier les idéaux religieux et les réalités politiques, à l'instar de ce qu'accomplit la démocratie grâce au *pacting*.

Ensuite, ce chapitre a jeté les bases permettant de comprendre pourquoi la religion et la politique semblent aujourd'hui au cœur de tant de conflits dans une grande partie de l'Afrique du Nord et du Moyen-Orient. Les origines et la montée de l'islamisme s'expliquent par une variété de facteurs internes et externes, parmi lesquels l'ingérence occidentale et le colonialisme européen, les réponses locales à ce qui était perçu comme un déclin civilisationnel et la mobilisation sociale pour apporter un renouveau à la foi et à la vie musulmanes. En ce qui concerne les mouvements islamistes non violents et désireux de prendre le pouvoir politique (que nous avons appelés le « courant principal »), ils visent, sans ambiguïté, à occuper les sommets de l'État – tout comme les acteurs démocratiques lorsqu'ils ont la possibilité de recréer l'ordre politique après la fin d'une dictature de longue date. La méfiance les unes envers les autres de ces forces islamistes et non islamistes – due à leurs différences idéologiques, aux fossés historiques qui les séparent et à leurs désaccords politiques – est omniprésente et continuera de l'être. Par conséquent, tout changement de régime qui nécessite la refonte de la Constitution, la création de nouvelles institutions et la sélection de nouveaux dirigeants pendant une phase de transition entraînera inexorablement une rivalité féroce.

Dans ce contexte, que doivent faire les acteurs politiques ? Ni les islamistes ni leurs opposants ne vont abandonner leurs positions respectives quant à la forme du nouvel ordre politique qui conviendrait le mieux à leurs sociétés sur la base d'une argumentation théologique. Ces factions concurrentes ne peuvent pas non plus être forcées par un ordre venant d'en haut à travailler les unes avec les autres. Dans ces circonstances, ces rivaux politiques doivent apprendre à négocier et à faire des compromis moyennant des accords qui sont connus dans la littérature des sciences politiques sous le nom de « pactes ».

Le pacte, comme va l'expliquer en détail le chapitre suivant, apporte une réponse créative à une situation de blocage et au conflit qui, s'il n'est pas résolu, génère un potentiel de violence et de destruction mutuelles. Il ne s'agit pas d'une théorie de la démocratie, mais d'une voie *vers* la démocratie « théorisée » ou, si l'on préfère, pavée de théorie.

3

Une théorie des pactes démocratiques

Ce chapitre présente une théorie des transitions « pactées » telle qu'elles sont conçues en politologie comparative. Il s'appuie sur la littérature produite à ce sujet et sur des cas historiques pour expliquer pourquoi des négociations entre des élites qui sont des forces politiques concurrentes constituent, dans certaines conditions, le meilleur mode de transition pour sortir d'un régime autoritaire. Ce n'est pas la seule voie vers la démocratie et, comme tout dispositif de transition, le *pacting* souffre de certaines faiblesses. Cependant, il est peut-être le plus adapté à de nombreux États dans la région MENA compte tenu d'une concomitance particulière de facteurs qui y caractérisent de nombreuses arènes politiques au lendemain de l'effondrement des autocraties. Le constat sous-jacent à la notion de pacte dans des pays comme la Tunisie et l'Égypte est que, lorsque les dictatures en place sont chassées du pouvoir et que les groupes d'opposition s'efforcent de mettre en place un nouveau système, la question la plus saillante et la plus disputée entre les architectes de l'ordre politique postrévolutionnaire est celle de la religion. Comme l'a exposé le chapitre précédent, la montée en puissance des mouvements d'opposition islamistes au cours des cinquante dernières années et l'impossibilité de parvenir à un consensus sur l'interprétation des textes de référence de l'islam signifient que, lorsque des islamistes et des sécularistes se font face, il est peu probable qu'ils s'accordent sur des questions doctrinales – telles que la place de la foi en politique ou les principes d'organisation du droit – au seul moyen du discours théologique.

Si des islamistes et des sécularistes ne peuvent pas parvenir à un accord théologique sur la place de la religion en politique, comment la démocratie peut-elle être construite ? La théorie du *pacting* permet de comprendre *pourquoi* des acteurs hostiles surmontent leur inimitié réciproque pour arriver à des compromis raisonnables. Mais il est également nécessaire d'expliquer *comment* ils peuvent parvenir à cette imbrication de préférences partagées. À cette fin, l'analyse développée ici soutient que plusieurs conditions structurelles préalables ouvrent la voie à un pacte réussi entre élites politiques pendant des périodes d'incertitude. Le processus débute par une polarisation profonde entre islamistes et sécularistes du fait de l'extrême hostilité marquant leurs relations ; puis est instaurée une parité approximative de pouvoir entre ces deux forces, de telle sorte qu'aucune d'entre elles ne soit en mesure d'imposer unilatéralement sa volonté à l'autre, la première s'appuyant souvent sur la rue et la seconde se retranchant généralement dans les institutions politiques existantes ; enfin, une diversité normative, dans la mesure où les acteurs politiques ne sont pas nécessairement engagés en faveur du libéralisme ou de la démocratie dès le départ et doivent ainsi accomplir un grand écart idéologique pour parvenir à des accords négociés. Par ailleurs, ce chapitre envisage aussi des scénarios contrefactuels dans lesquels des compromis s'appuyant sur les élites échouent. Nonobstant, il arrivera à la conclusion que le *pacting* réussi est le gage le plus prometteur d'une démocratisation dans les pays du Moyen-Orient et de l'Afrique du Nord.

L'argumentation qui suit ne prétend pas que la théorie du *pacting*, tirant les leçons d'épisodes antérieurs de démocratisation, puisse être transposée dans la région MENA ou, plus largement, dans les pays musulmans sans aucune modification. À travers le temps et l'espace, des différences importantes apparaissent en ce qui concerne les acteurs politiques négociateurs de pactes : alors que, dans de nombreux cas antérieurs, de tels compromis avaient été conclus entre une opposition civique montante et un régime sortant qui avait perdu sa légitimité, le Printemps arabe a montré que, lorsqu'une autocratie est soudainement renversée, le pacte doit être conclu *entre* des forces d'opposition concurrentes. Ces forces d'opposition – notamment des islamistes et des sécularistes – peuvent chacune représenter différents types d'acteurs. En outre, la dictature déchue n'est pas nécessairement un acteur unitaire sur la défensive, étant donné que des vestiges de l'autocratie peuvent se reconstituer. Qui plus est, dans certains cas, comme en Égypte, des acteurs ayant un droit de veto, tels que l'armée, peuvent rester présents tout au long du processus de transition parce qu'ils sont l'épine dorsale institutionnelle de l'appareil d'État. Leur objectif n'est pas tant de rétablir l'ancien régime que de jouer les trouble-fête dans la dynamique de négociation en perturbant les interactions entre les groupes d'opposition, empêchant ainsi l'avènement de la démocratie.

De tels décalages empiriques, de telles nuances théoriques ne peuvent être ignorés, mais ils ne doivent pas pour autant obscurcir la proposition fondamentale avancée ici, à savoir : dans des ruptures révolutionnaires comme le Printemps arabe, le rôle de l'islam en politique représente l'axe principal de divergence entre les préférences idéologiques et politiques de ceux qui sont en situation de faire émerger le nouveau régime. Mais, comme nous allons le démontrer, ce qui semble théologiquement irréconciliable peut néanmoins devenir politiquement surmontable voire impératif grâce à la logique de négociation propre au *pacting*.

3.1. La théorie des pactes : origines et hypothèses

Les théories des pactes démocratiques sont nées de ce que les politologues – Samuel P. Huntington, en particulier – ont appelé la « Troisième Vague de démocratisation ». Celle-ci a débuté avec l'effondrement de la dictature de Salazar-Caetano au Portugal en 1974 et s'est achevée dans les années 1990 avec les transitions postcommunistes vers la démocratie[1]. L'expérience de quelque soixante régimes qui sont ainsi entrés en transition a convaincu de nombreux chercheurs que les notions dominantes de démocratisation – des notions fortement inspirées de la logique « poussive » de la théorie de la modernisation – ne parvenaient pas à saisir la réalité empirique, en particulier en Europe du Sud et en Amérique latine, où ont émergé les premiers exemples majeurs de démocratisation de la Troisième Vague. Le *pacting* a fait partie intégrante du développement de nouvelles théories de la transition démocratique (ou « transitologie »). Dans le précédent chapitre, le paradigme de la modernisation a déjà été décrit comme important pour la religion et la sécularisation. Mais il mérite d'être mentionné à nouveau ici en raison de ses implications dans le développement de la théorie du *pacting*.

Pour les théoriciens de la modernisation, la démocratie n'est qu'un bien public parmi d'autres, tous étroitement liés à un ensemble de réalisations culturelles,

1. La littérature sur la Troisième Vague est vaste. Parmi les textes de référence figurent, notamment : Samuel P. Huntington, *The Third Wave : Democratization in the Late Twentieth Century*, Norman (OK), University of Oklahoma Press, 1991, p. 3-30 ; Terry L. Karl et Philippe Schmitter, « Modes of Transition in South and Eastern Europe and South and Central America », *International Social Science Journal* 128, 1991, p. 269-284 ; Doh Chull Shin, « On the Third Wave of Democratization : A Synthesis and Evaluation of Recent Theory and Research », *World Politics* 47, 1, 1994, p. 135-170 ; Jørgen Møller et Svend-Erik Skaaning, « The Third Wave : Inside the Numbers », *Journal of Democracy* 24, 4, 2013, p. 97-109 ; et Stephan Haggard et Robert Kaufman, « Democratization during the Third Wave », *Annual Review of Political Science* 19, 2016, p. 125-144.

économiques et sociales qui se sont matérialisées progressivement. Les théories de la modernisation donnent à penser que les sociétés humaines ont évolué de manière linéaire à partir d'un stade initial de traditionalisme, généralement défini par une économie agraire, une structure de classes rigide, une technologie primitive et une autorité politique centrale faible[1]. Au fil du temps, deux processus connexes se sont enclenchés. Au niveau macroéconomique, l'industrialisation et l'urbanisation ont permis la percée décisive, sous la forme d'une classe moyenne, d'une nouvelle force sociale qui a commencé à donner la priorité aux biens politiques, tels que la liberté d'expression et la participation, plutôt qu'aux besoins matériels de base[2]. Au niveau microéconomique, l'augmentation des revenus et les progrès de l'éducation ont entraîné un changement de valeurs : les individus ont non seulement échappé à la domination impérieuse de la religion, mais ils se sont également engagés dans de nouvelles formes d'organisation sociale et civique qui, en retour, ont généré chez eux une plus

---

1. Seymour Martin Lipset, « Some Social Requisites of Democracy : Economic Development and Political Legitimacy », *American Political Science Review* 53, 1, 1959, p. 69-105 ; Zehra Arat, « Democracy and Economic Development : Modernization Theory Revisited », *Comparative Politics* 21, 1, 1988, p. 21-36 ; W. W. Rostow (dir.), *The Economics of Take-Off into Sustained Growth*, New York, St. Martin's, 1963.

2. Alex Inkeles, « Making Men Modern : On the Causes and Consequences of Individual Change in Six Countries », *American Journal of Sociology* 75, 1963, p. 208-25 ; et Karl W. Deutsch, « Social Mobilization and Political Development », *The American Political Science Review* 55, 3, 1961, p. 493-514.

grande volonté d'exprimer leurs préférences[1]. En fin de compte, dans une apparente harmonie de réciprocités imbriquées, cette trajectoire de modernisation a eu pour résultat une société capitaliste, individualiste, sécularise et *démocratique*[2].

Mais cette conception de la démocratisation par la voie de la modernisation peut être prise en défaut dès ses fondements théoriques – de nombreux analystes l'ont soutenu[3], et nous avons évoqué cet aspect-là dans le chapitre précédent[4]. L'archétype de l'être social moderne qui s'y dessine est une caricature sommaire, qui reflète davantage les aspirations normatives et les préjugés des chercheurs en sciences sociales que les expériences variées des pays en développement situés en dehors de la petite poignée de pays occidentaux (et, notamment, protestants) à partir desquels ont été énoncés les principes de la théorie de la modernisation. De la même manière, postuler que la démocratie nécessiterait comme préalable à son instauration certaines conditions sociales et culturelles est l'expression du parti pris extrême des « spécialistes

---

1. Arnold S. Feldman et Christopher Hurn, « The Experience of Modernization », *Sociometry* 29, 4, 1966, p. 379-395.

2. Ronald Inglehart et Christian Welzel, *Modernization, Cultural Change, and Democracy : The Human Development Sequence*, New York, Cambridge University Press, 2005, p. 34-37.

3. Hans Haferkamp et Neil J. Smelser (dir.), *Social Change and Modernity*, Berkeley (CA), University of California Press, 1992 ; Zehra Arat, *op. cit.*, p. 21-36 ; Axel Hadenius et Jan Teorell, « Cultural and Economic Prerequisites of Democracy : Reassessing Recent Evidence », *Studies in Comparative International Development* 39, 4, 2005, p. 87-106.

4. Cf. 2.1 – Sécularisme et sécularisation dans la tradition occidentale.

en sciences sociales ethnocentriques » dont la conception du développement s'apparente à un darwinisme glorifié et qui confondent corrélation et causalité[1]. Ils ignorent les multiples facteurs, des interventions mondiales aux spécificités religieuses, qui peuvent influer sur les relations sociales et économiques au sein des sociétés. Enfin, cette théorie de la modernisation est extrêmement déterministe et laisse peu de place à l'agentivité. Ainsi, la démocratie, définie par ses bases électorales et ses composantes idéologiques libérales, serait le résultat naturel du progrès humain dans les dimensions sociales et économiques, et non l'aboutissement délibéré d'acteurs politiques ayant fait des choix conscients et pris des décisions réfléchies.

Bien que cette théorie de la modernisation et la critique dont elle fait l'objet soient bien connues, elles méritaient d'être rappelées ici parce que ce paradigme a aussi servi de faire-valoir aux nouvelles théories de la transitologie et de la démocratie « pactée » dans les années 1980. Au cours de cette dernière décennie de la guerre froide, l'effondrement de l'autoritarisme au Portugal, en Espagne, dans une grande partie de l'Amérique latine et en Asie de l'Est a montré que l'émergence de nouveaux régimes démocratiques n'était pas le résultat de processus historiques profonds mais qu'elle résultait de causes plus contingentes, à savoir les décisions majeures prises par les élites politiques à la suite de l'effondrement de l'autocratie. Le

1. John Waterbury, « Fortuitous By-Products », *Comparative Politics* 29, 3, 1997, p. 383.

principal apport des théories du *pacting* – et, plus largement, la transitologie – est donc de souligner que l'avènement de régimes démocratiques peut résulter des seuls choix stratégiques d'un nombre relativement restreint d'acteurs humains sans qu'intervienne la puissance téléologique de forces macrostructurelles inhérentes à l'Histoire. Comme l'ont fait remarquer certains chercheurs, si la démocratie ne pouvait advenir que sous des conditions culturelles et économiques bien définies et n'étant présentes que dans une petite poignée de pays européens et anglo-saxons, les transitions de régime auraient été impossibles ailleurs – et pourtant, elles ont bien eu lieu[1], notamment en Amérique latine. En 1978, seuls trois pays au sud des États-Unis étaient des démocraties : le Costa Rica, la Colombie et le Venezuela. En 1992, quinze autres pays d'Amérique centrale, du bassin des Caraïbes et d'Amérique du Sud les avaient rejoints[2].

Ainsi un consensus académique a-t-il fini par se dessiner autour de cette idée que la démocratie pouvait advenir du seul fait de décisions humaines et non plus parce qu'un contexte historique prédéfini résultant

1. Cf., par exemple, les arguments développés dans l'introduction « Democratic Transition in Comparative Perspective » par Enrique Baloyra dans *Comparing New Democracies : Transition and Consolidation in Mediterranean Europe and the Southern Cone* (dir. : E. Baloyra), Boulder, Westview, 1987. Cf. également : James Malloy et Mitchell Seligson (dir.), *Authoritarians and Democrats : Regime Transition in Latin America*, Pittsburgh, University of Pittsburgh Press, 1987.

2. Frances Hagopian et Scott Mainwaring (dir.), *The Third Wave of Democratization in Latin America : Advances and Setbacks*, Cambridge, Cambridge University Press, 2005.

de longues évolutions le permettait – ce qui excluait *de facto* nombre de pays. Que la démocratie puisse résulter d'une *politique* observable et contingente a donné naissance à une nouvelle discipline, la transitologie – soit l'étude des transitions, c'est-à-dire des périodes qui séparent la chute d'un régime politique et l'instauration d'un autre[1]. Toutes les transitions n'aboutissent pas à la démocratie et, à regarder l'histoire, il apparaît que la plupart des transitions de régime annoncent simplement le remplacement d'un type d'autocratie par un autre – par exemple, quand un régime militaire cède la place à une dictature personnalisée, ou qu'une monarchie cède la place à un régime révolutionnaire à parti unique. Pourtant, au cours de sa première décennie, la Troisième Vague a englobé de multiples transitions dans différentes zones géographiques qui ont toutes abouti à une forme ou une autre de régime démocratique.

Une théorie du *pacting* a donc pris forme pour expliquer pourquoi et comment de telles transitions ont réussi. Il faut noter qu'elles se sont produites sans violence systémique. Elles n'étaient pas « révolutionnaires » dans le sens où elles n'ont pas été initiées par des soulèvements de masse qui auraient complètement reconfiguré l'État, l'économie et la société mais par des élites. Ces transitions mettaient l'accent sur l'autonomie et les choix d'un petit nombre de personnalités politiques jouissant d'une grande influence

1. Guillermo O'Donnell et Philippe Schmitter, *Transitions from Authoritarian Rule : Tentative Conclusions About Uncertain Democracies*, Baltimore (MD), The Johns Hopkins University Press, 1986, p. 6.

et d'une grande autorité telles que des généraux, des chefs de parti, des leaders d'opposition, des dirigeants municipaux, des leaders religieux ou des hauts fonctionnaires qui s'engageaient prudemment dans des négociations et des compromis concernant à la fois leur statut et les règles du nouvel ordre politique[1]. Sur le plan analytique, une telle théorie est stratégique dans la mesure où elle exige qu'une attention particulière soit prêtée aux mobiles et raisons pour lesquelles ces personnalités choisissent de coopérer ou non. Cela signifie qu'il faut se concentrer sur les ressources et le pouvoir que chaque « compétiteur » met en jeu, sur la marge de manœuvre et l'autonomie dont chacun dispose pour déterminer s'il va coopérer ou faire défection, et, enfin, sur les incitations stratégiques et les contextes de ces décisions, y compris les facteurs susceptibles de faciliter ou d'entraver la réussite d'un *modus vivendi*[2]. En somme, la transitologie a construit une théorie stratégique du pragmatisme et du choix qui met l'accent sur le fait que la démocratie peut être « élaborée » et qu'elle n'est pas nécessairement héritée ou donnée[3].

Soulignons que les transitions « pactées » ne représentent qu'une voie parmi d'autres pour aller d'un régime autoritaire vers la démocratie. Il existe autant

1. John Higley et Michael Burton, « The Elite Variable in Democratic Transitions and Breakdowns », *American Sociological Review* 54, 1, 1989, p. 17-32.

2. Donald Share, « Transitions to Democracy and Transition through Transaction », *Comparative Political Studies* 19, 4, 1987, p. 525-548.

3. Giuseppe Di Palma, *To Craft Democracies : An Essay on Democratic Transitions*, Berkeley (CA), University of California Press, 1990.

de *modes* de transition que de types de régimes[1]. Par exemple, les révolutions qui renversent tout un régime (et pas seulement ses dirigeants) et balayent les structures économiques existantes peuvent également, si les circonstances y sont favorables, instaurer la démocratie grâce à une mobilisation de masse. C'est ce qu'ont vécu de nombreux régimes postcommunistes en Europe centrale et orientale après 1989. Entre ces deux types de transition, l'un fondé sur une dislocation induite par les masses, l'autre sur l'élite et impliquant des négociations entre les dirigeants des principales factions politiques, il existe d'autres possibilités basées sur différents degrés de collaboration entre les régimes en place et les forces d'opposition, allant des coups d'État et des ruptures à la désintégration d'un régime ou à son subit effondrement[2]. La démocratie peut également résulter d'une imposition étrangère, notamment en cas de défaite militaire et d'une occupation étrangère subséquente. Comme va l'expliquer la fin de ce chapitre, le modèle « pacté » ne s'adapte pas à tous les contextes, car il repose sur un ensemble particulier d'hypothèses et tire parti de paramètres spécifiques au cours d'une période de transition pour réussir. Cependant, l'idée que nous cherchons à retenir ici est que les pactes ont été, et peuvent encore être, un mécanisme efficace grâce auquel des gouvernements

---

1. Gerardo L. Munck et Carol Skalnik Leff, « Modes of Transition and Democratization : South America and Eastern Europe in Comparative Perspective », *Comparative Politics* 29, 3, 1997, p. 343-362.

2. S. P. Huntington, *op. cit.*, p. 109-163.

démocratiques peuvent se former à la suite de l'échec d'un régime autoritaire.

Avant d'aborder les mécanismes de démocratisation par le *pacting*, il est nécessaire d'expliquer les quatre hypothèses sous-jacentes à cette théorie quant à la nature de la démocratie, aux acteurs de la transition et à leur prise de décisions. Premièrement, bien que la démocratie ait d'innombrables définitions, la plus opérationnelle est celle qui l'interprète en termes procéduraux plutôt que substantiels, c'est-à-dire moins comme une idéologie ou un ensemble de normes et de pratiques libérales, et davantage comme le moyen le plus efficace d'éviter la violence. Elle est conçue comme un « système de coexistence », qui exige une « élaboration attentionnée » parce qu'il faut *convaincre* les acteurs d'adhérer à l'idée qu'il est préférable de ne pas se fixer sur un résultat particulier, comme la victoire ou la défaite[1]. La compétition régulière par le truchement des élections est le meilleur moyen de résoudre pacifiquement les conflits entre les forces politiques, à condition que tous les acteurs acceptent de respecter les règles fondamentales du jeu, telles que la non-violence, la garantie que les élections expriment l'incertitude et que leurs résultats ne sont pas préétablis, et que tous les acteurs politiques peuvent participer à ce processus tant qu'ils ne commettent pas d'actes de violence pour exclure d'autres acteurs.

Par la démocratisation, les résultats politiques ne sont plus dictés par des régimes répressifs contrôlés par des

1. G. Di Palma, *op. cit.*, p. 41.

présidents autocratiques, des rois ou des généraux. Au lieu de cela, la démocratie « soumet tous les intérêts à la concurrence, à l'institutionnalisation de l'incertitude[1] ». De la sorte, elle n'impose aucune exigence générale sur le plan idéologique, sur les valeurs culturelles à privilégier ni la structure de la société ; elle exige seulement des participants la promesse que, s'ils perdent une lutte particulière, élection ou conflit politique, ils n'aient pas recours à des moyens tels que la violence ou un coup d'État pour rejeter les résultats. Cette primauté procédurale de la démocratie fait le pari de la raison : les perdants des élections et des débats politiques ont intérêt à accepter leur défaite dans un cadre institutionnel qui leur donne la possibilité de continuer à défendre leurs points de vue et leurs intérêts puis de tenter à nouveau de remporter la victoire à l'occasion du prochain épisode électoral prévu par la loi[2].

Deuxièmement, les élites politiques sont rationnelles. Elles sont capables d'ordonner logiquement leurs préférences par rapport aux résultats qui leur importent le plus et, à partir de là, elles sont susceptibles de choisir la ligne de conduite qui leur permettra d'atteindre leur objectif préféré ou de saper un ensemble d'institutions existant. Comme l'ont écrit J. Higley et M. Burton, « les élites sont des personnes et des groupes qui ont la capacité organisée de créer des problèmes politiques réels et continus », parce

---

1. Adam Przeworski, *Democracy and the Market : Political and Economic Reforms in Eastern Europe and Latin America*, New York, Cambridge University Press, 1991, p. 14.

2. *Ibid.*, p. 26-37.

qu'elles sont conscientes de leur influence et cherchent à l'utiliser régulièrement et sur le fond[1].

Alors que la capacité de prédiction des théories rationalistes du comportement politique a toujours fait l'objet de débats animés, invoquer ici la rationalité des élites jette les bases d'une affirmation qui, une fois énoncée, tombe sous le sens : quelle que soit leur orientation, elles partagent généralement un même rejet du pire résultat qui soit, à savoir leur propre destruction. Au fur et à mesure que les acteurs de ces élites acquièrent informations et connaissances, ils font des choix visant à éviter leur anéantissement. Même s'ils ont des vues divergentes quant à la manière de survivre, et des conceptions contradictoires concernant ce qu'il leur faut abandonner ou sacrifier, tous ont en commun cette borne rationnelle à leur prise de décision : leur survie. Conclure des pactes offre une solution à leur dilemme, car le compromis est évidemment préférable à l'extermination et constitue donc la « moins mauvaise » de toutes les options.

Troisièmement, l'incertitude est inhérente à de nombreuses transitions politiques, dans la mesure où les élites rivales ne connaissent pas nécessairement leurs capacités, calculs stratégiques ou objectifs ultimes respectifs. Cependant, les environnements d'incertitude peuvent être propices à la conclusion d'accords qui font avancer le processus de démocratisation. La logique de cette

1. John Higley et Michael Burton, *Elite Foundations of Liberal Democracy*, Lanham (MD), Rowman and Littlefield, 2006, p. 7.

démarche repose sur les présupposés déjà mentionnés, à savoir que la démocratie est une procédure permettant d'éviter la violence, et que les élites politiques sont des acteurs rationnels soucieux d'assurer leur survie à long terme. Si des élites politiques opposées élaborent les possibles règles d'un nouvel ordre politique, l'incertitude naît du fait qu'elles n'ont aucun moyen fiable de prédire qui gagnera ou perdra le plus dans telle ou telle configuration future. Elles disposent d'informations imparfaites. Par conséquent, la stratégie optimale consiste à investir pleinement dans des institutions et des règles qui protègent au maximum non seulement l'ensemble des personnes, mais aussi, voire surtout, toute force politique susceptible d'être marginalisée à la suite d'une défaite électorale. Car si les élites optent pour un système politique qui donne tout le pouvoir et toutes les ressources à la faction la plus puissante au détriment des autres, elles risquent d'en subir les conséquences si, à un moment, elles se retrouvent elles-mêmes reléguées au rang de faction faible. Étant donné leur incapacité à prédire l'avenir et leur souhait concomitant d'éviter autant que possible de disparaître en cas de défaite, la démocratie devient pour les élites le cadre le plus approprié. En somme, l'incertitude contribue à fournir des mobiles pour négocier l'avènement de la démocratie, qui est essentiellement un système permettant aux perdants de survivre pour pouvoir se battre de nouveau ultérieurement.

Enfin, contrairement à la tradition macrostructurelle de la modernisation qui met l'accent sur un ensemble de conditions préexistantes nécessaires, les théories de la démocratisation par le *pacting* énoncent généralement un seul préalable à la réussite des transitions : une compréhension commune à toutes les élites de ce que sont les frontières entre l'État et l'électorat de la nation[1]. Sans un accord sur les fondements de ce qui constitue leur pays, y compris la base juridique de sa souveraineté et les frontières territoriales qui délimitent les zones placées sous son autorité, les acteurs politiques ne peuvent pas s'attaquer aux questions de second ordre concernant les règles du jeu politique. Il est difficile de négocier le type de gouvernement à mettre en place s'il n'y a pas de consensus sur l'État que ce gouvernement devra théoriquement contrôler. De même, les élites doivent avoir une conception raisonnablement partagée de la citoyenneté et des limites de la nationalité. Bien entendu, des débats peuvent toujours éclater, et éclateront forcément, concernant le statut de groupes minoritaires ainsi que les droits sociaux et culturels de différentes entités infranationales. C'est sans doute inévitable dans des entités politiques marquées par la diversité. Cependant, pour aller jusqu'au bout de l'argument, les acteurs politiques ne peuvent pas délibérer sur les institutions de gouvernance s'ils ne se considèrent même pas les uns les autres comme des membres d'une même communauté nationale.

---

1. Dankwart Rustow, « Transitions to Democracy : Toward a Dynamic Model », *Comparative Politics* 2, 3, 1970, p. 337-363.

3.2. Le *pacting* : mécanismes et processus

La première partie de ce chapitre a présenté la généalogie théorique de la démocratie dite « pactée » dans le contexte de la transitologie. À présent, il convient d'en explorer les mécanismes et les processus.

La manière d'interpréter les principes théoriques et les concepts du *pacting* varie légèrement d'une étude à l'autre. Cependant, malgré ces différences à la marge, il est possible de dégager un modèle générique de la démocratisation « pactée » qui suit quatre étapes successives. Premièrement, le régime autoritaire en place subit une sévère perte de légitimité, qui entraîne une rupture de son autorité. Dans les cas d'école de la Troisième Vague en Europe du Sud et en Amérique latine, il y a toujours, à l'origine de la discontinuité autocratique, une « crise d'obsolescence historique », les contestataires du régime estimant que la crise fondatrice et les raisons légitimant le régime dictatorial sont devenues caduques[1]. La défaite militaire dans des guerres à l'étranger a joué un rôle pour certaines dictatures, par exemple en Argentine après la guerre des Malouines ou au Portugal, enlisé dans des guerres coloniales en Afrique. Dans d'autres cas, la maladie d'un chef d'État au pouvoir depuis longtemps peut créer des tensions par rapport à sa succession et à la pérennité du système autoritaire, comme en Espagne au cours des dernières années du régime franquiste. Une crise

---

1. Robert M. Fishman, « Rethinking State and Regime : Southern Europe's Transition to Democracy », *World Politics* 42, 3, 1990, p. 422-440, ici p. 435.

économique peut également être un élément déclencheur de l'effondrement d'un régime, compte tenu des difficultés que les récessions et les krachs financiers posent aux citoyens de la classe moyenne et de l'escalade de l'inégalité qui en résulte souvent[1]. Enfin, parfois, les causes de l'affaiblissement du régime agissent progressivement, comme au Brésil où une combinaison de difficultés économiques, d'activisme de la société civile et de conflits internes a fait évoluer la dictature militaire vers des réformes démocratiques.

Deuxièmement, pendant l'intervalle d'incertitude qui suit la crise de légitimité du régime en place et signale sa transition potentielle, un ensemble d'élites et de décideurs émerge et exerce une influence accrue sur l'avenir politique. Une interprétation classique divise ces élites en quatre camps : les partisans de la ligne dure et les partisans d'une ligne plus souple au sein du régime, et les modérés et les radicaux au sein de la société[2]. Ces qualificatifs décrivent des groupes ayant chacun des intérêts différents et n'encourant pas les mêmes risques politiques. Les partisans de la ligne dure veulent conserver le pouvoir et se retrancher à l'intérieur du régime, excluant ainsi tout changement démocratique. Les partisans d'une ligne plus

—

1. Mark J. Gasiorowski, « Economic Crisis and Political Regime Change : An Event History Analysis », *American Political Science Review* 89, 4, 1995, p. 882-897 ; Stephan Haggard et Robert Kaufman, *The Political Economy of Democratic Transitions*, Princeton, Princeton University Press, 1995 ; Daron Acemoglu et James Robinson, *Economic Origins of Dictatorship and Democracy*, New York, Cambridge University Press, 2006.

2. O'Donnell et Schmitter, *op. cit.*, p. 15-17.

souple sont leurs homologues réformistes ; ils estiment que le *statu quo* est intenable et qu'un type ou un autre de réformes, de concessions ou de négociations avec les contestataires est nécessaire. Au sein de la société – avec ses forces populaires, mouvements d'opposition et organisations civiques – la division entre modérés et radicaux s'opère de manière similaire. Les radicaux veulent s'emparer du pouvoir et éliminer l'ancien régime pour imposer un ordre politique entièrement nouveau. Les modérés se rapprochent des partisans d'une ligne plus souple au sein de l'État ; ils ne veulent pas un remplacement brutal, mais plutôt des changements mesurés grâce à des programmes réformistes et des accords réciproques. De l'avis de nombreux théoriciens, c'est lorsque les modérés des deux camps peuvent conclure des pactes que la démocratie émerge le mieux[1].

Ces alignements ne se recoupent pas à l'identique dans tous les contextes de transition. Par exemple, il n'y a pas toujours de scission au sein d'un régime entre, d'un côté, les partisans de la ligne dure et, donc, de la répression et, de l'autre côté, les partisans d'une ligne plus souple et, donc, de réformes. Par ailleurs, certains effondrements de régime se soldent par un pacte entre des acteurs représentant de nouvelles forces politiques et l'opposition déjà existante, et non avec les forces déchues de l'autocratie. Ce qui importe ici est moins la sémantique que la nature des acteurs en lice : en général,

1. Przeworski, *op. cit.*, p. 71-72.

une transition « pactée » confronte un ensemble d'élites dont chacune représente un vecteur puissant tandis que toutes cherchent à contrôler le jeu politique pendant une période de fluidité. De tels épisodes repoussent « les limites du choix contingent. [...] La dynamique de la transition tourne autour d'interactions stratégiques et d'arrangements provisoires entre des acteurs aux ressources de pouvoir incertaines ; elle vise à définir qui sera légitimement autorisé à participer au jeu politique, quels critères détermineront les gagnants et les perdants, et quelles limites seront imposées aux enjeux[1] ».

Troisièmement, le pacte lui-même doit être formulé. Les pactes sont des accords négociés exigeant des signataires qu'ils acceptent des compromis réciproques, souvent contrariants, mais aussi des clauses mutuellement contraignantes qui garantissent la préservation de leurs intérêts vitaux. Selon la première définition qu'ont proposée Guillermo O'Donnell et Philippe Schmitter, il s'agit d'un « accord explicite, mais pas toujours explicité ou justifié publiquement, entre un ensemble restreint d'acteurs qui cherchent à définir (ou, mieux, à redéfinir) les règles régissant l'exercice du pouvoir sur la base de garanties mutuelles pour les "intérêts vitaux" de ceux qui y adhèrent[2] ». Cela implique donc que chacun des acteurs du pacte, renonçant au désir primordial d'éliminer l'adversaire, soit capable de souscrire à ces « garanties

1. Terry L. Karl, « Dilemmas of Democratization in Latin America », *Comparative Politics* 23, 1, 1990, p. 1-21, ici p. 6.

2. O'Donnell et Schmitter, *op. cit*, p. 37.

mutuelles » assurant la survie de tous[1]. Ensuite, tous doivent apprendre à céder sur des questions politiques et institutionnelles qui, même si elles sont essentielles à la définition de leurs positionnements respectifs, nécessitent une conciliation pour pouvoir aller de l'avant. Ces arrangements concernent notamment ce qui assoit la conception du futur système politique : rédaction d'une nouvelle Constitution, promulgation de nouvelles lois, configuration d'un nouveau système électoral, ou encore séparation des pouvoirs entre les différentes institutions dirigeantes. Ils doivent également gérer l'héritage du régime déchu, y compris les crimes passés dont il faudra prévoir la réparation, les questions d'immunité judiciaire et les enquêtes sur les violations des droits de l'homme.

Bien entendu, ces décisions ne se prennent pas d'un seul coup. Elles résultent de confrontations et d'accords répétés entre les dirigeants des forces politiques qui cherchent à créer un nouvel ordre permettant la participation de tous. Ces interactions stratégiques à répétition induisent un processus d'apprentissage politique, les parties opposées commençant à mesurer le périmètre des actions autorisées ainsi que les exigences et les intérêts particuliers qui se chevauchent ou ne se recoupent pas. Ces moments d'apprentissage et d'autoréflexion au cours desquels des décideurs de premier plan se découvrent mutuellement sur le plan idéologique sont donc essentiels. Ce sont des moments d'inflexion où les acteurs comprennent que,

1. *Ibid.*, p. 40.

même s'ils voulaient imposer leur vision du nouvel ordre à tous les autres, ils ne le pourraient peut-être pas, et que la poursuite du conflit entraînerait possiblement leur disparition.

Parce que de tels accords sont souvent conclus de manière itérative et partielle à la faveur de diverses réunions et ententes, il n'existe généralement pas de document unique consacrant le pacte en tant que tel, qui se réfère métaphoriquement à l'accord général auquel sont parvenus tous les acteurs politiques sur les règles et les limites du processus de transition. En ce sens, les pactes sont nécessairement des accords provisoires, car ils régissent simplement les attentes et le statut de ceux qui guident la transition vers la démocratie ; ils n'incluent pas toutes les règles complexes de la politique, par exemple l'ensemble de la législation à adopter. Ils sont également susceptibles de poser des limites à ce qui doit être négocié en excluant les points les plus litigieux, tels que l'identité religieuse, la redistribution économique ou la politique étrangère. Ce sont des questions cruciales que le futur gouvernement devra aborder. Mais, comme elles ne peuvent être résolues à court terme, il est préférable de ne pas les inscrire tout de suite à l'ordre du jour. En outre, les pactes étant des mécanismes d'élite, ils sont également très exclusifs dans la mesure où ils sont circonscrits aux principales élites décisionnelles, ce qui isole le processus politique de toute autre contribution pendant les périodes de transition. Certes, cela prive d'expression une grande partie de la société mais, dans le même temps, si les modérés de chaque camp parviennent à se coordonner, les factions extrêmes qui pourraient condamner à l'échec la transition n'auront pas davantage voix au chapitre.

Quatrièmement, le pacte doit être respecté pendant les mois et les années qui suivent les accords initiaux, ce qui correspond généralement à la rédaction d'une nouvelle Constitution, ainsi qu'à la tenue d'un premier scrutin voire, parfois, d'un deuxième. Cette période peut être plus ou moins longue ; par exemple, la transition négociée au Brésil a commencé au milieu des années 1970 et s'est prolongée jusqu'en 1985, tandis qu'en Argentine elle n'a duré que quelques années, jusqu'à l'abandon du pouvoir par les militaires en 1983. Quel que soit le cas de figure, le succès de ces accords exige que les acteurs politiques ne reviennent pas sur leurs engagements. Il n'est pas nécessaire que le pacte fasse l'objet d'un consensus auprès de toutes les opinions et forces représentées par les élites. Il faut simplement qu'aucune faction majeure ne cherche à faire échouer le processus, par exemple en proclamant son invalidité, ou en recourant à la violence. Mais cela ne veut pas dire que le pacte lui-même est statique : les accords peuvent être reformulés pour s'adapter à de nouvelles conditions et pour réagir à des crises imprévues. Toutefois, la base qui sous-tend les compromis auxquels les acteurs sont parvenus doit rester la même.

Dankwart Rustow a appelé ce type d'élan ayant tendance à se perpétuer à la faveur d'engagements réciproques l'« habituation[1] ». Les acteurs s'habituent à un ensemble de règles au fur et à mesure qu'ils comprennent, sous la contrainte des accords conclus, ce qui est possible et ce qui ne l'est pas. Par ailleurs, comme le fait de dialoguer avec des antagonistes est rationalisé et intériorisé au fil du temps, les participants au pacte sont aussi moins susceptibles d'abandonner le processus. Les élites politiques doivent dépenser des ressources et du capital pour convaincre leurs partisans que la négociation est préférable à la lutte, de sorte qu'il leur devient de plus en plus coûteux de s'écarter soudainement de cette voie lorsque les nouvelles lois et institutions se concrétisent. Qui plus est, la masse de leurs partisans s'investit elle-même dans ces arrangements. Ainsi, progressivement, ce qui était au départ une affaire d'élite devient une dynamique sociale plus large. Les groupes sociaux s'impliquent dans le nouveau jeu politique et préfèrent également la normalité de la paix à l'incertitude d'un conflit prolongé qui caractérisait les périodes précédentes.

Sur le plan pratique, l'habituation créée par le *pacting* signifie que les acteurs respectent en général non seulement le résultat des premières élections démocratiques post-transition, mais aussi celui des élections suivantes, de sorte qu'un schéma institutionnalisé de conformation se met en place. La littérature sur la consolidation démocratique aborde cette question et, même si celle-ci dépasse le cadre de notre étude, elle mérite d'être mentionnée ici. La

1. D. Rustow, *op. cit.*, p. 358.

transition démocratique est considérée comme « consolidée » quand elle est si bien enracinée et intégrée qu'aucun acteur politique majeur n'envisage sérieusement d'en sortir[1]. Les experts ne s'accordent pas tous pour déterminer où, précisément, se situe le seuil d'une démocratie consolidée. Selon certains, il est atteint quand la culture politique dominante a définitivement éliminé la menace d'un retour en autocratie initié par un parti ou un acteur non démocratique. Pour d'autres, ce seuil n'est franchi qu'après deux élections réussies avec, par la suite, des transferts pacifiques de pouvoir entre des partis opposés[2]. La réussite durable de la démocratie passe nécessairement par la consolidation, mais la réussite de la consolidation elle-même peut dépendre d'un ensemble de variables très différent de celui requis pour la démocratie. Par exemple, quand la transitologie en était encore à ses débuts, ses théoriciens se sont rendu compte que, si les choix à court terme des élites pouvaient entraîner un règlement démocratique provisoire, des facteurs structurels qu'ils auraient ignorés – tels que l'homogénéité ethnique, le

—

1. Ben Ross Schneider, « Democratic Consolidations : Some Broad and Sweeping Arguments », *Latin American Research Review* 30, 2, 1995, p. 215-234 ; Andreas Schedler, « Measuring Democratic Consolidation », *Studies in Comparative International Development* 36, 1, 2001, p. 66-92 ; Karen Dawisha et Bruce Parrott (dir.), *The Consolidation of Democracy in East-Central Europe*, New York, Cambridge University Press, 1997.

2. Le « test de la double alternance » continue d'être utilisé comme critère informel d'une consolidation démocratique puisqu'il prouve que dans une transition démocratique non seulement les gagnants mais *aussi* leurs antagonistes se conforment aux règles constitutionnelles. Cf. Huntington, *op. cit.*, p. 267.

développement économique, les normes culturelles, la société civile et les héritages historiques – risquaient d'exercer un certain effet sur l'évolution et les perspectives à long terme de la nouvelle démocratie[1]. Ce constat est particulièrement important pour le cas de la Tunisie, qui connaît une restauration autoritaire depuis 2021. En effet, si ce livre explique pourquoi les islamistes et les non-islamistes tunisiens ont été en mesure d'opérer une transition, il n'explique pas pourquoi cette démocratie embryonnaire ne s'est pas consolidée après le milieu des années 2010. À la démonstration qui est faite ici, il faut donc ajouter que la réussite d'une transition « pactée » n'est jamais irréversible. La Tunisie nous rappelle qu'une démocratisation n'est pas à l'abri de lendemains moins enchanteurs.

Il importe d'être clair sur ce point : la présente étude, fondée sur la transitologie, n'a pas pour but de présenter une thèse globalisante postulant une résilience *ad vitam aeternam* des systèmes démocratiques dans les pays à majorité musulmane de la région MENA. Notre propos est plutôt d'examiner les perspectives de la démocratie dans ce cadre géographique au moment où elle devient un choix viable, c'est-à-dire pendant la période de transition qui suit l'effondrement d'une autocratie. Le pacte est, pour

—

1. Cf., notamment, Larry Diamond, Juan Linz, et Seymour Martin Lipset, « Introduction : Comparing Experiences with Democracy », dans *Politics in Developing Countries : Comparing Experiences with Democracy* (dir. : L. Diamond, J. Linz et S. M. Lipset), Boulder (CO), Lynne Rienner Publishers, 1992, p. 1-37.

les élites, un moyen de rendre la consolidation possible au-delà de la phase de transition.

Le *pacting* est essentiellement, nous l'avons vu, une stratégie de survie dans un contexte où des factions politiques concurrentes s'efforcent de prendre le contrôle du système pendant les périodes d'incertitude et de tension. Leurs accords sur le partage des prérogatives décisionnelles et leurs compromis au sujet des nouvelles institutions permettent aux rivaux de s'installer dans un équilibre difficile mais durable. Ils transforment ainsi ce qui apparaît initialement comme des jeux à somme nulle en scénarios à somme positive, dans lesquels aucune des parties n'est en mesure d'atteindre son objectif principal, à savoir l'élimination de l'autre, mais où chacune trouve son compte dans l'option la « moins mauvaise » (ou, si l'on veut, la deuxième « meilleure option ») qu'est la tolérance mutuelle. Si la réussite d'un pacte entre factions rivales est favorisée par un ensemble particulier de conditions politiques qui caractérisent la période de transition, l'absence de ces dernières ne rend pas le pacte impossible, toutefois leur confluence augmente la probabilité que, malgré un contexte d'incertitude et de concurrence, les élites politiques soient en mesure de négocier et de pactiser. Ce faisant, elles se préservent mutuellement tout en préparant le terrain pour une nouvelle Constitution, des élections fondatrices et d'autres bases institutionnelles nécessaires à un ordre démocratique émergent.

Pour qu'une transition « pactée » soit possible, il faut que trois paramètres en particulier soient réunis.

Premièrement, une *profonde polarisation idéologique* des factions politiques dont chacune porte un projet apparemment incompatible avec les autres projets pour le type de système post-transition qui conviendrait le mieux au pays. Cette polarisation peut découler d'un conflit sur des identités, des idéologies ou des valeurs irréductibles. Chaque faction considère ses objectifs comme holistiques et indivisibles, et les élites rivales comme des ennemis implacables qu'il faut détruire. Par exemple, en Amérique latine, du milieu des années 1970 jusqu'à la fin des années 1980, ce clivage portait sur un profond schisme idéologique entre les dictatures de droite et les forces sociales de gauche[1]. Pendant la guerre froide, ce schisme était la principale ligne de partage au sein de nombreux États autoritaires. Les dictatures de droite en Europe du Sud et en Amérique latine ont quasiment fait la guerre aux forces sociales associées à la gauche, telles que les mouvements étudiants, les groupes intellectuels ou les syndicats de travailleurs.

Un tel clivage est également apparu en Afrique du Sud au cours de sa transition « pactée » au début des années 1990, au sujet de l'identité raciale. La démocratisation de l'Afrique du Sud s'est déroulée dans un contexte où différentes élites, représentant soit le régime de la minorité blanche soit le Congrès national africain (ANC – African National Congress), s'efforçaient de trouver un terrain d'entente sur la répartition du pouvoir

1. Pour plus de détails sur ces conflits gauche-droite, cf. James Malloy et Mitchel Seligson (dir.), *op. cit.*

et les droits de propriété économique dans l'ère postapartheid. De prime abord, aux yeux de la plupart des chercheurs, l'Afrique du Sud ne semblait pas être un bon candidat pour une transition démocratique. Compte tenu d'une discorde interne vicieuse, chaque partie considérait l'autre comme un obstacle à abattre : ces factions n'avaient pas pour but initial la construction de la démocratie mais visaient uniquement la conservation ou la conquête du pouvoir, et l'anéantissement de la partie adverse[1].

Le deuxième paramètre d'une transition « pactée » réussie est *la parité de pouvoir*, c'est-à-dire une situation dans laquelle les principaux groupes concurrents ne peuvent imposer unilatéralement leur volonté à leurs rivaux parce que leurs ressources sont à peu près équivalentes. Cela ne veut pas dire que ces groupes sont parfaitement égaux ; seulement, aucun d'entre eux n'est en mesure d'anéantir ses adversaires. Ils sont incapables de le faire parce qu'aucun ne possède, pour sortir victorieux, un avantage aussi définitif qu'une richesse bien plus grande, le monopole de la coercition ou un soutien populaire largement supérieur[2]. Il en résulte un dilemme apparemment insoluble. Troisièmement, pendant les périodes de transition, les rivaux ne connaissent pas forcément tout l'éventail des pensées ou des décisions des autres élites. En même temps, ils doivent trouver

1. Terry L. Karl, *op. cit.*, p. 7-8.

2. Dankwart Rustow parle à ce propos d'une « phase préparatoire ». Cf. Rustow, *op. cit.*, p. 352-355.

un équilibre entre leur objectif dans l'absolu, qui serait d'emporter la mise et de détruire l'autre, et l'impératif primordial qu'est leur survie.

La parité de pouvoir produit donc une impasse qui est sa conséquence logique et qui, lorsque la parité perdure, ouvre la possibilité d'un pacte dans la mesure où elle oblige les factions politiques à reconnaître que la poursuite sans fin de leur conflit ne permettrait que deux issues possibles : soit le triomphe des uns sur tous les autres, soit une lutte continue aboutissant à la disparition mutuelle[1]. En revanche, si la parité de pouvoir ne prévaut pas parmi les élites politiques, c'est-à-dire si une faction dispose de ressources – au sens large – bien supérieures à celles de son adversaire, seule la partie faible trouvera son intérêt à négocier. L'impasse est toujours possible, car les deux parties peuvent ne pas parvenir à un compromis. Mais, face à une telle impasse, la partie la plus forte va chercher à s'imposer grâce à ses moyens supérieurs en déjouant les plans de la partie faible et en négligeant ses demandes, bref : en entrant dans un conflit ouvert qu'elle pense être en mesure de gagner.

Le troisième paramètre d'une transition « pactée » est la diversité normative, c'est-à-dire des *désaccords sur le fond.* Les acteurs politiques d'une transition tirent leurs programmes et leurs convictions de principes et d'idéologies opposés. Certains peuvent être des démocrates libéraux, d'autres non. Mais aucun d'entre eux ne bénéficie d'un

---

1. G. Di Palma, *op. cit.*, 1990, p. 28-30.

soutien populaire sinon unanime du moins si massif qu'il pourrait s'imposer pendant la transition comme successeur de l'ordre autoritaire. Un contre-exemple, pour mettre cet argument en perspective : dans les transitions postcommunistes, les désaccords normatifs étaient limités parce qu'une grande partie de la société considérait que les anciens régimes n'avaient plus aucune légitimité. Par conséquent, quel que fût l'ordre alternatif émergent, il devait être *non communiste.*

L'existence d'une diversité normative parmi les acteurs politiques postautoritaires libère les pays en transition de toute prétendue obligation de puiser aux mêmes sources du libéralisme démocratique. Des élites peuvent apprendre à coexister et à mettre en place des institutions et des règles aboutissant finalement à un ordre démocratique, quand bien même certaines d'entre elles apparaîtraient non démocrates aux yeux de ses rivaux. Après tout, si les élites devaient au préalable souscrire à l'unisson à la même culture démocratique libérale, elles n'auraient pas été en mesure de pactiser dans des pays dépourvus de fortes traditions démocratiques et d'héritages historiques[1]. Pourtant, il y a bien eu démocratisation en Espagne ou au Portugal, ainsi que dans d'autres pays de la Troisième Vague qui n'avaient guère

1. Michael Burton, Richard Gunther et John Higley, « Elites and Democratic Consolidation in Latin America and Southern Europe : An Overview », dans *Elites and Democratic Consolidation in Latin America and Southern Europe* (dir. : John Higley et Richard Gunther), New York, Cambridge University Press, 1992, p. 339-340.

de passé démocratique, tels que la Mongolie ou Taïwan, ou plus tard le Myanmar, avant que les militaires n'y reprennent le pouvoir. Au contraire, comme l'avait prédit Dankwart Rustow des décennies avant ces transitions de régime, « la démocratie [...] a été un sous-produit fortuit de la lutte » – la *lutte* servant de mécanisme de production, en lieu et place d'engagements normatifs au préalable[1].

Quand il y a dissension normative, les élites rivales peuvent passer des grandes questions d'unité idéologique aux décisions procédurales visant les règles, les lois et les élections pour la mise en place d'un nouvel ordre. Le pacte leur permet de mettre de côté leurs engagements philosophiques et de reconnaître l'importance des négociations pratiques qui font avancer la politique de manière itérative et progressive. Ce faisant, les élites se rendent compte que le compromis le plus important est d'accepter l'existence de l'autre. Un pacte de démocratisation exige que les différentes parties honorent cet engagement mutuel, même s'il les contrarie à court terme ; mais, en contrepartie, il permet à chacune de préserver son avenir politique[2].

Les paramètres contextuels que nous venons de passer en revue expliquent ce qui incite à négocier pour parvenir

1. D. Rustow, *op. cit.*, p. 353.

2. John Waterbury, « Democracy without Democrats ? The Potential for Political Liberalization in the Middle East », dans *Democracy without Democrats ? The Renewal of Politics in the Muslim World*, (dir. : Ghassan Salamé), Londres, I. B. Tauris, 1994, p. 23-47.

à des règlements politiques quand les élites d'un pays en transition sont enfermées dans un conflit inextricable. La peur de disparaître et l'impératif de survie motivent la décision de faire des compromis.

3.3. Des transitions « pactées » à partir de dictatures hégémoniques

Ainsi que nous l'avons mentionné, le *pacting* n'est qu'une voie parmi d'autres pour conduire à la démocratie ; il n'y a pas de formule magique valable partout et de tout temps qui puisse la faire advenir, et les modes de démocratisation varient fortement dans les différentes régions du monde. Il n'est donc pas très difficile de comprendre pourquoi les études de transitions « pactées » ont perdu de leur prééminence en politologie comparative au cours des années 1990. Et l'on comprend aussi pourquoi les chercheurs n'ont pas traité les cas de changement de régime lors du Printemps arabe à travers le prisme de la transitologie.

La démocratie « pactée » est un paradigme qui s'est imposé à l'étude des transitions de régime pendant la première décennie de la Troisième Vague, notamment en Europe du Sud (en particulier au Portugal et en Espagne) et en Amérique latine. En revanche, les changements de régime au cours des années 1990 n'ont pas impliqué de pacte, car l'équilibre des pouvoirs entre les acteurs politiques et les conditions institutionnelles dans les pays où ils se sont produits était très différent des cas ibériques et sud-américains[1]. Par exemple, les régimes à parti unique des pays d'Europe centrale et de l'Est étaient tellement dépendants de l'Union soviétique que l'effondrement de celle-ci a entraîné leur fin abrupte à la suite du raz-de-marée de la contestation populaire. Ces révolutions reposaient sur *l'imposition* de règles par une opposition relativement unifiée et victorieuse sur des dictatures en ruine, et non sur des compromis négociés entre des élites en lutte les unes avec les autres[2]. Quant aux nombreux régimes autocratiques d'Afrique subsaharienne, ils reposaient si fortement sur des réseaux personnels et des clivages tels que des rivalités ethniques que les transitions ont souvent été militaires et menées par des moyens violents, ce qui mettait en évidence la fragilité des institutions étatiques existantes[3].

Nous venons de le dire : il y a des variations selon les parties du monde considérées. Mais il est néanmoins surprenant que les chercheurs n'aient pas recouru à la transitologie en réponse au Printemps arabe. Car les conditions politiques qui prévalent dans de nombreux

—

1. Michael McFaul, « The Fourth Wave of Democracy and Dictatorship : Noncooperative Transitions in the Postcommunist World », *World Politics* 54, 2, 2002, p. 212-244 ; Grzegorz Ekiert et Stephen Hanson (dir.), *Capitalism and Democracy in Central and Eastern Europe : Assessing the Legacy of Communist Rule*, New York, Cambridge University Press, 2003.

2. Valerie Bunce, « Rethinking Recent Democratization : Lessons from the Postcommunist Experience », *World Politics* 55, 2, 2003, p. 167-192.

3. Michael Bratton et Nicolas Van de Walle, « Neopatrimonial Regimes and Political Transitions in Africa », *World Politics* 46, 4, 1994, p. 453-489 ; Staffan Lindberg, *Democracy and Elections in Africa*, Baltimore (MD), The John Hopkins University Press, 2006.

régimes autoritaires du Moyen-Orient font que les ouvertures les plus probables vers la démocratie se produisent dans le cadre d'accords négociés. La caractéristique récurrente de ces dictatures régionales est en effet leur nature *fermée*. Il s'agit d'autocraties hégémoniques plutôt que compétitives. Autrement dit, même si nombre de ces régimes tolèrent certains espaces de pluralisme civique et de débat ouvert, avant le Printemps arabe pratiquement aucun d'entre eux ne permettait une véritable compétition pour le pouvoir à travers l'organisation d'élections que l'opposition aurait eu la moindre chance de remporter.

Les autocraties compétitives représentent une forme hybride de gouvernance, typique pour la période de l'après-guerre froide. Au cours des années 1990, les théoriciens de la démocratisation ont en effet mis en évidence un changement majeur dans la trajectoire de l'autoritarisme. La fin de la guerre froide a transformé le système international, le communisme n'étant plus un adversaire crédible pour la démocratie libérale. Les luttes idéologiques ont ainsi partout changé et, d'une manière générale, cela s'est manifesté, pour tous les gouvernements, par la montée en puissance de normes et d'attentes spécifiques telles que le respect des droits de l'homme, une plus grande obligation à rendre des comptes aux citoyens et la centralité de la compétition politique. En somme, la démocratie s'est imposée en l'absence d'autre alternative. Ce triomphe apparent du libéralisme occidental s'est ancré à l'échelle mondiale par la diffusion de valeurs démocratiques, qui se sont répandues dans les espaces régionaux grâce aux liens structurels entre les médias, l'éducation, le commerce et les moyens de communication[1].

Ces efforts ont été soutenus par des actions concertées d'institutions visant à promouvoir la gouvernance démocratique. En témoignent le rôle et les missions élargies d'organisations régionales telles que l'Union européenne ou l'Organisation des États américains, et le magistère prodémocratique qu'ont assumé des institutions multilatérales comme les Nations unies[2]. L'essor d'une véritable « industrie de la promotion de la démocratie » grâce aux politiques étrangères occidentales, grâce aussi à la société civile transnationale et aux nouvelles pratiques telles que l'envoi d'observateurs électoraux, a amplifié et généralisé les pressions exercées sur les dictatures récalcitrantes[3]. En récompensant les nouvelles démocraties

1. Jeffrey Kopstein et David Reilly, « Geographic Diffusion and the Transformation of the Postcommunist World », *World Politics* 53, 1, 2000, p. 1-37 ; Kristian Skrede Gleditsch et Michael Ward, « Diffusion and the International Context of Democratization », *International Organization* 60, 4, 2006, p. 911-933 ; Mark Beissinger, « Structure and Example in Modular Political Phenomena : The Diffusion of the Bulldozer/Rose/Orange/Tulip Revolutions », *Perspectives on Politics* 5, 2, 2007, p. 259-276.

2. Jon Pevehouse, *Democracy from Above : Regional Organizations and Democratization*, New York, Cambridge University Press, 2005 ; Paul Poast et Johannes Urpelainen, « How International Organizations Support Democratization : Preventing Authoritarian Reversals or Promoting Consolidation ? », *World Politics* 67, 2015, p. 72-113.

3. Michael Cox, G. John Ikenberry, et Takashi Inoguchi (dir.), *American Democracy Promotion : Impulses, Strategies, and Impacts*, Oxford, Oxford University Press, 2000 ; Thomas Carothers, *Critical Mission : Essays on Democracy Promotion*, Washington D.C., Carnegie Endowment for International Peace, 2004 ; Susan Hyde, *The Pseudo-Democrat's Dilemma : Why Election Observation Became an International Norm*, Ithaca, Cornell University Press, 2011.

par une aide extérieure et en ostracisant les autocraties pour leur retard en matière de démocratie, les États-Unis et d'autres acteurs ont cherché à faire progresser ce type de gouvernance par le biais de mécanismes politiques.

Bien entendu, l'histoire ne s'est pas arrêtée là pour les adeptes de l'autoritarisme. Nombre d'entre eux se sont adaptés au nouvel environnement géopolitique en absorbant ou en détournant les pressions en faveur du changement. En général, cela a pris la forme d'une libéralisation partielle ou d'une expansion modeste des libertés publiques, comme l'organisation régulière d'élections (pas toujours régulières), la légalisation d'une partie de l'opposition et de la société civile, ou encore la création d'institutions démocratiques de pure forme[1]. Certains domaines du pouvoir d'État, tels que le système judiciaire et les services de sécurité, sont souvent restés entre les mains des élites au pouvoir. En outre, la condition *sine qua non* de la démocratie – les élections – n'a jamais été remplie de façon équitable. Les partis au pouvoir et les élites du régime ont toujours pipé les dés en leur faveur moyennant diverses manipulations, telles que le redécoupage des circonscriptions, la monopolisation des médias, la répression plus ou moins sélective des opposants, le clientélisme ou les subventions accordées à leurs seuls partisans, autant de moyens de s'assurer un avantage avec lequel l'opposition démocratique ne

---

1. Marina Ottaway, *Democracy Challenged : The Rise of Semi-Authoritarianism*, Washington D.C., Carnegie Endowment for International Peace, 2003.

pouvait pas rivaliser[1]. Néanmoins, cette adaptation à la pression prodémocratique a introduit suffisamment de concurrence, d'incertitude et d'espaces de mobilisation pour permettre à certaines forces d'opposition d'être compétitives, voire d'accéder au pouvoir en délogeant les anciens titulaires grâce à des victoires électorales. Bien qu'il subsiste un débat quant à savoir si cette hybridité est stable ou si elle représente seulement une phase transitoire entre une dictature pire que la précédente après une restauration autoritaire et une plus grande démocratie, ce qui importe ici est de retenir qu'un nouveau type de régime a émergé.

Au début des années 2000, on pouvait trouver des régimes autoritaires compétitifs, c'est-à-dire « hybrides », dans la plupart des parties du monde, en Amérique latine (par exemple au Venezuela), en Afrique subsaharienne (par exemple au Zimbabwe), en Europe centrale et orientale (par exemple en Bulgarie), dans le Caucase (par exemple en Arménie) et en Asie du Sud-Est (par exemple en Malaisie)[2]. Dans ces contextes, les élections ont été le principal moyen de gagner des mandats pour les forces d'opposition légales qui ont été autorisées non seulement à exister, mais même à se mobiliser et à entrer en lice – même si les élections ont été faussées par l'usage

---

1. Steven Levitsky et Lucan Way, *Competitive Authoritarianism : Hybrid Regimes after the Cold War*, New York, Cambridge University Press, 2010, p. 9-16.

2. La meilleure typologie pour les « régimes hybrides » se trouve chez Larry Diamond, « Thinking About Hybrid Regimes », *Journal of Democracy* 13, 2, 2002, p. 21-35.

abusif des ressources de l'État ou par des violations des libertés civiles de la part des partis au pouvoir et des chefs d'État. Néanmoins, les élections ont parfois fait basculer le pouvoir politique et sont devenues des moments critiques pendant lesquels ceux qui tenaient les rênes du pouvoir ont été confrontés à la possibilité réelle d'une défaite et, donc, à la fin du régime.

En revanche, les dictatures du Moyen-Orient, au lieu de devenir des autocraties compétitives, sont restées des régimes hégémoniques fermés. Certes, la région MENA a aussi été exposée aux pressions démocratiques et à l'émergence de nouvelles normes mondiales dans les années 1990. Certains régimes ont réagi en adoptant des réformes, par exemple en mettant fin à la loi martiale, en légalisant l'opposition, en organisant des élections ou en introduisant d'autres marqueurs de compétitivité potentielle dans le domaine politique[1]. L'Égypte de Moubarak et le Yémen de Saleh étaient des dictatures républicaines dirigées par des présidents à vie qui avaient procédé à une libéralisation partielle. Plusieurs monarchies, telles que le Koweït sous l'émir Jaber ou le Maroc sous le roi Hassan II, ont mis en œuvre cette stratégie dans une plus large mesure. Comparativement, la Jordanie du roi Hussein était en retard.

Cependant, il y avait une différence majeure. Car les changements superficiels dans les autocraties arabes

1. Daniel Brumberg, « The Trap of Liberalized Autocracy », *Journal of Democracy* 13, 4, 2002, p. 56-68.

masquaient une réalité plus profonde, à savoir qu'une victoire électorale ne représentait en aucun cas un moyen réaliste d'accéder au pouvoir[1]. Les dirigeants de ces pays conservaient une telle emprise sur les leviers de l'exécutif et sur le pouvoir coercitif qu'aucune opposition ne pouvait les défier – d'où l'aspect *hégémonique* de ces régimes[2]. Dans des républiques comme l'Égypte et le Yémen, les élections législatives sont devenues plus compétitives, mais les parlements eux-mêmes sont restés impuissants et toujours sous la coupe des partis présidentiels au pouvoir. En outre, les rares élections présidentielles étaient tellement encadrées et, si nécessaire, manipulées ou infléchies par la répression que les opposants n'ont jamais eu la moindre chance de l'emporter.

Dans les monarchies, les élections législatives sont également devenues plus compétitives. Mais le véritable centre du pouvoir résidait dans l'appareil royal, à l'abri de toute contestation en raison de sa prétention héréditaire et historique au pouvoir absolu : les rois n'étant pas élus, ils n'ont jamais pu être battus dans des élections. Lorsque l'opposition accédait au pouvoir législatif, comme lors de « l'alternance » de 1998 au Maroc, un nombre extraordinairement important de ressources de

---

1. John Entelis, « The Democratic Imperative vs. the Authoritarian Impulse : The Maghrib State between Transition and Terrorism », *Middle East Journal* 59, 4, 2005, p. 537-558.

2. Eva Bellin, « The Robustness of Authoritarianism in the Middle East : Exceptionalism in Comparative Perspective », *Comparative Politics* 36, 2, 2004, p. 139-157.

l'État et de secteurs économiques étaient inaccessibles à toute forme de gouvernance parlementaire. Les armées, les services de sécurité, les entreprises, les bureaucraties, la politique étrangère, l'administration fiscale et d'autres piliers organisationnels de ces systèmes politiques sont demeurés liés à la personne du roi – le vrai souverain – plutôt qu'à l'autorité institutionnelle des gouvernements et des parlements élus.

Ces conditions de fermeture politique, caractéristiques des dictatures hégémoniques, sont restées la norme jusqu'à la montée de l'autoritarisme compétitif dans la période de l'après-guerre froide. Elles s'inscrivaient également dans la configuration institutionnelle des autocraties militaires d'Europe du Sud et d'Amérique latine qui – comme nous l'avons déjà vu – ne se sont effondrées qu'avec la Troisième Vague de démocratisation. Dans ces systèmes, les militaires au pouvoir ne se contentaient pas de garder leur mainmise sur l'autorité exécutive. Ils contrôlaient aussi la sphère politique d'une manière qui empêchait la tenue de vraies élections, verrouillait les autres espaces de participation ou de contestation et éliminait quasiment toutes les formes d'opposition politique légale et organisée. Les régimes communistes relevaient également de cette catégorie de gouvernance hégémonique. À cette différence que ce n'étaient pas les militaires mais les instances du parti communiste qui imposaient leur domination idéologique, économique et politique, monopolisaient les institutions de l'État, et empêchaient les autres grands groupes civiques et politiques de disposer d'espaces autonomes.

Il n'est pas exclu que même des formes d'autoritarisme aussi résolument fermées évoluent progressivement vers une autocratie compétitive. Les études comparatives consacrées aux régimes autocratiques montrent bien que les forces d'opposition sous des dictatures hégémoniques ne sont pas statiques et peuvent réagir à des changements institutionnels en s'unissant ou en se fragmentant de manière dynamique[1]. Pourtant, dans la région MENA, comme nous l'avons déjà constaté, l'opposition n'a jamais réussi à transformer cette possibilité théorique en une réalité empirique. Les élections, même pendant des périodes de libéralisation politique, comme dans les années 1990, n'y ont jamais constitué un moyen crédible pour les forces sociales d'arracher le pouvoir aux monarques ou « chefs » républicains – *ruʾasāʾ* – en place. Compte tenu de cette fermeture politique durable, le Printemps arabe a montré que les transitions de régime devaient être initiées non pas par des ouvertures progressives favorisées par la concurrence politique, mais plutôt par des soulèvements « antisystème » balayant l'ordre ancien. Lorsqu'une telle mobilisation réussit, le vide politique qui en résulte permet aux anciens et aux nouveaux acteurs de l'opposition de recréer des règles de procédure et des paramètres institutionnels en vue d'un nouveau gouvernement. Ainsi, alors que l'autoritarisme compétitif reste généralement stable dans la durée, ou du moins ne change que très

1. Ellen Lust-Okar, *Structuring Conflict in the Arab World : Incumbents, Opponents, and Institutions*, New York, Cambridge University Press, 2005.

graduellement, les dictatures hégémoniques se terminent souvent de manière abrupte. De ce fait, au cours de la transition, les élites de l'opposition y jouissent d'une autonomie considérable pour concevoir un nouveau régime politique.

L'hypothèse selon laquelle la différence entre autoritarisme hégémonique et autoritarisme compétitif a une valeur prédictive est renforcée par les développements politiques observés dans la région MENA depuis le Printemps arabe. En effet, sauf en Tunisie, les régimes non démocratiques, au lieu d'évoluer vers une plus grande compétition politique, sont devenus plus rigides[1]. Les États qui se sont libéralisés dans un premier temps en introduisant quelques rudiments de compétition électorale, comme l'Égypte d'Al-Sissi, l'Algérie de Bouteflika, le Maroc du roi Mohamed VI, la Jordanie du roi Abdallah II ou le Koweït de l'émir Sabah, ont régressé depuis. Les dirigeants en place y restent aussi puissants, voire le deviennent davantage, que par le passé, cependant que les violations des droits de l'homme et les restrictions des libertés publiques s'y sont encore aggravées. La plupart

1. Morten Valbjørn et Frédéric Volpi, « Revisiting Theories of Arab Politics in the Aftermath of the Arab Uprisings », *Mediterranean Politics* 19, 1, 2013, p. 134-136 ; Tarek Masoud, « Has the Door Closed on Arab Democracy ? », *Journal of Democracy* 26, 1, 2015, p. 74-87 ; Jülide Karakoç (dir.), *Authoritarianism in the Middle East : Before and After the Arab Uprisings*, Londres, Palgrave Macmillan, 2015 ; André Bank, « Comparative Area Studies and the Study of Middle East Politics after the Arab Uprisings », dans *Comparative Area Studies : Methodological Rationales and Cross-Regional Applications* (dir. : Ariel I. Ahram, Patrick Köllner et Rudra Sil), Oxford, Oxford University Press, 2018, p. 119-132.

de ces régimes sont devenus moins tolérants envers leurs oppositions qu'avant et leurs appareils coercitifs jouent un rôle encore plus grand dans la gouvernance. Quant aux régimes qui n'ont même jamais entamé la moindre libéralisation, comme en Arabie saoudite et dans la plupart des États du Golfe, ils sont devenus encore plus répressifs. Enfin, la Syrie, le Yémen et la Libye sont en proie à une telle violence et dans un tel état de désintégration que la question fondamentale n'y est pas celle des règles de l'ordre politique, mais celle de l'existence même d'un ordre politique.

Comme l'a illustré le Printemps arabe, les ouvertures transitoires dans la région MENA dépendent généralement, sinon d'insurrections populaires, du moins d'une contestation de masse soutenue parce que toutes les voies électorales ou « graduelles » menant à des changements politiques y restent fermées pour les acteurs qui n'appartiennent pas au régime en place[1]. Par conséquent, les épisodes de changement sont caractérisés par une incertitude et une volatilité extrêmes, car les rivalités entre acteurs espérant prendre le contrôle de tout gouvernement à venir y sont exacerbées. Le fait qu'aucun des régimes de la région MENA, y compris la dictature déchue de Ben Ali en Tunisie, ne puisse être classé parmi les candidats à l'autocratie *compétitive* est important en cela qu'il donne fortement à penser que ces régimes

---

1. Sean Yom, « Understanding the Arab Spring : One Region, Several Puzzles, and Many Explanations », *Government and Opposition* 50, 4, 2015, p. 682-704.

ne s'achèveront probablement pas de manière graduelle ou par suite d'une défaite électorale, mais plutôt par des épisodes plus soudains de soulèvement et de destitution qui, après coup, projettent sur le devant de la scène de nouveaux acteurs politiques.

Ainsi la Tunisie et l'Égypte peuvent-elles être considérées comme des cas types à étudier dans le cadre conceptuel de la transitologie. Nonobstant, la littérature sur les transitions démocratiques ne s'est pas engagée dans cette voie, bien que ces cas de changement de régime remontent aux années 2010. Comme vont l'exposer en détail les chapitres 4 et 5, les études individuelles sur la Tunisie et l'Égypte ont tendance à adopter des points de vue très déterministes quant aux résultats de leurs transitions, la plupart de ces dernières mettant en avant, dans le premier cas, l'idée d'un « exceptionnalisme » tunisien et, dans le second, la puissance de l'armée égyptienne et des conditions structurelles comme obstacles à la démocratie. L'une des rares publications ayant lié la transitologie et le Printemps arabe note la pertinence d'un compromis « pacté » en Tunisie, mais se concentre néanmoins davantage sur les conditions qui permettraient aux pratiques religieuses et aux institutions démocratiques de s'épanouir toutes les deux plutôt que se demande en premier lieu comment des rivaux tels que les islamistes et les sécularistes pourraient parvenir à se faire confiance[1].

---

1. Alfred Stepan et Juan Linz, « Democratization Theory and the "Arab Spring" », *Journal of Democracy* 24, 2, 2013, p. 15-30.

De même, une comparaison – fondée sur la théorie des jeux – entre les régimes militaires latino-américains et les pays arabes souligne comment des acteurs apparemment non démocratiques peuvent modifier leurs préférences au fil du temps dans un environnement stratégique de conflit, mais ne fournit que peu d'indications quant à la façon de sortir d'une telle impasse[1].

Les conflits entre islamistes et sécularistes qui se sont développés après la chute de régimes autoritaires fermés au Moyen-Orient offrent ainsi un terrain fertile à l'application du paradigme de la démocratie « pactée » et de la transitologie. S'engager sur cette voie permet aussi d'affiner la théorie des transitions « pactées » et de mettre en lumière des nuances d'interaction politique que d'autres paradigmes laissent dans l'ombre.

3.4. Les conditions sous-jacentes du *pacting*

Étant donné que les transitions politiques à partir de dictatures hégémoniques se produisent plus probablement grâce à un changement systémique que par la participation à des élections, le *pacting*, vu comme la voie de démocratisation la plus probable au Moyen-Orient et en Afrique du Nord, mérite une attention particulière. À ce propos, il convient de rappeler pourquoi les conditions théoriques

---

1. Shimaa Hatab, « Democratization from a Cross-Regional Perspective : How Can Game Theoretical Models of Latin American Transitions Inform the Arab Region ? », *APSA-MENA Workshops Alumni E-Newsletter* 3, 2017, p. 13-15.

de base censées faciliter la réussite des pactes et des négociations institutionnelles entre les élites politiques pendant et après l'effondrement des régimes autocratiques sont présentes dans une grande partie de la région MENA. Comme nous l'avons déjà indiqué, ces conditions sont au nombre de trois : une profonde polarisation idéologique, la parité entre les forces concurrentes et la diversité normative sans consensus libéral préalable.

La polarisation idéologique

Dans une grande partie de la région MENA, et même dans les pays à majorité musulmane ailleurs dans le monde, les conflits politiques portent aujourd'hui sur le rôle de la religion dans la société et, donc, en politique. Les luttes sur l'importance et le rôle de l'islam pour la gouvernance constituent le clivage le plus important entre les groupes politiques opposés – l'équivalent contemporain de la division gauche-droite dans les dictatures d'Europe du Sud et d'Amérique latine avant la Troisième Vague. Alors que ce dernier clivage reflétait des tensions de longue date au sein des sociétés occidentales, marquées par les traumatismes de deux guerres mondiales, le clivage contemporain sur la religion dans une grande partie du monde musulman découle de la montée de l'islamisme et de la mobilisation des groupes d'opposition islamistes contre les régimes sécularistes et non démocratiques depuis le milieu du XXe siècle. Des organisations telles que les Frères musulmans en Égypte ou Ennahda en Tunisie se sont développées dans leurs pays respectifs en tant que mouvements d'opposition cherchant, sinon à s'emparer du pouvoir, du moins à l'influencer, afin d'instaurer leur vision d'un État islamique[1].

Comme l'a exposé le chapitre précédent, les débats sur le contenu de l'islam en tant que foi et système politique, notamment sur des sujets tels que la nature de la loi, l'identité des croyants et la place de la religion dans la sphère publique, ont de tout temps occupé les communautés musulmanes. L'islamisme, tel que nous l'observons aujourd'hui, n'est que la manifestation moderne de cet attachement profond à la religiosité. Toutefois, il convient de souligner que cette orientation vers l'islam côtoie un désir simultané de démocratie. Comme l'indique la dernière série de sondages d'opinion d'*Arab Barometer*, réalisés en 2016-2017, il n'y a pas de contradiction dans le monde arabe entre une forte identification religieuse et le soutien populaire à la démocratie. Les résultats montrent que, dans chaque pays, la majorité des personnes interrogées ne pensaient pas que la démocratie et l'islam soient incompatibles ; et que seule une minorité était d'accord avec l'idée que les autorités religieuses devaient interférer dans les décisions des électeurs[2].

Bien avant le Printemps arabe, le fossé politique était déjà large entre l'islamisme et les régimes autoritaires, eu égard à leurs visions fortement divergentes de l'ordre

---

1. Tamara Cofman Wittes, « Three Kinds of Movements », *Journal of Democracy* 19, 3, 2008, p. 7-12.

2. Voici le lien pour accéder aux données recueillies par *Arab Barometer* dans le cadre de sa quatrième série de sondages, effectués en 2016-2017 dans sept pays et deux entités non étatiques (parmi les réfugiés syriens en Jordanie et au Liban) : http://www.arabbarometer.org

social et politique[1]. En effet, bien qu'ils promettent tous deux la prospérité et la stabilité, leurs schémas idéologiques sont incompatibles car ils puisent dans des sources d'inspiration aussi différentes que les formes de gouvernement qu'ils cherchent à imposer. Alors que les islamistes veulent instaurer leur version d'un État islamique où la religion structurerait pratiquement tous les aspects de la vie politique et sociale, les dirigeants de régimes autoritaires cherchent simplement à gouverner, soit au nom d'autres idéologies (comme le nationalisme arabe), soit pour bénéficier des avantages matériels du pouvoir. L'islamisation telle qu'elle est envisagée par les islamistes nécessitant des changements radicaux dans le tissu social, la résistance et la critique à son encontre sont venues non seulement des régimes autoritaires mais, aussi, de forces au sein de la société qui, sans être affiliées au régime en place, se sentaient menacées et considéraient que les islamistes ne faisaient que remplacer une forme de dictature par une autre. Par exemple, dans de nombreux pays de la région MENA, des composantes de la société civile telles que les associations civiques non religieuses, les syndicats professionnels et les organisations de gauche considéraient toutes que les islamistes n'étaient pas seulement des concurrents pour gagner l'adhésion populaire, mais qu'ils étaient fondamentalement opposés à leur conception d'une politique démocratique.

---

1. Gudrun Kramer, « Islamist Notions of Democracy », *Middle East Report* 183, 1993, p. 2-8.

Dans les années 1990, les réactions à l'islamisme des autocrates de la région MENA ont beaucoup varié, allant de la légalité sans marge de manœuvre politique des Frères musulmans en Égypte – où la Confrérie était légale en tant qu'organisation caritative et comptait même de nombreux militants, mais ne pouvait pas opérer comme parti politique – à une tolérance initiale qui s'est transformée en répression brutale en Tunisie, où Ennahda a été pourchassé par Ben Ali au début des années 1990[1]. Dans d'autres pays, comme la Jordanie et le Koweït, les mouvements islamistes étaient légaux en tant qu'organisations politiques du moment qu'ils ne commettaient pas d'actes de violence, qu'ils respectaient la suprématie de la monarchie et qu'ils n'invoquaient pas de thèmes révolutionnaires – c'est-à-dire tant qu'ils apparaissaient *modérés* aux yeux des autorités[2]. Autrement dit, les islamistes étaient tolérés dans un contexte paradoxal : seulement s'ils ne cherchaient pas à renverser le système que leur idéologie proclamait pourtant vouloir renverser, et qu'ils se limitaient à se disputer le pouvoir

—

1. Amr Hamzawy et Marina Ottaway, « Islamists in Politics : The Dynamics of Participation », dans *Getting to Pluralism* (dir. : M. Ottaway et A. Hamzawy), Washington D.C., Carnegie Endowment for International Peace, 2009, p. 69-96.

2. Est-ce que la participation aux élections mène à la « modération » des islamistes, ou bien la modération des islamistes mène-t-elle aux élections ? Le débat demeure ouvert. Cf. J. Schwedler, « Can Islamists Become Moderates ? », *World Politics* 63, 2, 2011, p. 347-376. Ce qui nous importe ici, c'est que la participation des islamistes aux élections n'était admise par les autocrates qu'à condition qu'ils aient adopté au préalable un programme politique ne défiant pas le pouvoir exécutif du régime en place.

symbolique au sein des parlements et d'autres instances qui ne pouvaient jamais remettre en question l'autorité exécutive du régime en place[1]. Dans d'autres cas encore, comme en Syrie, en Libye et au Maroc jusqu'à la fin des années 1990, les groupes islamistes étaient purement et simplement interdits. Le massacre de Hama en 1982 en Syrie fait partie de cette répression, au cours de laquelle le régime d'Assad a abattu des milliers, voire des dizaines de milliers de personnes à la suite d'un soulèvement mené par la Confrérie. L'Algérie offre un exemple plus sanglant encore des relations entre pouvoir et islamistes : la guerre civile meurtrière y a duré dix ans après la suspension, en 1992, d'une ouverture politique s'étant soldée par la victoire des islamistes aux élections législatives.

En somme, il existait une animosité et une méfiance réciproque entre les islamistes et les acteurs non islamistes à la veille du Printemps arabe. Puis, pendant des périodes de transition, on devait s'attendre à ce que leur conflit idéologique s'amplifie, jusqu'à exprimer tout son potentiel de violence, car les enjeux n'allaient pas seulement être plus grands, mais réels. La chute d'un régime autoritaire allait créer des situations où les acteurs politiques avaient une chance réaliste d'accéder au pouvoir et d'établir des institutions leur permettant de définir le caractère même de l'appareil d'État. Alors que les conditions antérieures de fermeture autocratique rendaient la

1. Vickie Langohr, « Of Islamists and Ballot Boxes : Rethinking the Relationship Between Islamists and Electoral Politics », *International Journal of Middle East Studies* 33, 4, 2001, p. 591-610.

question de l'islamisation abstraite étant donné le peu de chances qu'avaient les groupes islamistes d'accéder au pouvoir, que ce soit par des élections ou par la force, les transitions ont permis aux islamistes – participant au processus – d'imposer leur empreinte religieuse en induisant les changements que leurs adversaires redoutaient depuis toujours. Ainsi la ligne de faille entre islamistes et sécularistes lors d'éventuelles transitions démocratiques dans la région MENA allait-elle être caractérisée par une polarisation extrême qui devait être surmontée pour que le processus de changement systémique puisse se dérouler de manière pacifique.

La parité de pouvoir

La deuxième condition qui fait du *pacting* la voie privilégiée d'une transition démocratique est la parité, c'est-à-dire l'équilibre des forces en présence. Aucune faction n'est en mesure d'imposer unilatéralement sa volonté à toutes les autres, ce qui aboutit à une impasse. À son tour, cette impasse introduit l'incertitude et la fluidité. La parité, dans ce sens, peut se référer à toutes les ressources que, dans un contexte de transition, un mouvement politique, une organisation ou un camp peut mettre en œuvre pour éliminer ses concurrents. Il peut s'agir, par exemple, du soutien populaire, d'actifs financiers, d'un appui international ou de capacités de coercition. Cependant, la parité ne se réfère pas à une égalité parfaite en termes de ressources entre les adversaires, car il y aura forcément des disparités. Par exemple, certaines parties l'emporteront effectivement sur d'autres en possédant plus d'argent ou une plus grande popularité. Mais un parti qui n'est que marginalement plus faible peut toujours résister avec succès en bloquant l'ensemble du processus et en paralysant la politique par des boycotts, des défections ou une opposition sans faille.

Cette équivalence fonctionnelle entre acteurs concurrents est importante car, comme nous venons de l'indiquer, elle engendre une situation d'impasse. L'incapacité d'un seul camp à en sortir incontestablement victorieux déclenche une prise de décision critique faisant appel à la logique stratégique du *pacting* entre des élites. Celles-ci ont le choix entre continuer à se faire la guerre – une décision à haut risque, puisqu'il y a autant de chances de subir une défaite et, donc, la liquidation, que de vaincre ses adversaires – et opter pour le compromis et la négociation, ce qui exige une tolérance mutuelle et des concessions consenties au fur et à mesure. La parité garantit que les deux parties en compétition subissent cette pression, ce qui conduit Rustow à conclure : « Un nouveau régime politique est une nouvelle prescription à prendre des risques communs face à l'inconnu[1]. »

Ces circonstances correspondent pour le moment, et pourraient continuer à correspondre, aux transitions post-autoritaires dans de nombreux pays de la région MENA. Et cela pour deux raisons. Premièrement, la répression politique inhérente à un régime autocratique non compétitif exerce *per se* un effet de nivellement sur la société.

1. Rustow, *op. cit.*, p. 358.

Les régimes autoritaires compétitifs se caractérisent par des compétitions électorales où certains groupes d'opposition, bénéficiant de la légalité et de la possibilité de participer, peuvent prendre l'avantage sur d'autres et s'assurer une position de primauté. En revanche, les dictatures hégémoniques sont allergiques à toute forme de contestation ou même de participation susceptible de menacer de près ou de loin leur autorité. Toutes les forces d'opposition, qu'elles soient sécularistes ou islamistes, y sont confrontées à l'exclusion et à la répression. Par conséquent, le brusque effondrement de ces régimes ne permet pas seulement à ces groupes d'opposition de s'activer, il expose aussi leur faiblesse et leur inexpérience en matière de gouvernance. Deuxièmement, comme l'a expliqué le précédent chapitre, si les groupes sécularistes de la société sont bien implantés en raison de l'héritage historique du colonialisme, de la formation de l'État et d'idéologies telles que le nationalisme arabe, les mouvements islamistes ont rapidement rattrapé leur retard après les années 1970 grâce à leurs propres stratégies de mobilisation et de sensibilisation. Les islamistes ont capitalisé sur leurs réseaux de solidarité et leur discours d'émancipation, qui ont attiré des citoyens désenchantés par l'échec de l'idéologie de la génération précédente et par l'incapacité des États à assurer une bonne gouvernance. Ils ont également réussi à maintenir leur cohésion sous un régime autoritaire.

La preuve la plus évidente que les islamistes ont pu « rattraper » les courants sécularistes en termes de formation politique est que ces groupes ont remporté les premières élections démocratiques de l'après-Printemps arabe en Tunisie et en Égypte, sans parler de la Libye. La littérature sur ce que l'on appelle « l'avantage islamiste » reflète cette réalité[1]. Au Maroc, après l'ouverture constitutionnelle pendant le Printemps arabe, le principal parti politique était le parti Justice et Développement, d'obédience islamiste. Mais au Maroc comme ailleurs, si les islamistes ont su rattraper leurs rivaux, ils n'ont pas réussi à les *dépasser*. Leur parité avec les groupes non islamistes est illustrée par le fait qu'à aucune élection postrévolutionnaire, leur victoire dans les urnes ne s'est traduite par une suprématie sur l'ensemble des forces non islamistes. Les partis islamistes ont remporté la majorité des voix en Tunisie et en Égypte, mais de manière assez différente. En Tunisie, Ennahda a été le principal représentant de l'islam politique dans toutes les élections. Cependant, comme ce parti n'a jamais obtenu de majorité absolue, l'islamisme doit être considéré comme une force puissante mais non majoritaire dans la Tunisie postrévolutionnaire. En Égypte, les élections législatives postrévolutionnaires ont consacré les Frères musulmans comme la principale force islamiste tout en faisant aussi une place aux salafistes comme nouvelle force politique ; ensemble, ces groupes ont effectivement remporté une majorité absolue avec près de deux

1. Janine Clark, *Islam, Charity, and Activism : Middle-Class Networks and Social Welfare in Egypt, Jordan, and Yemen*, Bloomington (IN), Indiana University Press, 2004 ; Tarek Masoud, *Counting Islam : Religion, Class, and Elections in Egypt*, New York, Cambridge University Press, 2014 ; Melani Cammett et Pauline Jones Luong, « Is There an Islamist Political Advantage ? », *Annual Review of Political Science* 17, 2014, p. 187-206.

tiers des voix. Mais la Confrérie et les factions salafistes se sont révélées incapables de former un bloc législatif majoritaire. Qui plus est, l'avantage dans les urnes s'est vite effrité. Lors des élections présidentielles égyptiennes de l'été 2012, Muhammad Morsi, le candidat de la Confrérie, ne l'a emporté que d'extrême justesse sur Ahmad Shafiq, un fonctionnaire du régime Moubarak aux idées sécularistes. On peut donc dire que, en Tunisie et en Égypte, l'islamisme en tant que courant politique n'a jamais clairement dominé les non-islamistes ou, à tout le moins, qu'il a toujours été mis au défi dans un paysage démocratique.

D'ailleurs, les sécularistes possèdent un avantage compensatoire. Car la désintégration d'un régime autoritaire ne signifie pas la disparition de sa base politique, des cadres de l'ex-parti au pouvoir et des anciennes élites dirigeantes. Ces forces ont la capacité de se reconstituer, ce qui explique pourquoi les démocratisations réussies de la Troisième Vague ont toujours comporté des clauses institutionnelles permettant de réabsorber ces vestiges du régime antérieur sans mettre en péril le nouveau système libéral. Les démocratisations postcommunistes les plus réussies, comme en Pologne ou en Lituanie, se sont également distinguées par des dispositions permettant aux éléments communistes vaincus de participer à nouveau aux élections, ce qui a contribué à maintenir les nouveaux partis démocratiques responsables et flexibles[1].

1. Anna Grzymala-Busse, *Rebuilding Leviathan : Party Competition and State Exploitation in Post-Communist Democracies*, New York, Cambridge University Press, 2007.

Au Moyen-Orient et en Afrique du Nord, le retour d'éléments autoritaires – même s'ils se regroupent dans de nouveaux partis et sous de nouvelles étiquettes – est donc un facteur essentiel. Ces survivances du régime déchu ne sont guère susceptibles de s'allier avec les islamistes, car elles représentent un ordre politique qui considérait l'islamisme comme une menace existentielle et qui a été renversé par des soulèvements populaires ayant catapulté les islamistes au premier plan de l'État. Dès lors, de deux choses l'une : ces éléments autocratiques peuvent se mobiliser pour saboter le programme démocratique ou fusionner avec les forces sécularistes engagées dans la transition. Dans les deux cas, ils affaiblissent la position des islamistes et font en sorte que, quelle que soit leur popularité initiale, ils doivent toujours pactiser, d'une façon ou d'une autre, avec des antagonistes non islamistes.

La diversité normative

Les théories sur le *pacting* interprètent la démocratie moins en fonction de son contenu libéral qu'en sa qualité de processus permettant de résoudre des conflits sans violence par des moyens compétitifs et participatifs. La démocratie en tant qu'ensemble de procédures rend possible de surmonter des désaccords ; elle n'exige pas un engagement *a priori* en faveur du libéralisme. Car, paradoxalement, le fait que peu ou pas d'acteurs politiques soient des partisans crédibles de la démocratie libérale jouissant d'un soutien populaire facilite la négociation de pactes.

En même temps, il serait illusoire d'espérer que des groupes politiques, divisés par des clivages béants et disposant de ressources relativement égales, adoptent l'idéologie adverse pendant la période courte et incertaine qui caractérise tout processus de transition. Dans la région MENA, le fossé entre islamistes et sécularistes reflète des héritages historiques et structurels qui ne peuvent pas être simplement surmontés par des appels à la bonne volonté. Par exemple, il serait naïf d'exiger d'un Frère musulman dévot qu'il fasse sienne la vision sécularister du monde d'un activiste de la société civile qui, de son côté et par définition, rejette très probablement la religiosité que l'islamisme triomphant voudrait instiller dans le nouvel État démocratique. Par ailleurs, la diversité normative permet de se fixer des priorités. La contestation étant liée à des investissements non seulement politiques mais aussi émotionnels, des compromis négociés peuvent écarter de l'agenda politique les questions les plus clivantes et obliger les élites en conflit à se concentrer sur des questions pratiques concernant, notamment, le calendrier électoral, le partage du pouvoir, l'État de droit, les responsabilités en matière de gouvernance et d'autres fonctions centrales.

Il peut apparaître contre-intuitif que la diversité normative entre islamistes et sécularistes puisse favoriser le *pacting*. Mais c'est propre à la logique des transitions « pactées » : la démocratie peut naître sans démocrates dans la mesure où la somme des concessions, tolérances, compromis et accords entre les élites – même celles qui se méfient intrinsèquement du libéralisme et de la démocratie – permet au processus de transition de s'accomplir.

3.5. Critiques et limites du *pacting*

Jusqu'ici, ce chapitre a mis en évidence les principaux atouts et avantages de ce mode de transition. Ils méritent d'être rappelés. Premièrement, les pactes entre élites constituent un moyen viable d'éviter la violence dans des contextes d'hostilité entre des compétiteurs politiques qui se perçoivent comme des ennemis implacables. Le *pacting* cherche à écarter les désaccords idéologiques, qui pourraient alimenter un conflit ouvert, de l'agenda pratique portant sur la création d'institutions nouvelles. Deuxièmement, le pacte tire le meilleur parti de périodes relativement courtes de fluidité et d'incertitude, lorsque des élites disposent d'une autonomie maximale pour négocier de nouveaux compromis qui prendront une forme institutionnelle dans le nouveau système politique. En ce sens, les périodes de transition peuvent être considérées comme des « jonctions critiques » au cours desquelles les décisions prises et les choix faits peuvent produire des effets durables sur les développements politiques ultérieurs[1].

Troisièmement, le *pacting* crée de nouveaux modèles d'interactions politiques et de nouvelles possibilités de

1. Giovanni Capoccia et R. Daniel Kelemen, « The Study of Critical Junctures : Theory, Narrative, and Counterfactuals in Historical Institutionalism », *World Politics* 59, 2007, p. 341-369.

prises de décisions en faisant peser sur les élites – qui ont l'autorité et le statut nécessaires – la responsabilité d'élaborer les nouvelles règles du jeu de l'ordre politique. Par ailleurs, comme ces interactions s'institutionnalisent au fil du temps à travers les rythmes électoraux et la formation de coalitions successives au sein du gouvernement, les acteurs qui d'abord s'opposaient les uns aux autres s'habituent à des modes d'existence politique plus coopératifs.

Dans une large mesure, l'argumentaire en faveur du *pacting* s'appuie sur les succès historiques de cette technique qui ont permis l'aboutissement des transitions de la Troisième Vague dans la péninsule ibérique (Portugal, Espagne) et dans une grande partie de l'Amérique latine. Nombre de régimes autocratiques en place dans ces régions étaient des dictatures militaristes qui cherchaient à surmonter des crises de légitimité provoquées par un changement de dirigeant, une défaite dans une guerre ou d'autres chocs majeurs. Les adeptes d'une ligne plus souple au sein de ces régimes ont participé au *pacting*, ce qui a permis aux forces gauchistes et libérales de négocier avec des élites autoritaires de droite. En outre, dans bon nombre de cas, les partenaires du pacte pouvaient invoquer un État démocratique antérieur, car de nombreux citoyens se souvenaient de la démocratie mise à terre par la montée de l'autoritarisme militarisé. Tout cela a donné lieu à une configuration relativement simple, dans laquelle la préférence idéologique s'est alignée sur la division régime-opposition, comme l'indique la figure 2.1 ci-après.

Figure 2.1

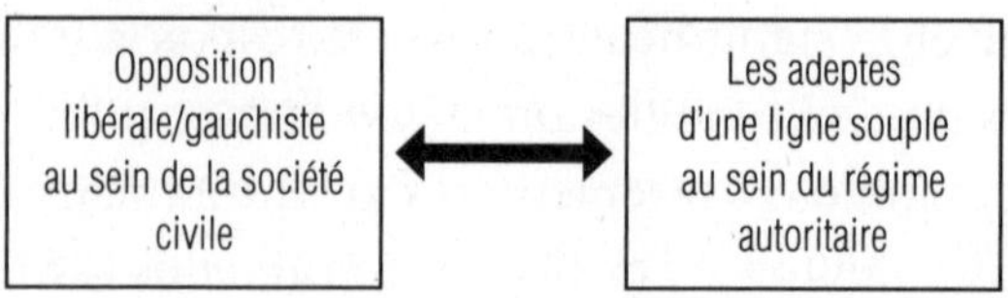

En Tunisie et en Égypte, les dynamiques du *pacting* reposent sur une configuration différente. La rupture du Printemps arabe y a discrédité les dictatures sortantes. Ce qui a déclenché les soulèvements populaires, à la différence de ce qui s'est produit lors des « révolutions de Couleur » en Eurasie entre 2003 et 2006, n'a pas été des manipulations électorales, mais le poids accumulé de la répression brutale et du verrouillage politique pendant les décennies précédentes. Le déclencheur immédiat du Printemps arabe a été l'auto-immolation de Mohamed Bouazizi en Tunisie. Après les révoltes populaires, il n'existait pratiquement aucun espace politique – du moins *au début* – permettant aux élites de l'ancien régime de participer de façon crédible à la construction d'un nouveau système de gouvernance.

Bien entendu, aussi bien en Tunisie qu'en Égypte, les autocraties précédentes, même réduites à l'état de vestiges, se sont reconstituées dans les années suivant la transition – en Tunisie sous la forme de Nidaa Tounes, en Égypte sous la forme d'élites politiques (Ahmad Shafiq en est un représentant) qui cherchaient à se faire une place dans le système politique en transition. Cependant, au cours des premières années les plus critiques de ces transitions, les principaux partenaires impliqués dans les négociations n'étaient pas issus de l'ancien régime. Ils étaient tous des membres de l'opposition appartenant à la société civile, d'une part des mouvements islamistes comme Ennahda ou les Frères musulmans, d'autre part des factions sécularistes comme, en Tunisie, le Congrès pour la République (CPR), le Forum démocratique pour le travail et les libertés (Ettakatol), ou, en Égypte, le courant favorable à un « État civil » (*dawla madaniyyah*). Ainsi, dans les deux pays, l'axe principal d'identification politique n'était pas d'être partisan du régime ou opposant mais se situait plutôt *au sein même* de l'opposition. Un autre élément distinctif est que la plupart des pays de la région MENA et de nombreux autres pays du monde islamique, contrairement à ceux englobés par la Troisième Vague, n'avaient pas connu d'expérience antérieure durable de gouvernance démocratique.

L'ensemble de ces facteurs confère à la séquence de négociations un caractère spécifique que résume schématiquement la figure 2.2 ci-dessous. Comme vont l'expliquer dans le détail les chapitres consacrés aux études de cas, la phase initiale de la politique postrévolutionnaire voit s'affronter les islamistes et les opposants non islamistes, qui s'étaient auparavant plus ou moins unis contre le régime en place[1]. Cependant, au fil du temps, des éléments de

1. Le Soudan constitue une exception. Comme une grande partie du mouvement islamiste y avait soutenu le régime militaire issu du coup d'État de 1989 et présidé par Omar al-Bachir, sa crédibilité démocratique en a beaucoup souffert. Cependant, le discrédit jeté sur les islamistes comme acteurs

l'ancien régime se reconstituent et deviennent également des acteurs importants dans le processus du *pacting*. Cette division entre islamistes, anciens opposants sécularistes et partisans de l'ancien régime n'est pas sans importance ; comme l'ont soutenu certains chercheurs, les forces sécularistes peuvent toutes rejeter la politique islamiste, mais cela ne veut pas dire que leurs positions se recoupent sur d'autres sujets, notamment en ce qui concerne le choix entre une démocratie qui n'a pas encore fait ses preuves et la restauration de l'ordre ancien[1].

Un point important : si le contexte du changement est différent dans les cas post-Printemps arabe comme la Tunisie et l'Égypte, la logique du *pacting* s'y applique cependant toujours. Les acteurs politiques, chacun motivé par ses propres préférences idéologiques, vont se disputer le pouvoir dans un contexte de fluidité et d'incertitude extrêmes. S'ils s'accrochent fermement à leurs préférences, sans compromis ni concessions, les transitions de régime sont peu probables – une leçon qu'on a pu tirer des précédents de la Troisième Vague. En revanche, s'ils consentent au pragmatisme politique et se préoccupent moins de leurs projets idéologiques que de leur survie immédiate, l'opportunité d'une percée démocratique se présente.

—

démocratiques ne signifie pas que les grandes questions sur le rôle de l'islam en politique aient disparu.

1. Michael J. Willis, « Political Parties in the Maghrib : Ideology and Identification. A Suggested Typology », *Journal of North African Studies* 7, 3, 2002, p. 1-28.

Figure 2.2

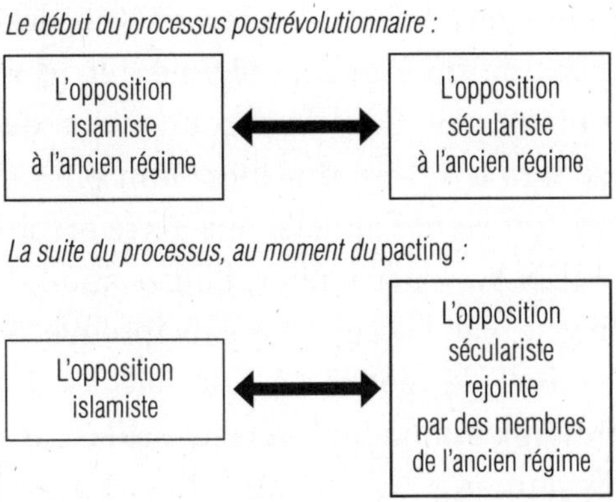

Ces divergences empiriques sont importantes et confirment que les théories du *pacting* doivent s'adapter aux circonstances de mise en œuvre. Le *pacting* est un processus itératif dans lequel, à mesure que les accords mûrissent et que les nouvelles règles politiques s'institutionnalisent, le caractère des acteurs impliqués (et, plus précisément, de ceux qui sont autorisés à être impliqués) change au fil du temps du fait de l'« habituation ». En Amérique latine, par exemple, des éléments de la gauche radicale n'ont été intégrés que plus tard au processus de négociation – tout comme en Tunisie et en Égypte, des factions liées à l'ancien régime ne sont entrées dans l'arène politique qu'au bout de quelques années.

Cependant, comme nous l'avons déjà souligné, les différents types de diversité politique dans la région MENA et ailleurs dans le monde islamique ne doivent pas occulter ce qui est important ici : dans les premières étapes cruciales de la transition, les principaux partenaires dans le scénario postrévolutionnaire seront issus de la société civile plutôt que de l'ancien régime ; et le rôle de la religion, notamment dans le façonnement des futures institutions, sera le noyau dur du conflit politique.

La théorie du *pacting* appelle une autre précision. Dans la région MENA en particulier, l'inculcation de la tolérance politique par l'acceptation réciproque peut avoir pour effet initial de mettre en sourdine les divergences idéologiques apparemment irréconciliables ; mais même des accords purement politiques influent, avec le temps, sur les idéologies. Comme l'a mis en exergue le chapitre précédent, l'islam n'est pas immuable. L'histoire islamique n'est pas simplement une histoire de débats doctrinaux et de percées textuelles, c'est aussi une histoire de théologiens et de juristes qui ont adapté le discours et les pratiques islamiques aux réalités politiques, régies non seulement par des impératifs sacrés, mais aussi par les exigences profanes de la simple survie aux conflits. Dans ces conditions, il est raisonnable de penser que, si les forces islamistes dont l'autorité repose sur des revendications religieuses sont contraintes d'accepter un système politique moyennant des compromis qui ne respectent pas leurs principes, leur réponse consistera également à adapter leur discours et leur système de croyances pour valider le nouvel ordre démocratique dont elles font désormais partie. De tels recalibrages théologiques en réponse au contexte politique pourraient entraîner non seulement des changements rhétoriques, mais aussi des changements significatifs dans leur théorisation de la *sharīʿa* et d'autres piliers de la pensée islamique.

Si, d'un point de vue historique, le *pacting* a permis aux transitions de régime de se concrétiser dans de nombreux pays et d'aboutir à de nouveaux systèmes démocratiques, il est crucial de noter que son succès dépend d'une confluence de conditions générales qui, si elles ne sont pas remplies ou sont modifiées, peuvent saper le processus de négociation. Plusieurs scénarios sont en effet susceptibles de faire échouer le *pacting*. Nous allons passer en revue ces cas d'échec du *pacting* en soulignant qu'ils témoignent davantage de situations où les conditions politiques changeantes ont sapé les négociations en cours que d'un épuisement du *pacting* en tant que réponse logique à l'incertitude.

Tout d'abord, rappelons que le *pacting* n'est pas la seule voie possible vers la démocratisation et qu'il est des pays où, pour diverses raisons ainsi que l'ont relevé de nombreux chercheurs[1], la démocratie est advenue par d'autres moyens – brutaux comme des soulèvements populaires ou bien plus progressifs, par exemple comme la mise en place de réformes par les instances dirigeantes. Mais que le *pacting* ne soit pas approprié à toutes les situations de

1. Pour de plus amples informations sur le débat concernant les limites d'application de la transitologie, cf. Thomas Carothers, « The End of the Transition Paradigm », *Journal of Democracy* 13, 1, 2002, p. 5-21, et « The "Sequencing" Fallacy », *Journal of Democracy* 18, 1, 2007, p. 12-27 ; cf. également Larry Diamond, Francis Fukuyama, Donald Horowitz et Marc Plattner, « Reconsidering the Transition Paradigm », *Journal of Democracy* 25, 1, 2014, p. 86-100.

transition n'enlève rien au fait qu'il reste une voie viable, voire idéale, pour des régions comme le Proche-Orient ou l'Afrique du Nord.

Par ailleurs, le *pacting* peut échouer lorsqu'une condition essentielle – en l'occurrence la parité entre les acteurs – change en raison de l'entrée en lice d'une tierce partie dotée d'un pouvoir de veto. Cette tierce partie peut alors arbitrairement donner plus de pouvoir à un groupe qu'à un autre ou bloquer les accords et les décisions prises au fil du temps. Dans le cas de l'Égypte postrévolutionnaire, par exemple, les négociations entre islamistes et sécularistes ont été très tôt éclipsées par le rôle des forces armées égyptiennes. L'armée n'était pas sécularistе en soi (bien qu'elle soit souvent qualifiée comme telle, à tort), mais elle était plutôt un acteur institutionnel bien établi au sein de l'appareil d'État qui cherchait à protéger ses domaines réservés économiques et politiques de toute issue défavorable qu'aurait pu avoir la transition. Tantôt en se rangeant du côté des islamistes, tantôt en se retournant contre eux, l'armée égyptienne a ainsi contribué à empêcher la mise en place d'une série cohérente d'accords et de pactes entre les élites islamistes et sécularistes. L'existence d'acteurs disposant d'un droit de veto perturbe tout type de négociation prolongée, car elle réduit l'incertitude, donne l'avantage à l'une des parties et fausse les raisons pour lesquelles les deux parties privilégieraient autrement le *pacting* comme l'option « la moins mauvaise » quand elles étaient confrontées à la possibilité d'une impasse. Et les acteurs disposant d'un droit de veto peuvent mettre fin à l'impasse par une action unilatérale.

Enfin, le *pacting* peut être perturbé s'il cesse d'être un processus purement national. Les théories de la démocratie « pactée » sont apparues à la fin de la guerre froide, lorsque la bipolarité systémique décourageait largement les acteurs étrangers d'intervenir ouvertement dans les processus démocratiques menés par les élites[1]. Ainsi, pendant les transitions portugaise, espagnole ou brésilienne, par exemple, les élites nationales ne se sont guère inquiétées de voir des puissances extérieures imposer leur volonté dans l'arène politique. On ne peut pas en dire autant de la période de l'après-guerre froide. La région MENA avait déjà souffert, au cours de l'ère postcoloniale, d'interventions et d'ingérences occidentales répétées, enfermant de nombreux régimes dans des cycles de conflits ou de dépendance clientéliste à l'égard de leurs partenaires occidentaux[2]. Or, depuis les années 2000, des puissances non seulement internationales mais aussi *régionales* ont commencé à jouer un rôle plus actif dans la prévention d'une démocratisation dans leur « voisinage », de peur que

---

1. Michael McFaul, « The Missing Variable : The "International System" as the Link between Third and Fourth Wave Models of Democratization », dans *Democracy and Authoritarianism in the Post-Communist World* (dir. : Valerie Bunce, Michael McFaul et Kathryn Stoner-Weiss), New York, Cambridge University Press, 2010, p. 3-29.

2. Jason Brownlee, *Democracy Prevention : The Politics of the US-Egyptian Alliance*, New York, Cambridge University Press, 2012 ; Sean Yom, *From Resilience to Revolution : How Foreign Interventions Destabilize the Middle East*, New York, Columbia University Press, 2016.

les percées démocratiques ne deviennent contagieuses et finissent par se propager et les déstabiliser[1]. Cependant, en même temps, d'autres puissances ont fait preuve du même activisme dans l'encouragement aux transitions démocratiques ou, du moins, la consolidation de systèmes politiques plus compétitifs, comme le montre par exemple l'élargissement de l'UE.

Quel qu'en soit le but, l'intervention d'acteurs extérieurs dans des processus de démocratisation qui étaient auparavant nationaux ouvre la porte à des distorsions. Deux scénarios aux effets différents peuvent être distingués. Dans des pays comme la Tunisie, où les autocraties extérieures n'interviennent pas de façon significative dans la vie politique intérieure via des mandataires, et où les puissances démocratiques comme l'UE et les États-Unis encouragent la politique de transition (par exemple, en conditionnant l'aide étrangère à la concrétisation d'objectifs démocratiques tels que l'organisation d'élections), l'environnement international renforce le processus de pacte. En revanche, dans des pays comme l'Égypte, des puissances autocratiques comme l'Arabie saoudite peuvent monter des interventions si « tranchantes » – visant à manipuler la politique intérieure en s'appuyant sur des ressources financières, coercitives ou médiatiques

---

1. Bülent Aras et Richard Falk, « Authoritarian "Geopolitics" of Survival in the Arab Spring », *Third World Quarterly* 36, 2, 2015, p. 322-336 ; Daniel Odinius et Philipp Kuntz, « The Limits of Authoritarian Solidarity : The Gulf Monarchies and Preserving Authoritarian Rule During the Arab Spring », *European Journal of Political Research* 54, 2015, p. 639-654.

supérieures – qu'elles éviscèrent ce qui pourrait inciter les élites à poursuivre les négociations de compromis[1]. Par exemple, des acteurs exogènes ont affaibli certaines factions, telles que les Frères musulmans, considérées comme menaçantes pour leurs intérêts régionaux tout en renforçant d'autres factions considérées comme essentielles au maintien du *statu quo* (telles que l'armée égyptienne). Étant donné que, de nos jours, le *pacting* peut de moins en moins être conceptualisé dans un cadre purement national et interne, il est devenu essentiel d'intégrer cette dimension dans toute analyse.

Au-delà de ces scénarios d'échec, il est également nécessaire de souligner que le *pacting* peut produire des résultats démocratiques qui, à long terme, présentent certaines déficiences ou imperfections. Parmi celles-ci, la plus fréquemment observée est ce que les études de transitologie ont appelé les « pactes gelés », c'est-à-dire des accords initiaux et des cadres institutionnels qui ne sont pas consolidés et, donc, ne s'élargissent pas au fil du temps pour incorporer un éventail plus large de forces politiques[2]. On parle souvent aussi de « malformations congénitales », car l'instauration de la démocratie par des moyens non démocratiques peut, d'une part, entraîner des changements significatifs par rapport à l'ancienne autocratie et, d'autre part, marginaliser d'emblée d'importantes

1. Christopher Walker, « What Is "Sharp Power" ? », *Journal of Democracy* 29, 3, 2018, p. 9-23.

2. Omar G. Encarnación, « Labor and Pacted Democracy : Post-Franco Spain in Comparative Perspective », *Comparative Politics* 33, 3, 2001, p. 337-355.

voix politiques[1]. Par exemple, dans certains cas d'école de la Troisième Vague, notamment en Espagne, les élites ont mis à l'écart les éléments les plus radicaux de leur camp (tels que les syndicats) afin de conserver le contrôle sur le processus de négociation[2].

En consacrant l'inégalité politique et l'exclusion dès la naissance d'un nouveau système politique, le *pacting* peut laisser des traces à long terme si le pacte, au détriment de son inclusivité, privilégie les acteurs d'élite initiaux. Cela peut se traduire plus tard par de la corruption et du clientélisme, puisque ce type de processus confère du pouvoir à un groupe restreint d'acteurs politiques aux dépens d'autres. Le meilleur moyen pour s'en prémunir est une société civile vigilante pendant la phase de consolidation. Sa mobilisation et l'activisme populaires peuvent – même après l'installation d'un nouveau gouvernement démocratique – mettre la pression sur le personnel politique pour faire respecter la responsabilité verticale qui faisait défaut pendant le processus de pacte[3].

—

1. Frances Hagopian, « "Democracy by Undemocratic Means" ? Elites, Political Pacts, and Regime Transition in Brazil", *Comparative Political Studies* 23, 2, 1990, p. 147-170.

2. Terry L. Karl, *op. cit.*, p. 1-21.

3. Philippe Schmitter et Terry L. Karl, « Civil Society East and West », dans *Consolidating the Third Wave Democracies : Themes and Perspectives* (dir. : Larry Diamond, Marc F. Plattner, Yun-Han Chu et Hung-Mao Tien), Baltimore (MD), The Johns Hopkins University Press, 1997, p. 239-262 ; Larry Diamond, *Developing Democracy : Toward Consolidation*, Baltimore (MD), Johns Hopkins University Press, 1999, p. 218-260. Pour une perspective différente sur la faiblesse relative de la société civile au Proche-Orient, cf. August Norton (dir.), *Civil Society in the Middle East*, vol. 1 et 2, Leyde, Brill, 1995-1996 ; Sean

Conclusion

Ce chapitre a présenté les fondements théoriques de la démocratisation « pactée » en retraçant ses origines intellectuelles pendant la Troisième Vague de démocratie. Il a décortiqué le cadre analytique des pactes en vue d'un changement de régime, en mettant l'accent sur les élites, la nécessité pour elles de négocier et la logique d'élaboration de nouveaux accords institutionnels grâce aux compromis consentis par les rivaux politiques. L'incitation à conclure des pactes repose sur une logique intuitive et raisonnée : lorsqu'un conflit insoluble peut déboucher sur la pire des défaites imaginables, les acteurs peuvent se rendre compte que soumettre la politique à une incertitude institutionnalisée et à une base de tolérance réciproque peut, au minimum, assurer leur survie – en même temps que sauvegarder la possibilité de conquérir le pouvoir à l'avenir. Notre analyse a également examiné les principales conditions qui rendent les élites plus susceptibles de reconnaître cela, à savoir une large polarisation idéologique, la parité de pouvoir et la diversité normative.

Nous avons vu par ailleurs que, si le pacte n'est pas un mode de transition adapté à tous les contextes autocratiques, il s'applique particulièrement bien quand des dictatures totalement fermées cèdent la place à un régime où peuvent s'exprimer des rivalités entre différentes forces

---

Yom, « Civil Society and Democratization in the Arab World : Critical Views from the Middle East », *Middle East Review of International Affairs* 9, 4, 2005, p. 14-33 ; Ellen Lust-Okar et Saloua Zerhouni (dir.), *Political Participation in the Middle East*, Boulder (CO), Lynne Rienner, 2008.

d'opposition qui, même si elles étaient unies dans leur résistance à l'ancienne autocratie, ont des points de vue très différents sur l'ordre postrévolutionnaire. Au cours de ces périodes de fluidité intense que sont les transitions, les actions et motivations des élites en compétition jouent un rôle clé. Ainsi le *pacting* diffère-t-il sensiblement d'autres voies de démocratisation, par exemple celles ouvertes au sein d'autocraties hybrides ou compétitives.

Cette projection théorique est principalement validée par la Tunisie, à laquelle sont consacrés les deux chapitres suivants. Ils décrivent l'évolution historique de ce pays et expliquent pourquoi les conditions de parité, de polarisation et de diversité normative se sont maintenues au moment de la révolution du Jasmin ; ils expliquent aussi comment des négociations balbutiantes à partir de 2011 ont permis à des islamistes et des non-islamistes, par ailleurs en conflit, de collaborer malgré un gouffre idéologique béant. Bien entendu, la démocratie tunisienne postrévolutionnaire est en danger depuis 2021, compte tenu de ses difficultés à consolider le régime électoral qui a été mis en place dans les premières années après le Printemps arabe. Mais cette situation ne sort pas du cadre de notre argumentation et de sa portée explicative. En effet, les théories de la démocratie « pactée » ne permettent pas de prédire si les élites dirigeantes, une fois élues, tiendront compte des préoccupations populaires et exerceront le pouvoir de manière responsable. Elles font seulement comprendre comment les forces politiques agissantes au sein de ce système pactisent et, ce faisant, marquent le début d'une démocratisation sans garantie quant à sa consolidation ni, *a fortiori* à son installation durable. S'il ne peut y avoir de consolidation démocratique sans transition, les transitions sans consolidations sont, hélas, facilement imaginables. Sur ce constat nous allons bâtir les deux chapitres suivants, en commençant par nous poser une question faussement simple : pourquoi les groupes politiques tunisiens étaient-ils si bien placés pour conclure un pacte pour la démocratie ?

4

La Tunisie : développement et formation de l'État

Le chapitre 3 a expliqué les fondements théoriques du *pacting* en tant que mode de transition démocratique. En nous appuyant sur les expériences de démocratisation de la Troisième Vague, notamment en Amérique latine, nous avons soutenu que, toutes choses égales par ailleurs, les acteurs politiques après la rupture d'un ordre autoritaire peuvent éviter d'interminables conflits en s'engageant dans des négociations et des compromis visant à instaurer une démocratie électorale. Ils le feront alors même qu'ils éprouvent inimitié et méfiance mutuelles parce qu'ils savent que, s'ils n'avancent pas, le pire adviendra : persistance de l'impasse, accroissement de la violence, et disparition potentielle des uns et des autres. Une fois engagé, le *pacting* peut se perpétuer, les partenaires de cette négociation s'habituant aux « règles » du jeu démocratique. Pour autant, cette argumentation ne repose pas uniquement sur les choix à court terme des élites. Il faut aussi, pour augmenter les chances de réussite du *pacting*, que soient réunies certaines conditions qui rendent ces élites plus sensibles à la gravité de leur situation et ouvertes à la nécessité de négocier. Ces conditions structurelles sont les suivantes : la parité de pouvoir entre les différentes factions, une polarisation idéologique aiguë et, enfin, une diversité normative, c'est-à-dire l'absence de groupe ou de narratif pouvant prétendre sans conteste s'exprimer au nom de la démocratie libérale.

Cependant, cela soulève une question fondamentale : pourquoi tous les pays ne bénéficient-ils pas de ces conditions sous-jacentes favorables ? Et comment expliquer la présence de ces conditions qui façonnent les préférences des élites pour le *pacting* lors des transitions postautoritaires ? Un examen détaillé du cas tunisien *avant* le Printemps arabe répondra à ces questions. La théorie du *pacting* se borne en effet à prédire que les acteurs politiques opteront, sous certaines conditions, pour des négociations susceptibles d'aboutir à de nouvelles institutions constitutionnelles et électorales. Par conséquent, notre analyse doit se focaliser sur les *origines* de ces conditions. L'exemple de la Tunisie démontrera que des trajectoires historiques particulières, ainsi que certaines spécificités nationales, expliquent pourquoi parité, polarisation et diversité normative ont coexisté dans ce pays après le renversement du régime de Ben Ali en 2011.

Centré sur les déterminants de ces trois conditions, ce chapitre va montrer comment divers antécédents dans l'évolution de la Tunisie, à la fin de l'ère coloniale et dans l'ère postcoloniale, se sont conjugués pour produire ces dynamiques. Cependant, il ne retracera pas chronologiquement l'histoire de la Tunisie contemporaine – un sujet fécond mais qui a déjà fait l'objet de nombreuses autres études. Et ne cherchera pas non plus à innover à travers une historicisation inédite. Ce chapitre ne s'arrêtera pas davantage sur les contingences géopolitiques à l'œuvre pendant les phases du *pacting* susceptibles de les influencer puisque c'est un sujet couvert, en détail, dans les deux chapitres suivants consacrés spécifiquement aux transitions tunisienne et égyptienne elles-mêmes. L'objectif, ici, est plutôt d'ordre théorique : il s'agit de montrer que les *attributs* particuliers de la Tunisie, prise comme un cas unique, peuvent être considérés comme avantageux pour la démocratisation par le *pacting* en ce qu'ils favorisent les conditions de parité, de polarisation et de diversité normative. Ce chapitre va ainsi examiner divers éléments de l'expérience tunisienne : un récit national cohérent, une société civile bien mobilisée et une armée faible ont ouvert la voie à la parité ; la nature de la mobilisation islamiste et la tradition de l'État jacobin sécularisant ont jeté les bases d'une forte polarisation ; enfin, la diversité normative résulte, par imbrication, de la conflictualité entre ces forces sociales.

Pour autant, nous n'accréditons pas l'idée d'une « exception » tunisienne, une conception simpliste qu'une démarche comparative met à mal. La thèse développée ici n'est pas que la démocratie tunisienne après le Printemps arabe était prédestinée ou surdéterminée, mais qu'elle a été élaborée par les acteurs politiques au cours d'étapes successives.

4.1. Pour en finir avec l'« exception » tunisienne

Quand les élections postrévolutionnaires en Tunisie ont abouti à une gouvernance démocratique emmenée par une coalition entre Ennahda et des forces sécularistes concurrentes, des analystes ont vanté la nature « exceptionnelle » de la démocratie tunisienne. Cette façon de voir a été confortée lorsque d'autres pays pionniers du Printemps arabe ont rebasculé dans l'autoritarisme ou connu des guerres civiles. Les premiers pas de l'Égypte vers la démocratisation se sont soldés par un coup d'État militaire en juillet 2013 ; le soulèvement syrien a débouché sur une guerre civile ; la violence et des interventions extérieures ont sabordé les brèves transitions en Libye et au Yémen. Ailleurs, des mouvements de protestation populaire ont été contenus avec succès, comme au Bahreïn, ou ont disparu en raison de manipulations des régimes autocratiques et de la lassitude des protestataires, comme au Maroc et en Jordanie. Dès lors, la trajectoire démocratique de la Tunisie a pu apparaître, du moins aux yeux de certains observateurs extérieurs, d'une grande stabilité, voire comme la seule lueur d'espoir à l'horizon assombri des pays d'Afrique du Nord et du Moyen-Orient au lendemain du Printemps arabe.

Le débat sur l'exception tunisienne doit être replacé dans son contexte. Ce chapitre avance l'hypothèse qu'au moment du Printemps arabe et de la transition d'un régime à un autre, la Tunisie bénéficiait d'avantages manifestes particulièrement propices au *pacting*. Cela revient à dire que la causalité sous-jacente à notre argumentation combine structure et agentivité. Nous faisons place à l'idée que les éléments déclencheurs d'une mobilisation populaire et de l'effondrement d'un régime autoritaire peuvent être entièrement exogènes et imprévisibles puisque pratiquement aucune révolution n'a jamais été véritablement prophétisée. Nous affirmons cependant que ce qui a permis la conclusion d'accords négociés ayant conduit à un processus électoral à partir de 2011 n'est pas le poids inexorable de la culture et de l'Histoire mais, plutôt, les décisions frénétiques prises par des décideurs imparfaits qui étaient confrontés à un éventail de choix difficiles dans différentes conjonctures au cours d'un processus conditionné par la trajectoire historique du développement de la Tunisie. Plutôt que d'exception, on pourrait ainsi parler de *singularité* tunisienne. Il ne s'agit donc pas de mettre l'accent sur une essence caractéristique du pays, qui aurait permis de prédire des résultats longtemps à l'avance, mais d'analyser une situation de telle manière que des observateurs puissent mieux appréhender les déterminants des conditions de base et des forces structurelles ayant produit une situation de *pacting* potentiel.

Cela diffère de ce que l'on peut appeler la « thèse de l'exception tunisienne » qui, *de prime abord*, partage des similitudes avec la nôtre, mais adopte une position beaucoup plus radicale quant à la façon dont la période de démocratisation post-Printemps arabe s'est déroulée. L'hypothèse de l'exception tunisienne est séduisante en ce qu'elle a le mérite de la simplicité : elle suggère qu'une constellation particulière de facteurs inhérents à l'État, à la société et à l'Histoire s'est exprimée collectivement après 2011, dictant les préférences des acteurs en compétition et, donc, leur calcul final. Elle exclut toute autre explication du champ des possibles. La thèse « exceptionnaliste », souvent présentée sur un ton jubilatoire, est en effet circulaire. Elle soutient que « l'expérience tunisienne est uniquement tunisienne », que cette essence « tunisienne » résiste de par sa nature à toute analyse comparative et, enfin, que cette « essence » ancestrale et immuable explique l'avènement de la démocratie[1].

Ces forces immuables présentes dans les périodes coloniales et postcoloniales auraient prédéterminé la démocratie en faisant en sorte que les politiciens islamistes et sécularistes soient condamnés à éviter la violence et à adopter des compromis démocratiques pour le bien de la collectivité. La Tunisie serait donc unique, incomparable, dans le Maghreb et peut-être dans l'ensemble du monde arabe. En somme, les forces politiques tunisiennes auraient façonné la démocratie parce qu'elles étaient *tunisiennes.* À son tour, cette notion abstraite de « tunisianité » serait exceptionnelle simplement parce que aucun autre pays arabe ne possède cette combinaison de variables et de causes qui ont poussé les roues de l'Histoire à s'éloigner de la dictature ou du conflit civil. On pourrait ainsi expliquer l'avènement de la démocratie tunisienne en se référant aux structures originelles du pays, aux aspects

1. Safwan Masri, *Tunisia : An Arab Anomaly*, New York, Columbia University Press, 2017.

culturels statiques, aux héritages politiques fixes et à d'autres qualités figées de la « tunisianité ». La politique tunisienne serait ainsi moins un cas de démocratie arabe – ou même islamique – que le résultat de l'évolution de la nature du pays, reçue en héritage par son peuple.

L'exceptionnalisme et ses faiblesses

La thèse d'une exception tunisienne n'est pas seulement faible d'un point de vue analytique, elle est également trompeuse d'un point de vue historique. Pour illustrer ce propos, il est nécessaire de disséquer les trois principales variables qu'invoque le discours exceptionnaliste pour étayer son explication déterministe et purement structurelle. La première est le contexte macroéconomique de la Tunisie, à savoir sa géographie et sa démographie. La Tunisie est un petit pays, par sa taille en elle-même, et en comparaison avec celle de ses voisins. Elle possède également une société relativement homogène, largement exempte des fractures identitaires profondes que l'on retrouve ailleurs au Maghreb ou au Moyen-Orient, telles que le clivage entre l'islam sunnite et l'islam chiite. La plupart des Tunisiens s'identifient à l'islam sunnite et, sur le plan ethnique, considèrent que leur héritage ancestral est arabe. Il n'existe pas de groupe national concurrent majeur comme les communautés berbères du Maroc et de l'Algérie, ou les Kurdes du Machrek (nom donné à l'ensemble des pays arabes d'Asie et du nord-est de l'Afrique). En outre, la Tunisie a toujours été à la marge des empires : elle n'a jamais été soumise à la domination directe des Ottomans et a été beaucoup moins intégrée par la France coloniale que l'Algérie ou le Maroc. Sa situation géographique, sa petite taille, ses populations ethniquement homogènes ont favorisé des politiques démocratiques.

Ce lien entre géographie et démographie n'est cependant pas un corrélat systématique de la démocratie moderne, ni un facteur convaincant pour expliquer des choix politiques. Le postulat selon lequel la petite taille d'un pays favoriserait la démocratie est un classique de la science politique, mais aussi une théorie qui a disparu des programmes de recherche en raison de la faiblesse de sa prémisse. Il existe de nombreux pays plus petits que la Tunisie, y compris au Moyen-Orient, qui restent fortement autoritaires, comme les royaumes arabes du Golfe ou (en termes de population) la Jordanie. Ailleurs dans le monde, parmi les nombreux pays de taille et de population comparables à celles de la Tunisie (certains même plus petits) qui ne se sont pas encore convertis à la démocratie, on peut citer le Laos, le Cambodge et Singapour en Asie du Sud-Est, ou le Tadjikistan et le Kirghizstan en Asie centrale. En outre, les expériences du Brunei, de la Corée du Nord, de la Biélorussie et de l'Érythrée montrent que la petite taille et l'homogénéité ethnique ne permettent pas de prédire l'avènement de la démocratie. Comme l'illustrent ces différents cas, la taille physique et la composition démographique ne sont donc pas les causes définitives d'une trajectoire de régime particulière ou d'un ensemble de résultats politiques.

Le deuxième facteur invoqué par l'argumentaire exceptionnaliste est la culture « tolérante » ou « modérée » de la Tunisie, qui préférerait le compromis à la violence et le consensus au conflit. Cette « tunisianité », ou « voie tunisienne », laisse à penser que « le compromis et la modération » cachent un élan plus profond vers « l'érudition et des réformes continues et cumulées[1] ». Dans sa variante la plus ambitieuse, cette thèse remonte aux racines carthaginoises de la Tunisie et à ses traditions mercantiles et maritimes pour relier le passé à l'époque contemporaine[2]. Une variante plus modeste prend note des différentes poussées assimilationnistes qui ont caractérisé l'identité nationale tunisienne au cours des dernières décennies et ont rendu ce pays « spécial » dans une perspective comparative. Cela inclut notamment l'intégration des tribus bédouines, la domination de l'école malékite de la *sharī'a*, la rareté des conflits civils et de la violence, la faiblesse de la classe indigène des oulémas et la tendance des dynasties bey ottomanes, à partir de la fin du XVIe siècle, à encourager le pluralisme et la diversité, notamment la prospérité de la communauté juive, minoritaire.

Ces narratifs mettent également l'accent sur plusieurs éléments marquants de l'histoire récente de la Tunisie.

---

1. *Ibid.*, p. 295.

2. Masri suggère que le « modèle » tunisien n'est peut-être pas applicable à d'autres pays du monde arabe parce que l'histoire particulière de la Tunisie fait qu'elle n'est pas « arabe » de manière univoque, mais plutôt un hybride unique d'éléments culturels pré-arabes, arabes et non arabes (par exemple, européens). *Ibid.*, p. 5-8.

Le premier est la Constitution de 1861, premier texte de ce type dans le monde islamique ; entre autres mesures de modernisation, elle a créé une Cour suprême chargée d'examiner les lois religieuses, réduit les pouvoirs du beylicat au profit d'un gouvernement délégué et promu la transparence financière. Second fait marquant : le rôle particulier de Kheireddine Pacha, le leader et réformateur ottoman-tunisien, dans la mise en œuvre de la réforme agraire, la modernisation du droit commercial et la mise en place d'institutions administratives efficaces dans les années 1870. On pourrait encore citer la fondation du parti indépendantiste Néo-Destour après sa rupture, en 1934, avec le Destour[1]. Ou la création, en 1946, de l'Union générale tunisienne du travail (UGTT), la confédération syndicale nationale qui a également pris position en faveur de la souveraineté nationale.

Durant la période qui couvre la deuxième moitié du XIXe siècle et la première moitié du XXe, la vie politique tunisienne s'est caractérisée par une propension à l'unité et à la solidarité dont témoigne la promulgation de lois sur la nationalité en 1914 et 1921, cimentées par une farouche fierté nationale censée ancrer les valeurs et les normes politiques tunisiennes dans la non-violence. En ce sens, l'exception tunisienne se traduit non seulement par une aversion pour la violence, mais aussi par une préférence pour des débats bridant les idées radicales tandis que les

---

1. Fondé en 1920, le Destour (du mot arabe *dustur*, constitution) revendique une constitution et la fin du Protectorat français. En 1934, il se scinde, le Néo-Destour, dirigé par Habib Bourguiba, réclamant l'indépendance.

compromis sont brandis comme des succès importants. Selon ces théories, la tolérance gouvernait les habitudes politiques dès les années 1950. Même dans les décennies suivantes, à l'apogée des projets étatiques postcoloniaux de Bourguiba, les intellectuels continuaient à vanter la « tradition de réforme et d'ouverture de la Tunisie, son élite tournée vers l'Occident et ses politiques sociales progressistes », laissant à penser que la vie politique du pays « culminerait, tôt ou tard, avec des partis politiques multiples, des élections ouvertes et le respect des droits de l'homme[1] ».

De telles interprétations de l'histoire tunisienne sont problématiques. Au sens le plus large, elles extraient arbitrairement des notions essentialistes de ce qui, d'un point de vue empirique, constitue de longs arcs interconnectés de développement historique et social présentant de riches et nombreuses nuances. Il est difficile de relier ce fonds de pluralisme ou de tolérance, impalpable mais censé s'exprimer dans les actions universelles des Tunisiens, à des choix politiques spécifiques ou à de quelconques préférences démocratiques des élites dans la période qui a suivi le Printemps arabe. De plus, l'idéal intellectuel d'une identité nationale tunisienne unifiée et monolithique, et donc d'une fibre démocratique inhérente à la « tunisianité », relève autant de l'amnésie que de la mémoire. Il existe en effet de nombreuses périodes

1. Christopher Alexander, « Back from the Democratic Brink : Authoritarianism and Civil Society in Tunisia », *Middle East Report* 205, 1997, p. 34-38, ici p. 34.

de conflit et de divergences qui ne s'inscrivent pas dans ce narratif historique bien ordonné. Par exemple, la Constitution de 1861 a représenté une avancée institutionnelle, mais elle a également aliéné les communautés tribales, les propriétaires terriens ruraux et les voix provinciales, qui constituaient des forces sociales majeures et s'opposaient souvent aux élites urbaines auxquelles la Constitution s'adressait. En outre, la valorisation de l'identité tunisienne, mise en avant par les lois sur la nationalité au début du XXe siècle, a orienté la nation vers une soumission à l'autorité beylicale en vertu des lois musulmanes.

Par ailleurs, l'histoire coloniale fait souvent état d'une fragmentation et d'affrontements internes entre acteurs tunisiens concurrents. À partir de 1881, sous le protectorat français, des forces centripètes, comme l'élimination du tribalisme et l'assujettissement des périphéries auparavant rétives, se sont effectivement exercées en faveur d'un idéal unitaire et centralisé de la nation. Mais d'une manière diamétralement opposée aux principes du dialogue et de la tolérance. En témoignent les interventions répétées contre Al-Zaytouna, la principale institution d'enseignement de la théologie islamique ; l'écrasement des révoltes tribales ; l'élimination des autorités religieuses indépendantes ; et enfin l'étouffement de la fracture régionale entre les élites urbaines de la côte et les populations rurales plus pauvres de l'intérieur au profit des premières (les élites urbaines ont toujours été la principale composante de la gouvernance tunisienne, depuis la période ottomane et française jusqu'à la période postcoloniale).

De même, la montée en puissance du groupe Néo-Destour sous Habib Bourguiba dans les années 1930 s'est faite sur les cendres de son prédécesseur, le Destour, apparu une décennie plus tôt. Cela n'a pas empêché la répression française de s'abattre également, au cours des deux décennies suivantes, sur Bourguiba et d'autres militants du Néo-Destour. L'assassinat du fondateur de l'UGTT, Farhat Hached, en 1952, traduisait l'influence croissante du mouvement ouvrier dans le jeu politique. Mais il a aussi, incidemment, éliminé le rival potentiel d'un Bourguiba en pleine ascension. Qui plus est, la vraie consolidation du pouvoir politique de Bourguiba après l'indépendance de la Tunisie en 1956 s'est faite en écartant un autre militant Néo-Destour de premier plan, le tenace opposant Salah ben Youssef. L'affrontement entre les deux tendances a failli déboucher sur une guerre civile, qui n'a été évitée que par la répression brutale des partisans de Ben Youssef. Comme le montrent tous ces exemples, l'idéal tunisien de tolérance et de modération s'est bâti non pas sur des luttes passées complexes, mais plutôt sur l'oubli stratégique de ces conflits passés en faveur d'une réinterprétation adaptée aux circonstances modernes.

Le dernier pilier de la thèse exceptionnaliste met l'accent sur la période postcoloniale et sur la mentalité « éclairée » des forces politiques sous l'égide de l'État tunisien, dont le leadership autoritaire fut assumé par seulement deux présidents entre l'indépendance et le Printemps arabe, Habib Bourguiba et Zine Abidine ben Ali. À partir des années 1960, notamment grâce à la stratégie de construction de l'État et de consolidation du pouvoir de Bourguiba, la Tunisie a connu une série de politiques sociales remarquables, en phase avec l'expansion continue du pouvoir du Néo-Destour et sa volonté d'inclure dans sa structure corporatiste différents groupes politiques et secteurs de la société. L'une de ces politiques a été le développement massif de l'éducation, en particulier dans les zones rurales à l'intérieur du pays. L'alphabétisation, qui n'était plus l'apanage des élites commerciales urbaines, de l'avant-garde politique du Néo-Destour et des mouvements intellectuels a permis à l'État postcolonial d'étendre son emprise sur la société.

Une autre de ces politiques sociales fut la volonté de séculariser l'État tunisien. Souvent (et à tort) comparés au modèle français de laïcité, les régimes postcoloniaux de Bourguiba et de Ben Ali ont exercé un contrôle presque total sur la sphère religieuse, allant de la modification des programmes théologiques à l'élimination de tous les réseaux et groupes islamiques indépendants. Un troisième objectif fut l'émancipation des femmes et la réduction des inégalités entre les sexes par le biais du Code du statut personnel. Après 1956, ce code a été considéré comme l'une des législations les plus progressistes du monde islamique en matière d'égalité des sexes. Entre autres, il abolissait la polygamie et rapprochait le droit de la famille des normes occidentales. Tous ces projets sociétaux reflétaient non seulement la conviction que les Tunisiens devaient privilégier la coexistence pacifique et l'égalité, mais aussi l'impératif plus large de conserver précieusement une identité tunisienne orientée vers le modernisme.

Le problème de cette argumentation vantant les Lumières postcoloniales et la politique sociale tunisienne est qu'elle n'est pas nouvelle et qu'elle a été mise au service de la stabilité du régime autoritaire tunisien dans le passé. En effet, les explications dominantes quant à la longévité du parti-État bourguibiste ou des deux décennies de règne de Ben Ali invoquaient les mêmes facteurs, ainsi que de multiples références à un leadership « héroïque » ou à une modernisation « réussie[1] ». Comme le soulignait un témoignage occidental des années avant le Printemps arabe, la Tunisie était, comparée à d'autres pays arabes, un pays « qui marche », avec son développement mesuré et la tranquillité, le calme et la modération de sa société[2]. La politique sociale était présentée comme la raison et la justification de la répression autocratique : c'est précisément parce que les Tunisiens tiraient les bénéfices d'un accès universel à l'éducation, de la marginalisation de l'islam public et de la réduction de l'inégalité entre les sexes que Bourguiba et Ben Ali étaient si populaires et l'opposition

---

1. Michel Camau, *L'Exception tunisienne : variations sur un mythe*, Tunis, IRMC, 2018, p. 40-42.

2. Georgie Ann Geyer, *Tunisia : A Journey Through a Country That Works*, Northhampton (MA), Stacey International, 2004.

démocratique si faible[1]. Dans les années 1990, le gouvernement français de Jacques Chirac a d'ailleurs fait l'éloge des acquis sociaux et économiques de la Tunisie, érigée en pays modèle pour l'ensemble du monde arabe, tandis que la ministre française de la Défense Michèle Alliot-Marie soutenait, pendant la révolution du Jasmin, que le soulèvement populaire n'était qu'un problème de sécurité intérieure – preuve de la confiance que la France plaçait dans le « modèle » tunisien[2].

Ainsi l'exception tunisienne pouvait-elle expliquer à la fois pourquoi les Tunisiens semblaient « satisfaits » ou « loyaux » pendant une période donnée et, quelques années plus tard, pourquoi ils se sont comportés comme l'avant-garde révolutionnaire et les leaders démocratiques du monde arabe. Ce paradoxe met en relief la difficulté d'établir un lien de causalité entre la politique sociale postcoloniale et les intérêts politiques postrévolutionnaires. La thèse de l'exception tunisienne n'explique pas pourquoi la révolution populaire et les préférences prodémocratiques ont mis si longtemps à se manifester, ni pourquoi les avancées de l'État-providence ou de l'égalité des sexes devraient rendre les acteurs politiques, y compris les islamistes, plus enclins à faire des compromis sur leurs principaux différends politiques.

1. Jocelyne Dakhlia, *Tunisie. Le pays sans bruit*, Paris, Actes Sud, 2011, p. 85-103.

2. « Tunisie : les propos "effrayants" d'Alliot-Marie suscitent la polémique », *Le Monde*, 13 janvier 2011.

En outre, cette thèse exige de faire abstraction de périodes cruciales des régimes autoritaires postcoloniaux qui se sont illustrés par leur violence et leur intolérance bien plus que par la modération éclairée suggéré par l'« exceptionnalisme ». S'il est vrai, par exemple, que l'UGTT et d'autres grandes associations sectorielles, groupes civiques et acteurs politiques ont été partiellement absorbés par le parti Néo-Destour à partir des années 1960 dans le cadre de la construction d'un État unitaire par Bourguiba, des fissures dans cette unité de façade ont commencé à apparaître à la fin des années 1970. Après plusieurs années de grèves sauvages d'une importance croissante, l'UGTT a soutenu une grève générale en janvier 1978 – une rupture entraînant une répression violente, l'arrestation de plus de 1 600 manifestants et la mort de dizaines de personnes au cours d'émeutes[1]. De même, la montée de l'islamisme dans les années 1980 a déclenché une riposte du régime tunisien, qui a alterné cycles de répression et périodes de trêve. Après un bref répit, les islamistes d'Ennahda ont subi, à partir de 1991, une campagne brutale d'interdiction et de liquidation. Néanmoins, la répression de l'islamisme n'a guère gêné les autres Tunisiens. Bien qu'héritiers d'une culture de tolérance, ils ont peu critiqué la répression anti-islamiste, et s'y sont encore moins opposés, alors que c'était pourtant une flagrante violation du pluralisme politique.

---

1. Nigel Disney, « The Working Class Revolt in Tunisia », *MERIP Reports* 67, 1978, p. 12-14.

Au-delà de l'exceptionnalisme

Plutôt que de reproduire ces figures rhétoriques sur l'exception tunisienne, la proposition privilégiée ici met l'accent sur la singularité des développements historiques en Tunisie, qui ont généré des conditions favorables au *pacting* – mais sans prédéterminer aucun résultat. La logique « exceptionnaliste » laisse peu de place à l'agentivité des hommes, tout en essentialisant leur culture et leur identité. Pour autant, mettre en avant l'agentivité au détriment de la structure reviendrait à reproduire les principes de la théorie du choix rationnel, et son hypothèse selon laquelle le contexte n'a aucune importance tant que les acteurs politiques peuvent exprimer des préférences et faire des choix. Or nous disons, au contraire, que le contexte *est important*, en ce qu'il façonne les circonstances dans lesquelles les acteurs politiques peuvent *potentiellement* négocier pendant les périodes d'incertitude et de transition.

Notre approche n'est donc pas le recours à une singularité intrinsèque. Nous parlerons plutôt d'« avantages », par exemple ceux liés à la spécificité que la Tunisie possédait après le Printemps arabe, à savoir une parité de pouvoir entre les forces concurrentes, un degré aigu de polarisation entre les islamistes et les sécularistes, ainsi que la diversité normative propre au paysage dans lequel évoluent des acteurs différents et pas forcément favorables à la démocratie. Comme nous allons le montrer, ces avantages ne sont pas des cadeaux exogènes et aléatoires de l'Histoire, mais plutôt des confluences spécifiques de vecteurs institutionnels et politiques qu'il faut étudier en détail. Il s'agit du répertoire partagé de la mémoire tunisienne, de la force de la société civile, de la faiblesse de l'armée, de l'expérience de la religion et de l'islamisme dans la politique tunisienne et, enfin, de la capacité politique de l'État « jacobin » centralisateur. Dans différentes combinaisons et à différents moments, nous démontrerons que ces facteurs ont été des forces positives qui ont rendu possibles – encore une fois : sans toutefois les prédestiner – la parité, la polarisation et la diversité sur lesquelles les élites tunisiennes ont pu bâtir un pacte démocratique.

4.2. Déterminants de la parité : récit national, société civile, faiblesse de l'armée

Plusieurs avantages tunisiens ont contribué à créer des circonstances de *parité* qui, pendant le Printemps arabe, ont mis les forces islamistes et sécularistes concurrentes sur un pied de relative égalité. Parmi eux l'existence d'un récit national cohérent, d'une société civile mobilisée et d'institutions militaires faibles, qui ne pouvaient pas exercer de droit de veto sur les décisions du pouvoir. Ces facteurs distincts ont contribué, en s'imbriquant, à créer des conditions relativement équitables de compétition politique. Pendant la transition démocratique, la cohérence du narratif national a rendu possible un fort degré d'entente concernant les frontières de l'État-nation. La robustesse de la société civile a favorisé l'existence d'un répertoire de mobilisation collective permettant aux islamistes comme à leurs homologues sécularistes de compter sur des bases militantes actives. Autrement dit, la formation à grande échelle de cadres et de partisans bien disciplinés et mobilisés pour une cause n'était pas une expérience civique étrangère à la société tunisienne. Enfin, l'absence d'un mastodonte militaire a favorisé la parité. Contrairement à l'Égypte, il n'y avait pas de conseil de l'armée en constante rumination, ni d'institution coercitive, inséré dans le tissu économique et culturel de l'État susceptible d'imposer sa volonté, de peser sur la balance des luttes en cours ou de transformer par d'autres moyens les rythmes de la compétition politique. Par conséquent, lorsque les islamistes et les sécularistes se sont affrontés après la révolution, ils n'ont pas été confrontés à la menace omniprésente d'une intervention militaire susceptible de fausser le jeu politique.

Un récit national cohérent

Bien qu'aucune séquence distinctive, aucun événement et aucun acteur n'ait prédéterminé l'avènement de la démocratie pactée en 2011-2012, il existait néanmoins au préalable un récit national cohérent, qui véhiculait un sentiment d'appartenance à une expérience tunisienne commune. Ce n'est pas la même chose que de postuler l'existence d'une identité tunisienne monolithique qui se cristalliserait instantanément, une fois invoquée, dans l'esprit des forces sociales et politiques. Il est plutôt question ici de discours publics qui se renforcent mutuellement, véhiculent des souvenirs collectifs et créent des *points de référence historiques* communs où prennent leur source des mythes nationaux durables qui continuent de fournir un cadre partagé pour l'engagement politique.

Cela est important à plus d'un titre. En premier lieu, bien évidemment, en permettant de remplir la condition préalable – et en fait non négociable – à la construction de tout nouvel ordre politique stable, démocratique ou pas, à savoir un caractère national cohérent, défini non pas par un accord absolu sur son contenu et ses aspirations, mais plutôt par un entendement général de qui fait et ne fait pas partie de la communauté nationale en vertu du long processus de la formation de l'État et du développement de la société. Comme l'affirme Mohamed Kerrou, un corps national tunisien identifiable, proche d'une « communauté imaginée », s'est effectivement constitué à la fin du XIXe siècle ; il reconnaissait l'État tunisien comme son berceau institutionnel et adhérait à un ensemble de normes sociales et religieuses pour la société tunisienne[1].

En second lieu, ces « mythes » de l'histoire nationale sont socialement construits, dans la mesure où ils nécessitent souvent de façonner certains événements pour en créer une version idéalisée. Il n'y a pas une seule définition de l'authenticité tunisienne qui préférerait catégoriquement le compromis démocratique à la

1. Entretien de l'auteur avec Mohamed Kerrou, professeur de sciences politiques à l'université de Tunis-El Manar, à Florence, le 6 décembre 2018. Cf. également la thèse de doctorat de M. Kerrou, *La Fondation du nouvel État en Tunisie* (sous la direction de Lucien Siorat), université Toulouse-1, 1987.

répression autoritaire. Mais il est vrai que les mythes sont performatifs : lorsqu'ils sont instrumentalisés, ils génèrent leur propre réalité sociale et exercent ainsi une influence significative sur les choix des acteurs dans des moments particuliers. Dans ce sens-là, les événements historiques marquants mentionnés par l'exceptionnalisme doivent être considérés non pas comme des réalisations démocratiques en soi, mais plutôt comme un répertoire souple de mémoire et de connaissances susceptible d'être mobilisé par les acteurs politiques.

À titre d'exemple, des percées politiques de la seconde moitié du XIXe siècle ont sûrement joué un rôle formateur dans le développement de l'État tunisien moderne. Pour autant, l'importance de la Constitution de 1861 ne tient pas au fait qu'elle serait devenue la condition préalable à la future démocratie, telle une sorte de *Magna Carta* arabe. Mais elle a marqué les générations suivantes de nationalistes tunisiens comme une icône durable d'un accomplissement politique majeur et, à ce titre, a servi de marqueur culturel malléable et autoreproducteur autour duquel des discours pouvaient être mobilisés, façonnés et manipulés[1]. Alors que la thèse exceptionnaliste érige la Constitution en embryon de la pratique démocratique, l'Histoire montre que ses apports, relativement modestes, ont été suspendus dès 1864 par le bey Hussaynid à la suite de pressions françaises dues à la crainte de troubles

—

1. En effet, pour les acteurs politiques tunisiens actuels, Ennahda et non-islamistes, cette Constitution est une référence historique commune.

sociaux. Le mouvement nationaliste tunisien qui a émergé des décennies plus tard s'est approprié ce moment d'insurrection constitutionnelle en adoptant le nom de *Destour* (« Constitution »). Ce type de discours constitutionnel était unique, car il faisait valoir que de larges secteurs de la société pouvaient lier l'élaboration de nouvelles règles juridiques à la revendication de sa souveraineté politique auprès d'un empire. De la même manière, on pourrait dire que l'abolition de l'esclavage en 1846 a été une avancée historique qui a été utilisée comme marqueur culturel pour de futures mobilisations.

Une société civile fortement mobilisée

Le second antécédent historique qui a favorisé une parité de pouvoir et de ressources entre acteurs politiques après le Printemps arabe a été l'existence d'une société civile bien mobilisée. Des traditions d'activisme et de mobilisation profondément enracinées dans la société tunisienne ont joué un rôle dans les luttes nationalistes contre les Français, et aidé à convertir les intérêts populaires en expressions et actions publiques directes. Cette aptitude populaire à la mobilisation, en tant que mode d'engagement classique, est appréciée des acteurs politiques : les élites concurrentes savent qu'elles peuvent chacune faire appel aux citoyens qui les soutiennent pour remplir les rues et occuper l'espace public, égalisant ainsi les chances sur le terrain. De plus, une société civile suffisamment active pour que son potentiel de pression sur la vie politique soit crédible oblige tous les acteurs à rester à l'écoute, et engagés dans le processus de négociations. Ainsi, plus la société civile est mobilisée, plus les choix des élites politiques auront des répercussions publiques.

L'UGTT, fondée par Farhat Hached et d'autres militants après des décennies de répression des travailleurs par les autorités françaises, en est l'exemple le plus marquant. Si l'UGTT n'a pas été le seul syndicat de la Tunisie française à se frotter aux autorités coloniales, c'était le plus grand et le plus puissant, sa base nationale ayant recruté des salariés dans une grande variété de secteurs. En tant que mouvement syndical, l'UGTT a travaillé avec le Néo-Destour jusqu'au début des années 1950 pour coordonner des campagnes de masse – des manifestations et des grèves – contre le protectorat français. Les réseaux constituant la base de l'UGTT s'étendaient en profondeur dans tout le pays, permettant à ses dirigeants de puiser dans un énorme réservoir de militants et de sympathisants. Alors que de nombreux pays postcoloniaux affrontaient des vagues de protestations nationalistes et des mouvements de lutte pour l'indépendance, la Tunisie a été unique en ce sens que la plupart des efforts de mobilisation se sont faits sous l'égide de l'UGTT et du Néo-Destour – deux organisations corporatistes enracinées dès les premiers éveils du sentiment nationaliste et qui ont continué à exister longtemps après l'indépendance.

Ainsi, lorsque la Tunisie a accédé à l'indépendance en mars 1956, les observateurs ont constaté que la classe politique anticolonialiste avait conquis la souveraineté non pas seule mais avec l'UGTT : « En tant que parti d'union nationale dans un système de parti unique, le parti Néo-Destour avait deux ailes : une aile syndicale incarnée par l'UGTT et une aile de la classe moyenne[1]. » Il est certain que, lors de la transition vers l'indépendance, l'UGTT n'a pas été neutre dans le conflit interne au Néo-Destour. Bourguiba et Ben Youssef proposaient des perspectives différentes pour l'avenir du pays, et c'est le soutien de l'UGTT, à la conférence de Sfax de novembre 1955, qui a permis à la faction de Bourguiba d'exclure celle de Ben Youssef (et, ce faisant, sa plateforme panarabe et son programme national progressiste). De la sorte, l'UGTT a été incorporée dans le parti-État, qui incarnait l'ordre politique postcolonial des années 1960. Mais nous retiendrons surtout que l'UGTT a été, aux côtés du Néo-Destour, un point de convergence de l'activisme public pour de nombreux travailleurs et salariés tunisiens, les initiant à la politique et les habituant à l'exercice du militantisme dans l'espace civique.

Après l'indépendance, la mobilisation populaire s'est installée durablement dans le jeu politique comme un rouage fonctionnel du parti-État néo-destourien et de ses idéaux corporatistes. Le gouvernement a créé ou intégré de nombreuses associations destinées à représenter et à canaliser les intérêts des forces vives – travailleurs, entreprises, étudiants, femmes et agriculteurs – au sein

1. Bassam Tibi, « Trade Unions as an Organizational Form of Political Opposition in Afro-Arab States : The Case of Tunisia », *Orient* 24, 4, 1979, p. 75-91, ici p. 84.

d'une structure corporatiste ralliée au parti au pouvoir[1]. L'objectif de ces associations en vue n'était pas seulement d'évincer les mouvements autonomes, mais aussi d'« activer » à répétition leurs membres grâce à des réunions et des rassemblements afin de prendre en charge leurs préoccupations et de démontrer leur soutien à Bourguiba et au parti-État[2]. Parmi ces syndicats figurait l'Union tunisienne de l'industrie, du commerce et de l'artisanat (UTICA), la plus grande entité du secteur privé, adoubée par l'État comme le meilleur représentant de la communauté professionnelle et industrielle urbaine[3]. Pour de nombreux Tunisiens, ces entités sont devenues ce qui se rapprochait le plus d'un lieu de participation politique.

Après les années 1960, ces organisations de masse ont été la source de nouveaux vecteurs d'opposition. Par exemple, à mesure que ses membres prenaient leurs distances avec le régime, l'Union générale des étudiants tunisiens est devenue un haut lieu d'opposition de la gauche radicale. Le divorce de l'UGTT avec le parti au pouvoir est survenu à la fin des années 1970. Dans un contexte de ralentissement économique, les militants et les dirigeants de l'UGTT, dont certains n'avaient jamais

—

1. Mounir Charfi, *Les Ministres de Bourguiba (1956-1987)*, Paris, L'Harmattan, 1989, p. 54-59.

2. Lars Rudebeck, *Party and People : A Study of Political Change in Tunisia*, Uppsala, Almqvist and Wiksells, 1967, p. 35-42.

3. Pour en savoir plus sur les origines de l'UTICA et sur le capital industriel en tant que force politique, cf. Eva Bellin, « Tunisian Industrialists and the State », dans *Tunisia, the Political Economy of Reform*, Brandeis University, 1991, p. 45-66.

vraiment accepté l'absorption de leur fédération dans le système néo-destourien, ont vécu la même désillusion que ceux du syndicat étudiant en constatant la dépendance croissante du régime envers le monde des affaires et de l'industrie[1]. La grève générale de l'UGTT, en janvier 1978, s'est terminée par la prise de contrôle sanglante du siège de la fédération et l'arrestation de la plupart des membres de son conseil exécutif. Les années suivantes, d'autres conflits sociaux sont écrasés de la même manière[2]. Bien que Bourguiba – et, plus tard, Ben Ali – ait tendu la main à l'UGTT et tenté de réinsérer le syndicat dans son orbite, la fédération ne sera plus jamais intégrée dans les institutions dirigeantes du régime, à l'exception d'une partie – cooptée – de sa direction[3]. Cette cooptation aura pour conséquence de couper une grande partie de la base de l'UGTT de ses élites, de plus en plus perçues comme clientes de l'État plutôt que comme d'authentiques représentantes du monde du travail.

À la même époque, de nouvelles organisations de la société civile se sont regroupées et sont devenues des vecteurs de mobilisation populaire. Parmi elles la Ligue tunisienne des droits de l'homme (LTDH), première organisation indépendante de défense des droits de l'homme dans le monde arabe. Fondée en 1976, la LTDH a rapidement attiré des milliers de militants, aussi bien

1. Eva Bellin, *Stalled Democracy : Capital, Labor, and the Paradox of State-Sponsored Development*, Ithaca (NY), Cornell University Press, 2002, p. 62-63.

2. Disney, *op. cit.*, p. 12-14.

3. E. Bellin, *op. cit.*, p. 105-108.

des bureaucrates mécontents se désolidarisant du parti au pouvoir que des jeunes défenseurs des droits de l'homme[1]. Cette tradition de mobilisation civique a persisté sous l'ère Ben Ali, malgré les restrictions imposées aux associations et un climat général de répression. En 1992, par exemple, le gouvernement a adopté une loi obligeant les organisations à accepter tous les candidats à l'adhésion, une tactique permettant à ses fonctionnaires d'infiltrer ces mouvements. La LTDH a particulièrement souffert de cette contrainte et, notamment, ses leaders très en vue Moncef Marzouki et Mustapha Ben Ja'far, qui allaient plus tard jouer un rôle important dans la transition post-Printemps arabe.

Malgré ces circonstances, la mobilisation ne s'est pas tarie. En octobre 2005, une coalition hétéroclite comprenant Ennahda, la LTDH, l'UTICA et les quelques partis d'opposition légaux a ainsi créé un forum solidaire contre le régime autoritaire et réclamant des réformes démocratiques. Ce Collectif d'octobre n'est pas parvenu à imposer un changement politique, mais il traduisait la propension des Tunisiens à considérer l'activisme dans la sphère publique comme l'une des voies menant au changement. De même, l'UGTT a continué à s'éloigner du régime tandis que des grèves sauvages éclataient dans la zone minière rurale de Gafsa en 2008.

---

1. Khadija Mohsen-Finan et Pierre Vermeren, *Dissidents du Maghreb depuis les indépendances*, Paris, Belin, 2018, p. 186-197.

Une armée faible

Nous avons vu, d'une part, que les protagonistes tunisiens pouvaient convoquer un vocabulaire commun imprégné par un récit national cohérent pour collaborer et, d'autre part, que les élites en compétition pouvaient compter sur une société civile bien mobilisée leur permettant de recourir à des forces populaires capables de façonner la vie politique. Le dernier facteur favorisant la parité est la faiblesse de l'armée. En Tunisie, à la différence de nombreux pays où la démocratisation a été avortée, les forces armées sont largement restées à l'écart des querelles politiques et n'ont donc pas exercé leur monopole de la coercition pour en orienter les issues. Car, contrairement à l'armée égyptienne qui a servi de joker pouvant faire pencher la balance du pouvoir dans n'importe quelle direction, l'armée tunisienne n'a même pas été impliquée dans le jeu de la transition. C'est là un héritage de son histoire en tant qu'organe auxiliaire de l'État tunisien et non comme gardien central de sa vision idéologique. Les forces armées tunisiennes n'ont jamais été impliquées dans l'avènement ou la construction de l'État postcolonial. Ainsi, contrairement à leurs homologues algériens, les militaires tunisiens n'ont pris la tête d'aucune lutte nationaliste.

L'armée créée en 1956, lors de l'indépendance tunisienne, possédait des caractéristiques institutionnelles inédites. Premièrement, elle était totalement subordonnée aux pouvoirs civils de Bourguiba et du parti-État. Sa mission était avant tout « défensive » et elle n'avait aucun « rôle dans le processus de prise de décisions en tant qu'élite politique », comme l'atteste l'interdiction faite aux soldats et aux officiers d'adhérer au parti au pouvoir[1]. Alors que cette méfiance a permis à l'armée d'établir une norme strictement institutionnelle de contrôle civil, et au corps des officiers de s'imprégner d'une culture professionnelle des comportements militaires attendus d'eux, cela signifiait aussi que les forces armées étaient déconnectées des conflits entre élites et de la hiérarchie politique qui plaçait le parti au-dessus de tout le reste. L'absence d'armes lourdes et la petite taille de l'armée traduisaient le fait qu'elle avait été conçue pour « répondre aux besoins domestiques » en veillant à ne jamais « remettre en cause la suprématie du parti[2] ». Cela n'a pas échappé aux officiers tunisiens qui, dans les années 1980, remarquaient que leur institution « estimait ne pas bénéficier d'avantages proportionnels au fardeau que le gouvernement lui demandait d'assumer », même si l'on ne tenait compte que de son devoir élémentaire d'assurer la sécurité aux frontières avec la Libye[3].

Deuxièmement, en particulier sous Ben Ali, l'armée tunisienne a été marginalisée en termes de financement et d'allocation de ressources. Les forces de sécurité intérieure

---

1. Lewis Ware, *Tunisia in the Post-Bourguiba Era : The Role of the Military in a Civil Arab Republic*, Maxwell (AL), Air University Press, 1986, p. 48.

2. J. C. Hurewitz, *Middle East Politics : The Military Dimension*, Boulder (CO), Westview Press, 1982, p. 416.

3. L. Ware, *op. cit.*, p. 53.

– la police civile, la gendarmerie ou la direction du renseignement – obtenaient la meilleure part des dépenses de sécurité et de défense. Par exemple, de 1988 à 2011, le budget du ministère de l'Intérieur était, en moyenne, supérieur de plus de 50 % à celui du ministère de la Défense[1]. Au moment de la révolution de palais de Ben Ali, en 1987, les forces armées étaient perçues comme une « garnison bureaucratique qui souffrait des contraintes perpétuelles de budgets réduits, exacerbées au fil des ans par l'insolvabilité nationale croissante » – une marginalisation que même des recours occasionnels, par exemple contre l'agitation ouvrière en 1978 ou contre un commando étranger dans la ville méridionale de Gafsa en 1980, n'avaient pu inverser[2]. La période Ben Ali a ainsi accéléré et amplifié la déconnexion entre les forces armées et les impératifs politiques de l'autoritarisme. Les coupes budgétaires ont fait de l'armée un élément mineur dans l'infrastructure institutionnelle de l'autocratie tunisienne qui, pour maintenir l'ordre, a préféré compter sur une infrastructure complexe combinant police civile et renseignement intérieur, qui savait instaurer la peur[3]. En 1991, une grande purge ayant abouti au renvoi de près de 250 militaires dont la loyauté était suspectée, suivie de

---

1. Hicham Bou Nassif, « A Military Besieged : The Armed Forces, the Police, and the Party in Bin Ali's Tunisia, 1987-2011 », *International Journal of Middle East Studies* 47, 2015, p. 65-87, ici p. 75.

2. Lewis Ware, « Ben Ali's Constitutional Coup in Tunisia », *Middle East Journal* 42, 4, 1988, p. 587-601, ici p. 594.

3. Bou Nassif, *op. cit.*, p. 73-76.

rotations constantes des unités, a encore affaibli la cohérence des forces armées[1].

Ainsi, limitée par sa position historique d'entité relativement petite et dépolitisée, l'armée tunisienne n'a pu jouer aucun rôle dans l'établissement de la parité des forces politiques pendant les périodes de transition. Ce constat s'impose indépendamment du débat portant sur les raisons pour lesquelles l'armée a soutenu la révolution du Jasmin en *n'exécutant pas* les ordres supposés du régime de faire feu sur les manifestants – *de facto* une défection. Les premières interprétations avançaient l'idée d'un choix motivé par le fait que l'armée, fatiguée et épuisée, avait été solidaire des masses révolutionnaires et hostile à Ben Ali[2]. Des recherches plus récentes sur le corps des officiers émettent l'hypothèse d'un calcul plus cynique : l'armée n'aurait pas agi en solidarité avec la société, mais pour défendre ses intérêts au sens strict, dans l'espoir explicite que tout changement politique aboutissant à un nouveau régime allait améliorer son prestige institutionnel et son pouvoir[3]. Que l'on adhère à l'une ou l'autre de ces explications (qui du reste ne s'excluent pas), les forces armées tunisiennes se

—

1. Noureddine Jebnoun, « In the Shadow of Power : Civil-Military Relations and the Tunisian Popular Uprising », *Journal of North African Studies* 19, 3, 2014, p. 296-316, ici p. 299-303.

2. Risa Brooks, « Abandoned at the Palace : Why the Tunisian Military Defected from the Ben Ali Regime in January 2011 », *Journal of Strategic Studies* 36, 2, 2011, p. 205-220.

3. Cf. Sharan Grewal, « A Quiet Revolution : The Tunisian Military After Ben Ali », *Regional Insight of Carnegie Endowment for International Peace*, 24 février 2016.

sont tenues à l'écart non seulement du monde politique, mais aussi des institutions du pouvoir d'État pendant des décennies. Elles ne pouvaient donc pas, par la suite, affecter l'égalité relative des acteurs politiques en compétition.

4.3. Déterminants de la polarisation : religion et État

Nous venons d'examiner comment certains avantages historiques propres à la Tunisie, à savoir un récit national cohérent, une société civile mobilisée et une armée faible, ont produit un contexte structurel favorisant la parité entre les forces politiques en compétition après la chute du régime de Ben Ali. La deuxième des conditions nécessaires pour favoriser le *pacting*, la polarisation, se réfère à l'écart qu'il y a, sur le plan des idées, entre les factions concurrentes. Autrement dit, les élites en compétition ont des valeurs et des convictions qui semblent s'exclure, étant si radicalement divergentes que toute coopération paraît impossible. En Tunisie, deux dimensions interdépendantes ont façonné le clivage islamiste-sécularister qui a caractérisé la période de transition : d'une part, la montée en puissance d'Ennahda à la fin du xxe siècle, puis sa répression féroce par le régime de Ben Ali ; d'autre part, la nature jacobine du parti-État postcolonial construit par Bourguiba et hérité par Ben Ali, qui a largement cherché à contrôler et à instrumentaliser la religion.

Nous ne voulons pas dire – à l'instar de la thèse exceptionnaliste – que l'identité islamique en Tunisie serait d'une nature si différente de ce qu'elle est ailleurs dans le monde musulman que seuls les Tunisiens seraient prédestinés à vouloir la démocratie. Par contre, ce que nous cherchons à montrer, c'est que l'islamisme n'était pas une composante bien intégrée dans l'État tunisien postcolonial, ce qui signifie qu'à la veille de la révolution, des acteurs politiques peu *exposés* à l'islamisme promu par Ennahda étaient méfiants. Autrement dit, l'existence d'une tradition républicaine tunisienne donnait à ses opposants un ancrage conceptuel : les islamistes devaient être vaincus pour défendre l'ordre politique séculier et centralisé qui était devenu synonyme de l'État tunisien depuis plus d'un demi-siècle.

L'islamisme

Tout au long de l'expérience postcoloniale tunisienne, l'islamisme a été la seule idéologie politique à exister en dehors du monopole institutionnel du parti Néo-Destour (et de ses héritiers). Mais, contrairement à l'UGTT et aux associations professionnelles, il n'a jamais reposé sur un mouvement de masse bien mobilisé, toléré dans le cadre de l'autocratie partisane. La spécificité de l'expérience islamiste tunisienne reflète la trajectoire unique de la religion. L'autoritarisme postcolonial de Bourguiba et de Ben Ali a cherché à contrôler l'interprétation de l'islam, à la fois pour empêcher une éventuelle résistance religieuse et pour légitimer leur pouvoir comme autorité politique suprême. Ces stratégies d'exclusion ont donné naissance à un courant islamiste dans les années 1980 qui n'a été que brièvement actif avant d'être éjecté. Par conséquent, à la veille du Printemps arabe, la plupart des acteurs politiques tunisiens avaient peu d'expérience dans la gestion du mouvement islamiste – d'autant que, sous Ben Ali, Ennahda avait été sévèrement réprimé et le parti mis au ban de la société. L'islamisme n'a donc jamais été véritablement intégré au système politique, contrairement à ce qui s'est produit en Égypte. Ce manque d'expérience, d'interaction et de confiance entre les acteurs politiques de part et d'autre du clivage religieux a contribué à une polarisation aiguë, car il est facile de diaboliser un ennemi que l'on connaît mal.

Pendant la domination ottomane et, plus tard, sous l'occupation française, l'islam n'a pas véritablement été moins influent dans la vie politique et sociale tunisienne que dans d'autres régions du Maghreb et du Moyen-Orient. Il existait une classe diversifiée d'oulémas, souvent consultés lors des discussions législatives importantes, pouvant compter sur une base importante de fidèles et de partisans en interaction constante avec les écoles locales, la monarchie beylicale et, plus tard, les autorités françaises[1]. Leur emprise sur la société a progressivement décliné au début du XXe siècle en raison d'une conjonction de facteurs, notamment des changements éducatifs, la mise en œuvre de réformes administratives et des soulèvements anticoloniaux périodiques dont, par exemple, les émeutes

—

1. Arnold Green, « Political Attitudes and Activities of the Ulama in the Liberal Age : Tunisia as an Exceptional Case », *International Journal of Middle East Studies* 7, 2, 1976, p. 209-241.

du cimetière du Jellaz en 1911. L'interventionnisme français dans les espaces privés et publics de la religiosité indigène explique en partie que de nombreux acteurs nationalistes, comme le mouvement des Jeunes Tunisiens, aient fait de l'islam – avec fierté – un élément central de leur activisme politique[1]. Ainsi, la loi française de 1933 qui offrait la citoyenneté française à des Tunisiens qualifiés et appartenant, pour la plupart, à l'élite, avait été considérée comme un affront fait aux institutions et traditions islamiques locales au profit des lois et de l'autorité civiles françaises[2].

Le Néo-Destour, qui a pris son essor dans les années 1930, n'était pas explicitement antireligieux et reconnaissait les militants islamiques comme faisant partie du paysage social et politique de la Tunisie occupée[3]. Entre 1930 et 1956, pendant la lutte d'émancipation anticoloniale, Bourguiba lui-même s'est beaucoup servi du symbolisme islamique dans le discours arabe. Par exemple, il a justifié par des considérations religieuses l'opposition aux lois françaises sur la naturalisation, tout en se présentant comme *al-mujahid al-akbar* (« le grand combattant »)

1. Kenneth Perkins, « "The Masses Look Ardently to Istanbul" : Tunisia, Islam, and the Ottoman Empire, 1837-1931 », dans *Islam and Secularism in North Africa* (dir. : John Ruedy), Londres, Palgrave Macmillan, 1996, p. 23-36.

2. Ces crises au sujet de la naturalisation et d'autres ont souvent déclenché des contestations sur le rôle de la religion et de l'islam. Cf. Richard Jones, « La crise des naturalisations de 1933 : analyse française et réponse tunisienne », *Revue d'histoire maghrébine* 7-8, 1977, p. 165-178.

3. Benjamin Rivlin, « The Tunisian Nationalist Movement : Four Decades of Evolution », *Middle East Journal* 6, 2, 1952, p. 167-193.

menant un vaste *djihad* contre la domination impériale[1]. La rupture avec le passé s'est finalement produite lors des premières initiatives du régime bourguibiste après 1956, quand il est devenu évident que l'islam « public », c'est-à-dire les voix religieuses pouvant s'opposer au nouvel État – devait être maîtrisé et instrumentalisé pour soutenir le centre autoritaire.

Parmi d'autres mesures ultérieurement qualifiées d'« antireligieuses », le président Bourguiba a démantelé Al-Zaytouna, qui a été absorbée par la Faculté de *sharī'a* et de théologie nouvellement ouverte à l'université de Tunis en 1960[2]. Cette décision était particulièrement choquante, compte tenu du soutien apporté au Néo-Destour par Al-Zaytouna et par d'autres forces religieuses durant la fin de la période coloniale. En effet, pendant la Seconde Guerre mondiale, des dizaines de milliers d'étudiants, d'enseignants et de militants affiliés à Al-Zaytouna avaient forgé une grande alliance avec le Néo-Destour, s'engageant à mobiliser leurs ressources (y compris leur journal, très lu) pour soutenir le leadership de Bourguiba[3]. Le nouveau régime s'est également fait fort de dissoudre les tribunaux *sharī'a*, de confisquer les terres relevant du *habous* (jusque-là, ces terres servaient

1. Norma Salem, *Habib Bourguiba, Islam, and the Creation of Tunisia*, Londres, Croom Helm, 1984, p. 103.

2. Malika Zeghal, « Public Institutions of Religious Education in Egypt and Tunisia : Contrasting the Post-Colonial Reforms of the Al-Azhar and the Zaytuna », dans *Trajectories of Education in the Arab World Legacies and Challenges* (dir. : Osama Abi-Mershed), Londres, Routledge, 2009, p. 111-124.

3. N. Salem, *op. cit.*, p. 116.

à financer les mosquées et autres activités religieuses) aux autorités religieuses, de renvoyer ou de réaffecter les imams qui critiquaient le Néo-Destour et de coopter des oulémas plus dociles, prêts à certifier que toutes ces réformes étaient des expressions authentiques de l'*ijtihad* islamique[1]. Le système éducatif a été étendu et transformé, son contenu religieux rationalisé et éviscéré afin d'adapter les éléments islamiques, comme l'enseignement ou la lecture du *Qur'ān*, pour qu'ils deviennent partie intégrante d'une pédagogie visant à enseigner le civisme républicain prôné par l'État autoritaire[2]. Sur la place publique, des gestes symboliques, tels que la réticence personnelle de Bourguiba à respecter le ramadan ou ses incitations à garder les entreprises ouvertes pendant le mois sacré, témoignaient de cette tendance. Les oulémas qui ont résisté, par exemple en demandant à l'État de faire appliquer le ramadan de manière plus stricte, ont été réduits au silence par des pressions, voire par l'emprisonnement[3].

Cette distance prise par rapport à la religion est souvent considérée comme une expression tunisienne de la *laïcité* française, et Bourguiba comme une version tunisienne d'Atatürk. Perkins décrit ses actions comme une « quasi-révolution sociale », tant la poursuite de l'éducation de

—

1. Budi Juliandi, « Wakaf dan politik di Tunisia », *Ahkam* 15, 2, 2015, p. 137-144.

2. Edward Webb, « The "Church" of Bourguiba : Nationalizing Islam in Tunisia », *Sociology of Islam* 1, 2013, p. 17-40, ici p. 27-34.

3. Marion Boulby, « The Islamic Challenge : Tunisia since Independence », *Third World Quarterly* 10, 2, 1988, p. 590-614, ici p. 592-594.

masse, la sécularisation du discours et l'émancipation des femmes semblaient déviantes aux yeux des musulmans conservateurs[1]. Pourtant, cette impulsion autocratique n'avait pas pour but d'éliminer la religion. Il s'agissait plutôt de contrôler l'interprétation de l'islam pendant une période de consolidation, en consacrant sa présence en tant qu'élément de l'identité tunisienne mais en remodelant constamment ses contours afin d'empêcher toute contestation politique et sociale[2]. Ce faisant, l'État tunisien a monopolisé le vocabulaire et le symbolisme religieux, se servant de l'islam comme d'un outil de régulation autoritaire. L'objectif était d'intégrer la religion « dans le projet de modernité lui-même », en privant la société de tout espace religieux dans la sphère publique, espace qui aurait éventuellement pu être utilisé pour remettre en question la logique du parti-État bourguibiste[3].

En conservant cette asymétrie fondamentale des relations entre la religion et l'État, le régime de Ben Ali s'est par la suite efforcé de réorganiser le domaine religieux contrôlé par l'État pour renforcer sa légitimité. La différence avec la stratégie de Bourguiba résidait dans l'accent fréquemment mis sur l'islam en tant que source historique de l'identité nationale ; c'était donc une doctrine

---

1. K. Perkins, *op. cit.*, p. 30.

2. Muhammad al-Hilah, « Bourguiba wal-islam » [Bourguiba et l'islam], dans *Bourguiba, Bourguibiyun Wa-binaa' Al-Dawla Al-Wataniyya* [Bourguiba, bourguibistes, et la construction de l'État national] (dir. : Abdeljelil Temimi), Tunis, Temimi Foundation, 2001, p. 179-184.

3. E. Webb, *op. cit.*, p. 25.

à respecter – tant que l'interprétation du régime restait dominante, ce qui excluait nécessairement les formations religieuses non étatiques telles qu'Ennahda[1]. Par exemple, le régime de Ben Ali a donné plus d'importance au Conseil supérieur islamique et au ministère des Affaires religieuses, qui ont acquis un plus grand pouvoir pour nommer les imams et réglementer leurs activités. Le contenu des réunions de prière tenues dans les mosquées en dehors des horaires de prières a été étroitement surveillé. Les mosquées sont restées propriété de l'État. Ben Ali a également découragé les manifestations ostentatoires de piété islamique, par exemple en décrétant que le port du hijab était un signe d'« extrémisme » et en ordonnant régulièrement à la police d'arrêter, à tort et à travers, les hommes portant une longue barbe[2].

Finalement, les activités religieuses autonomes ont été fortement limitées en dehors de celles qui se déroulaient sous la tutelle de l'État, ce qui a rendu difficile une mobilisation visible des islamistes. À certains égards, des facteurs secondaires ont aussi joué un rôle dans l'arrivée tardive des idées islamistes sur la scène tunisienne. Prenons l'exemple du secteur de l'éducation. Très tôt, les programmes ont été débarrassés de tout contenu religieux indépendant. Qui plus est, contrairement à de nombreux autres pays arabes, la Tunisie n'a jamais

1. Rory McCarthy, « Re-thinking Secularism in Post-Independence Tunisia », *Journal of North African Studies* 19, 5, 2014, p. 742-745.

2. Simon Hawkins, « Who Wears Hijab with the President : Constructing a Modern Islam in Tunisia », *Journal of Religion in Africa* 41, 1, 2011, p. 40.

recruté d'enseignants égyptiens pour ses écoles – une pratique courante en Algérie et en Arabie saoudite[1], où beaucoup de ces enseignants, membres des Frères musulmans, ont ainsi pu faire de l'entrisme et du prosélytisme au niveau local. En Algérie, ils ont contribué à la montée du Front islamique du salut (FIS) ; en Arabie saoudite, ils ont alimenté la montée du mouvement salafiste de la Sahwa.

Conséquence de ces politiques, la poussée autochtone d'islamisme n'a vu le jour que dans les années 1970, avec la formation du Mouvement de la tendance islamique (MTI) en 1979. Le MTI est l'héritier de l'Organisation pour la sauvegarde du *Qur'ān*, créée en 1963 et tolérée par l'État. Il s'est formé à la suite de plusieurs étapes importantes, comme la vaste diffusion du magazine *Al-Ma'arifaI* (« Connaissance ») ou les incidents violents entre étudiants religieux conservateurs et opposants gauchistes sur des campus universitaires[2]. L'agitation ouvrière de 1978 a également suscité l'intérêt politique de nombreux militants religieux. Bien que peu d'islamistes aient proposé de s'allier à l'UGTT ou à d'autres organisations gauchistes, cette bataille entre les travailleurs et l'État dans un contexte de crise économique leur a fait prendre

---

1. Pour en savoir plus, cf. Lindsay Benstead et Megan Reif, « Polarization or Pluralism ? Language, Identity, and Attitudes toward American Culture among Algeria's Youth », *Middle East Journal of Culture and Communication* 6, 1, 2013, p. 75-106.

2. Alaya Allani, « The Islamists in Tunisia between Confrontation and Participation : 1980-2008 », *Journal of North African Studies* 14, 2, 2009, p. 257-272, ici p. 259-260.

conscience qu'un activisme ouvertement politique, voire des confrontations, serait nécessaire à l'avenir[1].

Rebaptisé Ennahda (« Renaissance ») en 1989, le MTI, sous la direction de son fondateur et chef spirituel, Rachid Ghannouchi, a enduré de longs cycles de répression au cours des années 1980, entrecoupés de brèves périodes de tolérance. Ainsi, entre 1984 et 1986, Bourguiba a libéré un certain nombre de militants emprisonnés et s'est engagé à tolérer les activités islamistes, avant de renouveler les attaques contre les prédicateurs, les éducateurs et les étudiants islamistes[2]. De leur côté, des éléments du mouvement islamiste se sont également livrés à des actes de violence, dont un certain nombre d'attaques visant des institutions gouvernementales. Il y eut un nouvel interrègne à la suite de l'accession au pouvoir de Ben Ali, dans la foulée du Pacte national de 1988 et de la promesse du nouveau président d'autoriser Ennahda à participer aux élections dans le cadre d'un projet plus large de prétendue libéralisation politique. Le régime de Ben Ali espérait exploiter la poussée islamiste pour détourner l'attention des pressions croissantes de la gauche, visibles notamment dans la détérioration des relations entre le parti au pouvoir et l'UGTT. Cependant, lorsque Ennahda a obtenu 17 % des voix lors des élections générales d'avril 1989, Ben Ali a réagi en rejetant ses diverses demandes de reconnaissance officielle, en exprimant avec force son antipathie pour le

1. M. Boulby, *op. cit.*, p. 603.

2. Mohamed Elhachmi Hamdi, *The Politicisation of Islam : A Case Study of Tunisia*, Boulder (CO), Westview Press, 1998, p. 41-58.

mélange de la religion et de la politique et en commençant à faire arrêter de nombreux militants d'Ennahda[1].

Ainsi, en 1990, alors que l'Algérie voisine connaissait également une crise politique et une répression autocratique de la mobilisation islamiste, le régime a pris sans hésiter des mesures de plus en plus dures à l'encontre d'Ennahda, convaincu que l'islamisme représentait une menace populaire trop sérieuse pour être toléré en tant que mouvement social, *a fortiori* en tant que force politique. Les publications d'Ennahda ont été interdites, des mosquées fermées et des militants emprisonnés ; de nombreux dirigeants, comme Ghannouchi, ont fini par s'exiler. Cette période de répression systématique a néanmoins connu un bref répit entre 2003 et 2005, lorsque des responsables du régime ont tenu des réunions secrètes avec Ennahda[2]. Cet interlude mis à part, Ennahda a opéré en exil, seul un groupe de partisans dévoués mais assiégés est demeuré en Tunisie ; le parti a tenu ses congrès et ses réunions en Europe, entretenant des contacts intermittents avec des opposants au régime de Ben Ali, y compris avec des gauchistes et des syndicalistes. D'une manière générale, l'islamisme des années 1990 et 2000 n'a donc joué qu'un faible rôle dans le discours politique, la vie sociale et les grandes institutions, qui sont restés sous l'étroite emprise du régime de Ben Ali.

Une grande partie de l'histoire politique d'Ennahda, et plus largement du courant islamiste en Tunisie, a été bien

---

1. *Ibid.*, p. 67-71.
2. A. Allani, *op. cit.*, p. 265-267.

documentée et analysée par de nombreuses publications. Notre but ici n'est pas de remettre en question ce travail complexe, ni même de l'enrichir avec des précisions inédites sur l'évolution des mouvements islamistes, qui font encore l'objet d'études. Plutôt, nous voulons nous servir de ce qui est déjà connu pour étayer notre propre thèse, à savoir que c'est la nature de l'islamisme en Tunisie qui a joué un rôle dans la mise en place de la polarisation – une des conditions, rappelons-le, nécessaires au *pacting* – qui a divisé l'arène politique autour de la question religieuse après le Printemps arabe. Autrement dit, cette polarisation islamistes-sécularistes peut être reliée à plus d'un titre aux développements passés.

Premièrement, l'absence de l'islamisme dans la vie politique explique pourquoi, à la différence de leurs homologues dans d'autres pays, les acteurs politiques tunisiens n'ont pas été au contact avec des activistes islamistes avant la révolution du Jasmin et les élections qui ont suivi. Cette absence d'interaction a engendré une forte méfiance et suspicion mutuelles. Les élites tunisiennes avaient peu d'expérience de collaboration avec les islamistes – et encore moins l'habitude d'être *en concurrence* avec eux. Surtout qu'une grande partie de l'évolution idéologique d'Ennahda s'est produite à l'étranger, par l'intermédiaire des réseaux tissés à travers l'Europe par Ghannouchi et d'autres dirigeants. À partir des années 1990, ce climat de méfiance a été amplifié par la diabolisation de l'islam politique, et donc d'Ennahda, par le régime Ben Ali. Cela ne signifie pas qu'il n'existait aucun lien organisationnel entre Ennahda et d'autres forces d'opposition. Par exemple, Ennahda était l'un des signataires de la coalition d'octobre 2005. Toutefois, alors que la base du mouvement islamiste était asphyxiée à l'intérieur du pays, de nombreux militants démocratiques ignoraient jusqu'à l'existence de sa direction à l'étranger.

Deuxièmement, l'islamisme est apparu relativement tard en Tunisie pour façonner la mobilisation populaire, en partie en raison de l'empiétement de l'autoritarisme postcolonial dans la sphère religieuse et de la forte présence d'autres entités de la société civile, telles que l'UGTT. Le « retard » avec lequel l'islamisme est devenu un courant significatif explique que, même à la fin des années 1980, la plupart des Tunisiens ne connaissaient Ennahda qu'à travers sa représentation dans les médias d'État ou les descriptions faites par des acteurs non islamistes de la société civile, tels que l'UGTT[1]. Ennahda n'a été ouvertement actif que pendant la décennie précédant sa répression. Ensuite, dans les années 1990, il y a eu un regain de craintes et d'incertitudes à l'égard de l'islamisme en raison de la guerre civile en Algérie. Ainsi, de même que les élites avaient relativement peu d'expérience dans la mise en œuvre de coalitions et d'accords avec les dirigeants islamistes, les militants de base étaient peu

1. Abd al-Hakim Abu al-Lawz, « Alaqat al-harikat al-islamiyyah ma' al-anzhimah al-siyasiyyah : al-hala al-tunisiyyah, 1981-1991 » [La relation entre les mouvements islamistes et les régimes politiques : le cas tunisien, 1981-1991], *Al-Majalla al-arabiyyah lil-'ulum al-siyasiyyah* [Journal arabe de science politique] 22, 2009, p. 147-151.

nombreux à avoir collaboré avec des activistes islamistes. Avant le Printemps arabe, de nombreux Tunisiens qui étudiaient ou travaillaient en France – et qui jouissaient donc de plus grandes libertés politiques et d'expression – débattaient même ouvertement pour déterminer l'identité du « vrai ennemi » de la démocratie dans leur pays : Ben Ali ou Ennahda[1].

Troisièmement, pratiquement personne dans la société tunisienne n'a défendu Ennahda lors de la tentative d'élimination du mouvement au cours des années 1990. À l'exception de la LTDH, qui a critiqué l'arrestation et la torture des islamistes, ni l'UGTT ni les syndicats de branche n'ont revendiqué une place pour l'islamisme dans la vie politique tunisienne. Lorsque Ennahda est revenu sur le devant de la scène après la révolution du Jasmin, mobilisant et élargissant rapidement sa base, ses militants ont pu affirmer à juste titre qu'ils avaient été – bien plus que les opposants sécularistes – les véritables victimes du régime de Ben Ali.

L'État jacobin

Bourguiba et Ben Ali avaient tous deux fait leur l'image d'une stabilité tunisienne fondée sur l'unité et la loyauté des citoyens – la notion de « tunisianité ». Quoique différentes, leurs deux visions de l'autoritarisme requéraient la domination de la sphère religieuse par un régime

—

1. Margot Dazey et Mathilde Zederman, « Oppositions islamistes à distance : Mobilisations tunisiennes et égyptiennes en France (1990-2016) », *Revue française de science politique* 67, 5, 2017, p. 837-855.

républicain puissant, unitaire et centralisé, un processus entamé par Bourguiba d'une manière qui, en entravant les possibilités de mobilisation des islamistes, avait faussé leur relation avec la vie politique du pays. Ce régime impliquait l'existence d'un appareil d'État hégémonique dominé par le Néo-Destour, un parti qui, à son tour, a été le noyau d'un système corporatiste ayant permis à l'UGTT, à l'UTICA et à d'autres forces économiques et sociétales de faire valoir leurs intérêts[1]. La subordination des espaces religieux, des acteurs sectoriels et des institutions politiques à ce modèle de parti-État peut être décrite comme un modèle « jacobin » de politique *étatiste*, la main de fer de la force répressive actionnant une tendance centripète vers l'unité nationale[2].

Bien entendu, ce modèle a beaucoup évolué au fil du temps. La promesse corporatiste s'est dissipée à la fin des années 1970, lorsque l'économie s'est effondrée, bouleversant l'alliance entre les syndicats et les partis et transformant de nombreux syndicalistes en dissidents. Sous Ben Ali, le parti-État a évolué vers une autocratie néopatrimoniale axée sur l'élite et de plus en plus déconnectée de sa base populaire. L'image d'un État républicain institutionnalisé et riche en ressources humaines a cependant survécu à la

---

1. Emma Murphy, *Economic and Political Change in Tunisia : From Bourguiba to Ben Ali*, Londres, Palgrave Macmillan, 1999, p. 42-79.

2. Le terme « jacobin » pour décrire la formation de l'État tunisien a été utilisé précédemment par E. Webb, dans son article « The "Church" of Bourguiba ». J'élargis son usage ici pour décrire la vaste portée transformatrice de l'ordre politique envisagé sous la bannière républicaine dans la Tunisie postcoloniale.

chute de l'ordre jacobin – un État que les défenseurs du sécularisme estimaient de leur responsabilité de protéger contre l'avancée radicale de l'islamisme.

Comme l'a souligné Lisa Anderson, la Tunisie bénéficiait, à la veille de l'indépendance, d'une administration centrale performante (y compris pour le maintien de l'ordre et la fiscalité), d'une réglementation bureaucratique et de circuits de distribution commerciaux reflétant les caractéristiques d'un appareil d'État fonctionnel, ce qui n'était pas le cas de la Libye voisine, par exemple[1]. Pour autant, cette bureaucratie d'État fonctionnelle n'était pas une garantie d'unité ou de paix. La transition vers l'indépendance, au début de 1956, a été marquée au sein du mouvement Néo-Destour par une lutte intense et d'une violence croissante entre Bourguiba et Salah ben Youssef, dont la base partisane s'appuyait davantage sur le sud appauvri et était idéologiquement plus proche du nationalisme arabe[2]. Il s'agissait à l'évidence d'une lutte pour le contrôle d'un mouvement politique qui, par défaut, contrôlerait à son tour l'État tunisien. À ce titre, la rivalité entre les cadres était féroce[3]. Parmi d'autres points de discorde, les youssefistes

—

1. Lisa Anderson, *The State and Social Transformation in Tunisia and Libya, 1830-1980*, Princeton, Princeton University Press, 1987, p. 135-178.

2. Clement Henry Moore, *Tunisia since Independence : The Dynamics of One-Party Government*, Berkeley (CA), University of California Press, 1965, p. 61-70.

3. On pourrait également affirmer que l'utilisation de la piété et du symbolisme islamique par Ben Youssef dans sa campagne contre Bourguiba a motivé le désir de ce dernier d'extirper les formes non étatiques de mobilisation religieuse au cours des décennies suivantes. Ben Youssef, par exemple, exhortait ses dizaines de milliers de partisans à affirmer la « personnalité

accusaient les dirigeants bourguibistes d'avoir cédé à des exigences françaises excessives dans le cadre des négociations pour l'indépendance. Inspirée par Nasser, leur vision de l'autonomie tunisienne était plus exaltée[1]. Les violences entre bourguibistes et guérilleros youssefistes ont abouti à une quasi-guerre civile que les premiers ont remportée en partie grâce à l'aide de la France.

En déposant Lamine Bey, et avec lui les prétentions monarchiques husseinites, le Néo-Destour a pu commencer, dès juillet 1956, à restructurer une arène politique dont il occupait le centre. Avant même l'indépendance, le mouvement avait établi des sections et des sous-groupes dans tout le pays, avec une amplitude qui dépassait même celle de l'UGTT. En 1949, il revendiquait déjà 100 000 membres[2]. Ainsi, après avoir éliminé la menace youssefiste, le parti était mûr pour devenir une organisation hégémonique couvrant l'ensemble de la nation. Pour la plupart des Tunisiens, l'adhésion au parti était devenue indispensable pour progresser sur le plan politique et, dans de nombreux cas, sur le plan professionnel[3]. En 1957, le parti comptait au moins 325 000 membres dans tout le

---

arabo-islamique » de la Tunisie et accordait souvent une attention particulière aux groupes affiliés à la Zaytouna, considérés comme des sympathisants. Cf. N. Salem, *op. cit.*, p. 157-158.

1. N. Salem, *op. cit.*, p. 152-154.

2. Michele Penner Angrist, « The Expression of Political Dissent in the Middle East : Turkish Democratization and Authoritarian Continuity in Tunisia », *Comparative Studies in Society and History* 41, 4, 1999, p. 730-757, ici p. 749.

3. K. Perkins, *op. cit.*, p. 33-35.

pays, un chiffre qui culmina à près de 400 000 membres répartis en 1 020 sections en 1965[1]. Comme c'est souvent le cas dans les dictatures reposant sur un parti, le Néo-Destour est devenu non seulement le véhicule du pouvoir politique, mais aussi celui du clientélisme, notamment par la distribution d'emplois dans une fonction publique en expansion rapide, grâce à un vaste système cimentant son autorité[2].

Cela a ouvert la voie à la construction de l'État tunisien. Bourguiba et ses alliés ne cherchaient pas à reproduire un État jacobin dans le seul but d'imiter le modèle français. Certes, Bourguiba avait hérité des préceptes juridiques d'un tel ordre politique en prenant le contrôle d'institutions administratives mises en place par le régime français. Cependant, cet État – et le développement institutionnel qu'il allait connaître – était mis au service du projet sous-jacent de la modernisation de la Tunisie. L'établissement d'un appareil d'État centralisé, hiérarchisé et autonome n'était donc pas une fin idéologique en soi, mais bien l'instrument principal pour modeler la société afin qu'elle se conforme aux nouvelles règles politiques.

---

1. L. Rudebeck, *op. cit.*, p. 141.

2. Hafiz 'Abdelrahim, « Al-istilzam wal-ta'zib aliyyah li-tahlil al-nasq al-siyasi al-tunisi fi-itar dawlat al-bina' al-watani min khilal al-namat al-'alaqi bayna bourguiba wa-'adhadihi » [Patronage et clientélisme comme mécanisme d'analyse de la structure politique tunisienne dans le cadre de la construction de l'État-nation à travers le schéma relationnel entre Bourguiba et ses partisans], dans *Al-Sulta wal-aliyyat al-hukm fi 'asr bourguiba bi-tunis wal-bilad al-arabiyyah* [Pouvoir et mécanismes de gouvernance pendant l'ère de Bourguiba en Tunisie et dans le monde arabe] (dir. : Abdeljelil Temimi), Tunis, Temimi Foundation, 2003, p. 103-116.

Ce style d'autocratie peut être décrit comme le reflet d'une idéologie de modernisation patriotique qui nécessitait l'adhésion des principales forces sociales. À ce jour, les analystes tunisiens se demandent encore si le système politique autoritaire mis en place par Bourguiba, puis perpétué par Ben Ali, a considéré le soutien populaire des masses comme une véritable ressource de mobilisation susceptible de définir et de renforcer ses institutions, ou plutôt comme le prix à payer pour la construction d'un Léviathan dictatorial capable de se passer d'exercices démocratiques formels tels que des élections[1].

Indépendamment des intentions, le résultat fut que le parti-État républicain créé après 1956 s'est appuyé non seulement sur la répression, mais aussi sur l'absorption corporatiste au service de la formation d'une grande alliance. La notion d'absorption fait référence à la tendance précoce du parti à intégrer dans sa structure les dirigeants des plus grandes organisations non partisanes de Tunisie, de l'UGTT à d'autres associations économiques telles que l'UTICA, la plus importante d'entre elles. Au cours des années 1960, l'État tunisien ressemblait donc à un État corporatiste dans la mesure où le régime de Bourguiba cherchait à contrôler et à dominer les secteurs clés de la société moyennant un système de représentation d'intérêts pouvant s'exprimer dans des limites strictement définies. Pendant une

1. Cf., par exemple, Adnan al-Mansar, *Dawlat al-bourguiba : fusul fil-idiyulujiyya wal-mumarasah, 1956-1970* [L'État de Bourguiba : chapitres sur l'idéologie et la pratique, 1956-1970], Tunis, Amal Éditions, 2007, p. 102-111.

bonne partie des années 1960, les branches du parti représentant des groupes ou des membres locaux ont été encouragées à transmettre des informations vers le haut de la hiérarchie du Néo-Destour. En sens inverse, sous Bourguiba, le bureau politique a tendu la main aux circonscriptions de base pour organiser des rassemblements, formuler de nouvelles politiques et assurer la cohésion politique[1].

Au cours des années 1960, cette politique d'un parti de masse structuré verticalement a ouvert la voie à une économie socialiste qui, tout en laissant en fin de compte le pays dans une situation financière désastreuse, a été suffisamment impressionnante – par sa portée initiale et le large soutien dont elle bénéficiait – pour que des observateurs la considèrent comme un nouveau paradigme de développement potentiel : le « destourianisme », pour reprendre le mot de John Entelis qui a fait florès[2]. En termes idéologiques, cela exprimait la fluidité de l'état d'esprit du bourguibisme, terme forgé peu après l'indépendance de la Tunisie par des analystes occidentaux pour caractériser une modernisation rapide, consensuelle et sécularisante grâce à un mélange pragmatique de mobilisation sociétale

---

1. Charles Micaud, *Tunisia : The Politics of Modernization*, New York, Praeger, 1964, p. 106-112.

2. John Entelis, « Reformist Ideology in the Arab World : The Cases of Tunisia and Lebanon », *The Review of Politics* 37, 4, 1975, p. 513-546. Ghazi Duwaji présente un point de vue tout aussi optimiste sur l'expérimentation économique néosocialiste des années 1960 dans *Economic Development in Tunisia : The Impact and Course of Government Planning*, New York, Frederick Praeger, 1967.

et d'incorporation nationale[1]. En termes économiques, cela signifiait qu'il fallait capitaliser sur les principaux atouts à court terme du pays – une main-d'œuvre bon marché, une expertise agricole, des ressources naturelles modestes mais intéressantes, notamment en phosphates, la proximité de l'Europe et des centres urbains en expansion – pour créer de nouvelles industries et coopératives qui, sous la férule de l'État, pourraient rapidement générer des emplois et des revenus[2].

Cette absorption corporatiste allait connaître de graves turbulences avec les luttes économiques des années 1970, lorsque les politiques socialistes de la décennie précédente ont pris fin. Mais si le Léviathan jacobin avait été bâti sur la cooptation et la manipulation, c'était précisément pour faire face à de tels défis. La cooptation était facilitée par les vastes réseaux de clientélisme créés pour lier les partisans à la direction, tandis que les cadres du parti accédaient à de nouveaux postes dans un secteur public et des institutions bureaucratiques en plein essor. Parfois, des concessions ont été nécessaires. Au cours des années 1960, l'UGTT n'a ainsi soutenu le Néo-Destour qu'après avoir obtenu de Bourguiba les avancées souhaitées en matière de salaires, de droits et de réglementation du travail.

De son côté, Bourguiba a parfois adopté une stratégie consistant à fissurer le mouvement syndical, par exemple en soutenant des factions dissidentes qui sapaient l'autorité de

1. Lorna Hahn, « Tunisia Pragmatism and Progress », *Middle East Journal* 16, 1, 1962, p. 18-28, ici p. 25.

2. A. al-Mansar, *op. cit.*, p. 113-120.

la direction établie de l'UGTT, pour ensuite inciter les travailleurs à se réunifier sous l'égide des dirigeants soutenus par son parti[1]. De même, des politiques étatiques – allant du protectionnisme commercial à la création d'industries lourdes – qui étaient conçues pour faciliter les opérations de l'UTICA et des entreprises capitalistes ont rendu ces acteurs dépendants du parti au pouvoir. Le Néo-Destour a ainsi pu jeter les bases d'une coalition interclassiste reliant le mouvement ouvrier à ses éléments les plus bourgeois tels que les professions libérales urbaines, les commerçants et certains propriétaires terriens. Cette configuration étatiste reflétait clairement un parti pris contre l'intérieur rural du pays, mais elle incorporait suffisamment les intérêts des segments les plus virulents de la société tunisienne.

Le féminisme d'État a été un autre moyen de cooptation. En 1956, Bourguiba a décrété un nouveau Code du statut personnel, qui a accordé de nombreux droits inédits aux femmes en proscrivant la polygamie, en abrogeant le système de tutelle masculine et en donnant aux femmes un droit égal au divorce. Ce code a marqué le début d'un traitement globalement progressiste des femmes que bien des observateurs occidentaux se sont empressés de saluer. Comme l'a écrit l'historien Pierre Rossi, les femmes tunisiennes « qui étaient autrefois les “âmes mortes” d'une société archaïque sont maintenant devenues les citoyennes libres d'une communauté vivante[2] ». Le féminisme d'État

1. C. Alexander, *op. cit.*, p. 36.

2. Pierre Rossi, *Bourguiba's Tunisia*, Tunis, Kahia, 1967, p. 119.

a aussi pris des formes indirectes. Par exemple, l'accès universel à l'éducation a évidemment bénéficié aux femmes. Dans les années 1960, le gouvernement a décrété que les écoles devaient fonctionner avec un double horaire pour augmenter le nombre d'élèves, ce qui a permis un rapide accroissement du nombre de filles dans les salles de classe[1]. Ce bousculement des normes de genre ancrées dans la sphère religieuse revêtait une importance stratégique ; il reflétait la nécessité de s'assurer le soutien des femmes dans un pays en voie d'urbanisation[2]. La forte augmentation du taux de scolarisation sous Bourguiba allait de pair avec le projet plus large de bâtir un système autoritaire jacobin dans lequel les normes éducatives se conjuguaient avec les routines politiques pour générer de la loyauté citoyenne. Par ailleurs, l'imposition par l'État de programmes pour les femmes permettait de marginaliser encore un peu plus la religiosité et sa force d'attraction traditionnelle.

Cependant, bien avant et bien après la naissance du MTI, des dissidences existaient au sein de ce modèle républicain de dictature du parti-État. Elles s'étaient manifestées non seulement sous la forme d'une opposition venue de la base, mais aussi par la défection d'anciens

---

1. Barbara Degorge, « The Modernization of Education : A Case Study of Tunisia and Morocco », *The European Legacy : Towards New Paradigms* 7, 5, 2002, p. 579-596, ici p. 587.

2. Mounira Charrad, *States and Women's Rights : The Making of Postcolonial Tunisia, Algeria, and Morocco*, Berkeley (CA), University of California Press, 2001, p. 202-232.

soutiens, comme l'UGTT, vers le milieu des années 1970. Par ailleurs, les déficits budgétaires et la récession économique consécutive à l'échec de l'expérience socialiste des années 1960 ont rendu l'État incapable de satisfaire les demandes du mouvement ouvrier, tout en exposant de nombreux Tunisiens à des niveaux élevés de privation matérielle[1]. À partir du milieu des années 1970, le chômage a atteint des niveaux records, le retard de la production industrielle, la diminution de la capitalisation de l'État, les mauvaises performances commerciales et la croissance démographique ayant réduit les opportunités d'emploi pour une population en voie d'urbanisation. Cette période a abouti aux émeutes sanglantes de décembre 1983 et janvier 1984, dites les « émeutes du pain », consécutives à la suppression des subventions alimentaires – une mesure d'austérité fortement encouragée par le Fonds monétaire international – qui déclencha la colère de la population.

Comme la rébellion de 1978 déjà évoquée, ces émeutes ont été durement réprimées. Les vagues de mécontentement étaient nombreuses dans les années 1980, le parti-État luttant pour maintenir son contrat social autoritaire dans un contexte d'austérité économique et de rupture par l'UGTT du contrat corporatiste. Des études ethnographiques et des enquêtes menées à cette époque par des équipes de recherche étrangères ont mis en évidence un fossé générationnel, les jeunes Tunisiens confrontés

1. Susan Waltz, *Human Rights and Reform : Changing the Face of North African Politics*, Berkeley (CA), University of California Press, 1995, p. 68-70.

à l'insécurité de l'emploi étant de plus en plus enclins à exprimer leurs doutes politiques à l'égard de Bourguiba et du parti au pouvoir[1]. Au cours de cette période, le régime a permis à des partis d'opposition d'exister légalement, une autorisation de façade car ces partis étaient étroitement surveillés, soumis à des contraintes institutionnelles et politiquement dominés en raison de leur manque d'accès aux vastes réseaux de clientélisme de l'État. Malgré tout, c'était un progrès par rapport aux décennies précédentes, lorsque la notion de multipartisme n'existait même pas[2]. Les forces dissidentes au sein de l'immense secteur salarié représenté par l'UGTT ont connu des expériences similaires à celles des autres forces d'opposition et partis indépendants au cours des années 1980.

De Bourguiba à Ben Ali : une polarisation accrue

Cette période de libéralisation a pris fin lorsque le régime de Ben Ali a consolidé ses assises après l'éphémère Pacte national de 1988. Au début des années 1990, la ligne politique défendue par le régime est devenue claire : elle se définissait moins par une recherche d'unité que par une volonté d'*uniformité*, histoire d'éliminer le pluralisme politique tout en créant une harmonie sociale de façade[3].

—

1. Mark Tessler et Mary Keppel, « Political Generations », dans *Change in Tunisia* (dir. : Russell Stone et John Simmons), Albany (NY), State University of New York Press, 1976, p. 73-106.

2. L. Anderson, *op. cit.*, p. 245-248.

3. Larbi Sadiki, « The Search for Citizenship in Ben Ali's Tunisia : Democracy versus Unity », *Political Studies* 50, 2002, p. 497-513.

Le rôle du parti au pouvoir s'est affaibli au fur et à mesure que Ben Ali abandonnait toute prétention à mobiliser les masses. Le modèle d'autocratie choisi par Ben Ali n'était pas tant celui d'une modernisation patriotique qu'une recherche de stabilité politique centrée sur son image, construite sur un mirage de bonne gouvernance, de libéralisation politique et de productivité économique. Contrairement à l'ère bourguibiste, le pouvoir reposait beaucoup plus sur Ben Ali, son entourage immédiat et les institutions sécuritaires.

Au cours des deux décennies précédant le Printemps arabe, la polarisation idéologique s'est aggravée à plus d'un titre. D'une part, la répression s'est accrue. Comme l'ont souligné certains chercheurs, les mécanismes de coercition de l'État mis en place sous Ben Ali ont surpassé ceux de Bourguiba. Des formes nouvelles de répression sont apparues dans différents secteurs : répression plus systématique de l'UGTT ; pressions exercées sur les groupes civiques et sociaux indépendants ; création d'associations parrainées par l'État pour « canaliser » la société civile ; instrumentalisation du système judiciaire et nouvelles méthodes de surveillance et d'intimidation mises en œuvre par un vaste réseau d'informateurs[1]. Selon une estimation réalisée en 2000, le ministère de l'Intérieur comptait 133 000 informateurs et agents chargés de surveiller la société sur une population totale de neuf millions d'habitants, ce qui

1. Béatrice Hibou, *La Force de l'obéissance*, Paris, La Découverte, 2006, p. 219-251.

représentait une expansion considérable par rapport au régime précédent[1].

Le régime Ben Ali s'est également démarqué du bourguibisme par son utilisation des rentes économiques – contrats et licences, instrumentalisation des tribunaux ou de la réglementation – contre des groupes d'opposition potentiels, une tactique qui est devenue de plus en plus populaire à mesure que les réformes économiques et l'ouverture du marché dans les années 2000 créaient davantage d'opportunités pour capturer des rentes[2]. Nonobstant, le régime cherchait à donner une image de « bonne gouvernance » à la France et, plus largement, à la communauté financière internationale. Son appareil technocratique coopérait avec les programmes de la Banque mondiale et du Fonds monétaire international afin d'obtenir de l'aide et des capitaux étrangers[3].

Un autre clivage important concernait la géographie du développement économique. En effet, la période Ben Ali a perpétué une répartition inégale des privilèges caractéristique de la société tunisienne et qui avait été institutionnalisée sous Bourguiba. Les élites politiques (dont Bourguiba et Ben Ali) et la bourgeoisie urbaine venaient principalement du littoral (*sahil*, en arabe), c'est-à-dire des

1. Michel Camau et Vincent Geisser, *Le Syndrome autoritaire. Politique en Tunisie de Bourguiba à Ben Ali*, Paris, Presses de Sciences Po, 2003, p. 204-205.

2. Béatrice Hibou, « Domination and Control in Tunisia : Economic Levers for the Exercise of Authoritarian Power », *Review of African Political Economy* 33, 2008, p. 185-206.

3. Houda Laroussi, « Politiques publiques et "bonne gouvernance" en Tunisie », *Mondes en développement* 145, 2009, p. 93-108.

régions côtières et de villes comme Tunis, cependant que les Tunisiens vivant dans le *dakhil*, soit l'intérieur rural et notamment le Sud, souffraient de marginalisation et d'exclusion[1]. Les élites côtières ont dominé les régimes postcoloniaux de Bourguiba et de Ben Ali aussi bien que les plus grandes organisations de la société civile comme l'UGTT. La lutte entre Bourguiba et Ben Youssef pour le Néo-Destour à la veille de l'indépendance illustrait également ce clivage, la faction youssséfiste s'appuyant fortement sur les nationalistes arabes et les éléments ruraux enracinés dans les campagnes du Sud[2]. Le sous-développement économique observé dans le *dakhil* devait persister même pendant la grande expérience des réformes socialistes des années 1960 en raison d'une redistribution inadéquate des terres, de l'échec des coopératives agricoles, de l'insuffisance du capital industriel et d'autres politiques centrales bien intentionnées mais mal mises en œuvre à partir du centre métropolitain de l'État, Tunis[3]. Cette situation allait de pair avec la marginalisation politique de nombreux ruraux (à l'exception des notables du parti tels que

—

1. L. Carl Brown, « Bourguiba and Bourguibism Revisited : Reflections and Interpretation », *Middle East Journal* 55, 1, 2001, p. 43-57, ici p. 50-53.

2. Michelle Penner Angrist, *Party Building in the Modern Middle East*, Seattle (WA), University of Washington Press, 2006, p. 108-111.

3. Ezzeddine Moudoud, *Modernization, the State, and Regional Disparity in Developing Countries : Tunisia in Historical Perspective, 1881-1982*, Boulder (CO), Westview Press, 1989, p. 135-189. L'échec des politiques économiques rurales et son corollaire, l'impact politique sur les notables locaux, sont étudiés plus en détail par Mira Zussman dans *Development and Disenchantment in Rural Tunisia : The Bourguiba Years*, Boulder (CO), Westview Press, 1992.

les grands propriétaires terriens et les hommes d'affaires provinciaux).

Par ailleurs, la littérature universitaire souligne à juste titre un renversement de tendance qui allait amplifier les problèmes : en même temps que le régime Ben Ali retournait contre la société les armes de l'État qu'il avait héritées de la période bourguibiste, il abandonnait bon nombre des stratégies institutionnelles de cooptation et de mobilisation qui avaient caractérisé le régime de Bourguiba. En 1988, Ben Ali rebaptisait le vieux parti – le Néo-Destour devenu Parti socialiste destourien en 1964 – « Rassemblement constitutionnel démocratique » (RCD). Il délaissait alors certains des réseaux clientélistes du parti au profit de ses propres clans, notamment sa famille élargie et d'autres protégés, dont les contacts avec le régime ne passaient plus par le parti, mais par Ben Ali lui-même. Ainsi privé d'une grande partie de son influence, le parti a fini par être déconnecté des décisions politiques du nouveau régime[1].

Certes, institutionnellement, l'autocratie tunisienne est restée dominée par le RCD : nul ne pouvait entrer officiellement en politique sans adhérer d'abord au parti. De plus, le favoritisme et la corruption à petite échelle demeuraient l'apanage des cadres du parti[2]. Mais d'un point de vue fonctionnel, le RCD a été mis à l'écart des décisions importantes en matière de politique tant intérieure qu'étrangère.

—

1. Sadri Khiari, *Tunisie : le délitement de la cité. Coercition, consentement, résistance*, Paris, Khartala, 2003, p. 104-125.

2. B. Hibou, *Domination and Control in Tunisia: Economic Levers for the Exercice of Authoritarian Power*, 2008, p. 105-106.

Au fil du temps, la proportion de ministres et de hauts fonctionnaires issus des cadres du parti a décru ; leur ascension politique était directement liée à leur dépendance personnelle vis-à-vis de Ben Ali et à leur allégeance à son égard[1]. L'État jacobin tunisien est resté vaste, centralisé et républicain, mais la politique du parti et la gestion de ses appendices tels que les associations nationales ne relevaient plus intégralement de ses fonctions. Ce passage d'un régime fondé sur un parti-État à une dictature personnaliste, caractérisée par une corruption prédatrice plus visible et une kleptocratie familiale, est allé de pair avec l'affaiblissement de l'armée évoqué plus haut et une plus grande dépendance à l'égard de la police civile et des forces de sécurité intérieure. Ces facteurs expliquent le décalage entre l'État et la société qui, lors du Printemps arabe, a contribué à générer une dynamique et un espace pour l'activisme spontané et la dissidence.

Les raisons pour lesquelles le régime de Ben Ali s'est écarté de la trajectoire définie par son prédécesseur en termes de style d'autoritarisme sont nombreuses. La plus intuitive est tout simplement que des nécessités différentes font naître des stratégies institutionnelles différentes. Bourguiba a d'abord dû construire une large base de soutien à partir de sa position de militant anticolonialiste ; puis il lui a fallu surmonter le défi youssséfiste tout en consolidant une coalition interclassiste. En revanche, Ben Ali n'a jamais eu à mobiliser un large soutien populaire ; il

1. M. Camau et V. Geisser, *op. cit.*, p. 192-197.

n'avait pas accédé au pouvoir à la tête d'une organisation de masse, pas plus qu'il n'avait d'expérience dans l'art de la construction et de l'organisation d'un parti. Contrairement à Bourguiba, le nouveau président « n'a pas été confronté à une contestation organisée et n'a pas eu à courtiser ou à dédommager les groupes puissants qui avaient contribué à son ascension. La plupart des Tunisiens étaient simplement soulagés de voir Bourguiba quitter la scène avec un minimum de dégâts[1] ». Certes, Ben Ali n'a pas démantelé en profondeur la bureaucratie étatique dont il a hérité : le modèle jacobin d'un appareil d'État centralisé et puissant est resté au cœur de la vie politique. De plus, son régime a opportunément repris à son compte des outils familiers tels que le féminisme d'État. Au cours des années 1990, par exemple, des amendements aux lois existantes sur la famille ont encore amélioré le statut des femmes pour ce qui regarde le mariage, les enfants et la propriété[2]. Ce qui a radicalement changé, en revanche, c'est la nature de l'organisation institutionnelle du régime : elle reposait désormais davantage sur la répression et l'exclusion que sur des coalitions liées au parti et un soutien interclassiste.

Comme nous l'avons déjà relevé, l'arrivée au pouvoir de Ben Ali s'est par ailleurs traduite par un approfondissement des tendances anti-islamistes observées au cours de la dernière décennie du régime bourguibiste. Alors que l'État tunisien traitait auparavant l'islamisme comme un

1. C. Alexander, *op. cit.*, p. 37.

2. Amel Grami, « Gender Equality in Tunisia », *British Journal of Middle Eastern Studies* 35, 3, 2008, p. 349-361, ici p. 354-356.

simple obstacle à l'imposition de ses règles politiques, Ben Ali le considérait comme une menace sérieuse pour son pouvoir. Pour le nouveau président, les entités islamistes comme Ennahda n'étaient pas simplement des mouvements sociaux passant pour des anomalies dans un paysage sécularisé, mais plutôt l'avant-garde d'une force organisée capable de le défier et de remettre en question, tant idéologiquement que politiquement, son statut de dirigeant. Par conséquent, des efforts bien plus systématiques et violents ont été déployés sous Ben Ali pour éradiquer toute trace d'Ennahda dans le pays, ce qui a grandement contribué à creuser le fossé entre les islamistes et les non-islamistes. Sous Ben Ali, les partisans d'Ennahda ont développé une profonde animosité à l'encontre des défenseurs sécularistes de la République tunisienne.

Il existe une montagne d'ouvrages consacrés aux fondements de la mobilisation et aux origines émotionnelles de la révolution du Jasmin. Cette littérature explique bien pourquoi tant de jeunes Tunisiens se sont sentis aliénés par la nature déconnectée, népotique et personnalisée du régime Ben Ali[1]. Mais il nous semble important de souligner que cette opposition révolutionnaire n'exprimait pas une contestation des fondements républicains de

---

1. La littérature sur la révolution du Jasmin s'est rapidement accumulée car il s'agissait du premier grand soulèvement et aussi du premier grand succès du Printemps arabe. Cf. Laryssa Chomiak, « The Making of a Revolution in Tunisia », *Middle East Law and Governance* 3, 2011, p. 68-83 ; Nadia Marzouki, « From People to Citizens in Tunisia », *Middle East Report* 259, 2011, p. 16-19 ; et Michele Penner Angrist, « Understanding the Success of Mass Civic Protest in Tunisia », *Middle East Journal* 67, 2013, p. 547-564.

l'ordre politique tunisien. Dit autrement : les militants de la révolution du Jasmin voulaient déposer Ben Ali, mais ils ne cherchaient pas forcément à abolir la tradition de l'*étatisme* tunisien, c'est-à-dire l'héritage du modèle jacobin mis en place par Bourguiba avant qu'il ne s'étiole sous Ben Ali. En effet, après les élections d'octobre 2011, nombre de personnalités politiques tunisiennes se sont positionnées comme des défenseurs du républicanisme (sans toutefois invoquer directement les figures de Ben Ali et de Bourguiba) en conjurant les mythes de l'unité nationale et du consensus politique qui avaient marqué de leur empreinte la consolidation postcoloniale.

Le parti Nidaa Tounes (fondé en 2012) s'est appuyé sur cette orientation anti-islamiste pour faire un usage agressif de la nostalgie républicaine. Ses militants invoquaient fréquemment le nom et l'héritage de Bourguiba en les associant à une vision sans équivoque de l'État républicain séculier[1]. De fait, les militants sécularistes, tant de la scène politique postérieure à 2011 que de Nidaa Tounes, ont fabriqué une « mythologie » bourguibiste, qui ne pouvait que renforcer le fossé existant entre eux et l'islamisme tout en cherchant à légitimer leurs propres prétentions au pouvoir[2]. Ces militants se gardaient

---

1. Cf., par exemple, Patrick Strickland et Nouri Verghese, « Tunisia's Nidaa Tounes : Nostalgia for a Past That Never Was ? », *Middle East Eye*, 10 novembre 2014.

2. Mathilde Zederman, « The Hegemonic Bourguibist Discourse on Modernity in Post-revolutionary Tunisia », *Middle East Law and Governance* 8, 2-3, 2016, p. 179-200.

cependant de dépeindre Ennahda comme un corps étranger étant donné les racines indéniablement tunisiennes du mouvement, mais ils le dénonçaient comme un mouvement *antirépublicain* en raison de ses objectifs religieux. La possibilité de voir la Tunisie renoncer à ses institutions républicaines et basculer dans une théocratie islamiste est ainsi devenue le pivot d'un discours politique opposant les islamistes aux sécularistes.

En s'ajoutant au peu d'expérience qu'avaient les acteurs sécularistes d'interactions avec la mouvance islamiste, ce manichéisme entre, d'une part, une profonde tradition de républicanisme sécularisé et, d'autre part, la possibilité d'une alternative théocratique a engendré une situation favorable à la polarisation après la chute de Ben Ali. Paradoxalement, le grand écart entre les islamistes et les sécularistes a rendu le *pacting* plus probable.

4.4. Diversité normative : contentieux et forces sociales

Nous venons d'examiner deux des trois variables invoquées à l'appui de notre affirmation que la Tunisie était « prête » pour le *pacting* en 2011-2012 : la parité entre les forces politiques après la chute du régime autoritaire, et une forte polarisation qui caractérisait la compétition entre islamistes et sécularistes. Reste à examiner la troisième variable, à savoir la diversité normative. Celle-ci se réfère à un pluralisme transversal où, parmi la multiplicité d'acteurs politiques revendiquant des engagements démocratiques, aucun ne bénéficie d'un appui consensuel de la part de la majorité de la société. C'est bien la situation de la Tunisie après la chute de Ben Ali : les forces en présence au lendemain de la révolution s'appuient sur des idéaux islamistes ou sécularistes qui semblent philosophiquement incompatibles. Ni les uns ni les autres ne sauraient être convaincus par la seule rhétorique d'abandonner leurs principes, pas plus qu'ils ne sauraient se prévaloir d'être le vecteur incontestable du meilleur ordre politique postautoritaire.

Il est tentant d'affirmer qu'au lendemain du Printemps arabe, les forces sécularistes en Tunisie partageaient, au moins, un engagement éthique profond en faveur de la démocratisation. Mais, en réalité, de nombreux sécularistes avaient été des opposants apprivoisés et prévisibles sous le régime de Ben Ali, de telle sorte qu'ils soutenaient plus qu'ils ne sapaient l'ordre établi. Par exemple, Ettakatol – un parti fondé en 1994 et se revendiquant comme social-démocrate –, à force de boycotter des scrutins électoraux (quand il n'en était pas exclu), n'avait aucun représentant au Parlement. Néanmoins, c'était un parti légal, le régime estimant probablement que sa présence, sans constituer une menace, était bonne pour l'image d'ouverture qu'il souhaitait présenter à l'étranger. Quelques exilés tunisiens et des opposants réprimés pouvaient se prévaloir de références plus « pures », comme le Congrès pour la République (CPR) de Moncef Marzouki. Pourtant, certains de ces groupes souhaitaient l'élimination de l'islamisme de la vie politique, ce qui constituait déjà une sévère remise en question de l'esprit inclusif du libéralisme et, en outre, on les avait peu entendus dans les années 1980 et 1990 quand Ennahda était écrasé par l'État. L'UGTT aussi était restée silencieuse. D'ailleurs, dans les années 1980, la centrale syndicale avait rapidement mis fin à l'ascension de militants islamistes dans ses rangs, alimentant ainsi un climat plus large d'hostilité de la gauche à l'égard de l'islamisme qui avait persisté pendant des décennies[1]. De leur côté, le CPR et Ettakatol avaient établi des liens avec Ennahda, laissant ainsi entrevoir une certaine tolérance, mais il n'y avait jamais eu de grande plateforme idéologique ou de cadre politique formel prévoyant un rôle central pour l'islamisme dans une future démocratie tunisienne.

Lors de la violente répression subie par les islamistes avant le Printemps arabe, la LTDH a été la seule parmi les principales organisations de la société civile à protester officiellement. Comme le souligne Bellin, l'UTICA et l'UGTT – le patronat et la centrale syndicale, les capitalistes et les salariés – ont été des démocrates « sous condition », complices de l'implacable répression dont les islamistes ont été victimes[2]. Les motivations des uns et des autres étaient différentes, allant de la dépendance économique et du clientélisme politique à une hostilité plus fondamentale, voire à la peur. Il n'en

1. E. Bellin, *Tunisian Industrialists and the State*, p. 138.
2. *Ibid.*, p. 146-156.

reste pas moins que les militants démocrates ne se sont guère mobilisés pour défendre les islamistes lorsqu'ils en avaient besoin. On peut alors comprendre qu'après octobre 2011, de nombreuses voix d'Ennahda se soient élevées pour exprimer leurs doutes quant à la volonté de leurs adversaires sécularistes de les laisser participer de manière pacifique et légale à la vie politique. Car les sécularistes s'étaient plutôt ralliés à l'alternative que Bourguiba et Ben Ali avaient l'habitude d'offrir dans leurs discours politiques : d'après eux, le peuple tunisien n'avait de choix qu'entre un État-nation uni et pacifique sous leur domination, et le chaos et la théocratie inhérents à l'islamisme[1].

Mais il n'est pas non plus étonnant que des soupçons aient pu peser sur les réelles intentions démocratiques d'Ennahda, compte tenu de son passé trouble. Par exemple, au début des années 1980, la mouvance alors naissante avait participé – sous le nom de MTI – à de nombreux incidents violents, notamment à des émeutes sur les campus et des attaques de moindre envergure contre des personnes et des entreprises supposées avoir offensé l'islam[2]. Les doutes quant aux intentions démocratiques d'Ennahda avaient aussi leur source dans la méfiance de longue date à l'encontre des idéologies islamistes à l'échelle régionale, par exemple vis-à-vis des Frères musulmans. Cette diversité normative a été

---

1. J. Dakhlia, *op. cit.*, p. 42-44.
2. M. E. Hamdi, *op. cit.*, p. 53-54.

favorisée par les mêmes facteurs que la polarisation, à savoir la tardive mobilisation islamiste et la capacité du parti-État à pénétrer toutes les sphères de la société. De ce fait, bon nombre de sécularistes en compétition pour la visibilité et le pouvoir après le renversement de Ben Ali étaient issus de milieux que l'on pourrait qualifier de « coopératifs », pour ne pas dire collaborationnistes si l'on se réfère à leur attitude lors de la répression contre Ennahda. Quant aux militants islamistes, ils n'étaient pas actifs depuis assez longtemps pour permettre aux Tunisiens extérieurs à leur mouvance de se faire une idée quant à la fiabilité de leurs engagements démocratiques à long terme.

Conclusion

Ce chapitre, qui n'a pas été conçu comme un récit chronologique de la formation de l'État mais comme une relecture du cas tunisien visant à montrer comment les développements antérieurs ont façonné des conditions structurelles qui allaient être favorables au *pacting*, aboutit à deux constats majeurs.

En premier lieu, nous avons écarté les explications liant la démocratisation, caractérisée par des négociations entre islamistes et sécularistes, à la notion essentialiste d'« exception tunisienne ». Une telle notion est en effet un fourre-tout normatif – aussi facile à utiliser pour expliquer la stabilité autocratique que le changement démocratique… – et, de surcroît, problématique d'un point de vue empirique. Car elle choisit des événements et épisodes de l'histoire nationale hors contexte et s'adonne au déterminisme culturel. Pour autant, il ne faut pas rejeter la *spécificité* du cas tunisien. La Tunisie dispose de certains traits et caractéristiques qui peuvent expliquer pourquoi les négociations politiques et institutionnelles ont été plus faciles à réaliser une fois balayés les remparts du régime autoritaire par une rupture révolutionnaire. Ces facteurs ne prédéterminaient pas la démocratie, mais ils expliquent les dynamiques sous-jacentes ayant rendu possible le *pacting* entre les acteurs islamistes et leurs concurrents sécularistes après 2011.

En deuxième lieu, nous avons mis en exergue les trois conditions favorables à la mise en œuvre de pactes post-révolutionnaires : la parité de pouvoir, la polarisation et la diversité normative. Les islamistes et leurs antagonistes sécularistes en Tunisie étaient relativement égaux en termes de stature et de pouvoir après la révolution du Jasmin. Cette parité peut être attribuée au récit national cohérent, qui avait réglé les questions de citoyenneté et d'appartenance nationale ; à une société civile bien mobilisée, qui a fourni aux mouvements politiques des bases militantes ; et à la faiblesse de l'armée, dont le rôle limité dans la formation de l'État signifiait que les rivaux politiques n'avaient pas à s'inquiéter d'une possible intervention militaire.

Quant à la polarisation, elle résultait de la particularité de l'origine de l'islamisme tunisien et du caractère autoritaire de l'État. L'islamisme tunisien ne s'est pas constitué en force politique avant les années 1980 et n'a jamais été pleinement accepté comme faisant partie de l'équation politique nationale avant la chute de la dictature de Ben Ali. L'islamisme était donc un phénomène avec lequel de nombreux Tunisiens étaient peu familiers, voire mal à l'aise. En revanche, la tradition du parti-État jacobin, avec ses stratégies de domination, ses structures de pouvoir centralisées et ses tendances « sécularisantes », qui ont du reste évolué entre Bourguiba et Ben Ali, constituait un point de référence profondément ancré pour les non-islamistes. Pour beaucoup d'entre eux, l'ordre politique ne pouvait exister que dans le cadre de cette tradition républicaine.

Enfin, la diversité normative est en quelque sorte le produit dérivé des deux autres facteurs. Tout au long des cycles politiques tunisiens, ni les islamistes ni les opposants sécularistes n'ont pu revendiquer être la voix unique, dominante et sans équivoque de la démocratie libérale. Les premiers n'ont jamais eu l'occasion de faire valoir leurs références démocratiques, cependant que les seconds ont manqué de se ranger du côté des islamistes lors de la répression dont ceux-ci ont été victimes.

En fin de compte, comme nous allons le montrer dans le chapitre suivant, les acteurs politiques tunisiens qui étaient en lice pour le pouvoir après la rupture révolutionnaire de 2011 ont été confrontés à une situation de dépendance mutuelle. La parité de pouvoir, la polarisation accrue et la diversité normative ont créé une impasse postrévolutionnaire, sans issue évidente. Ni Ennahda ni ses antagonistes sécularistes ne pouvaient l'emporter par leurs propres moyens, et il était peu probable que leurs clivages idéologiques puissent être surmontés par la force brute ou la popularité pure et simple. Dans ces conditions, le *pacting* est devenu une option réaliste.

5

Le pacte tunisien : un compromis entre islamistes et sécularistes

Dans le chapitre précédent, nous avons expliqué pourquoi la Tunisie bénéficiait de certains avantages historiques rendant une transition pactée plus probable qu'ailleurs après la chute de l'autocratie. L'idée d'une Tunisie culturellement exceptionnelle, mieux à même d'embrasser la démocratie en l'absence d'alternative, a été écartée au profit d'un autre argument : les spécificités historiques de la Tunisie ont généré des conditions favorisant l'intense polarisation, la parité du pouvoir et la diversité normative nécessaires pour que des acteurs politiques concurrents cherchent le compromis après une explosion révolutionnaire. Comme l'a exposé le chapitre 3 sur le plan théorique, ces conditions sont propices à la conclusion de pactes pour trois raisons : elles accentuent l'interdépendance des protagonistes, soulignent le caractère irréconciliable de leurs désaccords et incitent les acteurs à accepter, à contrecœur, des négociations par étapes afin de sortir d'une impasse qui, en persistant, pourrait entraîner leur destruction mutuelle.

Partant de là, ce chapitre va évaluer concrètement la transition pactée qui s'est déroulée en Tunisie à partir de 2011. Il examinera tout d'abord la boîte à outils conceptuelle fournie par le *pacting* en tant que voie théorique vers la démocratisation. Il appliquera ensuite les mécanismes du *pacting* au paysage politique postrévolutionnaire de la Tunisie. Puis il reviendra brièvement sur les troubles et le chaos engendrés par la révolution du Jasmin et décrira la position relative de chaque faction en lice pour le pouvoir après la chute du régime de Ben Ali. Ce chapitre analysera aussi la dynamique entre les différents acteurs, à savoir Ennahda et ses homologues sécularistes, et explorera les arrangements institutionnels issus de leurs interactions stratégiques. Enfin, il expliquera comment, de la fin 2011 à 2015, les négociations entre ces acteurs ont pu aboutir à un compromis permettant la mise en place d'un nouveau système démocratique.

En montrant comment ce modèle de négociation a perduré, y compris pendant la crise de la fin 2013 lorsque l'engagement et la volonté de coopération des parties en présence se sont dissous dans la paralysie gouvernementale, ce chapitre met en évidence plusieurs points. Tout d'abord, toutes les conditions prévues par la théorie du *pacting* pour assurer le succès des négociations lors des transitions étaient réunies dans le cas tunisien. Deuxièmement, ces conditions étaient attendues compte tenu de certaines caractéristiques tunisiennes : les processus historiques décrits dans le chapitre précédent, qui concourent à expliquer le degré de méfiance entre islamistes et sécularistes et la ténacité avec laquelle chacune des parties s'est accrochée à ses croyances ; la faiblesse de l'armée et la force de la société civile ; et, enfin, le rôle contingent important joué par les acteurs internationaux, y compris l'Occident, qui a encouragé la démocratisation, et l'absence d'implication de forces régionales. Ceci nous amène à conclure que le *pacting* a réussi, non pas parce que les acteurs en présence étaient intrinsèquement des démocrates dotés d'une vision à long terme, mais parce que chacun a cherché – à des moments clés – à éviter la pire de toutes les options, à savoir un conflit ouvert aboutissant à leur destruction mutuelle.

Comme le montre la figure 3, c'est le processus théorique détaillé au chapitre 3 qui guide notre argument. Le *pacting* en Tunisie s'est déroulé en plusieurs étapes distinctes : d'abord, la révolution du Jasmin et la chute du régime de Ben Ali ; ensuite, la période 2011-2013 au cours de laquelle Ennahda et ses deux principaux opposants sécularistes, le CPR et Ettakatol, ont négocié dans un contexte politique difficile ; enfin, la période 2013-2016 au cours de laquelle Nidaa Tounes – un amalgame plus récent de forces sécularistes ayant incorporé de nombreux éléments de l'ancien régime – est devenu l'acteur le plus important mais a continué le processus de *pacting*, trouvant des compromis avec Ennahda. Le résultat de cette séquence a été une transition vers la démocratie qui, bien que non consolidée, est le seul exemple issu du Printemps arabe dans lequel islamistes et non-islamistes ont travaillé ensemble avec succès.

Figure 3

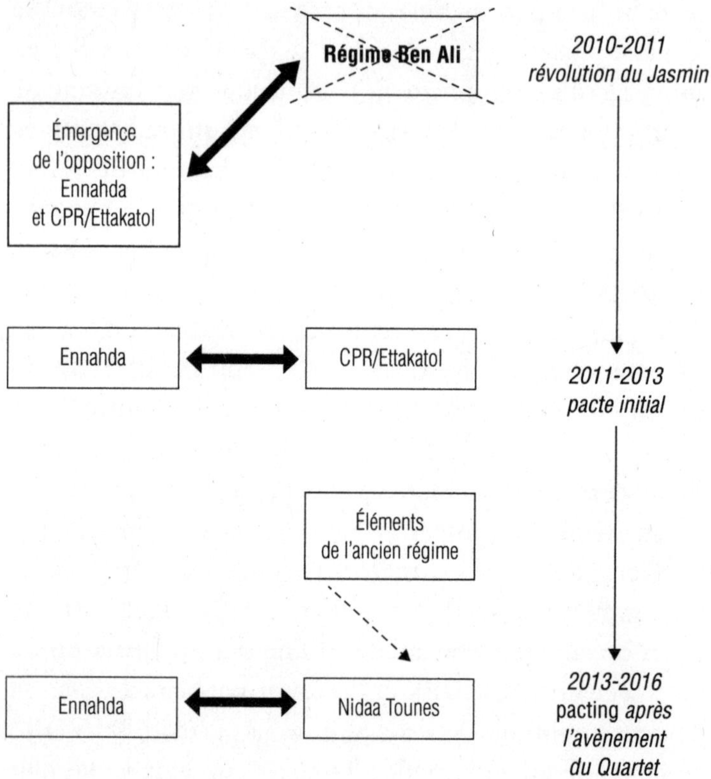

5.1. Les lendemains chaotiques de la révolution du Jasmin

Les conditions d'une transition démocratique pactée impliquent, nous l'avons vu, une polarisation idéologique, une parité de pouvoir et une diversité normative. Comme le montre clairement l'analyse du cas tunisien, ces conditions ne sont devenues vraiment apparentes qu'environ un an après le renversement de l'autocratie par la révolution du Jasmin. Mais il est essentiel de passer en revue les facteurs qui ont précédé ces conditions de pacte – autrement dit, les conflits et les combats entre acteurs politiques au lendemain de la révolution. Cela nous permettra d'expliquer pourquoi cette constellation unique de conditions structurelles permettant le *pacting* a émergé en Tunisie.

Tout au long de l'année 2011, quatre traits distinctifs ont caractérisé la dynamique politique postrévolutionnaire du pays. Premièrement, la révolution a consumé le régime, mais pas l'État. Le départ de Zine Abidine Ben Ali et d'une grande partie de sa famille, le 14 janvier, a signé la décapitation d'une dictature à parti unique qui avait régné pendant plus de deux décennies. Toutefois, la bureaucratie est restée intacte et les institutions clés ont continué à fonctionner légalement. Par exemple, des éléments de l'autocratie déchue, à savoir des membres de l'ancien parti au pouvoir, le RCD et des partisans de Ben Ali, étaient nombreux dans les rangs des forces de sécurité au sein du ministère de l'Intérieur[1]. Après le départ de Ben Ali, ils se sont repliés sur eux-mêmes, continuant à fonctionner dans le cocon protecteur de leur institution. Pareillement, les forces armées dirigées par le général Rachid Ammar n'ont été que très peu affectées par la crise. Il en est allé

---

1. Derek Lutterbeck, « Tool of Rule : The Tunisian Police Under Ben 'Ali », *Journal of North African Studies* 20, 4, 2015, p. 815-818.

de même pour la plupart des autres organes étatiques, du personnel ministériel à celui de la fonction publique.

En somme, il ne s'agissait donc pas d'un scénario à la libyenne où la fin d'une autocratie en place avait précipité un effondrement total du pays. Au lendemain de la révolution du Jasmin, au lieu de s'engager dans la construction d'un appareil d'État ayant autorité sur le territoire national après avoir détruit celui qui précédait, les acteurs politiques se sont plutôt préoccupés de la nature même de la gouvernance, notamment en se demandant qui assumerait les postes de direction et exercerait l'autorité au sein des institutions de l'État.

Deuxièmement, il existait une forte convergence des préférences, la plupart des groupes souhaitant une rupture nette avec le passé, comme en témoignent les schémas de mobilisation populaire. Cela a été, dès sa naissance, une marque de bonne santé de la transition tunisienne, plusieurs acteurs veillant à ce que le nouvel ordre politique ne soit pas détourné par les élites de l'ancien régime. La courte durée de vie du gouvernement intérimaire mis en place immédiatement après l'éviction de Ben Ali, dirigé par le Premier ministre de longue date, Mohamed Ghannouchi, l'illustre. Initialement, de nombreux Tunisiens souhaitaient maintenir la cohésion de l'État lui-même tout en expulsant des bureaux les élites affiliées à l'ancien régime. Mais quelques jours après l'installation du gouvernement intérimaire, le 15 janvier, de nouvelles manifestations ont éclaté en réaction à l'inclusion d'anciens ministres dans le gouvernement. Au cours des semaines suivantes, en réponse à la poursuite des manifestations populaires et des grèves ouvrières, le gouvernement a été contraint de procéder à de constants remaniements, jusqu'à ce que Mohamed Ghannouchi décide finalement qu'à l'exception de lui-même, tous les anciens membres du RCD devaient quitter leurs postes ministériels[1].

Mais ces concessions n'ont pas apaisé la rue, qui a continué à faire pression pour un gouvernement sans aucune continuité avec un passé dominé par le RCD. Fin février 2011, les troubles ont finalement suscité deux réponses institutionnelles. Il y a d'abord eu la démission du gouvernement intérimaire de Ghannouchi, perçue par les manifestants comme une victoire majeure dans leurs efforts pour que la révolution soit une vraie rupture politique. Ainsi, cependant que l'appareil d'État restait en place, les élites politiques associées à l'ère Ben Ali, profondément stigmatisées, ont été exclues de la politique postrévolutionnaire.

La seconde réponse institutionnelle a été la création de l'ISROR (Instance supérieure pour la réalisation des objectifs de la révolution), une instance gouvernante dirigée par un juriste respecté, Yadh ben Achour. Cette commission révolutionnaire avait le pouvoir de réviser les lois, de mettre en œuvre de nouveaux programmes et de commencer à élaborer un nouveau cadre constitutionnel. Conçue au départ comme un conseil de 14 experts juridiques, l'ISROR s'est finalement agrandie pour réunir

1. Christopher Alexander, *Tunisia : From Stability to Revolution in the Maghreb*, Londres, Routledge, 2016, p. 83-85.

155 membres représentant différents secteurs de la société[1]. On trouvait parmi eux les plus importantes associations de la société civile (comme la LTDH), des associations professionnelles et des syndicats (comme l'UGTT), ainsi que des conseils provinciaux. Cette commission a également jeté les bases de nouvelles élections législatives. Entre autres décisions, elle a interdit aux hauts responsables du RCD de participer à ces élections, et a nommé une nouvelle commission électorale[2].

Troisième trait distinctif de cette période : l'environnement politique postrévolutionnaire a été marqué par une incertitude endémique ponctuée par une résurgence de la mobilisation de la société civile et la réclamation de réformes politiques par des voix longtemps réprimées. Selon un décompte, à la fin de 2011, la Tunisie pouvait se targuer de compter plus de cent partis politiques – bien loin des huit existant légalement sous Ben Ali – ainsi qu'environ 20 000 organisations de la société civile[3]. Ces groupes ne savaient pas très bien eux-mêmes de quel soutien populaire ils disposaient, ni comment l'attrait qu'ils exerçaient se traduirait en nombre de voix une fois venu le temps des élections. Par exemple, la direction d'Ennahda

1. Duncan Pickard, « Challenges to Legitimate Governance in Post-Revolution Tunisia », *Journal of North African Studies* 16, 4, 2011, p. 637-652, ici p. 638-639.

2. Sami Zemni, « The Extraordinary Politics of the Tunisian Revolution : The Process of Constitution Making », *Mediterranean Politics* 20, 1, 2015, p. 1-17, ici p. 7-8.

3. Laryssa Chomiak, « The Making of a Revolution in Tunisia », *Middle East Law and Governance* 3, 2011, p. 68-83, ici p. 78.

s'est d'abord attachée à mettre en place une infrastructure pour rallier de nouveaux membres plutôt qu'à élaborer des objectifs politiques à long terme. Contrairement aux institutions de la société civile bien établies, Ennahda avait été forcé à la clandestinité par la dictature de Ben Ali et disposait donc, en termes matériels, de moins de ressources organisationnelles. Rachid Ghannouchi, son cofondateur et chef spirituel, est rentré d'exil seulement à la fin janvier 2011. Au cours des mois suivants, il a été suivi par des milliers d'autres membres qui ont officiellement réintégré l'organisation après avoir été libérés de prison ou être revenus de leur exil à l'étranger[1].

En mars, Ennahda (parmi d'autres nouveaux partis d'opposition) a été légalisé et a commencé à recruter une nouvelle génération de cadres stimulés par la révolution. Les dirigeants d'Ennahda ont toutefois été, dès le départ, extrêmement conscients du précédent algérien des années 1990, où un « trop » grand succès des islamistes dans les urnes avait déclenché une réaction brutale et une guerre civile. Indépendamment de leur engagement en faveur des idéaux démocratiques à ce stade précoce, cette volonté de prudence a mis une sourdine aux discussions sur le pouvoir politique et a recentré les efforts du mouvement sur l'obtention d'un plus grand soutien de la base, via le développement des réseaux sociaux existants et une amélioration de leur visibilité publique.

1. Laura Guazzone, « Ennahda Islamists and the Test of Government in Tunisia », *The International Spectator* 48, 4, 2013, p. 30-50, ici p. 44.

Ils n'ont pas essayé de dominer les débats politiques sur la Constitution ou le nouveau régime.

Quatrièmement, les préoccupations économiques ont occupé le devant de la scène politique, surtout après la formation du conseil révolutionnaire de Ben Achour. Dans l'État tunisien postcolonial, les inégalités matérielles au sein de la société ont continué à refléter le principal clivage géographique bien antérieur à la révolution, à savoir la fracture politique et de développement entre le *sahel* (le « littoral », soit les zones côtières urbanisées) et le *dakhil* (les zones rurales de « l'intérieur »). Les difficultés économiques qui avaient en partie motivé la révolution du Jasmin ne faisaient que s'accroître, comme en témoignaient la pénurie persistante d'emplois, la hausse des prix, la pauvreté dans les campagnes et d'autres épreuves à l'origine de manifestations incessantes. Une enquête réalisée en mars 2011 par le Bureau tunisien de sondages indiquait ainsi que 50,5 % des personnes interrogées déclaraient que la priorité du gouvernement devrait être de réduire le chômage[1]. Tout au long de l'été 2011, le débat public a tourné autour de ces questions de justice économique et de développement social, bien plus qu'autour d'une quelconque division idéologique naissante entre les principaux candidats en lice pour les élections d'octobre (annoncées en juin[2]).

---

1. « Al-baji qa'id al-sibsi akthar ma'ruf yalih rashid al-ghannoushi » [Al-Baji Qa'id al-Sibsi est plus connu que Rachid Ghannouchi], *Essahafa*, 28 mars 2011.

2. Stephan Haggard et Robert Kaufman, *The Political Economy of Democratic Transitions*, Princeton, Princeton University Press, 1995, p. 151-182.

Ces têtes d'affiche comprenaient les leaders de partis récemment légalisés, comme Ennahda et le CPR, ce dernier dirigé par l'éminent opposant sécularistе Moncef Marzouki, ainsi que des entités d'opposition plus anciennes comme Ettakatol, dirigé par un autre opposant au verbe haut, Mustapha ben Ja'far. Tous avaient élaboré de nouveaux programmes, rendus publics lors de l'enregistrement de leurs partis, en septembre, puis diffusés plus largement lors de la campagne en octobre. Tous ces programmes se caractérisaient par des promesses d'amélioration de la situation économique et de respect de l'État de droit, mais sans réelles propositions spécifiques quant à la manière de les mettre en œuvre. Certes, le flou en matière de réformes économiques est très fréquent dans les périodes de transition, les acteurs politiques qui remplissent le vide d'un régime défunt ayant souvent eu peu de temps pour élaborer un programme économique. Toutefois, nous retiendrons dans le cadre de cette analyse que les préoccupations matérielles ont précédé le conflit idéologique entre les islamistes et les sécularistes, qui n'a véritablement commencé qu'après les élections d'octobre 2011.

5.2. Élections et conflits : 2011-2012

En octobre 2011, les élections à l'Assemblée nationale constituante (ANC) ont marqué non seulement le premier exercice électoral de l'ère postrévolutionnaire, mais aussi un tournant institutionnel qui a transformé le paysage national. Il s'agissait en effet des premières élections libres et équitables de l'histoire de la Tunisie, minutieusement organisées et bénéficiant de fortes mesures de protection contre la fraude[1].

Au lendemain des élections, en 2012, il est devenu clair que la question de la place de la religion dans la vie politique serait le point d'achoppement fondamental et, à terme, une menace réelle pour l'ensemble du processus de transition. Les politiques identitaires et le fossé entre islamistes et sécularistes étaient dorénavant le principal clivage entre les forces en présence. Mais au cours de cette année 2012, que nous allons examiner ici en détail, on observe également les prémices d'un processus de pacte, les différents camps s'accordant réciproquement des concessions à plusieurs reprises. Alors que les compromis les plus importants seront consentis plus tard, en 2013, ces premières négociations ont été cruciales, reflétant la façon dont les conditions d'un pacte – polarisation, parité et diversité – s'étaient mises en place dans un nouveau contexte où des partis politiques légaux pouvaient s'affronter dans un cadre réglementé.

Avant les élections, l'exigence d'une redistribution économique plus juste faisait l'objet d'un consensus parmi les nouveaux groupes politiques, reléguant au second plan leurs désaccords sur les questions idéologiques. Non seulement des acteurs comme Ennahda n'étaient pas sûrs de leur poids politique, mais il existait aussi un large accord sur

---

1. Emma Murphy, « The Tunisian Elections of October 2011 : A Democratic Consensus », *The Journal of North African Studies* 18, 2, 2013, p. 234-237.

la nécessité de veiller à ce que le nouveau gouvernement rompe définitivement avec l'héritage de l'autoritarisme. La prédominance des préoccupations économiques au sein de la société tunisienne, en particulier dans les communautés mal desservies et à faibles revenus, a également contribué à maintenir le rythme soutenu de la mobilisation populaire, déterminée à ce que les gouvernements intérimaires préservent l'idéal révolutionnaire. En outre, les campagnes électorales se caractérisaient davantage par des appels à la fibre patriotique et sociale des électeurs que par des attaques contre les partis concurrents. Par exemple, la campagne menée par des partis sécularistes comme Ettakatol ne mentionnait guère l'islamisme ou Ennahda : on supposait qu'ils ne seraient pas victorieux, il n'y avait donc aucune raison d'envisager que l'on aurait affaire à eux à l'avenir[1]. Enfin, les enquêtes d'opinion ne permettaient pas de savoir avec certitude à quel point Ennahda dominerait le paysage politique. Par exemple, l'enquête de mars 2011 menée par le Bureau tunisien de sondages laissait croire que, si 37 % des Tunisiens considéraient Rachid Ghannouchi comme la personnalité politique la plus importante de leur pays, 41 % attribuaient ce titre à Mohamed Beji Caid Essebsi, un politicien chevronné qui avait occupé le poste de Premier ministre intérimaire après la démission de Mohamed Ghannouchi en février 2011[2].

---

1. Entretien téléphonique de l'auteur avec Mustapha ben Ja'far, ancien président de l'Assemblée nationale constituante tunisienne, le 5 février 2018.

2. « Al-baji qa'id al-sibsi akthar ma'ruf yalih rashid al-ghannoushi [« Al-Baji Qa'id al-Sibsi est plus connu que Rachid Ghannouchi »] », *op. cit.*

Les élections générales d'octobre ont changé la donne. Malgré un taux de participation assez faible de 54 %, les observateurs ont estimé que la campagne électorale puis le scrutin lui-même s'étaient déroulés dans des conditions justes et équitables. Or Ennahda a remporté 89 des 217 sièges en jeu, soit 41 % du total à l'ANC. Le CPR et Ettakatol ont respectivement obtenu 29 et 20 sièges, tandis que Pétition populaire, un mouvement apparu aussi soudainement qu'il allait ensuite disparaître, créait la surprise en remportant 26 sièges.

Plusieurs facteurs expliquent le succès d'Ennahda. La plateforme du parti était plus aboutie que celle de ses concurrents, reposant sur de solides principes politiques et idéologiques. Ennahda incarnait la rupture la plus radicale avec l'ordre ancien, son programme officiel proposant des solutions pour faire table rase du passé afin d'« éradiquer les racines de la dictature[1] ». Pour beaucoup, les militants d'Ennahda étaient également considérés comme ceux qui, de tous les groupes d'opposition, avaient le plus souffert de la répression exercée par l'appareil sécuritaire[2]. Au niveau des militants de base et des primo-électeurs, Ennahda avait construit une infrastructure de mobilisation en peu de temps, en particulier dans les provinces rurales de l'intérieur où son message avait trouvé un écho auprès des

1. Christopher Lamont et Héla Boujney, « Transitional Justice in Tunisia : Negotiating Justice During Transition », *Croatian Political Science Review* 49, 5, 2013, p. 32-49, ici p. 42.

2. Entretien de l'auteur avec Lilia Labidi, ancienne ministre des Affaires féminines, à Tunis, le 27 juillet 2017.

communautés marginalisées et à faibles revenus. À preuve, des enquêtes postélectorales ont montré qu'en termes de niveau d'éducation et de revenus, les électeurs d'Ennahda étaient à l'opposé de ceux du CPR : la majorité d'entre eux étaient issus de classes non salariées et n'avaient qu'un niveau d'éducation primaire[1]. Contrairement à certains analystes occidentaux, qui voyaient dans le triomphe d'Ennahda la preuve d'une vague islamiste montante dans le monde arabe, les experts tunisiens ont interprété celui-ci en termes matériels, constatant que le courant islamiste était en grande partie motivé par la « revanche sociale » à laquelle aspiraient les défavorisés sur les élites côtières de l'ancien régime et la bourgeoisie urbaine, fortement liées aux partis sécularistes[2].

Ce succès a donné une bien plus grande visibilité à Ennahda. D'une part, il a encouragé de nombreux Tunisiens à manifester davantage de religiosité : l'islam, en cessant d'être un outil d'instrumentalisation autoritaire, a réintégré la sphère publique, notamment à travers les médias et l'éducation[3]. Bien évidemment, le succès électoral a aussi stimulé et renforcé les convictions des membres

---

1. Alia Gana et Gilles Van Hamme, « Ébauche de sociologie électorale des élections d'octobre 2011 », dans *Élections et territoires en Tunisie : enseignements des scrutins post-révolution (2011-2014)* (dir. : Alia Gana et Gilles Van Hamme), Tunis, IRMC, 2016, p. 93-99.

2. « Les outsiders d'Ennahda », *La Presse*, 4 novembre 2011.

3. Mohamed Nachi, « The Construction of Religion as a "Public Problem" : The Emergence of Islam in the Public Space during Tunisia's Transition to Democracy (2011-2014) », *Social Science Information* 55, 4, 2016, p. 495-510, ici p. 500-504.

d'Ennahda eux-mêmes, en particulier des militants et des groupes d'intérêt qui se sentaient enfin innocentés après la répression qu'ils avaient subie pendant l'ère Ben Ali. La direction d'Ennahda a donc acquis une certaine stature, qui s'est traduite dans les faits lors de la formation du gouvernement au lendemain des élections. En décembre 2011, l'essentiel des postes du nouveau gouvernement ont été attribués à une troïka informelle de partis : Moncef Marzoûki, le leader du CPR, a été désigné chef d'État par l'ANC ; Mustapha ben Ja'far, dirigeant d'Ettakatol, est devenu président de l'ANC ; et Hamadi Jabali, le chef politique d'Ennahda, a été nommé Premier ministre. Leurs trois partis étaient arrivés en tête des élections, mais aucun n'avait obtenu la majorité absolue, ce qui a rendu nécessaire la création d'un gouvernement de coalition. Une volonté collective de rupture nette avec l'ancien régime, sur la base de la victoire révolutionnaire et des premières élections démocratiques réussies, constituait la trame de cette coalition initiale. Cela dit, la polarisation idéologique et la parité politique se sont, dès 2012, invitées dans la vie politique tunisienne.

Avant de discuter des conditions du *pacting*, il nous semble utile de résumer la nature de ce processus. Après les élections d'octobre 2011, les relations très tendues entre Ennahda et ses homologues sécularistes du CPR et d'Ettakatol ont été ponctuées par une série de négociations. Face à la perspective d'un conflit coûteux et interminable, les trois partis ont fini par renoncer à certaines de leurs revendications, qu'ils avaient jusqu'alors jugées essentielles. Ces concessions n'ont permis à aucun parti de gouverner sans opposition, compte tenu du nouveau paysage électoral. Mais, au regard de cette impossibilité d'une victoire écrasante, l'option la moins mauvaise consistait à faire des compromis afin de réduire les tensions et d'atténuer les affrontements naissants.

En premier lieu, chaque partie a renoncé à sa volonté – dans l'absolu – d'exclure l'autre de la politique. Les sécularistes ont peu à peu accepté l'existence des islamistes et leur participation à la vie politique. De son côté, Ennahda a progressivement accepté que le nouvel ordre politique ne soit pas assujetti aux principes religieux, et a renoncé à exiger la mise en conformité de certaines lois et institutions avec sa vision de l'islam.

Toutefois, immédiatement après les élections, la perspective d'un tel compromis restait incertaine. Le conflit idéologique entre l'islamisme et le sécularisme s'est alors polarisé à l'extrême. Les premières fissures étaient apparues avant les élections, discrètes mais suffisantes pour donner un avant-goût des affrontements à venir. En août et septembre 2011, Ennahda et ses homologues sécularistes s'étaient opposés sur la durée du mandat et l'autorité de la future Assemblée constituante, Ennahda estimant que les sécularistes tentaient de réduire son influence au cas où ils obtiendraient de bons résultats aux élections[1]. Le vrai conflit a cependant éclaté après que l'ANC eut commencé

---

1. Mohamed el-Khawas, « Tunisia's Jasmine Revolution : Causes and Impact », *Mediterranean Quarterly* 23, 4, 2012, p. 1-23, ici p. 16.

à siéger, en novembre 2011. Au début de l'année 2012, les inquiétudes économiques et les préoccupations concernant la justice transitionnelle ont été éclipsées par de sérieux différends opposant Ennahda et ses partenaires de la troïka sur des questions de religion et de politique[1].

Ces affrontements politico-religieux se sont focalisés sur trois questions. La première consistait à déterminer dans quelle mesure la *sharīʿa* influencerait la nouvelle Constitution que l'Assemblée était chargée de rédiger dans un délai d'un an. La rédaction de la Constitution s'est faite dans une grande transparence, différents comités et partis participant aux discussions sur diverses clauses et questions qui ont été examinées de près par des juristes, des parlementaires et des journalistes cherchant à évaluer la nature du lien à venir entre la religion et l'État. La deuxième question, liée à la première, concernait le rôle des femmes dans la société, notamment l'avenir de leurs droits et celui du Code du statut personnel. Alors que Ghannouchi avait personnellement promis qu'Ennahda ne toucherait pas à ce code, de nombreux Tunisiens demeuraient convaincus que les femmes seraient grandement lésées par toute importation des principes de l'islam dans le fonctionnement de l'État. La troisième question regardait le modèle que devait adopter la nouvelle république démocratique tunisienne : serait-il parlementaire ou présidentiel ? Ennahda soutenait fermement la première

1. Mohammad Dawood Sofi, « Ḥizb al-Nahḍah : From Revolution to Government and to a Second Referendum », *Contemporary Arab Affairs* 8, 3, 2015, p. 398-407, ici p. 402-404.

option, estimant que la représentation proportionnelle offrirait toujours aux islamistes une protection contre une présidence puissante, tandis que la plupart des partis sécularistes étaient en faveur de la seconde.

Ces débats n'ont pas seulement suscité des controverses en raison de la divergence des opinions vis-à-vis des lois, des politiques et des réformes proposées. Ils touchaient également à l'identité de l'État tunisien lui-même – l'enjeu le plus important de tous. À travers ces affrontements au sein de l'Assemblée constituante, il est apparu clairement qu'Ennahda, bien qu'ayant remporté le plus grand nombre de voix et de sièges (mais pas la majorité absolue), se heurtait à une résistance concertée de la part du CPR et d'Ettakatol. En décembre 2011, un expert tunisien caractérisait l'équation politique de jeu à somme nulle entre Ennahda et tous les autres, toute erreur d'un groupe non islamiste (qu'il s'agisse du CPR, d'Ettakatol ou de partis plus petits) bénéficiant à la plateforme apparemment toujours plus vaste d'Ennahda[1].

En outre, la discorde entre des visions concurrentes de l'avenir du pays a éclaté au grand jour. Des manifestations croissantes de conformité avec la *sharīʿa* ont alimenté ces affrontements dès le début. Fin janvier 2012, des étudiants ont protesté contre l'interdiction du niqab imposée par l'université de la Manouba, un sit-in qui a déclenché plus d'une année de perturbations et d'affrontements sur

1. « Sana ba'd al-thawra : illa ayn yattajih al-mashad al-siyasi fi tunis » [Un an après la révolution : où en est la scène politique ?], *Alchourouk*, 30 décembre 2011.

les campus[1]. Cette action a été la première d'une série de mobilisations et de contre-mobilisations entre les manifestants soutenant Ennahda et l'islamisme d'un côté, et, de l'autre, ceux qui étaient favorables aux alternatives sécularistes. Ainsi, fin février, plusieurs milliers de manifestants se sont rassemblés à Tunis pour protester contre le Premier ministre Jabali et son gouvernement, à quoi a répondu une manifestation en faveur d'Ennahda. Lorsque des milliers de Tunisiens ont défilé le 20 mars, jour de l'indépendance, en faveur d'une république sécularistes, les islamistes ont immédiatement rétorqué en organisant une manifestation plus importante encore appelant à l'application de la *sharī'a*[2].

Signe avant-coureur de l'aggravation de la polarisation, une nouvelle faction politique s'est formée au printemps 2012 : Nidaa Tounes, dirigé par Mohamed Beji Caid Essebsi. Nidaa Tounes d'Essebsi se définissait comme un courant ouvertement sécularistes, ancré dans l'héritage de la république bourguibiste. Il serait excessif de qualifier Nidaa Tounes d'antidémocratique par nature mais, de fait, ses partisans les plus virulents souhaitaient l'exclusion d'Ennahda de la vie politique et la disparition définitive de l'islamisme en tant qu'idéologie significative au sein de la société[3]. Nidaa pouvait compter sur l'appui de nombreux

---

1. Amanda Seeth, « Islamist-Secular Cleavages at Tunisia's Universities », *International Higher Education* 85, 2016, p. 21-22.

2. « Tunisian Protesters Demand islamic State », *Al-Arabiya*, 27 mars 2012.

3. Amel Boubekeur, « Islamists, Secularists, and Old Regime Elites in Tunisia : Bargained Competition », *Mediterranean Politics* 21, 1, 2016, p. 107-127, ici p. 116.

petits partis en désaccord avec le gouvernement de la troïka, ainsi que sur des membres mécontents du CPR et d'Ettakatol qui dépeignaient le gouvernement dirigé par Ennahda comme un « retour vers la dictature » – mais cette fois-ci, sous une forme islamiste[1].

Ce climat de méfiance et d'hostilité s'est encore aggravé du fait de l'expansion rapide du salafisme, accompagnée de nouveaux exemples publics d'intolérance religieuse. De nouveaux mouvements salafistes avaient en effet proliféré après la révolution du Jasmin, leurs membres étant pour la plupart issus de la vaste catégorie démographique des jeunes marginalisés sur le plan socio-économique[2]. Alors que nombre de ces salafistes évitaient la violence, concentrant leur activisme sur des œuvres culturelles et sociales, d'autres, plus politisés, prônaient le recours à des comportements agressifs, voire franchement violents. Ce sont eux qui ont été à l'origine des premiers signes d'agitation. Début 2012, des incidents tels que l'attaque d'une chaîne de télévision, coupable, selon eux, d'avoir diffusé le film iranien *Persepolis*, ainsi que des attaques contre des magasins vendant de l'alcool se sont multipliés au niveau national[3]. Qui plus est, le nouveau gouvernement

---

1. Mundhar Bidhiyafi, *Al-islamiyun wal-hukm : tajribah harakat al-nahdha fi tunis baina istihiqaqat al-thawre wa mutatallabat al-dawla* [Les islamistes et le gouvernement : l'expérience d'Ennahda en Tunisie entre les mérites de la révolution et les exigences du gouvernement], Tunis, Waraqa Li-nashr, 2014, p. 50-52.

2. Monica Marks, « Youth Politics and Tunisian Salafism : Understanding the Jihadi Current », *Mediterranean Politics* 18, 1, 2013, p. 104-111, ici p. 110-112.

3. Malika Zeghal, « Competing Ways of Life : Islamism, Secularism, and Public Order in the Tunisian Transition », *Constellations* 20, 2, 2013, p. 266-269.

a autorisé l'embauche d'imams salafistes : bien qu'il soit difficile de se procurer des chiffres exacts, on pense qu'à l'été 2012, plusieurs centaines de mosquées – sur les plus de 5 000 que compte la Tunisie – étaient dorénavant dirigées par des salafistes[1].

Fondé en avril 2011, le groupe salafiste le plus connu, Ansar al-Shari'ā, comptait initialement quelque 2 000 membres[2]. En mai 2012, il avait suscité l'inquiétude de nombreux Tunisiens, après la tenue à Kairouan de sa deuxième conférence au cours de laquelle le mouvement avait expliqué devant environ 5 000 membres que son objectif était un État islamique, en employant une rhétorique empreinte d'intolérance où il n'était guère question de démocratie[3]. D'autres controverses ont suivi. En juin, des salafistes ont saccagé une exposition de peinture à La Marsa, parce que de nombreux tableaux étaient jugés inappropriés ou insultants pour l'islam. En septembre, d'autres salafistes ont attaqué l'ambassade des États-Unis lors d'un incident qui a fait la une des journaux internationaux. L'UGTT s'est également attiré l'hostilité des salafistes et plusieurs de ses antennes ont été touchées par des attentats à la bombe, en juin. En décembre 2012, la commémoration du soixantième anniversaire du décès du

---

1. Anne Wolf, « An Islamist Renaissance ? Religion and Politics in Post-Revolutionary Tunisia », *Journal of North African Studies* 18, 4, 2013, p. 568.

2. Fabio Merone, « Salafism in Tunisia : An Interview with a Member of Ansar al-Shari'ā », *Jadaliyya*, 11 avril 2013.

3. Francesco Cavatorta, « Salafism, Liberalism, and Democratic Learning in Tunisia », *Journal of North African Studies* 20, 5, 2015, p. 778-779.

fondateur de l'UGTT, Farhat Hached, a également fait l'objet d'une attaque salafiste lors d'un incident largement médiatisé[1].

Dans un premier temps, Ennahda et ses responsables ont fait preuve de complaisance à l'égard de cette montée en puissance des salafistes. Si le Premier ministre Jabali a publiquement condamné leurs actes de violence, aucune mesure de répression systématique n'a été prise à l'encontre des groupes salafistes. Les sécularistes ont alors perçu la visibilité et la popularité croissantes du salafisme comme une menace sans précédent pour les libertés – individuelles et institutionnelles – dont ils jouissaient avant la révolution. Beaucoup, dont les partisans du CPR et d'Ettakatol, considéraient Ennahda comme complice des salafistes et comme agent d'un inquiétant programme d'islamisation, estimant qu'il avait beaucoup à gagner de l'extrémisme des nouvelles factions salafistes. Par exemple, de hauts responsables du CPR étaient convaincus qu'il aurait été impossible à un nombre croissant de salafistes tunisiens de partir combattre en Syrie et en Irak sans que la direction d'Ennahda n'en soit informée, voire sans son consentement[2].

En second lieu, outre une polarisation idéologique croissante qui était manifeste aussi bien dans le monde politique que dans la rue, il y avait une relative parité de pouvoir entre Ennahda et les partis sécularistes. La

1. « Tunisia : Labour and the Capital », *Al-Jazeera*, 15 février 2013.

2. Entretien téléphonique de l'auteur avec Aziz Krichen, membre du CPR et ancien conseiller du président, le 2 février 2018.

preuve la plus évidente de cette relative parité – ou, dit autrement, de l'absence d'une suprématie unilatérale – est qu'aucun membre de la troïka n'a pu gouverner seul. Interdépendants, les partis ont été constamment exposés aux réticences et, parfois, à la résistance des uns ou des autres. En effet, Ennahda, le CPR et Ettakatol avaient pris l'habitude, peu après la formation de la troïka, d'organiser des réunions trilatérales où se retrouvaient, tous les vendredis, jusqu'à une douzaine de hauts fonctionnaires, le mardi suivant étant réservé à une réunion de suivi[1]. Ces réunions étaient souvent conflictuelles, l'occasion d'échanger accusations et griefs de toutes sortes. Ces partis politiques devaient par ailleurs faire face à diverses formes de pression émanant de la société civile, de nouveaux groupes d'intérêts s'étant mobilisés dans le climat post-révolutionnaire, au premier rang desquels les salafistes.

Pour autant, 2012 n'a pas été l'année de l'effondrement institutionnel mais celle du compromis. Au cours de cette période, Ennahda a renoncé à trois requêtes importantes concernant la Constitution, en l'espace de quelques mois. Tout d'abord, Ennahda a renoncé à inscrire la *sharīʿa* dans le premier article de la nouvelle Constitution comme « seule source de législation », bien que cela ait suscité l'ire des salafistes et de ses militants les plus intransigeants[2]. En gage de compromis, Ennahda s'est rangé à l'avis de ses opposants sécularistes

1. Entretien téléphonique de l'auteur avec Moncef Marzouki, ancien président de la Tunisie, le 9 février 2018.

2. L. Guazzone, *op. cit.*, p. 39.

de conserver le langage de la Constitution de 1959 qui identifiait simplement l'islam comme la religion de la Tunisie. Le parti islamiste a également approuvé une nouvelle disposition, dans le second article de la Constitution, qui déclare explicitement que l'État tunisien est un État civil.

Cette concession, faite à l'issue de délibérations serrées au sein d'Ennahda et suivies de pourparlers avec d'autres partenaires de la troïka, est intervenue en mars, après une importante vague de manifestations sécularistes contre le sentiment d'une islamisation du pays. Bien que la plupart des manifestations anti-islamistes aient donné lieu à des contre-manifestations de la part des partisans d'Ennahda, les dirigeants du mouvement ne pensaient pas que la poursuite de cette revendication initiale, aussi symbolique soit-elle, aurait été réellement bénéfique. Comme l'a fait remarquer Rachid Ghannouchi dans une interview publiée dans le quotidien tunisien en langue arabe *Assabah*, la majorité électorale d'Ennahda ne suffisait pas pour trancher la question hautement symbolique de la mention de la *sharī'a* dans la Constitution : pour lui, un vote de l'ANC au-dessous d'une majorité de 70 % était insuffisant. Car, même s'il avait été possible de faire adopter la clause avec une majorité plus faible, les dommages collatéraux auraient pu signifier la fin de la troïka[1]. Il est essentiel de noter que les opinions au sein du comité fondateur

1. « Ghannoushi yufassir asbab 'itimad al-fasl al-awwal min dustour 59 » [Al-Ghannouchi explique les raisons de l'adoption de l'article premier de la Constitution de 1959], *Assabah*, 26 mars 2012.

d'Ennahda n'étaient pas unanimes : sur les soixante-six membres, treize se sont opposés aux vœux de Ghannouchi de bannir toute référence à la *sharī'a* dans les nouveaux articles constitutionnels[1].

Deuxièmement, Ennahda a également renoncé à inclure dans la nouvelle Constitution des termes définissant les femmes comme des « compléments » plutôt que comme des égales des hommes. Lorsque l'ANC a rendu public son premier projet de Constitution à l'été 2012, un article clé (l'article 28), qui faisait référence aux femmes et aux hommes comme jouant des rôles complémentaires au sein de la famille, avait en effet provoqué de très vives manifestations anti-islamistes à l'occasion de la Journée de la femme, le 13 août[2]. Cette confrontation à propos du langage juridique adéquat et du statut des femmes est intervenue peu de temps après une escalade des tensions entre islamistes et sécularistes, provoquée par la dévastation d'une exposition de peintures par des salafistes au mois de juin. Sur la place publique comme dans les débats politiques, les membres d'Ennahda ont alors fait l'objet d'une surveillance redoublée et d'attaques renouvelées, le parti étant accusé de vouloir revenir sur l'égalité des sexes et limiter les libertés des femmes en raison d'une vision très étroite des normes

---

1. Malika Zeghal, « Constitutionalizing a Democratic Muslim State without Shari'a : The Religious Establishment in the Tunisian 2014 Constitution », dans *Shari'a Law and Modern Muslim Ethics* (dir. : Robert Hefner), Bloomington (IN), Indiana University Press, 2016, p. 107-134, ici p. 112.

2. M. Nachi, *op. cit.*, p. 506.

islamiques. La controverse a déclenché la mobilisation la plus puissante du féminisme tunisien dans la période postrévolutionnaire[1]. Une fois de plus, malgré sa supériorité en nombre de parlementaires et d'électeurs, la direction d'Ennahda n'a pas pu faire passer ce dossier compte tenu de la résistance des sécularistes. À la suite de quoi, en septembre 2012, les responsables du parti ont promis de réviser leur langage et de supprimer les références à la « complémentarité des sexes », ces termes étant considérés à l'opposé de l'idée préalable d'égalité des sexes articulée dans l'ancienne Constitution.

Troisièmement, en octobre 2012, Ennahda a renoncé à son intention d'incorporer dans l'article 3 du projet de Constitution une clause de blasphème qui aurait criminalisé les attaques contre l'islam, clause que ses détracteurs voyaient comme une atteinte à la liberté de conscience. Là encore, cette concession s'est inscrite dans un contexte familier. Une vague de fond anti-islamiste avait apparemment neutralisé le poids politique d'Ennahda au sein du corps législatif, obligeant ses dirigeants à être pragmatiques pour préserver le leadership du groupe. En septembre, deux événements explosifs avaient en effet renforcé la position du CPR et d'Ettakatol, ainsi que de leurs partisans. Le premier a été l'attentat contre l'ambassade des États-Unis. Puis, quelques semaines plus tard, des organisations de la société civile se sont mobilisées pour

1. Mounira Charrad, « Progressive Law : How It Came About in Tunisia », *Transnational Law and Contemporary Problems* 24, 2, 2015, p. 303-311, ici p. 308.

soutenir une femme accusée d'indécence après avoir été violée par des officiers de police[1].

Ces deux agressions, commises en invoquant l'islam, ont placé Ennahda sur la défensive. Dans ce contexte, ses dirigeants ont estimé que soutenir la clause sur le blasphème serait une bataille perdue d'avance et qu'y renoncer contribuerait à désamorcer les tensions croissantes et l'animosité manifestée à l'encontre du groupe par les forces sécularistes[2]. Dans le même temps, les dirigeants d'Ennahda ont répété à leur base, ainsi qu'à la société tunisienne, que leur recul sur la question du blasphème reflétait une compréhension en constante évolution quant à la manière dont les Tunisiens – en tant que musulmans, mais aussi en tant que citoyens d'un nouvel État démocratique – poursuivaient les idéaux de l'islam sans être ligotés par des lois et des institutions.

5.3. Le *pacting* au sein de la troïka : CPR, Ettakatol, Ennahda

Les pactes négociés sous le gouvernement de la troïka ont vu le jour malgré le manque de maturité démocratique des forces politiques en présence. Si toutes les parties en présence avaient été inclusives et tolérantes

—

1. Imen Yacoubi, « Sovereignty from Below : State Feminism and Politics of Women against Women in Tunisia », *Arab Studies Journal* 24, 1, 2016, p. 268.

2. Rory McCarthy, « Protecting the Sacred : Tunisia's Islamist Movement Ennahda and the Challenge of Free Speech », *British Journal of Middle East Studies* 42, 4, 2015, p. 447-464, ici p. 458-459.

sans la moindre ambiguïté, la démocratie tunisienne se serait matérialisée instantanément, sans conflit. Au lieu de cela, on a assisté, immédiatement après les élections postrévolutionnaires d'octobre 2011, à une lutte toujours plus intense entre des camps d'un poids peu ou prou équivalent. Le constater, ce n'est pas intenter un procès à la politique en Tunisie. Au contraire, dans une perspective historique et comparative, c'est admettre que c'est une phase inhérente à la plupart des transitions, les groupes en lice pour le pouvoir, à la suite d'un effondrement autoritaire, ayant peu d'expérience de la compétition régulière ou de la modération politique ; après de longues périodes de répression, ils se battent pour un gain maximal[1]. Et pourtant, comme le montre le cas de la Tunisie, la démocratie peut advenir sans démocrates.

Les compromis et les décisions décrits ici, dans la foulée des élections d'octobre 2011, représentent la première phase du *pacting* dont le modèle est présenté dans la figure 3[2]. Dans ce premier cycle d'engagement entre Ennahda et ses homologues sécularistes, tous les acteurs des négociations avaient une préférence en commun, au-delà de l'impératif évident de leur survie : ils voulaient enclencher immédiatement un processus politique garantissant que le régime de Ben Ali serait irrévocablement écarté sans qu'il risque de revenir sous quelque forme que ce soit. Si l'ascension

1. Nancy Bermeo, « Myths of Moderation : Confrontation and Conflict during Democratic Transitions », *Comparative Politics* 29, 3, 1997, p. 305-322, ici p. 314-319.

2. Cf. figure 3 p. 258.

de Nidaa Tounes a paradoxalement permis à certains éléments liés à l'ordre autocratique antérieur de s'organiser pour faire leur retour dans l'arène politique, il y avait dans les premières phases de la transition un accord sur le fait que tout nouveau système de gouvernance devait marquer une nette rupture avec le passé.

Cependant, en dépit de ces convergences d'intérêts, la première phase du pacte a également entraîné des coûts importants pour toutes les parties impliquées. Autrement dit, il ne s'agissait pas simplement de ravaler sa fierté mais bien d'accepter de réelles pertes politiques. Chez les islamistes comme chez les sécularistes, la politique de compromis a provoqué d'intenses frictions entre les dirigeants et les cadres. Ainsi de nombreux membres d'Ennahda ont-ils rejeté toute idée de négociation avec des partis sécularistes qui se ferait au détriment de leur résolution à légiférer pour ancrer leurs valeurs islamistes dans le changement politique en cours. Après tout, ils détenaient la majorité au sein de l'Assemblée constituante ; s'il existait un moment pour imposer des statuts et des politiques exprimant leur identité et leurs valeurs, c'était bien celui-là. Les compromis de 2012 ont donc contraint Rachid Ghannouchi et d'autres dirigeants à s'atteler à la difficile tâche de rallier la ligne dure de leur mouvement, ainsi qu'à persuader de nombreux jeunes militants déçus de ne pas le quitter[1].

---

1. Fabio Merone et Francesco Cavatorta, « Ennahda : A Party in Transition », *Jadaliyya*, 25 mars 2013.

Pour justifier les concessions d'Ennahda, Ghannouchi a fréquemment eu recours à un raisonnement théologique et doctrinal. À savoir : le consentement au compromis d'Ennahda reposait sur sa compréhension spirituelle du rôle de la religion qui incluait une latitude d'adaptation pour « com-prendre » – prendre en considération et intégrer dans un cadre commun, plus vaste – les positions de ceux qui s'opposaient à son existence. Plusieurs éléments de preuve viennent étayer ce postulat. D'abord, concernant le recul d'Ennahda sur la *sharīʿa*, Ghannouchi a publiquement expliqué qu'il s'agissait simplement d'un report et non d'un abandon, et que la société tunisienne reviendrait inévitablement sur la question de la *sharīʿa* après avoir suivi la bonne voie (sous-entendu : conforme à l'islam)[1]. Pour lui, le sixième article de la Constitution était un mécanisme discret mais essentiel de ce report[2]. Cet article confère à l'État une position contradictoire : il est à la fois le gardien de la religion et le garant des libertés de croyance, de conscience et des pratiques cultuelles des citoyens.

En obtenant un accord général sur cette clause, Ennahda a résolu une aporie, possiblement à son avantage : d'une

—

1. « Ghannoushi yufassir asbab ʿitimad al-fasl al-awwal min dustour 59 » [Ghannouchi explique les raisons de l'adoption de l'article premier de la Constitution de 1959], *Assabah*, 26 mars 2012.

2. Article 6 : « L'État est gardien de la religion. Il garantit la liberté de croyance, de conscience et le libre exercice des cultes : il est le garant de la neutralité des mosquées et lieux de culte par rapport à toute instrumentalisation partisane. L'État s'engage à diffuser les valeurs de modération et de tolérance, à protéger les sacrés et à interdire d'y porter atteinte, comme il s'engage à interdire les campagnes d'accusation d'apostasie et l'incitation à la haine et à la violence. »

part, le parti islamiste a cédé aux demandes de certains acteurs, en particulier Ettakatol, qui souhaitaient mettre autant de distance que possible entre les politiques étatiques et l'identité religieuse ; mais, d'autre part, il a atteint son objectif en conférant à l'État tunisien un rôle officiel dans le domaine religieux, un rôle consacré dans l'ambiguïté. Pour de nombreux membres d'Ennahda, cela correspondait à la conception doctrinale classique de le *maqāṣid al-sharīʿa*, qui permet à une communauté de foi de s'aligner sur les objectifs généraux de la pratique islamique, sans pour autant contraindre les institutions officielles à une quelconque obligation[1]. Cet argument en faveur du *maqāṣid* se retrouvera dans la plupart des positions officielles d'Ennahda, obligé de trouver le bon ton, dans son discours comme dans ses politiques, face à la délicate question de la coexistence entre religion et politique.

Deuxièmement, comme l'a expliqué Rachid Ghannouchi lors d'un entretien, l'objectif d'Ennahda n'était pas l'avènement d'une théocratie pensée comme un État monolithique omniprésent, mais celui d'une communauté tunisienne organique où le gouvernement populaire devait être *imprégné* de l'expression de la foi[2]. Ghannouchi

---

1. M. Zeghal, « Constitutionalizing a Democratic Muslim State [...] », *op. cit.*, p. 123-127.

2. Entretien de l'auteur avec Rachid Ghannouchi à Tunis, le 19 mai 2014. La genèse et la formalisation des idées qui sous-tendent ce livre découlent de ces premières rencontres avec Ghannouchi. Ces entretiens individuels ont eu lieu en marge de deux conférences internationales organisées par la Fondation Hicham Alaoui : « Bâtir des ponts : vers des démocraties viables en Tunisie, en Égypte et en Libye », à Tunis les 28 et 29 mars 2013, et

a justifié l'acquiescement d'Ennahda aux demandes sécularistes par la nécessité de protéger cette communauté de la division, soit l'objectif primordial du *maqāṣid*. En ce sens, le compromis n'était pas seulement tolérable en termes théologiques, mais nécessaire et donc facilement intégrable dans la doctrine d'Ennahda. Malgré l'absence d'unanimité sur ce sujet dans les sphères supérieures de l'organisation, une majorité écrasante de militants a soutenu ces propositions – de même, comme le suppose Ghannouchi, que de nombreux membres d'Ettakatol et du CPR qui souhaitaient conclure ces accords afin de faire avancer le processus démocratique le plus rapidement possible.

Les principaux partis sécularistes à l'Assemblée constituante ont, eux aussi, payé le prix du compromis. Certains de ses membres, aussi bien de jeunes militants que des fonctionnaires plus âgés, considéraient tout engagement avec les islamistes comme un signe de capitulation. Les membres du CPR ont été si nombreux à accuser leur direction d'avoir trahi la cause républicaine que, dès le début de 2012, des responsables du parti ont dû organiser régulièrement des sessions de sensibilisation pour apaiser le mécontentement de leurs militants[1]. Certains militants d'Ettakatol ont affirmé qu'Ennahda n'était pas digne de confiance – non pas

---

« Les intellectuels et les transformations historiques dans le monde arabe », à Tunis, les 18 et 19 mai 2014.

1. Entretien téléphonique de l'auteur avec Aziz Krichen, membre du CPR et ancien conseiller du président Moncef Marzouki, le 2 février 2018.

parce que Rachid Ghannouchi manquait de crédibilité, mais en raison de leur sentiment qu'une vague d'islamisation de grande envergure était à venir et qu'il fallait la stopper[1].

Le fait que le CPR et Ettakatol aient travaillé avec Ennahda au sein d'un gouvernement de coalition est significatif, compte tenu de leur opposition philosophique profonde à l'agenda islamiste. Ces deux groupes considéraient l'islamisme d'Ennahda comme une idéologie populiste menaçant leur vision républicaine, qui impliquait la nécessaire séparation de la religion et de l'État et, qui, selon eux, incarnait la trajectoire postcoloniale de la Tunisie. Ils concevaient la démocratie comme un système devant accueillir toutes les forces politiques prêtes à respecter des procédures institutionnelles minimales, telles que le renoncement à toute forme de violence et l'acceptation des résultats d'élections équitables et compétitives. Par conséquent, leur engagement en faveur de pratiques démocratiques libérales allait à l'encontre de la volonté attribuée à la plateforme d'Ennahda de vouloir légiférer et gouverner en se fondant sur des Écritures saintes. Par exemple, de nombreuses militantes du CPR et d'Ettakatol ont considéré les affrontements avec Ennahda, et en particulier le débat sur la « complémentarité » entre les sexes, comme une ligne rouge. Ghannouchi a soutenu que la clause

---

1. Entretien téléphonique de l'auteur avec Mustapha ben Ja'far, ancien président de l'Assemblée nationale constituante tunisienne, le 5 février 2018.

sur la complémentarité des sexes consacrait la « parité » parce qu'elle illustrait l'importance égale des femmes et des hommes dans une communauté musulmane[1]. Mais de nombreuses militantes ont rejeté cette interprétation. Pour reprendre les mots de Lilia Labidi, la démocratie en Tunisie passait par le rejet de tous les termes religieux évoquant les femmes, car c'est le contrôle du corps féminin que l'autoritarisme traditionnel cherchait à établir[2].

Malgré tout, pour le CPR et Ettakatol, accepter la présence d'islamistes non seulement au sein du système politique, mais aussi potentiellement au cœur de l'État tunisien, était un sacrifice nécessaire au nom du caractère procédural de la politique démocratique. Cette concession faisait partie intégrante du processus de *pacting*. Tant qu'Ennahda acceptait l'État de droit et d'autres règles de base, aucun argument ne pouvait justifier l'exclusion du mouvement islamiste. Bien au contraire, compte tenu de leur absence de majorité électorale, les sécularistes libéraux ont dû traiter les islamistes comme des partenaires égaux. Par exemple, quand Ennahda a accepté en 2012 de renoncer à sa demande symbolique d'inscrire dans la Constitution la *sharīʿa* comme source de la législation, le CPR et Ettakatol ont de leur côté accepté de conserver le langage ambigu de l'article 1 de l'ancienne Constitution, qui définissait la Tunisie comme « un État

---

1. Entretien de l'auteur avec Rachid Ghannouchi à Tunis, le 29 mars 2013.

2. Entretien de l'auteur avec Lilia Labidi, ancienne ministre des Affaires féminines, à Tunis, le 27 juillet 2017.

libre, indépendant et souverain », ajoutant : « sa religion est l'islam[1] ». Cette décision a été prise en dépit de certaines voix demandant que soit supprimée toute mention d'un lien entre l'islam et l'État, au motif que la religion et la foi relèvent des choix individuels et non de l'État. Enfin, le partenariat politique avec Ennahda a également exposé les dirigeants de ces partis à un retour de bâton venant de leur base : au fil du temps, un nombre croissant de militants et de membres ont quitté le CPR et Ettakatol pour protester contre le terrain cédé à l'islamisme[2].

Compte tenu de l'importance de ces coûts, il semble à présent utile de déployer la théorie générale du pacte pour expliquer pourquoi les acteurs politiques ont négocié et composé les uns avec les autres. Rappelons tout d'abord que les conditions nécessaires au pacte – la polarisation idéologique, la parité de pouvoir et la diversité normative – étaient bien réunies en Tunisie au cours de cette période. La vie politique après la révolution n'était pas uniquement le fait de mouvements spontanés issus du chaos consécutif à la rupture autoritaire, tels que les explosions de mobilisation populaire et les débats publics enfin débridés après des décennies d'empêchement. Elle résultait aussi des processus de développement passés

---

1. Markus Böckenförde, « From Constructive Ambiguity to Harmonious Interpretation : Religion-Related Provisions in the Tunisian Constitution », *American Behavioral Scientist* 60, 8, 2016, p. 919-940, ici p. 931.

2. Par exemple, au moins un député d'Ettakatol, Sélim ben Abdessalem, a quitté le parti pour protester contre sa collaboration avec l'islamisme. Cf. « Sélim ben Abdesselem : le dissident d'Ettakatol », *Leaders*, 24 janvier 2013.

qui avaient guidé la consolidation de l'État républicain tunisien, ainsi que la montée en puissance des forces sociétales. L'absence d'interventionnisme militaire après le renversement de Ben Ali – qui s'inscrivait dans la continuité de l'inertie des forces armées sous les anciens présidents (nous reviendrons plus loin sur la faiblesse du statut de l'armée tunisienne) – et la fréquence des mouvements populaires de protestation – qui traduisaient quant à eux la centralité de la mobilisation publique et la manière dont s'articulaient les intérêts au sein de l'État – ne surprendront pas ceux qui connaissent l'histoire de la Tunisie.

En ce qui concerne la polarisation, islamistes et sécularistes se sont retrouvés profondément divisés lors des élections d'octobre 2011, quand l'enthousiasme commun pour la politique postrévolutionnaire avait commencé à retomber. L'arrivée d'Ennahda sur la scène politique après la longue période de répression sous Ben Ali en faisait un nouveau venu dans l'arène, bien que le mouvement islamiste ait conservé une base modeste de partisans à l'intérieur de la société tunisienne pendant son exil. Des contacts entre Mohammed Ghannouchi et des groupes d'opposition de gauche avaient eu lieu au cours des années 2000, par exemple dans le cadre de la coalition d'octobre 2005, mais ils ne s'étaient pas traduits par la constitution d'un mouvement bien organisé avant la révolution du Jasmin. Entre-temps, l'État jacobin avait évolué sous Ben Ali, se déconnectant de plus en plus de la société tunisienne. Vers la fin de l'année 2011, l'ensemble de ces facteurs avait créé une distance idéologique considérable entre Ennahda et ses rivaux sécularistes.

En termes de parité, islamistes et sécularistes se sont retrouvés sur un relatif pied d'égalité. La création et la préservation d'un récit national ont donné aux acteurs politiques un socle fondamental leur permettant de se considérer mutuellement, avant tout, comme tunisiens. Deux exemples en témoignent. Premièrement, les députés d'Ennahda n'ont jamais contesté les avancées constitutionnelles majeures qui ont façonné l'idée que la Tunisie se fait de l'ordre politique. Ainsi, lorsque des voix se sont élevées chez Ettakatol pour soutenir que la Constitution de 1861 devrait constituer l'épine dorsale de toute nouvelle approche constitutionnelle, et que les réalisations postcoloniales telles que le Code du statut personnel de Bourguiba de 1956 devaient être préservées à tout prix – non seulement en raison de leurs implications pour les femmes, mais aussi parce qu'elles représentaient des étapes de référence dans le paysage juridique[1] –, les dirigeants d'Ennahda n'ont pas nié l'importance de ce narratif, pas plus qu'ils n'ont cherché à diminuer l'importance des réalisations historiques ayant guidé le développement politique du pays. Au contraire, ils ont plaidé en faveur d'un lien plus étroit entre la religion et l'État en avançant comme argument la nécessité de construire, à partir des réalisations passées, une tâche collective à laquelle ils souhaitaient participer en tant

1. M. Zeghal, « Constitutionalizing a Democratic Muslim State […] », *op. cit.*, p. 120-122.

que concitoyens tunisiens plutôt qu'en tant qu'outsiders islamistes. En ce sens, la trajectoire historique de la Tunisie a restreint le champ d'action d'Ennahda.

Ensuite, même s'il existait dans les rangs d'Ennahda une pluralité d'opinions, ses dirigeants ont compris ce que Larbi Sadiki avait désigné comme la réalité « immuable » du républicanisme tunisien inventé par Bourguiba[1]. Bien que cet héritage républicain se soit traduit par la mise en place d'institutions sécularistes et de certains prismes, les premiers compromis constitutionnels avec Ettakatol et le CPR ont révélé l'impossibilité pour Ennahda de ne pas reconnaître le rôle primordial de l'État républicain comme pourvoyeur des droits et incubateur de la vie politique. Autrement dit, la mise en œuvre de nouveaux préceptes islamistes aurait nécessité la dénonciation radicale d'un cadre institutionnel profondément ancré dans la vie sociale des Tunisiens. Dans ce contexte, Ennahda a cherché à construire une vision programmatique *dans les limites* de ce que ses dirigeants considéraient comme un discours transversal tout simplement trop enraciné pour être écarté. Adopter une autre posture aurait instantanément classé Ennahda comme un mouvement *extérieur* à la nation : « L'adaptation est le mot d'ordre. […] Trouver un espace partagé ou *wasati* pour s'engager avec les autres[2]. »

1. Larbi Sadiki, « Tunisia's Ennahda : Islamists Turning the Learning Curve of Democracy and Civic Habituation », dans *The Politics of Islamism* (dir. : John L. Esposito, Lily Zubaidah et Rahim Naser Ghobadzadeh), Cham (Suisse), Springer Nature, 2018, p. 87-126.

2. *Ibid.*, p. 110.

Enfin, au cours de cette période, la diversité normative a été particulièrement significative. L'éventail des acteurs politiques dans le paysage institutionnel tunisien a connu des variations remarquables, mais on peut avancer sans risque de se tromper qu'aucun d'entre eux ne voulait être vu comme le successeur libéral-démocrate soutenu par les masses. Le gouvernement de la troïka, comptant des représentants d'Ennahda, du CPR et d'Ettakatol, était « une alliance née de l'opportunisme plutôt que de l'affinité idéologique », constamment perturbée par la suspicion et la défiance existant entre des islamistes et des sécularistes qui pensaient souvent le pire les uns des autres[1]. La plupart des acteurs de l'opposition pouvant se prévaloir d'une certaine légitimité politique pour avoir été marginalisés ou réprimés sous le régime précédent, ce pluralisme a été rendu particulièrement complexe. Chacun d'entre eux disposait d'une base populaire convaincue que leurs dirigeants étaient les architectes les plus qualifiés et les mieux équipés pour bâtir un nouveau système politique mais il n'y avait pas de consensus pour désigner le groupe qui, compte tenu de ses antécédents, méritait le plus de succéder à l'ancien régime. Car tous pouvaient pareillement asseoir leur revendication à la fois sur la légitimation électorale et sur la répression subie par le passé.

Outre ces conditions structurelles générales qui ont facilité le premier pacte, il y eut également des variables

1. Andrea G. Brody-Barre, « The Impact of Political Parties and Coalition Building on Tunisia's Democratic Future », *The Journal of North African Studies* 18, 2, 2013, p. 217.

contingentes. L'une d'elles, qui s'est avérée pertinente en 2012 lorsque la transition postrévolutionnaire a été confrontée à une crise, a été le processus même d'élaboration de la Constitution. D'abord, la transparence a été valorisée à la fois théoriquement (au niveau procédural) et dans les faits, en ce sens que l'Assemblée constituante était constamment sous le contrôle du public et ne pouvait cacher aucune de ses délibérations[1]. Les débats étaient liés à des articles concrets de la Constitution qui pouvaient être écrits, lus et vus ; il ne s'agissait pas de discussions abstraites.

Ensuite, en raison de la nouveauté du processus électoral postrévolutionnaire, l'affiliation à un parti de la plupart des membres de l'Assemblée ne s'était pas encore, en 2012, cristallisée en loyautés extrêmes et exclusives. La plupart des parlementaires abordaient les questions politiques l'esprit ouvert, motivés autant par leur rejet collectif du régime de Ben Ali et leur désir de rompre nettement avec lui que par leurs visions divergentes du nouvel ordre politique à bâtir[2]. Enfin, les exigences procédurales de l'élaboration de la Constitution ont joué contre les

---

1. Amal Jamal et Anna Kensicki, « A Theory of Critical Junctures for Democratization : A Comparative Examination of Constitution-Making in Egypt and Tunisia », *Law and Ethics of Human Rights* 10, 1, 2016, p. 185-222, ici p. 217-218.

2. Déborah Perez, « Mythes fondateurs et fabrique du politique dans l'hémicycle : le débat identitaire à l'Assemblée nationale constituante tunisienne », dans *Élections et territoires en Tunisie. Enseignements des scrutins post-révolution (2011-2014)* (dir. Alia Gania et Gilles Van Hamme), Tunis, IRMC, 2016, p. 136-142.

défections unilatérales. La Constitution devait obtenir une majorité des deux tiers à l'Assemblée constituante pour être approuvée, ce qui signifiait qu'aucun parti ou groupe ne pouvait imposer son programme à moins d'obtenir une écrasante majorité extrêmement improbable.

Ces conditions institutionnelles illustrent la polarisation idéologique, la parité de pouvoir et la diversité normative qui, selon la littérature théorique, doivent faciliter l'ouverture d'un processus de pacte pendant une transition postautoritaire. Mais dans le contexte tunisien, il existe également des raisons spécifiques pour lesquelles Ennahda, en tant que premier initiateur de ce processus, a choisi la posture du compromis. Tout au long de l'année 2012, plusieurs facteurs ont poussé la direction d'Ennahda à céder sur des questions clés face au CPR et à Ettakatol, et plus largement face à leurs électeurs sécularistes.

Le premier de ces facteurs était la peur de disparaître, puisant à deux sources. La plus évidente était la propre histoire d'Ennahda. Au lendemain de la révolution du Jasmin, plutôt que de mobiliser sur des enjeux politiques, le parti s'est concentré sur sa reconstitution après plusieurs décennies de répression et de persécution. Cette expérience particulière a suscité un profond sentiment de réticence et de prudence, lié au souvenir encore frais d'avoir été la cible d'une répression massive. Il est compréhensible qu'en dépit de sa victoire électorale et des démonstrations de force qui ont suivi la révolution, la direction ne se soit pas sentie fondamentalement en sécurité. La question n'était donc pas tant d'essayer d'éliminer d'emblée les rivaux sécularistes, mais plutôt de déterminer comment demeurer un élément permanent et idéalement central de l'ordre politique. Il s'agissait en effet de ne pas offrir à l'État le moindre prétexte qui le pousse de nouveau à interdire les islamistes. En renonçant à une position radicale sur des questions à grande valeur théologique ou symbolique, qui suscitaient de vives réactions dans l'opinion publique, Ennahda faisait tout son possible pour que le passé ne se reproduise plus.

Ajouté à cela, Ennadha craignait de se retrouver dans une situation similaire à celle qu'avait vécue le Front islamique du salut (FIS) en Algérie et entendait tirer les leçons de ce précédent. Comme le FIS, Ennahda avait remporté une victoire soudaine et inattendue lors d'une élection fondatrice. Or, en Algérie, la poussée trop forte des islamistes victorieux avait entraîné l'interruption précipitée du processus politique et dégénéré en une guerre civile généralisée. Les islamistes sont alors devenus l'ennemi de la nation tout entière, un acteur politique auquel on ne pouvait en aucun cas faire confiance parce qu'il exploitait la démocratie pour imposer une théocratie, et qui devait donc être éliminé totalement et sans équivoque. Le conflit algérien a eu de fortes répercussions sur l'ensemble du Maghreb et ne pouvait être ignoré par les dirigeants d'Ennahda, d'autant moins que Rachid Ghannouchi, lui-même exilé en Algérie lors de son ouverture avortée en 1989-1990, avait été le témoin direct des conséquences de l'absence de compromis. Il convenait avant tout d'éviter ce scénario cauchemardesque, il fallait donc consentir à abandonner les exigences et les approches politiques maximalistes, en particulier celles qui auraient pu donner lieu à des comparaisons avec les islamistes algériens. Et même à perdre le soutien d'une partie de la base, composée de militants purs et durs, car la priorité était de maintenir la place centrale de l'organisation[1].

Pour autant, la peur n'était pas l'unique moteur d'Ennahda. En tant que membre le plus fort de la troïka, et donc premier parti du gouvernement, sa stratégie de compromis a également reflété son désir de répondre aux attentes occidentales d'une transition pacifique. Tout au long de l'année 2012, alors que les tensions augmentaient au sein de la troïka et de la société tunisienne sur des questions d'ordre religieux et politique, le Printemps arabe a commencé à imploser dans le reste de la région MENA. Tandis que la transition égyptienne s'était enlisée, et que la Syrie avait sombré dans la guerre civile, la Libye postrévolutionnaire échouait à se transformer en un État unitaire et la transition yéménite se désintégrait. Du point de vue des États-Unis et de l'Union européenne, qui ont maintenu une forte présence diplomatique dans la région MENA, il était alors crucial de soutenir en Tunisie une transition politique non violente. Les institutions internationales multilatérales, telles que le Fonds monétaire international et la Banque mondiale, se sont impliquées en accordant de nouveaux prêts et financements dans le but

---

1. Kasper Ly Netterstrøm, « The Islamists' Compromise in Tunisia », *Journal of Democracy* 26, 4, 2015, p. 116-118.

de stimuler le développement[1]. Ennahda a ainsi pu obtenir une reconnaissance internationale en peu de temps, ce qui lui a conféré une légitimité dont de nombreuses autres organisations islamistes n'ont pas bénéficié. En outre, le mouvement a pu obtenir des donateurs une aide économique et une assistance en matière de sécurité dont le pays avait cruellement besoin. Khayam Turki, le numéro deux d'Ettakatol et son directeur de campagne en 2011, confirme que les réunions du vendredi de la troïka, à huis clos, ont souvent soulevé la question de la nécessité absolue de l'aide, les participants convenant qu'un gouvernement uni et fonctionnel avait évidemment plus de chances de recevoir de l'aide qu'un gouvernement failli[2].

5.4. Crise et panne : 2013

Si la période précédant les élections d'octobre 2011 a été marquée par un consensus révolutionnaire, l'année suivante a vu ce consensus se briser et laisser place à un conflit idéologique ouvert entre islamistes et sécularistes que même un processus bien conçu d'élaboration de la Constitution n'a pas pu empêcher. Mais au cours de l'année 2012, cette lutte précoce a aussi donné naissance

---

1. Adam Hanieh, « Shifting Priorities or Business as Usual ? Continuity and Change in the post-2011 IMF and World Bank Engagement with Tunisia, Morocco, and Egypt », *British Journal of Middle Eastern Studies* 42, 1, 2015, p. 119-134.

2. Entretien téléphonique de l'auteur avec Khayam Turki, ancien chef adjoint d'Ettakatol, le 4 février 2018.

au processus de *pacting*, chaque partie apprenant à céder du terrain dans un contexte de mobilisation populaire et de tensions croissantes.

À ce stade, les relations entre Ennahda et les autres acteurs politiques étaient encore fluides. En revanche, les événements de l'année 2013 ont mis à rude épreuve le *pacting* et conduit le système politique dans l'impasse. En outre, les voix les plus extrêmes de chaque camp se sont à nouveau fait entendre pour imposer de nouvelles exigences au cadre constitutionnel naissant ainsi qu'à l'arène politique. La crise ainsi générée a forcé chaque partie à réfléchir et à réévaluer son rôle dans cette période historique de transition politique.

Si les tensions entre partenaires de la troïka ont pu être désamorcées au niveau de l'élite, le clivage entre l'islamisme et le sécularisme n'a fait que s'aggraver au sein de la société. Ainsi, en janvier 2013, des voix dans la presse tunisienne ont ouvertement exprimé leurs craintes d'une guerre civile en relevant que certains Tunisiens continuaient à redouter qu'Ennahda veuille mettre en œuvre un programme d'islamisation, et en considérant la bataille politique en cours comme une « lutte existentielle[1] ». Et, en effet, des troubles ont éclaté après l'assassinat par un salafiste, le 6 février 2013, d'un éminent homme politique de gauche anti-Ennahda, Chokri Belaid. Aussitôt, les sécularistes ont rejeté la responsabilité de cet assassinat sur Ennahda[2]. Bien

---

1. « Al-khawf al-siyasi wal-harb al-ahliyyah al-mumkina » [La peur politique et l'éventualité d'une guerre civile], *Alchourouk*, 7 janvier 2013.

2. M. Bidhiyafi, *op. cit.*, p. 75-77.

que ni l'aile militante ni la direction politique d'Ennahda n'aient eu de responsabilité dans l'assassinat de Belaid, on peut estimer, avec le recul, que la montée en puissance de nouveaux groupes salafistes au cours de l'année écoulée avait *de facto* été tolérée par la direction d'Ennahda, qui cherchait à accueillir et à coopter des organisations salafistes comme Ansar al-Shari'ā plutôt qu'à les éliminer purement et simplement[1]. Dans ce contexte, la complaisance d'Ennahda à l'égard du mouvement salafiste, déjà mentionnée plus haut, est apparue au grand jour.

Si les affrontements de 2012 entre islamistes et sécularistes avaient impliqué pareillement les partis de la troïka et la société tunisienne, les troubles de 2013 ont complètement submergé la sphère publique et n'ont pas pu être contenus par les partis au pouvoir. Une semaine après l'assassinat de Belaid, une étude a mis en lumière l'incroyable perte de confiance de nombreux Tunisiens sécularistes envers le CPR et Ettakatol : si des élections législatives avaient eu lieu à ce moment-là, les sondages d'opinion ne donnaient à ces deux partis, respectivement, que 3,5 % et 2,9 % des voix[2]. Dans ce contexte, des manifestations massives ont secoué Tunis. Après la mort de Belaid, des dizaines de milliers de manifestants ont défilé dans tout le pays, réclamant le départ du Premier ministre Jabari, membre d'Ennahda. Certains ont même appelé à la dissolution d'Ennahda et son expulsion de Tunisie.

1. Nicole Rowsell, « Tunisia : Foundations of Democratic Compromise », *Adelphi Series* 55, 2015, p. 29-30.

2. « À la une : "Politique : seul contre tous ?" », *Réalités*, 13 février 2013.

L'éruption a été longue et violente : alors que les tribunaux et les écoles étaient fermés dans de nombreuses localités en raison des troubles, des locaux d'Ennahda ont été incendiés et, ici et là, la foule appelait au renversement du gouvernement de la troïka[1].

En réponse, des milliers de partisans islamistes ont organisé des contre-manifestations pour soutenir leur mouvement et le gouvernement. La crise s'est aggravée lorsque, quelques jours après l'assassinat, le président Marzouki a annoncé que son parti, le CPR, quittait le gouvernement de la troïka. Bien que le CPR soit finalement resté au sein de la coalition, cette menace traduisait un climat d'extrême tension. Une semaine plus tard, Jabali a démissionné et Ennahda a chargé une autre personnalité de haut rang, Ali Larayedh, qui avait précédemment occupé le poste de ministre de l'Intérieur, de former un nouveau gouvernement.

Malgré tout, la situation a continué à s'aggraver, l'animosité entre islamistes et sécularistes se manifestant quotidiennement sur la place publique. Ce climat de confrontation a également gagné l'Assemblée constituante, paralysant sa mission première de rédiger la nouvelle Constitution, tâche qui devait initialement s'achever à la fin de l'année 2012. L'ANC a examiné le troisième puis le quatrième projet de Constitution à ratifier seulement en avril et juin 2013 (les projets précédents avaient été présentés

1. « Ghadhab 'aarim fil-jihat wa haraq li-ba'dh maqarrat al-nahda » [Colère intense dans les régions et incendie de certains sièges d'Ennahda], *Essahafa*, 7 février 2013.

en août et décembre 2012[1]). Chaque projet faisait l'objet de divergences reflétant de profondes divisions, et aucun n'a pu être adopté. Cette immobilisation de l'Assemblée, incapable de légiférer, a alimenté les sentiments déjà très hostiles au gouvernement et, surtout, anti-islamistes. De janvier à l'été 2013, Tunis a ainsi vécu des cycles de protestations. Les groupes et militants sécularistes ont fréquemment manifesté pour réclamer la dissolution de l'Assemblée, et contre l'islamisme en général, déclenchant chaque fois une contre-mobilisation des partisans islamistes pour soutenir ce qui restait du gouvernement et de la direction d'Ennahda. Les manifestations anti-islamistes étaient généralement plus importantes, ce qui a conduit de nombreux analystes à conclure qu'Ennahda « commençait à perdre la compétition dans la rue[2] ». On notera que la richesse et la diversité de la société civile tunisienne ont permis de maintenir ce fort degré de mobilisation et de participation publique. Et que les groupes militant pour les droits des femmes et pour une justice transitionnelle ont été particulièrement actifs[3].

Il est aussi important de relever qu'au cours de cette période, les acteurs politiques n'étaient ni monolithiques ni immobiles. Après ses compromis sur les questions

---

1. M. Böckenförde, *op. cit.*, p. 921-22.

2. Amel Boubekeur, *The Politics of Protest in Tunisia. Instrument in Parties' Competition vs. Tool for Participation*, Berlin, Stiftung Wissenschaft und Politik, 2015, p. 4.

3. Anna Antonakis-Nashif, « Contested Transformation : Mobilized Publics in Tunisia between Compliance and Protest », *Mediterranean Politics* 21, 1, 2016, p. 133-143.

religieuses et symboliques au cours de l'année 2012, Ennahda a perdu des membres, en particulier ceux issus des régions pauvres et marginalisées de l'intérieur du pays. Certains de ces transfuges ont formé de nouveaux groupes ou ont rejoint les salafistes. De même, le CPR et Ettakatol ont perdu des partisans, qui ont souvent rejoint Nidaa Tounes de Beji Caid Essebsi, apprécié pour sa plus grande intransigeance envers Ennahda. Ces acteurs sécularistes n'étaient pas interchangeables : les programmes politiques du CPR, d'Ettakatol et de Nidaa Tounes s'ancraient dans des traditions idéologiques différentes, et chacun s'adressait à un segment différent des classes économiques et politiques. Nidaa Tounes était le plus étroitement associé à ce qui restait de l'ancien régime, notamment parce que nombre de ses représentants politiques avaient travaillé au gouvernement sous Ben Ali[1]. Mais Nidaa était également considéré comme l'avant-garde des opposants sécularistes à Ennahda. À ce titre, il est révélateur qu'Essebsi ait rompu toute communication avec Rachid Ghannouchi après l'assassinat de Belaid, le 6 février 2013, et que les deux hommes ne se soient plus rencontrés avant la conférence « Bâtir des ponts : vers des démocraties viables en Tunisie, en Égypte et en Libye », organisée à Tunis les 28 et 29 mars 2013[2].

Le système s'est enfoncé dans la tourmente à partir du mois de juillet 2013, lorsqu'un salafiste a assassiné

---

1. Raphaël Lefèvre, « Tunisia : A Fragile Political Transition », *Journal of North African Studies* 20, 2, 2015, p. 308-309.

2. K. L. Netterstrøm, *op. cit.*

un autre homme politique de gauche et anti-islamiste, le député de l'ANC Mohamed Brahmi. À ce stade, le conflit politico-religieux s'est cristallisé autour de deux foyers. De nombreux Tunisiens, emmenés par Nidaa Tounes, ont constitué un mouvement informel – le Front du salut – qui appelait à la chute du gouvernement dirigé par Ennahda. Les partisans du CPR, d'Ettakatol et d'autres groupes ont plus spécifiquement ciblé Ennahda en tant qu'entité islamiste, estimant que son idéologie, voire ses membres, avaient une responsabilité dans les assassinats de Belaid et de Brahmi[1]. Une nouvelle vague de manifestations a éclaté, parallèlement à une grève générale, ce qui a paralysé la vie politique. Un sit-in de masse au Bardo, où se trouve l'Assemblée constituante, a attiré plus de 100 000 manifestants, qui scandaient des slogans tels que « *Rahil !* » (Départ !). Plus de 60 députés ont alors quitté l'hémicycle en signe de solidarité[2].

À cette étape, Nidaa Tounes, qui n'était pas encore représenté à l'Assemblée constituante ou au gouvernement puisque sa formation était postérieure aux élections d'octobre 2011, était le véhicule du plus fort discours anti-islamiste. Au cours du mois d'août, des représentants de Nidaa Tounes ont contacté l'armée pour s'enquérir de la possibilité d'un coup d'État de type égyptien qui, à l'instar de ce qui s'était produit un mois plus tôt au Caire contre le gouvernement Morsi, éjecterait Ennahda et

1. M. Bidhyafi, *op. cit.*, p. 106-108.

2. Sami Zemni, « From Revolution to Tunisianité : Who Is the Tunisian People ? », *Middle East Law and Governance* 8, 2016, p. 131-150, ici p. 141.

mettrait en place un gouvernement non islamiste[1]. Des responsables d'Ettakatol ont plus tard rapporté que de nombreux membres de l'élite économique proches de leur parti étaient ouvertement favorables à l'idée d'une telle intervention[2]. Le coup d'État contre Morsi ayant particulièrement marqué les esprits, nombre de Tunisiens ont alors lancé des appels concurrents aux forces armées. Ainsi, à la mi-juillet, dans les semaines suivant la chute de Morsi, les partisans d'Ennahda ont afflué dans le centre de Tunis pour exprimer leur soutien aux Frères musulmans égyptiens tout en mettant en garde l'armée afin qu'elle n'interfère pas dans la politique d'un gouvernement démocratiquement élu[3]. En réponse, de nombreux manifestants anti-islamistes affiliés au Front du salut, s'ils n'ont pas ouvertement appelé à un coup d'État, ont imploré l'armée et la police de protéger leurs droits et de rétablir l'ordre en l'absence d'un gouvernement fonctionnel[4].

Ces menaces à peine voilées ont été prises au sérieux par le gouvernement. Le président Marzouki raconte qu'il s'était personnellement inquiété d'un risque d'intrusion de

---

1. Sharan Grewal, « A Quiet Revolution : The Tunisian Military after Ben Ali », *Regional Insight of Carnegie Endowment for International Peace*, 24 février 2016.

2. Entretien téléphonique de l'auteur avec Khayam Turki, ancien chef adjoint d'Ettakatol, le 4 février 2018.

3. « Tahdhir al-jaysh min tikraar ma hadatha fi misr » [Mettre en garde l'armée contre la répétition de ce qui s'est passé en Égypte], *Essahafa*, 13 juillet 2013.

4. « Une réunion en vue de la formation d'une instance de salut national », *La Presse*, 29 juillet 2013.

l'armée plusieurs mois auparavant, avant même l'assassinat de Brahmi en juillet 2013, et qu'il avait réagi en prenant diverses mesures de protection contre un éventuel coup d'État[1]. Le général Rachid Ammar, un personnage légendaire depuis la révolution, avait démissionné en juin 2013 de son poste de chef d'état-major des armées. Marzouki craignait qu'Ammar ne revienne à la politique comme une figure « gaulliste » et avait donc rapidement pris des mesures pour placer aux postes militaires clés des officiers connus pour être « non idéologiques », allant même jusqu'à rappeler au pays les attachés militaires en poste en Libye et en Égypte[2].

Mais alors que le gouvernement était paralysé, un groupe d'associations de la société civile qui allait bientôt se faire connaître comme le Quartet du dialogue national a jeté les bases d'une intervention pacifique pour arbitrer les désaccords colossaux opposant Ennahda, le CPR, Ettakatol et Nidaa Tounes[3]. Ces associations – l'UGTT, la LTDH, l'UTICA et l'Association des avocats – ont servi de médiateurs pour rouvrir le dialogue et empêcher un éclatement du gouvernement. Par exemple, l'UGTT a facilité une série de réunions à huis clos entre Rachid Ghannouchi et Beji Caid Essebsi à Paris, à la fin du mois

1. Entretien téléphonique de l'auteur avec Moncef Marzouki, ancien président de la Tunisie, le 9 février 2018.

2. *Ibid.*

3. Maryam ben Salem, « The National Dialogue, Collusive Transactions, and Government Legitimacy in Tunisia », *The International Spectator* 51, 1, 2016, p. 99-112, ici p. 101-102.

d'août 2013[1]. Grâce à ces efforts, le Quartet a pu établir une feuille de route pour trouver une nouvelle formule de gouvernement et adopter la Constitution, un objectif partagé par tous les acteurs politiques.

Les mois de l'automne 2013 ont été ponctués de manifestations et d'une aggravation de la violence découlant de blocages politiques ou exprimant la frustration sociale ou celle de militants de camps adverses. L'intervention policière contre ces marches et sit-in, ainsi que l'hostilité mutuelle des mouvements protestataires, ont souvent entraîné des affrontements dont certains se sont soldés par des morts. Néanmoins, sous l'égide du Quartet, Ennahda et ses partenaires au pouvoir ont fait des compromis sans précédent, qui allaient non seulement préserver la transition démocratique mais, aussi, leur propre survie politique. L'essentiel à retenir est que, en dépit des souhaits de Nidaa Tounes et d'autres voix anti-islamistes, Ennahda ne pouvait pas être interdit ni même démantelé compte tenu de son succès électoral, mais Ennahda devait transiger.

Et c'est ce qui s'est passé. Pour commencer, à la fin août 2013, le mouvement a rompu ses liens avec le salafisme, le gouvernement dirigé par le Premier ministre d'Ennahda, Ali Larayedh, classant officiellement Ansar al-Shari'ā comme une organisation terroriste. Bien que sans liens formels avec les groupes salafistes, Ennahda ne

---

1. Ces rencontres ont été bien documentées. Cf., par exemple, « Que se sont dit Rachid Ghannouchi et Béji Caïd Essebsi à Paris ? », *Jeune Afrique*, 20 août 2013.

pouvait plus se permettre de maintenir une attitude ou une stratégie complaisante. L'activisme salafiste, qui s'était rapidement développé après la révolution du Jasmin, avait renforcé l'islamisation des secteurs les plus marginalisés de la société tunisienne, notamment les régions du *dakhil*, l'arrière-pays. Sans formellement approuver le salafisme ni appeler clairement à l'interdiction des groupes importants comme Ansar al-Shari'ā, Ennahda pensait pouvoir récolter les bénéfices de cette islamisation et gagner indirectement plus de soutien. En déclarant Ansar al-Shari'ā organisation terroriste au plus fort de l'agitation politique, Ennahda a mis fin à cette tactique[1]. Ansar al-Shari'ā étant doréanvant explicitement accusé des assassinats de Belaid et de Brahmi, l'armée tunisienne a lancé une campagne d'éradication de l'organisation.

Puis, en octobre, Ennahda a accepté de quitter le gouvernement. Larayedh a démissionné – une décision présentée publiquement comme une « recherche de consensus », mais qui traduisait un compromis bien plus profond[2]. Un nouveau gouvernement intérimaire dirigé par Mehdi Jomaa, une personnalité indépendante au profil de technocrate, a pris ses fonctions quelques mois plus tard, après plusieurs séries de navettes diplomatiques et de pourparlers entre toutes les parties, organisées par le Quartet. Cet accord n'excluait pas une future participation d'Ennahda et ne lui imposait aucune contrainte concernant

1. Francesco Cavatorta, *op. cit.*, p. 770-783, ici p. 780.
2. N. Rowsell, *op. cit.*, p. 31.

ses choix politiques ou sa stratégie électorale. La concession d'Ennahda consistait à quitter le gouvernement à ce moment-là, ce qui a mis fin à l'ère de la troïka, la direction nationale intérimaire devant organiser des élections avant la fin de l'année 2014. Les autres membres de l'ex-troïka ont apprécié cette concession. Même les responsables d'Ettakatol qui, avec un certain cynisme, avaient douté des motivations d'Ennahda lors des concessions religieuses faites en 2012 ont alors admis que quitter le pouvoir en janvier 2014 était un sacrifice extraordinaire, puisqu'il s'agissait rien moins que de renoncer à une source de légitimité dont aucun autre parti ne pouvait se prévaloir, à savoir une victoire électorale dans le précédent scrutin[1].

Ensuite, alors que l'ANC reprenait ses réunions et que les débats sur la nouvelle Constitution gagnaient en ampleur, Ennahda a abandonné deux exigences institutionnelles clés qui avaient mis ses dirigeants en porte-à-faux avec Nidaa Tounes et certains de ses alliés. D'abord, le parti islamiste a accepté un cadre constitutionnel mixte, parlementaire et présidentiel, alors qu'il avait auparavant fermement soutenu le choix d'un régime purement parlementaire[2]. Ennahda croyait en effet qu'un système parlementaire fondé sur la représentation proportionnelle

---

1. Entretien téléphonique de l'auteur avec Mustapha ben Ja'far, ancien président de l'Assemblée nationale constituante tunisienne, le 5 février 2018

2. De nombreux membres d'Ennahda savaient que leur groupe détenait un avantage organisationnel et populaire évident sur tout autre parti dans l'environnement postrévolutionnaire. Par exemple, si les élections de l'ANC d'octobre 2011 avaient été organisées selon les règles britanniques du scrutin majoritaire à un tour dans des circonscriptions uninominales, Ennahda aurait

l'aurait favorisé, compte tenu de l'importance de sa base militante à l'échelle nationale et de sa capacité de mobilisation. L'hypothèse n'était pas qu'Ennahda obtiendrait systématiquement la majorité mais, plutôt, que le parti serait toujours représenté d'une manière ou d'une autre et qu'il resterait ainsi un élément indéboulonnable du paysage politique – l'opposé de son expérience sous Ben Ali[1]. En revanche, Nidaa Tounes, le CPR et Ettakatol penchaient lourdement en faveur d'un système présidentiel plus pur encore que le modèle français, qui confère déjà au président des pouvoirs discrétionnaires étendus éclipsant le Parlement. Ils partaient du principe qu'un islamiste ne pourrait jamais devenir une figure nationale populaire et, donc, président. Le système mixte sur lequel toutes les parties se sont finalement mises d'accord était le seul arrangement qui, de l'avis de chacune, ne favorisait pas injustement l'un ou l'autre.

Par ailleurs, Ennahda a accepté de permettre aux anciens membres du RCD de revenir dans l'arène politique en renonçant à une requête faite lors des élections d'octobre 2011 : que toute affiliation à l'ancien parti au pouvoir soit synonyme de disqualification pour se présenter à des fonctions publiques. Ce compromis allait être incorporé plus tard non pas dans la Constitution mais

---

remporté près de 90 % des sièges. Alfred Stepan, « Tunisia's Transition and the Twin Tolerations », *Journal of Democracy* 23, 2, 2012, p. 89-103, ici p. 93.

1. Monica Marks, « Convince, Coerce, or Compromise ? Ennahda's Approach to Tunisia's Constitution », *Brookings Doha Center Analysis Paper* 10, 2014, p. 26-28.

dans les nouvelles lois électorales, l'Assemblée bloquée ne pouvant pas envisager un cadre électoral avant de ratifier la nouvelle Constitution. Si, bien entendu, Nidaa Tounes appelait de ses vœux ce compromis, le CPR n'était pas d'accord. Mais Ennahda a compris qu'il lui fallait faire cette concession, surtout parce que les affiliés au RCD représentaient un énorme segment de l'ancienne élite politique ainsi que des groupes professionnels de la société tunisienne[1]. Les dirigeants d'Ennahda ont reconnu qu'il lui serait difficile de fonctionner – même en tant que parti majoritaire au sein du gouvernement – si une partie de la population aussi importante était fondamentalement opposée à la participation islamiste parce que sa propre participation était interdite par la loi en raison de ses affiliations passées. Ainsi, en août 2013, alors que la crise atteignait son paroxysme, Rachid Ghannouchi a laissé entendre dans diverses déclarations qu'il céderait sur cette question depuis longtemps en suspens. En définitive, ce n'est qu'à la fin de l'année qu'Ennahda a formellement accepté le marché.

Les compromis d'Ennahda, qui sont restés la force motrice du *pacting* durant cette phase initiale, ont relancé le processus de démocratisation en permettant la ratification de la Constitution. Celle-ci a été adoptée en janvier 2014 par l'ANC avec un soutien quasi unanime (bien au-delà du seuil requis des deux tiers des voix).

1. Nadia Marzouki, « Tunisia's Rotten Compromise », *Middle East Research and Information Project Online*, 10 juillet 2015.

Cette Constitution entérinait tous les compromis consentis par Ennahda depuis 2012, qu'ils portent sur des questions telles que le rôle de la *Sharīʿa*, la complémentarité des sexes et le blasphème, ou sur des questions plus politiques et institutionnelles comme l'adoption d'un système mixte présidentiel-parlementaire et l'inclusion d'anciens membres du RCD dans la vie politique.

5.5. La poursuite du *pacting* pendant la crise

Cette ratification constitutionnelle est souvent présentée comme le succès de l'intervention du Quartet, qui a valu à ces associations de la société civile le prix Nobel de la paix et des éloges dans le monde entier. Mais il ne faut pas négliger les conditions prévalant en Tunisie qui, conformément à la théorie du *pacting*, ont facilité la poursuite du processus à un moment où il risquait de dérailler. La parité de pouvoir, la polarisation idéologique et la diversité normative ont bel et bien persisté. Les cycles de manifestations et de contre-manifestations, et la paralysie politique qui s'en est suivie, ont montré qu'aucun des membres de la troïka, ni Ennahda ni ses partenaires, ne pouvait s'imposer comme seul vainqueur de la lutte entre élites politiques ou se prévaloir d'avoir l'avantage au niveau de la mobilisation de masse. La polarisation idéologique est ainsi demeurée omniprésente, nourrie de méfiance et d'hostilité mutuelles qui sont allées en s'aggravant, culminant avec la crise de l'été 2013. La diversité normative s'est également maintenue : Ennahda, le CPR et Ettakatol participaient tous à la gouvernance démocratique, mais chaque partie accusait l'autre de violer les normes démocratiques et de trahir l'esprit de la révolution. Aucun arbitre impartial n'était là pour désigner l'un ou l'autre camp comme le « véritable » porteur de la révolution du Jasmin ou comme la faction la plus ardemment prodémocratique. En somme, toutes les conditions que nous avons précédemment énoncées comme indispensables sur le plan théorique étaient réunies en Tunisie.

Au-delà, cependant, se pose la question cruciale de la continuité à travers la crise : pourquoi les acteurs politiques, en particulier Ennahda, ont-ils choisi de faire les compromis nécessaires pour sortir de l'impasse et redonner de l'élan à la transition démocratique après l'été 2013 ? Il est essentiel de relever à cet égard que de nombreux observateurs sont restés dubitatifs quant aux chances de réussite du *pacting*, même après les négociations constitutionnelles de 2012. Par exemple, une analyse occidentale a accusé Ennahda de recourir à « des tactiques dilatoires afin de créer les conditions d'une prise de pouvoir définitive à la fin du processus de transition[1] ». Compte tenu de la persistance de ce climat de méfiance, l'explication doit s'appuyer sur les raisons initiales pour lesquelles Ennahda s'est engagé dans le processus de pacte mais en allant plus loin, c'est-à-dire en y ajoutant des arguments liés aux nouvelles dynamiques organisationnelles et à l'« habituation ».

---

1. Eric Gobe et Larbi Chouikha, « Is the Tunisian Political Transition in Danger ? », *IEMed Yearbook 2013*, Barcelone, IEMed, 2013, p. 179.

Pour commencer, la vieille peur que le maximalisme politique et le refus de tout compromis ne conduisent à un conflit ouvert, voire à la guerre civile, a fortement augmenté chez toutes les parties en présence, Ennahda et Nidaa Tounes inclus. À l'automne 2013, cette crainte s'est encore affermie en se focalisant désormais sur deux types de violence possibles : le modèle égyptien, où les islamistes étaient devenus l'ennemi de l'État, et le modèle algérien, où les islamistes étaient considérés comme l'ennemi de la nation. Le modèle égyptien faisait référence à ce qui s'était passé en juillet 2013, lorsque l'armée avait lancé un coup d'État de type « salvateur » contre un gouvernement dirigé par des islamistes élus, à la fois pour décapiter le leadership islamiste et pour interdire purement et simplement l'organisation des Frères musulmans tout entière, bref : pour rayer la Confrérie de la scène politique. Cette rupture à l'égyptienne a eu de fortes résonances non seulement en raison de sa rapidité, mais aussi parce que Ennahda a pu observer que l'armée égyptienne ne subissait aucune conséquence directe – telles des sanctions occidentales – pour avoir déposé les Frères musulmans. Et les islamistes égyptiens, réprimés pendant et après le coup d'État, n'ont bénéficié d'aucun soutien international.

Toutefois, le modèle égyptien n'a pas suscité autant de craintes que l'on aurait pu imaginer, malgré la rapidité du coup d'État de juillet 2013 et les appels de Nidaa Tounes à une solution militaire similaire en Tunisie le mois suivant. L'armée tunisienne ne représentait pas une menace crédible, compte tenu de sa marginalisation institutionnelle dans le passé, de sa distance historique par rapport à la politique nationale et de ses carences opérationnelles qui commençaient seulement à être corrigées grâce à un financement plus important sous les gouvernements de l'après-Printemps arabe. Ben Ali avait purgé l'armée au cours des années 1990 parce qu'il doutait de sa loyauté, et il l'avait aussi privée de ressources financières et matérielles, accordant plutôt celles-ci aux agences civiles de police et de renseignement chargées de protéger son règne. Comme l'a fait remarquer un observateur, l'armée, sous Ben Ali, n'avait tout simplement aucun poids institutionnel[1]. Le gouvernement postrévolutionnaire de Marzouki a commencé à revenir sur cette marginalisation qui avait perduré pendant des décennies. Le général Rachid Ammar a ainsi fréquemment assisté à des réunions ministérielles et pris le commandement des forces de sécurité du ministère de l'Intérieur. L'ascension politique d'Ammar est le reflet de l'augmentation des budgets et de l'attention accordée aux forces armées après 2011, ainsi que de l'amélioration de leur statut. Contrairement à ce qui s'est passé dans beaucoup d'autres États arabes, en Tunisie, la démocratisation a bénéficié aux forces armées[2].

Pour cette raison, Ennahda et Nidaa Tounes ont davantage redouté le scénario algérien d'une guerre civile et

1. Risa Brooks, « Abandoned at the Palace : Why the Tunisian Military Defected from the Ben 'Ali Regime in janvier 2011 », *Journal of Strategic Studies* 36, 2, 2013, p. 205-220, ici p. 219.

2. A. Jamal et A. Kensicki, *op. cit.*, p. 214.

d'une violence sans bornes qui naîtraient si ni les islamistes ni les forces sécularistes ne cédaient du terrain. Un sentiment que partageaient certains des anciens partenaires d'Ennahda au sein de la troïka. Alors que des membres du CPR et d'Ettakatol craignaient un scénario à l'égyptienne, d'autres épousaient implicitement les craintes d'Ennahda : toute rupture dans la gouvernance civile aurait entraîné une « guerre civile » plutôt qu'une cassure militaire nette, parce qu'elle aurait révélé les fractures et les tensions au sein des forces sécularistes[1]. Ces hypothèses semblent fondées. Contrairement à l'Égypte, la Tunisie n'avait jamais connu de coup d'État ; ses militaires n'avaient pas l'habitude d'intervenir dans la vie politique et de prendre directement le pouvoir. En revanche, la longue guerre civile algérienne opposant les islamistes aux militaires avait laissé une empreinte psychologique profonde sur la Tunisie voisine, avec laquelle l'Algérie partageait l'héritage colonial français et bien des traits culturels.

Qui plus est, Ennahda avait continué à évoluer, à la fois comme mouvement social et comme parti politique de gouvernement. Le mouvement était devenu bien plus sensible aux préférences populaires de la société tunisienne, tout en prenant conscience des enjeux internationaux liés à la poursuite de la transition tunisienne sur la bonne voie. À l'été 2013, il était devenu évident que, au-delà

---

1. Entretien téléphonique de l'auteur avec Khayam Turki, ancien chef adjoint d'Ettakatol, le 4 février 2018.

des plus fervents partisans de Nidaa Tounes, de nombreux citoyens percevaient la forte détérioration de la situation sur le plan de la sécurité intérieure. Plus inquiétant encore, Rachid Ghannouchi et d'autres dirigeants avaient compris que la rhétorique anti-islamiste propagée par nombre d'acteurs sécularistes devenait vraiment extrême, avec des appels à l'interdiction pure et simple de l'organisation qui leur rappelaient, une fois encore, l'ère Ben Ali[1].

Si Ennahda pouvait accepter que ses opposants déclarés se livrent à une telle rhétorique, il était en revanche imprudent de laisser ce point de vue radical se répandre au sein de l'électorat tout entier. Le parti islamiste n'avait jamais cherché à « l'emporter sans appel » sur ses rivaux sécularistes, et il ne pouvait pas se permettre de perdre le public tunisien. Sa victoire électorale d'octobre 2011 ne tenait pas au fait d'avoir réussi à convertir à l'islamisme un grand nombre de Tunisiens, il la devait plutôt au fait d'avoir séduit suffisamment de non-islamistes pour devenir un parti politique fort et crédible. Le calcul effectué était alors qu'en se maintenant au gouvernement, Ennahda affaiblirait gravement sa position étant donné l'intensification de la crise et de la paralysie à laquelle le parti serait associé. Comme

1. 35 % des Tunisiens soutenaient l'idée d'un régime militaire pendant cette période. Ces données sont tirées de la sixième enquête de la World Values Survey (Enquête mondiale sur les valeurs), qui a mesuré les attitudes du public tunisien sur une série de questions au cours de la période de 2013 qui coïncidait avec ces événements. Cf. *World Values Survey Wave 6 (2010-2014)*, Stockholm, World Values Survey Association, 2018.

Ghannouchi l'a expliqué plus tard dans une interview de janvier 2014, quitter le gouvernement était dans l'intérêt d'Ennahda, car cela devait permettre au parti de recalibrer sa stratégie pour les prochaines élections législatives sans avoir à gérer un gouvernement défaillant[1]. Ghannouchi a aussi fait remarquer que les valeurs de consensus et de compromis étaient non seulement *compatibles* avec le programme d'Ennahda, mais avaient été *réellement adoptées* par son parti, et que sa sortie du gouvernement était là pour le prouver[2].

En outre, Ennahda a reconnu que la religion n'était pas le seul facteur à l'origine de son lourd contentieux avec les opposants sécularistes, que ce différend correspondait aussi à une fracture plus importante au sein de la société tunisienne, antérieure à la crise. Le clivage entre le *sahel* et le *dakhil*, décrit plus haut, a en effet fortement pesé sur la nature des affrontements politiques. Les dirigeants d'Ennahda ont compris que ce clivage « élite contre exclus » reflétait des divisions géographiques et économiques ancrées de longue date, notamment parce qu'une grande partie des membres ayant rejoint le parti après la révolution (ainsi que la mobilisation salafiste) étaient issus de cette dernière catégorie[3]. En effet, ce n'est

---

1. « Al-Ghannoushi : sahih an khuruj al-nahda min al-hukm afdhal hadiyyah lil-nahda » [Ghannouchi : Il est vrai que quitter le gouvernement est le meilleur cadeau pour Ennahda], *Assabah*, 31 janvier 2014.

2. *Ibid.*

3. Fabio Merone, « Enduring Class Struggle in Tunisia : The Fight for Identity beyond Political Islam », *British Journal of Middle Eastern Studies* 42, 1, 2015, p. 81-84.

pas une coïncidence si une grande partie des nouveaux soutiens d'Ennahda après son retour sur la scène politique était venue du Sud, où l'on trouvait la plus forte concentration de pauvreté du pays, et qui avait déjà été le théâtre de manifestations à petite échelle contre le régime Ben Ali au cours des années précédentes[1]. Mais Ennahda a aussi compris qu'un tel clivage risquait de lui aliéner de nombreux Tunisiens, pour qui le mouvement islamiste était devenu le représentant de cette communauté « non côtière ». En faisant des concessions pragmatiques, et en réduisant ainsi l'importance de cette division, Ennahda a évité que son programme politique soit associé à des facteurs qui n'avaient pas grand-chose à voir avec lui, et a mis au jour les origines bien plus profondes des tensions.

Enfin, Ennahda ne voulait pas paraître intransigeant aux yeux des États-Unis et de l'Union européenne, qui observaient attentivement la transition tunisienne et fournissaient de l'aide. Le contexte géopolitique avait pris une importance vitale dans les calculs des dirigeants du parti. À l'automne 2013, le Printemps arabe s'est achevé en laissant dans son sillage des conflits et des préoccupations sécuritaires qui figuraient parmi les priorités de l'Occident. La guerre civile syrienne s'était considérablement aggravée et la formation de l'État islamique en Irak et au Levant (EIIL) en avril 2013 a marqué la phase

---

1. Habib Ayeb, « Social and Political Geography of the Tunisian Revolution : The Alfa Grass Revolution », *Review of African Political Economy* 38, 2011, p. 467-479, ici p. 471-473.

de violence la plus extrême jamais connue. La Libye et le Yémen étaient restés des États fragmentés et faillis. L'insécurité et la violence djihadiste en Tunisie ont alors fait craindre à l'Occident que l'instabilité ne s'étende au Maghreb et ravage des alliés géopolitiques comme le Maroc et l'Algérie. La réforme du secteur de la sécurité est devenue une priorité majeure pour les bailleurs de fonds occidentaux, qui souhaitaient transformer l'appareil coercitif du régime Ben Ali en un service de police ayant des comptes à rendre aux instances publiques[1]. Que la transition politique tunisienne, bien que fragile, reste sur la bonne voie et demeure non violente revêtait dès lors une importance stratégique. De fait, symboliquement, les puissances occidentales en sont venues à considérer la transition tunisienne comme une réussite du Printemps arabe[2]. L'enjeu n'était donc pas seulement les relations diplomatiques, mais aussi la poursuite de l'assistance économique et militaire tant par des canaux bilatéraux (États-Unis et UE) que par les institutions multilatérales (FMI, Banque mondiale).

Un autre facteur à ne pas négliger est le rôle modérateur de certains membres de la classe dirigeante, à commencer par Rachid Ghannouchi, qui n'était pas

---

1. Moncef Kartas, « Foreign Aid and Security Sector Reform in Tunisia : Resistance and Autonomy of the Security Forces », *Mediterranean Politics* 19, 3, 2014, p. 376-377.

2. En effet, la Tunisie a souvent été considérée par les décideurs politiques comme la seule réussite du Printemps arabe. Cf. Frances Burwell, Amy Hawthorne, Karim Mezran et Elissa Miller, *A Transatlantic Strategy for a Democratic Tunisia*, Washington D.C., Atlantic Council, 2016, p. 10-16.

seulement la figure de proue d'Ennahda, mais aussi son leader incontesté. Alors qu'il était basé en Angleterre, Ghannouchi avait dû déployer des efforts bien plus grands encore pour préserver l'unité de la direction d'Ennahda et pour modérer les opinions les plus radicales au sein de la communauté islamiste en exil, dont des voix qui réclamaient une confrontation directe avec le régime de Ben Ali[1]. Stratège politique, Ghannouchi avait préconisé une approche graduelle dans l'espoir de faciliter le retour des islamistes en Tunisie, une campagne profondément influencée par son engagement avec les intellectuels musulmans et la nécessité de trouver un terrain d'entente entre les idéaux islamistes et la vie démocratique. Il semble indiscutable que l'expérience politique acquise par Ghannouchi à l'étranger ait contribué à nourrir sa volonté de négocier. Ajoutée à son autorité morale, cela a aidé à surmonter les résistances ultérieures au niveau des échelons supérieurs du mouvement islamiste.

Un argument similaire peut être avancé pour le président Marzouki. Avocat des droits de l'homme et dissident persécuté, Marzouki avait bien compris la nécessité d'une participation pleine et entière pour légitimer un nouveau processus démocratique. Il ne s'est pas mêlé publiquement aux querelles de la troïka, ayant intériorisé que le premier président postautoritaire devait

---

1. Anne Wolf, *Political Islam in Tunisia : The History of Ennahda*, Oxford, Oxford University Press, 2017, p. 92-98.

jouer un rôle de conciliateur, de recours. En somme, en faisant très peu, Marzouki a fait beaucoup pour faciliter les relations entre les partenaires de la troïka, pour leur trouver des sujets d'entente et les aider à surmonter leurs incompréhensions.

5.6. Le rééquilibrage et la suite du *pacting* : 2014-2015

Les événements de 2013 en ont fait l'année la plus dangereuse pour la transition politique tunisienne après la révolution du Jasmin. Toutefois, la poursuite du processus de négociation a permis de préserver l'élan nécessaire à la réussite du *pacting*. Si le Quartet a fourni une base pour un compromis, il n'a cependant forcé aucun acteur politique à s'asseoir à la table des négociations. Ce sont eux qui ont fait ce choix. Les concessions faites sur plusieurs questions, en particulier par Ennahda, ont contribué à débloquer l'impasse gouvernementale et à accélérer la ratification de la Constitution. La démocratie tunisienne n'était en aucun cas garantie, mais la volonté de compromis – toujours présente en fin d'année – a permis aux acteurs politiques d'éviter la rupture.

Les islamistes et les sécularistes se sont montrés plus disposés à respecter les règles du jeu démocratique en renouvelant leur engagement en faveur d'une contestation politique respectueuse des règles. Cette volonté de faire avancer la démocratie s'est manifestée lors des événements de 2014 et 2015, qui ont fait progresser la transition tunisienne et ont révélé une préférence collective pour la négociation au détriment d'un risque de rupture potentiellement violente. Les incertitudes caractéristiques des années postrévolutionnaires ont commencé à céder la place à une continuité institutionnelle et à des routines prévisibles.

Ce qui a émergé pourrait être appelé la « deuxième étape », ou « deuxième phase », du processus de pacte – comme représentée dans la figure 3 – pendant laquelle les islamistes sont restés dans l'arène politique mais se sont retrouvés face à une nouvelle force séculière, celle-ci ayant réintégré des vestiges des anciens régimes autoritaires. Cette période politique, après celle de la troïka postrévolutionnaire, a été déterminante. Elle a en effet permis à des partisans ou sympathisants des régimes autoritaires de Bourguiba et de Ben Ali de revenir sur le devant de la scène. Ainsi, si la logique du pacte est restée la même – les islamistes et les non-islamistes ont lutté pour trouver un compromis dans un contexte de tensions et d'incertitudes –, son caractère a changé. Les opposants à Ennahda n'étaient plus uniquement issus de l'opposition postrévolutionnaire, mais comptaient désormais parmi eux des survivants du passé autocratique qui partageaient avec d'autres opposants sécularistes de profonds soupçons quant aux intentions et aspirations de l'islamisme tunisien. Nidaa Tounes n'était certainement pas *uniquement* un véhicule pour les anciens du régime ; comme l'analyse précédente l'a illustré, il englobait une grande variété de Tunisiens déçus par les partis sécularistes existants, y compris un certain nombre de bureaucrates et d'experts.

C'est pourquoi les prises de décisions et les compromis qui ont eu lieu après 2013 diffèrent de ceux qui les ont précédés.

La ratification de la Constitution – 146 articles – à la fin janvier 2014 a marqué l'aboutissement du processus de pacte engagé jusqu'alors et donné naissance au gouvernement de compromis convenu entre Ennahda et les forces sécularistes dans le cadre de la médiation du Quartet. Le Premier ministre intérimaire Mehdi Jomaa a pris la tête d'un cabinet majoritairement technocratique, donc non partisan. L'Assemblée constituante a également renouvelé le mandat de l'Instance supérieure indépendante pour les élections (ISIE), constituée un an plus tôt pour fixer le cadre juridique des futures élections et pour en assurer la transparence et l'équité[1]. Une fois la Constitution adoptée, cette commission a rédigé le projet d'un nouveau cadre électoral. Ses efforts ont abouti à une loi régissant les élections parlementaires et présidentielles qui a été ratifiée par l'Assemblée en mai 2014. Le rejet mentionné plus haut d'une mesure visant à exclure des élections les anciens membres du RCD et affiliés au régime de Ben Ali a joué un rôle essentiel dans l'adoption de cette loi. Ennahda, discipliné, a soutenu l'autorisation du retour des anciens du RCD, un engagement pris par le parti islamiste dans des négociations ayant eu lieu à la fin 2013, ce

1. Larbi Chouikha, « L'Instance supérieure indépendante pour les élections et le processus électoral tunisien : un témoignage de l'intérieur », *Confluences Méditerranée* 82, 2012/3, p. 171-185.

qui a permis de surmonter les objections du CPR et d'autres groupes. Cette concession a suscité la colère de nombreux membres de la base d'Ennahda et a conduit certains d'entre eux à quitter le parti et le mouvement ; néanmoins, ses dirigeants ont tenu bon.

Les mois qui ont suivi la ratification de la Constitution ont également été marqués par d'autres événements attestant la continuité de la transition démocratique. Ainsi, la répression contre les salafistes radicaux, et en particulier contre Ansar al-Shari'ā, s'est poursuivie. En février, l'assassin présumé de Chokri Belaid a été tué lors d'un raid policier. En mars, le président Marzouki a levé l'état d'urgence imposé pendant la révolution du Jasmin, ce qui a symbolisé le retour – au moins en termes juridiques – d'une certaine normalité. Si la violence s'est poursuivie sporadiquement en marge de la vie politique, notamment lors d'opérations militaires contre les salafistes radicaux, la fréquence et l'intensité des manifestations populaires, visant soit le gouvernement soit des groupes spécifiques, ont diminué.

Ces engagements de plus en plus forts en faveur du respect des procédures démocratiques ont abouti, à la fin de l'année, à la réussite des élections parlementaires et présidentielles. Les élections législatives d'octobre 2014 ont mis fin au mandat de l'Assemblée nationale constituante et ont donné naissance à une nouvelle législature permanente, l'Assemblée des représentants du peuple (ARP). Alors que toutes les forces politiques avaient mené une campagne vigoureuse, le résultat de ces élections a été aussi surprenant que celui des élections d'octobre 2011[1]. Nidaa Tounes a remporté le plus grand nombre de sièges (86 sur 217), tandis qu'Ennahda est arrivé en seconde position avec 69 sièges. Avec ce succès, Nidaa Tounes a spectaculairement dépassé les anciens membres de la troïka, le CPR et Ettakatol, dont la popularité s'était effondrée. Alors que le CPR détenait 29 sièges à l'Assemblée constituante, il n'en a remporté que quatre, pendant qu'Ettakatol passait de 20 sièges à un seul. Un mois plus tard, des élections présidentielles ont été organisées. Il s'agissait des premières élections présidentielles concurrentielles de l'histoire de la Tunisie. Une fois de plus, Nidaa Tounes est sorti vainqueur de cette compétition à deux tours, Essebsi battant Marzouki du CPR avec plus de 56 % des voix lors du second tour. Ennahda avait pour sa part renoncé à présenter son propre candidat et refusé de soutenir l'un des candidats en lice, dans le cadre d'un accord conclu entre sa direction et Nidaa Tounes[2].

Le président Essebsi a nommé Habib Essid, membre de Nidaa Tounes, au poste de Premier ministre. La formation d'un nouveau gouvernement est restée dans la ligne du processus de pacte en ce qu'elle était issue d'un accord entre Ennahda, désormais réduit au statut de parti d'opposition, et Nidaa Tounes, non seulement le parti le plus puissant, mais aussi celui dont les membres avaient

---

1. Muhammad Muddassir Quamar, « Tunisia : Presidential and Parliamentary Elections, 2014 », *Contemporary Review of the Middle East* 2, 3, 2015, p. 269-288, ici p. 281-284.

2. A. Boubekeur, « Islamists, Secularists [...] », *op. cit.*, p. 121.

nourri une profonde suspicion à l'égard de l'islamisme et d'Ennahda dès sa création, des années plus tôt. Dans un premier temps, le Premier ministre Essid avait tenté de former un nouveau gouvernement dominé par Nidaa Tounes avec une faible représentation d'autres partis, mais il avait dû renoncer à ce projet en raison d'une vive opposition à l'Assemblée. Le président Essebsi et d'autres dirigeants de Nidaa Tounes sont alors intervenus pour négocier avec Ennahda la formation d'un gouvernement de coalition. En février 2015, ce gouvernement d'unité, rassemblant Ennahda et Nidaa Tounes, a été officiellement approuvé[1]. Chacun s'est vu attribuer des ministères clés – par exemple, le ministère des Affaires étrangères à Nidaa Tounes et le ministère de la Formation professionnelle et de l'emploi à Ennahda – cependant que d'autres postes sensibles, tels que le ministère du Développement ou le ministère de la Justice, étaient attribués à des indépendants choisis d'un commun accord par les deux partis.

5.7. Les raisons du *pacting* continu

À ce stade, il importe de se demander pourquoi le principal acteur sécularistе a fait des concessions à son principal adversaire idéologique au moment où celui-ci s'est trouvé relégué dans l'opposition. Ce chapitre a

---

1. « Tunisia Unity Government Stirs Crisis in Leading Party », *Al-Jazeera*, 20 février 2015.

déjà expliqué les raisons qui ont joué dans les décisions d'Ennahda de s'engager dans des compromis négociés avec le CPR et Ettakatol pendant l'ère de la troïka. Même après l'intervention du Quartet, Ennahda a maintenu sa préférence pour un processus de pacte, comme en témoigne sa décision de ne pas contester les élections présidentielles à la fin 2014 et de n'avoir pas cherché non plus à les arbitrer. À ce moment-là, Ennahda n'était plus le principal parti au gouvernement. Pourtant, à l'instar du CPR et d'Ettakatol pendant la période 2012-2013, Ennahda a continué à contribuer au *pacting* en faisant des compromis chaque fois que cela s'est avéré nécessaire.

Après 2014, l'équilibre politique s'est inversé au profit des sécularistes, comme en témoigne la création de Nidaa Tounes. Tout comme Ennahda avait guidé le processus de pacte en 2012 et 2013 grâce à ses compromis, Nidaa Tounes, désormais la force politique dominante, a maintenu la dynamique du *pacting* grâce à ses propres négociations. Après les élections présidentielles remportées par Essebsi, les premiers efforts pour former un gouvernement dominé entièrement par Nidaa Tounes ont échoué. Ce qui est alors remarquable, c'est la rapidité avec laquelle le parti a proposé d'intégrer Ennahda au gouvernement pour aller de l'avant. Il s'agissait là d'un compromis stupéfiant. Pour la première fois depuis la révolution du Jasmin, une faction sécularistee dominait la vie politique grâce à une victoire électorale, disposant ainsi des moyens pour exclure ses rivaux islamistes du pouvoir, et pourtant elle a choisi de ne pas le faire.

Ce n'est pas rien, compte tenu de la ferveur avec laquelle Nidaa Tounes s'était opposé à toute forme d'islamisme dans la sphère politique, une opposition reposant tant sur la nostalgie d'un passé républicain que sur la défiance des anciens du régime Ben Ali envers Ennahda. À plusieurs reprises après les élections législatives d'octobre 2014, Essebsi avait catégoriquement exclu la possibilité d'une alliance avec Ennahda, arguant qu'il était impossible pour les électeurs de Nidaa Tounes de travailler avec un mouvement islamiste compte tenu du fossé idéologique qui les séparait[1]. Il n'est donc pas surprenant que de nombreuses personnes proches de Nidaa Tounes – ses membres mais aussi des manifestants et des groupes de la société civile qui s'étaient alignés avec le parti lors des manifestations de l'été 2013 contre le gouvernement – aient réagi avec colère à la formation du gouvernement de coalition, le qualifiant de « contre-nature[2] ». Et il est important de noter que la raison de leur hostilité envers Ennahda était différente de celle du CPR et d'Ettakatol, dont les soutiens se comptaient surtout parmi des gauchistes et des forces d'opposition exclues sous le régime de Ben Ali, les uns comme les autres acquis au respect des principes de la démocratie libérale. En revanche, Nidaa Tounes s'appuyait sur différents types d'électeurs, aussi bien des sécularistes libéraux ne

1. « Ba'd 'taghazzul' al-ghannoushi bi-qa'id al-sibsi : tariq al-tahalluf » [Après la « pirouette » Al-Ghannouchi avec Caid Essebsi : le chemin de l'alliance], *Alchourouk*, 27 décembre 2013.

2. M. ben Salem, *op. cit.*, p. 103.

soutenant plus le CPR et Ettakatol que d'anciens éléments affiliés au régime Ben Ali, membres de réseaux politiques ou d'affaires. Pour cette raison, de nombreux éléments de Nidaa Tounes étaient motivés par une résistance philosophique à l'islamisme, caractéristique de la position du CPR et d'Ettakatol, mais également par des considérations plus opportunistes. Ils voyaient en Ennahda un rival bien organisé, doté d'une base populaire, dont on pouvait s'attendre à ce qu'il se batte dans la durée pour le pouvoir. Un gouvernement dominé par Ennahda serait donc préjudiciable à leurs propres intérêts économiques et politiques, eu égard à la possibilité que cela représentait pour eux d'être poursuivis pour leurs implications avec l'ancien régime.

Les raisons incitant Nidaa Tounes aux compromis recoupent celles ayant motivé Ennahda à négocier et, tout à la fois, s'en démarquent. Elles s'articulent autour de trois axes : la peur (qui pousse au pragmatisme), l'« habituation » et, enfin, la communauté internationale. D'abord, pour des raisons pratiques, l'inclusion des islamistes dans le gouvernement d'union a été justifiée par le besoin de stabilité et non par des considérations philosophiques sur le rôle de la religion. Les débats sur des questions ayant valeur de symbole, telles que l'inclusion de l'islam comme religion d'État dans l'article 1 de la Constitution, ont eu moins de poids que la peur omniprésente dans un contexte d'incertitude politique permanente. Les dirigeants de Nidaa Tounes ont reconnu qu'après les élections parlementaires et présidentielles de 2014, la survie en tant qu'acteur politique passait par le maintien du fonctionnement de l'ensemble du système de transition, ce qui impliquait de faire ce qu'il fallait pour garantir qu'Ennahda ne sorte pas de la transition. En outre, même si Ennahda pouvait être totalement exclu du gouvernement, il était probable que le mouvement islamiste revienne un jour au pouvoir par la voie des urnes. Après tout, Ennahda avait été capable de se reconstituer et de remporter les premières élections post-Ben Ali, alors qu'il n'avait joué qu'un rôle mineur dans la révolution. Autrement dit, la marginalisation politique d'Ennahda aurait été un calcul à courte vue. Ennahda, une force politique viable, ne pourrait jamais vraiment être exclu et, donc, son probable retour au gouvernement serait fatalement teinté d'une forte rancune à l'égard de Nidaa Tounes. Cela entraînerait des coûts bien plus élevés pour tous.

Un autre élément d'incertitude était les tensions croissantes dans l'arrière-pays. Depuis 2012, des troubles éclataient périodiquement dans les régions pauvres du *dakhil* telles que Siliana, Gafsa et Tataouine. Ils traduisaient les frustrations profondes des habitants du fait de leur marginalisation économique et sociale persistante dans l'ère postrévolutionnaire. Après les assassinats de Belaid et de Chokri, ces mouvements de protestation ont été marqués par un regain de colère antigouvernementale. Du point de vue de Nidaa Tounes, la poursuite de la division avec Ennahda risquait donc de déplacer les motifs économiques du ressentiment éprouvé par la périphérie rurale à l'égard du centre urbain vers la dimension idéologique de la lutte politico-religieuse[1]. Cela aurait pour effet non seulement d'intensifier le conflit en donnant une dimension nationale à des foyers d'agitation locaux, mais aussi d'inciter Ennahda et d'autres opposants à se mobiliser davantage. Le maintien d'Ennahda au gouvernement était un moyen de contenir cette discorde interne. Rétrospectivement, cette décision apparaît prémonitoire : quelques jours après l'entrée en fonction de la nouvelle coalition, en janvier 2015, la mort d'un manifestant dans la ville de Dehiba, dans le sud du pays, a déclenché une grève générale, marquant le début d'une nouvelle vague de protestations violentes contre le gouvernement[2].

Une dernière raison, corollaire des autres, était d'ordre tactique. Nidaa Tounes, dont une grande partie des membres étaient issus de l'élite liée à l'ancien régime, a compris qu'en faisant progresser le processus démocratique, et donc la stabilité, le parti pouvait se mettre à l'abri de poursuites dans le cadre de la justice transitionnelle. Enfin, en pactisant avec Ennahda, c'est-à-dire en cédant du terrain à ses rivaux islamistes, Nidaa Tounes s'est ouvert la possibilité de reconstituer d'anciens réseaux clientélistes grâce à la mise en place d'une majorité stable au gouvernement.

Au-delà de la peur, la seconde raison pour laquelle Nidaa Tounes a maintenu la dynamique des pactes

1. Entretien de l'auteur avec Mohamed Kerrou, professeur de sciences politiques à l'université de Tunis-El Manar, à Paris, le 27 juillet 2017.

2. « Southern Tunisians Protest Economic Marginalisation », *Al-Jazeera*, 29 avril 2015.

découle de sa propre « habituation ». Ce terme, comme nous l'avons vu plus haut, fait référence au processus d'apprentissage politique en vertu duquel les élites en viennent à comprendre et à intérioriser les leçons tirées de l'observation de la manière dont les conflits sont résolus et les obstacles surmontés. Il est certain qu'une bonne partie de l'élite de Nidaa Tounes ne souhaitait pas partager le pouvoir avec Ennahda, ni même accorder une reconnaissance à leurs rivaux islamistes. Mais il est également indéniable que la survie de la transition tunisienne a tenu au fait que des forces clés ont cédé du terrain quand il y avait des menaces de rupture. Avant l'avènement du gouvernement de Nidaa Tounes, aucun conflit dans l'ère postrévolutionnaire n'avait été résolu par la force pure et simple ou par l'imposition d'une décision unilatérale. Ces enseignements ont convaincu un nombre suffisant de ses décideurs qu'il était dans leur intérêt de rendre possibles les compromis observés après 2014.

Il convient ici de souligner, une fois encore, l'importance particulière de certains membres de l'élite. Si le rôle de négociateur joué par R. Ghannouchi a déjà été évoqué, le président Essebsi a également été un facilitateur. Malgré ses réticences bien connues concernant le rôle des islamistes en politique, il n'était pas opposé à des négociations concertées. Politicien et homme d'État chevronné, Essebsi a vite compris, dans sa position de chef de Nidaa Tounes puis de président de la République, qu'un blocage du gouvernement provoqué par un retour sur des compromis antérieurs serait une catastrophe qui mettrait en danger le processus de transition[1]. Bien qu'ayant une réputation d'acteur de la démocratisation plus ambigu que, par exemple, R. Ghannouchi ou Marzouki, on aurait tort de croire qu'Essebsi souhaitait remonter le temps pour restaurer une dictature hégémonique. Essebsi fait partie, au même titre que les autres, de ces figures de l'élite ayant adopté des postures conciliantes pour faire avancer le processus démocratique dans ses moments les plus difficiles.

À travers le cas tunisien, on voit combien il est important que les personnalités politiques portant sur leurs épaules la responsabilité de l'administration possèdent également la stature et les qualités d'homme d'État nécessaires pour aller de l'avant. Les transitions pactées nécessitent des élites participatives, capables de faire des choix décisifs à des moments critiques afin de maintenir l'élan démocratique. Ce modèle s'est avéré remarquablement constant dans la plupart des autres cas de démocratie pactée de la Troisième Vague, par exemple en Afrique du Sud, en Espagne, en Grèce, en Argentine ou encore au Brésil. Pour que les accords démocratiques tiennent, ceux qui s'engagent au nom de forces concurrentes doivent avoir la crédibilité et la réputation nécessaires pour être pris au sérieux. Souvent, les représentants de la société civile ont acquis leur légitimité grâce à de longues périodes de répression et d'activisme, tandis que ceux qui représentent

1. L'auteur connaissait Essebsi personnellement depuis longtemps. Bien que celui-ci n'ait pas participé à un entretien formel dans le cadre des recherches menées pour cette étude, l'auteur s'appuie sur ses connaissances personnelles approfondies pour communiquer cet élément.

des forces bien établies ont obtenu la leur grâce à des décennies vouées au service de l'État. La Tunisie, à cet égard, ne fait pas exception.

Le dernier facteur majeur qui a pesé lourd dans l'équation est le contexte international qui, comme pendant la période gouvernementale dirigée par Ennahda, a représenté une forte incitation au compromis. Alors que la situation régionale était marquée par une aggravation de la violence des conflits et de l'instabilité générale, l'importance tant symbolique que géopolitique du maintien d'une Tunisie stable et en voie de démocratisation n'a fait que croître. En 2015, une transition démocratique bloquée – ou, pire, le début d'un conflit violent – aurait eu un impact négatif sur les relations avec les puissances occidentales, ce qui aurait eu un coût élevé en termes de prestige et, surtout, d'avantages matériels reçus de l'extérieur. À ce titre, des observateurs tunisiens ont noté qu'en dépit du faible pouvoir d'attraction de l'alliance Nidaa-Ennahda, la communauté internationale – et, notamment, le département d'État américain – exerçait manifestement une pression en faveur d'un tel gouvernement de coalition, « question de stabilité, de sécurité et d'intérêt régional et stratégique[1] ». Les chiffres de l'aide fournie le confirment. Les années suivant la révolution du Jasmin ont été marquées par une aide occidentale sans précédent pour soutenir la démocratie tunisienne. Entre 2011 et 2013, la

1. « L'opinion laïque et le tandem Nida-Ennahdha », *La Presse*, 29 septembre 2015.

Tunisie a reçu 485 millions d'euros d'aide de l'UE, avec la promesse du maintien de ce niveau élevé tant que des critères démocratiques clés, tels que la tenue d'élections régulières et le respect de l'État de droit, continueraient d'être garantis[1]. Comme l'ont constaté deux analystes, le « modèle tunisien » était devenu la seule lueur d'espoir du Printemps arabe[2].

En somme, les années qui ont suivi le plus fort de la crise politique en 2013 ont révélé les bénéfices du pacte. Même en position dominante, Nidaa Tounes a choisi d'inclure Ennahda, ce qui, d'une certaine manière, rejoignait le choix qu'Ennahda avait fait de former un gouvernement de coalition – la troïka – après sa victoire électorale d'octobre 2011. Ces concessions mutuelles ont non seulement permis la poursuite de la transition démocratique, mais aussi d'écarter la menace de voir une faction majeure quitter le système, réduisant ainsi sa crédibilité.

Il est important de rappeler que cela n'a d'aucune manière *garanti* la consolidation définitive de la démocratie tunisienne. Après 2015, de nouveaux problèmes de corruption et de stagnation sont apparus, ce qui a attisé les protestations et les tensions. Comme des experts tunisiens l'ont montré depuis, le manque croissant d'opportunités économiques et les nouvelles crises – liées au chômage des

1. Tina Freyburg et Solveig Richter, « Local Actors in the Driver's Seat : Transatlantic Democracy Promotion under Regime Competition in the Arab World », *Democratization* 22, 3, 2015, p. 496-518, ici p. 506-507.

2. Brian Klaas et Marcel Dirsus, « The Tunisia Model : Did Tunis Win the Arab Spring ? », *Foreign Affairs*, 23 octobre 2014.

jeunes, aux inégalités rurales et à l'immobilisme provoqué par la pandémie de COVID-19 – ont également catalysé de nouvelles tendances en matière de politique électorale. La prise de pouvoir du président Kaïs Saied à l'été 2021 et, par la suite, la répression de l'opposition démocratique et de certains islamistes marquent un recul démocratique inquiétant, qui pourrait obliger les Tunisiens à se mobiliser une fois de plus pour s'assurer que l'ordre politique postrévolutionnaire ne retombe pas dans l'autoritarisme.

Cependant, les développements postérieurs à 2015 en Tunisie ne doivent pas détourner l'attention des conclusions de ce chapitre, qui restent valables. La démocratie tunisienne ne s'est pas consolidée et pourrait même être gravement menacée au moment de la publication de ce livre ; mais, ayant vu le jour, elle avait au moins une chance de réussir. Le succès manifeste de cette démocratie après 2011 ne doit donc pas être sous-estimé. Au départ, les islamistes et les non-islamistes n'auraient jamais pu imaginer qu'ils se toléreraient, encore moins qu'ils travailleraient ensemble au sein du même gouvernement – pourtant, ils l'ont fait et la Tunisie est devenue la *success story* la plus prometteuse du Printemps arabe (même si par la suite, hélas, les fruits n'ont pas tenu la promesse des fleurs).

Conclusion

Dans ce chapitre, le processus de pacte dans la Tunisie postrévolutionnaire a été expliqué pas à pas. Il repose sur une hypothèse d'une importance critique qui mérite d'être examinée en guise de conclusion. Les négociations et les compromis conclus entre des forces politiques concurrentes correspondent au processus conceptuel présenté comme le *pacting* dans la première partie de ce chapitre, consacré aux considérations théoriques ; et ce pour plusieurs raisons. Premièrement, l'ensemble des événements et des accords résumés sous la forme d'un pacte n'a pas suivi une trajectoire téléologique, avec un résultat prédéterminé. Ils ont évolué au gré des aléas, ni Ennahda ni ses rivaux sécularistes n'ayant eu une vision ou stratégie à long terme. Chaque concession successive s'inscrivait dans une dynamique de « coup pour coup », les acteurs apprenant au fil du temps quels enjeux devaient être défendus et quelles positions pouvaient s'avérer gagnantes. Deuxièmement, il y avait une parité de ressources et de capacités entre les islamistes et les sécularistes. Aucune des deux parties ne pouvait imposer sa volonté ni son agenda à l'autre par la force, car aucune n'avait le monopole de l'État et de ses moyens de coercition, ni des ressources économiques largement supérieures. En d'autres termes, aucune faction ne pouvait l'emporter haut la main. Troisièmement, à chaque carrefour majeur, la motivation pour négocier plutôt que sortir du système n'était pas l'altruisme mais une peur très simple – la peur de disparaître à la suite d'un conflit violent et sans fin qu'aurait provoqué tout défaut de solution politique. Si tous les acteurs peuvent à juste titre prétendre s'être comportés de manière patriotique, le facteur ultime qui les a poussés à la table des négociations était cependant leur ardent désir d'éviter leur destruction.

Le dernier facteur favorisant les transitions par pacte, à savoir la diversité normative, était également présent. Si l'éventail des acteurs politiques évoluant dans le paysage institutionnel tunisien était remarquablement varié, tous n'étaient pas, au départ, des démocrates libéraux. Tous se sont positionnés comme des forces postrévolutionnaires voulant rompre avec le passé, mais on aurait tort de supposer que, d'emblée et sans exception, ils souscrivaient à un idéal de démocratie participative et inclusive dans laquelle les voix de leurs contradicteurs recevraient une attention égale à la leur. Si tel avait été le cas, la démocratie tunisienne serait advenue instantanément, sans aucun conflit. Au lieu de cela, on a assisté à une lutte féroce et de plus en plus intense entre des camps à peu près égaux qui, s'ils en avaient eu l'occasion et à condition de ne pas avoir à en redouter les conséquences, auraient probablement exclu ou même éliminé l'autre partie. Il ne s'agit pas là d'un jugement négatif porté sur la politique tunisienne. Mais d'y voir à l'œuvre un phénomène inhérent à la plupart des transitions marquées par une polarisation extrême où les groupes qui se battent pour le pouvoir sont ceux qui ont peu d'expérience de la compétition politique régulière.

Une autre facette du *pacting* dans le contexte tunisien mérite un mot d'explication. Les accords conclus entre les dirigeants d'organisations sous l'impulsion de la classe dirigeante peuvent sembler déconnectés de leur base, notamment dans des périodes de mobilisation populaire. Mais le *pacting* n'est pas unidimensionnel. Lorsque les membres de l'élite tentent de parvenir à un consensus moyennant des négociations à répétition, il en résulte souvent un consensus plus large au niveau de l'ensemble de la société. Ennahda en fournit un bon exemple. Alors que les compromis acceptés par les islamistes sur les questions institutionnelles et de religion les engageaient auprès des dirigeants sécularistes, la justification de ces concessions, eu égard à leur nature hautement émotionnelle et symbolique pour toute la population, nécessitait un fort engagement public.

En résumé, ce chapitre a expliqué les origines et le développement du *pacting* entre islamistes et sécularistes en Tunisie depuis 2011. Il a d'abord présenté un cadre conceptuel du pacte tiré du corpus bien établi de la littérature traitant de la démocratisation comparée. Il a ensuite décrit la constellation d'acteurs ayant pris de l'importance dans le paysage postrévolutionnaire. En retraçant le début du conflit impliquant Ennahda, le CPR, Ettakatol et, plus tard, Nidaa Tounes, il a exploré la logique du compromis pour ces groupes concurrents après des moments critiques de rupture potentielle entre 2012 et 2014, chaque année présentant une dynamique distincte. L'analyse a montré qu'Ennahda et ses pairs sécularistes se sont mutuellement accordé des concessions significatives parce qu'ils étaient mus par des considérations pragmatiques de survie, donc par la volonté d'éviter le scénario qui aurait conduit à leur disparition, à savoir une lutte violente et sans fin qui aurait consumé à la fois la politique et la société.

Il est clair que la démocratie tunisienne reste à consolider. Mais, même si l'autocratie revenait sous une forme ou une autre – ce qui n'est malheureusement plus une hypothèse d'école compte tenu du recul malheureux observé depuis 2021 sous le président Said –, cela n'invaliderait pas le constat essentiel auquel nous sommes arrivés ici : au lendemain d'une rupture autoritaire, des acteurs rivaux qui se sont approprié la transition politique peuvent « pactiser » pour aller de l'avant. Que ces mêmes acteurs, ayant initialement accepté de respecter les élections et de partager le pouvoir dans une relative harmonie, gouvernent par la suite dans le respect de ces principes, d'une manière efficace et en répondant aux attentes de leur société, c'est une autre histoire – une histoire que la Tunisie est en train d'écrire.

Pour finir, soulignons avec force qu'il est peu probable que le *pacting* advienne dans tous les contextes d'incertitude qui suivent un épisode révolutionnaire. Car, pour émerger, les modèles durables de négociation entre des islamistes et des groupes non islamistes ont besoin qu'un certain nombre de circonstances soient réunies – comme nous l'avons vu. Le chapitre suivant présentera ainsi un contre-exemple de la Tunisie en étudiant le cas de l'Égypte post-Printemps arabe ; il expliquera pourquoi le pacte n'a pas réussi dans ce pays. En comparant ces deux pays, qui représentaient les premières percées du Printemps arabe et portaient de grands espoirs de transformation politique, nous serons à même de nous faire une meilleure idée et du potentiel et des contraintes du *pacting*.

6

Le cas de l'Égypte : un pacte manqué

Les chapitres 4 et 5 ont présenté le cas tunisien dans une perspective historique, illustrant pourquoi certains avantages dans le développement antérieur de cet État avaient créé des conditions qui ont favorisé le *pacting* après le Printemps arabe. Les précédents chapitres ont également exploré la dynamique transitoire de la Tunisie après sa révolution du Jasmin en mettant en évidence comment ces développements passés, combinés à la peur de disparaître qu'éprouvent les forces en présence et à la peur de l'isolement géopolitique, ont contribué à des percées démocratiques, surtout dans des moments de crise. Conformément aux théories classiques de la transition démocratique, notre analyse a démontré que les pactes peuvent permettre à des factions idéologiquement opposées d'instaurer de nouvelles règles du jeu et de soumettre leur politique à une incertitude institutionnalisée – un résultat qui, au début du processus de transition, n'était pas nécessairement la première préférence de l'une ou l'autre des parties.

Ce chapitre explore, en guise de contraste, le cas de la politique égyptienne postrévolutionnaire. Certes, l'Égypte est semblable à la Tunisie à bien des égards : toutes deux ont connu des révolutions politiques contre des présidences autocratiques en 2011 ; toutes deux ont vu des élections postrévolutionnaires remportées par des organisations islamistes ; enfin, toutes deux ont été confrontées à l'hostilité et à la résistance des mouvements sécularistes et des partis d'opposition représentant la société civile. Ici et là, il y a eu des moments propices à la coopération et à un compromis pacté. Cependant, les issues du processus ont été différentes : les deux pays ont subi des crises politiques à l'été 2013 mais, alors que les islamistes et les sécularistes tunisiens ont réussi à surmonter leur quasi-rupture, les Frères musulmans en Égypte ont été pris pour cible par les militaires soutenus par des manifestants sécularistes. En 2014, la transition démocratique tunisienne s'est poursuivie à un rythme soutenu, tandis que la transition égyptienne a été victime d'un coup d'État sanglant et d'un renouveau autoritaire.

La figure 4 ci-dessous illustre ce processus d'échec et permet de le comparer visuellement au cas tunisien tel qu'il a été schématisé dans le précédent chapitre (cf. figure 3). Chaque étape correspond à une partie qui sera développée dans ce chapitre : d'abord, la percée révolutionnaire qui a emporté le régime de Moubarak mais – et c'est crucial – *pas* l'armée, qui est restée présente en tant qu'acteur économique et sécuritaire majeur au sein de l'appareil d'État ; ensuite, les efforts de négociation tout au long de 2011-2012 entre les Frères musulmans et les défenseurs d'un « État civil », des sécularistes qui deviennent les antagonistes des islamistes en pleine ascension ; enfin, l'échec du pacte de sorte qu'à l'été 2013, la Confrérie a été destituée par un coup d'État qui a vu le retour de l'armée et, finalement, l'instauration d'un nouveau régime autoritaire.

Figure 4

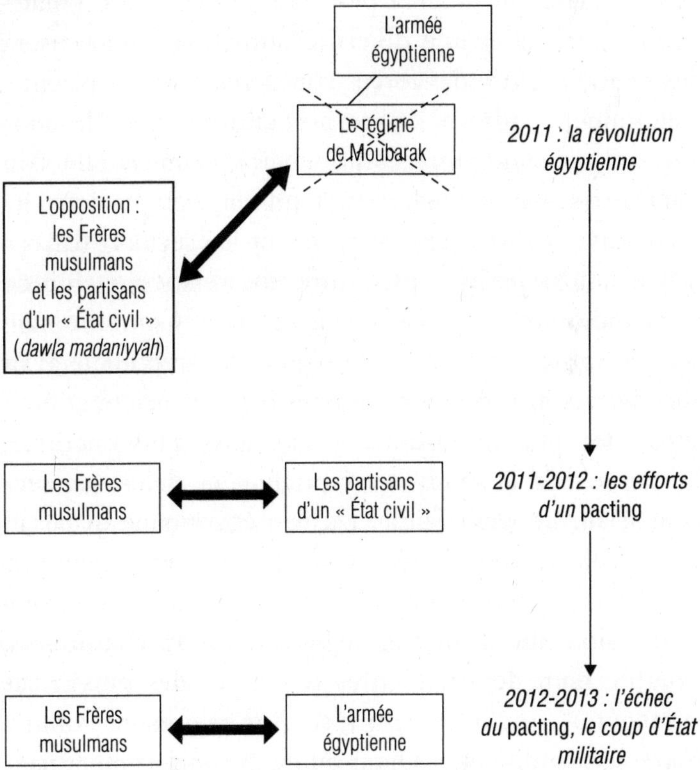

Dès lors, comment expliquer l'échec du pacte en Égypte ? Conformément au cadre théorique développé précédemment, l'argument central de ce chapitre sera le suivant : en Égypte, les antécédents historiques, et les développements politiques qu'ils avaient entraînés, n'ont pas généré certaines des conditions nécessaires pour que les acteurs de la transition considèrent le pacte comme une base d'interaction appropriée. Rappelons, comme cela a été développé dans le chapitre 3, que le pacte est plus probable lorsqu'une parité de pouvoir, une polarisation extrême et une diversité normative caractérisent les relations entre des forces concurrentes qui aspirent à déterminer l'ordre politique postautoritaire. Or la politique égyptienne postrévolutionnaire, même si elle s'est caractérisée par une polarisation profonde et une diversité normative divisant les islamistes et les sécularistes, n'a pas connu la parité, c'est-à-dire une relative égalité de puissance entre les factions concurrentes. Contrairement aux islamistes en Tunisie, la Confrérie égyptienne avait des racines historiques profondes dans la société et était ainsi bien plus importante – mais aussi plus fracturée. En outre, la société civile égyptienne, en dehors du secteur islamiste, était faible, l'armée égyptienne disposait d'un droit de veto extrêmement puissant et le contexte géopolitique international incitait à la défection et à la division plutôt qu'à la négociation d'un compromis, compte tenu des fréquentes tentatives des puissances étrangères – qu'il s'agisse d'acteurs régionaux comme l'Arabie saoudite et le Qatar ou de puissances mondiales comme les États-Unis – d'influer sur le processus de transition en cours.

Tous ces facteurs, passés et présents, expliquent pourquoi les islamistes et les sécularistes n'étaient pas à égalité sur le terrain politique en Égypte. Ni les uns ni les autres n'étaient des démocrates libéraux, ils se méprisaient mutuellement et la question de la religion constituait leur principal clivage. Mais c'était, peu ou prou, aussi vrai en Tunisie. Pour l'essentiel, c'est donc l'absence de parité qui explique l'échec du pacte en Égypte, c'est-à-dire une variable qui, comme en Tunisie, reflétait largement l'impact des développements historiques antérieurs et la spécificité du cas.

6.1. L'Égypte en comparaison

En tant qu'étude de cas, l'Égypte représente l'inverse analytique de la Tunisie. En Tunisie, les modèles historiques de formation de l'État et le régime postcolonial ont créé des conditions de parité de pouvoir, de polarisation extrême et de diversité normative entre Ennahda et les opposants non islamistes qui ont encouragé le *pacting* après la chute du régime de Ben Ali. En revanche, l'Égypte est entrée dans la révolution du Printemps arabe avec une toile de fond historique différente. À l'arrivée, la position plus puissante des Frères musulmans et le degré plus élevé de religiosité dans la société y ont diminué les chances de parvenir aux arrangements nécessaires à un projet démocratique inclusif.

Soyons clairs : l'Égypte est traitée ici comme un pays apte à une démocratisation viable et non comme un pays inexorablement voué au renouveau autoritaire. L'Égypte n'était pas condamnée à l'échec. Parce que les militaires égyptiens ont toujours dominé les institutions de l'État et l'économie publique à l'ère moderne, et parce qu'ils ont conservé leurs leviers de pouvoir pendant la période postrévolutionnaire, certains analystes ont affirmé que le pays était programmé pour l'échec démocratique. Dès le départ, l'« État profond » aurait saboté la transition et rendu le *pacting* impossible. Cette hypothèse *a priori* est rejetée ici. Cependant, l'Égypte possédait, comme la Tunisie – bien qu'il n'y ait jamais eu d'« État profond » équivalent en Tunisie –, le potentiel institutionnel pour réussir sa révolution. Les forces islamistes et les forces sécularistes civiles qui s'y disputaient le pouvoir auraient pu conclure des accords afin de préserver le processus de transition malgré leurs divergences quant à l'ordre politique à instaurer. Une telle alliance aurait pu empêcher le coup d'État militaire de juillet 2013 et la restauration de l'autocratie. Mais, en l'occurrence, les Frères musulmans se sont retrouvés sans alliés dans un champ politique affaibli à l'été 2013 et, de ce fait, ont été incapables de résister à la pression militaire. En Égypte, les accords « pactés » n'ont jamais été conclus entre islamistes et militaires ; ils l'ont été entre les islamistes et les sécularistes civils. Le mécanisme qui a interrompu la transition égyptienne a été le coup d'État militaire sur fond d'incapacité des forces politiques concurrentes de maximiser leur pouvoir dans un contexte d'incertitude réduite – et c'est bien là le problème fondamental.

C'est dans cette perspective que ce chapitre va, pour ainsi dire, « éplucher » le cas égyptien. L'objectif est d'identifier les conditions et les facteurs qui expliquent que, dans un contexte d'incertitude et de polarisation, le *pacting* entre islamistes et sécularistes a échoué en raison des stratégies privilégiées par les deux parties, qui ont donné la priorité à une politique maximaliste et à des objectifs à somme nulle. Le cas égyptien apporte ainsi du contraste analytique au cas tunisien. Il met aussi en évidence que ce sont les spécificités historiques et politiques de l'Égypte qui fournissent l'explication structurelle aux mauvais choix faits par les acteurs en compétition. Parmi ces raisons historiques et structurelles, ce sont notamment l'absence de parité de pouvoir entre islamistes et sécularistes pendant la période de transition, la faiblesse relative de la société civile égyptienne, le fort pouvoir de veto de l'armée et les conditions géopolitiques qui ont aggravé la polarisation et sapé la possibilité d'un dialogue entre islamistes et sécularistes.

Ce chapitre se divise en plusieurs parties. Pour commencer, il esquisse les opportunités d'engagement par-delà les fossés idéologiques qui se sont présentées à partir du début de 2011 et retrace les échecs des islamistes et des groupes sécularistes à en tirer parti. Il y a eu deux moments critiques qui auraient pu permettre une meilleure compréhension et une plus grande coopération : d'abord les premiers mois postrévolutionnaires de 2011, qui se sont soldés par la réussite des islamistes à faire passer un référendum constitutionnel précipité ; puis les premiers mois de la nouvelle présidence Morsi après les élections de juin 2012 au cours desquels aucun nouvel accord n'a pu être conclu entre les diverses tendances sécularistes et la Confrérie ascendante. Ensuite, ce chapitre met en évidence l'absence de parité de pouvoir entre ces deux forces dans les années postrévolutionnaires. Il attribue les origines de ce déséquilibre au rôle historique de la religion en Égypte, à la faiblesse de la société civile, à la solidité du pouvoir de l'État, notamment au rôle de l'armée en tant qu'« acteur de veto » capable de fixer des limites au jeu politique, et, enfin, à la fragmentation des Frères musulmans eux-mêmes. En sa dernière partie, ce chapitre examine l'importance des facteurs externes constitués par les puissances régionales et mondiales, en particulier les États-Unis, l'Union européenne, l'Arabie saoudite, les Émirats arabes unis et le Qatar, dont les tentatives d'influencer cette période de transition incertaine ont eu des conséquences néfastes.

Redisons-le : notre analyse repose sur le postulat que l'Égypte aurait pu, et pourra toujours à l'avenir, devenir un site de transition démocratique grâce au *pacting*. Les raisons pour lesquelles la démocratie « pactée » n'a pas pris racine au cours de la période 2011-2012 relèvent non seulement des barrières structurelles au compromis – des pressions géopolitiques aux facteurs historiques de la religion et du militarisme –, mais aussi des choix faits par des parties opposées cherchant continuellement à préserver leur survie dans un contexte d'incertitude. Il est vrai que des variables bien ancrées, telles que le rôle de l'armée en tant qu'« acteur de veto » et la plus grande influence des Frères musulmans par rapport à leurs pairs sécularistes, ont réduit cette fluidité et cette incertitude bien plus qu'en Tunisie. Cependant, ni la démocratie ni l'autocratie ne sont des résultats par défaut : les acteurs doivent toujours faire des choix viables et défendables dans des circonstances qui évoluent rapidement. Ainsi l'argument présenté ici suggère-t-il que, si les conditions initiales de la transition égyptienne avaient été différentes, ne serait-ce que marginalement, il aurait été tout à fait possible, d'un point de vue stratégique, que la Confrérie ou les forces sécularistes luttant pour un État démocratique interagissent d'une autre manière et mettent en œuvre une transition politique capable de résister au retour de l'armée en juillet 2013. Le rétablissement de l'autoritarisme aurait été difficile, voire impossible, si les islamistes et les forces sécularistes s'étaient mobilisés pour défendre ensemble la démocratie.

6.2. Le premier manquement : les arbitrages postrévolutionnaires

Rappelons que la démocratie « pactée » est une conséquence rationnelle de la politique de l'incertitude. Après l'effondrement d'un régime autoritaire, des factions rivales peuvent être engagées dans une bataille prolongée pour la suprématie politique et le contrôle du nouveau système.

Dans ce contexte, les pactes et compromis qu'elles parviennent à négocier sont les pavés d'une issue qui permet d'éviter leur anéantissement et constitue un mode de transition démocratique. Comme nous l'avons vu dans le chapitre 3, en amont de l'étude de cas tunisien, les théoriciens ont posé trois conditions qui augmentent les chances de succès du *pacting* : d'abord, une polarisation idéologique extrême entre les acteurs politiques opposés ; ensuite, une relative parité de pouvoir entre ces forces, qui entraîne une impasse politique ; et, enfin, une diversité normative et la volonté de subordonner les préoccupations normatives à l'impératif de base qu'est la survie.

Comme va le montrer l'analyse historique ci-après, l'Égypte postrévolutionnaire – entre janvier 2011 et le coup d'État en juillet 2013 – a bénéficié de ces conditions structurelles préalables, à l'exception de la seconde : la parité de pouvoir entre les islamistes et les sécularistes. En effet, pour ce qui est de la polarisation, il existait un fossé entre les Frères musulmans, qui représentaient le courant islamiste historiquement dominant, et les diverses factions et groupes militant pour un « État civil ». Comme en Tunisie, ces acteurs concurrents défendaient des visions apparemment incompatibles du nouvel ordre politique. De même, ces forces se sont distinguées par une grande diversité normative. Elles se sont inspirées d'idées qui semblaient aux antipodes les unes des autres, et chaque partie a cherché à assurer sa propre survie en évaluant les avantages et les coûts qu'aurait la politique qu'elle défendait. Aucune n'a bénéficié d'un soutien massif qui l'eût placée en tête pour succéder au régime de Moubarak. Pourtant, au-delà de la polarisation extrême et de la diversité normative, ces rivaux ont interagi dans un contexte d'asymétrie prononcée. Dit plus simplement, le camp islamiste était beaucoup plus fort que le camp sécularisté, ce qui n'était pas le cas en Tunisie. Par ailleurs, l'existence d'un establishment militaire bien implanté impliquait que les discussions entre islamistes et sécularistes se déroulaient dans une arène délimitée où l'armée, soutenue par les organes judiciaires et civils des institutions de l'État, pouvait intervenir à sa guise et choisir le vainqueur, faisant office de *deus ex machina.* Alors qu'en Tunisie les concurrents politiques devaient choisir entre un compromis contrariant et un conflit sans fin, les protagonistes dans l'Égypte postrévolutionnaire avaient une troisième option : en appeler au « faiseur de rois » qu'était l'armée pour faire plier leur adversaire.

Cette asymétrie des forces en présence a créé un terrain de négociation très différent de celui de la Tunisie. Normalement, les pactes réussissent quand des rivaux d'un même niveau craignent leur disparition mutuelle eu égard au caractère insoluble de l'impasse conflictuelle, aucun d'entre eux n'étant en mesure d'imposer sa volonté aux autres. Les concessions entre ennemis sont alors toujours contrariantes mais restent bien plus acceptables qu'une guerre civile. En Égypte, cependant, ces craintes ont été tempérées voire neutralisées. Dès le départ, les islamistes ont été dans une telle position de force par rapport à leurs concurrents sécularistes qu'ils ont pu façonner les conditions de la transition. En outre, une alliance contingente conclue très tôt entre les islamistes et l'armée a permis de mettre les forces sécularistes sur la touche pendant le processus initial d'élaboration de la Constitution puis, surtout, pendant l'année au cours de laquelle la Confrérie a remporté le pouvoir législatif et exécutif grâce à sa victoire électorale. Ironie de l'histoire, cette situation s'est finalement retournée contre les islamistes, puisque le coup d'État militaire mettant fin à leur gouvernement élu a été soutenu par ces mêmes groupes sécularistes qui auraient pu être leurs alliés essentiels contre un tel rétablissement de l'autocratie.

Le pluralisme révolutionnaire en comparaison avec la Tunisie

Les particularités de la révolution égyptienne ont été retracées dans de nombreux ouvrages. Ici, l'accent est mis sur les déséquilibres institutionnels, eu égard à leur pouvoir respectif, entre les acteurs impliqués dans la résistance au régime du président Hosni Moubarak et dans la participation à la vie politique à la suite de sa chute. Les manifestations révolutionnaires ont commencé le 25 janvier 2011 et la plupart des avant-gardistes de ce mouvement ont proclamé leur victoire lorsque Moubarak a quitté la tête de l'État le 11 février. Cependant, dès le début, la mobilisation révolutionnaire, qui a généré des opportunités pour le *pacting*, s'est distinguée de celle qu'a connue la Tunisie à plus d'un titre.

Premièrement, les Frères musulmans n'ont joué qu'un rôle limité dans l'organisation des manifestations. Bien que certains de leurs jeunes militants les aient rejointes après le 25 janvier, les chefs spirituels officiels et la plupart des membres de la base sont restés à l'écart. La direction de la Confrérie n'a pas publiquement apporté son soutien à l'agitation anti-Moubarak et n'a pas appelé ses cadres à manifester, notamment à cause de la crainte d'une répression postrévolutionnaire en cas d'échec du soulèvement, et des incertitudes quant à l'engagement des jeunes activistes révolutionnaires[1]. Même après l'arrivée de la Confrérie au gouvernement, les responsables islamistes ont continué à présenter cette décision sous un jour flatteur pour eux, par exemple en arguant qu'elle avait évité les foudres d'une répression féroce aux jeunes manifestants[2].

Cela dit, le poids politique et social de la Confrérie n'a pas tardé à apparaître. Quand, le 29 janvier 2011, Moubarak a nommé Omar Suleiman à la vice-présidence et Ahmad Shafiq au poste de Premier ministre, l'une de leurs premières initiatives a été de s'adresser aux dirigeants de la Confrérie afin de s'assurer de leur contribution politique. Mais, en tant que mouvement d'opposition constitué et toléré, la Confrérie ne s'est pas trouvée en première ligne dans la rue, pas plus qu'elle n'a fait entendre de voix

---

1. Eric Trager, *Arab Fall : How the Muslim Brotherhood Won and Lost Egypt in 891 Days,* Washington D.C., Georgetown University Press, 2016, p. 18-23.

2. Cf., à titre d'exemple, « 'Al-Arian yanqal bayan 'al-ikhwan' qabla al-thawra bi-6 ayam » [Al-Arian fait part de la déclaration de la Confrérie six jours avant la révolution], *Al-Masry Al-Youm*, 21 janvier 2013.

révolutionnaire dans le contexte de cette résistance populaire. À cet égard, la confrérie égyptienne ressemble à Ennahda : ni dans l'un ni dans l'autre de ces deux soulèvements pendant le Printemps arabe, les islamistes n'ont joué un rôle de premier plan dans l'agitation populaire et ils n'ont pas non plus pesé de tout leur poids spirituel dans la mobilisation de l'opposition. Dans les deux pays cependant, cette situation s'explique par des raisons différentes. Alors qu'Ennahda était totalement interdit par le régime de Ben Ali quand l'insurrection a eu lieu en Tunisie, la Confrérie était prudemment tolérée par l'autocratie de Moubarak.

Deuxièmement et à la différence de ce qui s'observait en Tunisie, il est rapidement apparu que des fractures caractérisaient de nombreuses forces qui allaient constituer, pendant la transition, l'avant-garde de la société civile égyptienne aspirant à l'instauration d'un État démocratique et séculier. Par exemple, après les nominations de Suleiman et de Shafiq, un groupe *ad hoc* de « sages » représentant divers courants intellectuels et sociaux s'est organisé afin de servir de médiateur pour toute négociation imminente entre le régime assiégé et les forces d'opposition. Parmi les membres de ce comité figuraient des personnalités reconnues de l'opposition comme George Ishaq, des scientifiques de renom comme Ahmad Zuweil, des cadres de l'establishment comme l'ancien chef de la Ligue arabe Amr Moussa, des universitaires comme Nabil Fahmy et Amr Hamzawy, ainsi que des gauchistes comme Kamal Abu Magd. Mais, bien que composé de figures reconnues et respectées par le public, ce « comité des sages » n'a pas réussi à contrôler le rythme des événements dans la rue ni à négocier une stratégie de sortie avec le régime de Moubarak. L'organe n'avait pas d'identité propre ni de plateforme politique un tant soit peu partagée. Chacun de ses membres pouvait prétendre, de façon crédible, soutenir une transition démocratique mais, tous ensemble, ils représentaient des tendances idéologiques très différentes et ne disposaient que de peu de relais capables de contrôler les vagues de manifestations populaires organisées par les jeunes activistes et l'opposition de base. Le contraste est saisissant avec la révolution tunisienne, où le soutien solide d'acteurs non islamistes aux identités historiques bien ancrées, telles que l'UGTT, a considérablement amplifié et façonné le message révolutionnaire.

Troisièmement, la constellation des groupes égyptiens opposés à une vision islamiste de l'ordre postautoritaire s'est mise en place autour d'un langage conceptuel différent de celui utilisé en Tunisie. Les débats entre Ennahda et ses antagonistes sécularistes se sont structurés autour de l'opposition frontale entre le spectre de l'islamisation et le maintien de l'État républicain bourguibiste imprégné d'une vision sécularisté. La relative « nouveauté » de l'islamisme tunisien a fait que les forces sécularistes n'avaient pas eu le temps de se familiariser avec lui. En revanche, la Confrérie faisait depuis longtemps partie de la société égyptienne. Et cette familiarité a eu pour effet pervers de creuser des clivages profonds. Par exemple, en

Égypte, la notion de sécularisme est chargée de connotations négatives liées à l'imposition occidentale et à l'athéisme – elle est quasiment synonyme de laïcité à la française. Ce qui a longtemps forcé les partis et groupes de la société civile non islamistes à réclamer la démocratie en recourant au terme *dawla madaniyyah*, l'« État civil », opposé à *dawla dīniyyah*, l'« État religieux[1] ». La contrainte d'utiliser ce langage a eu pour conséquence qu'au moment du Printemps arabe, à la différence de leurs homologues tunisiens, ils ont entamé leur campagne de mobilisation dans une position désavantageuse. En effet : par crainte de se trouver chargés du bagage historique de la laïcité, ils ont dû formuler leurs revendications dans des termes plus neutres, voire flous.

En outre, les acteurs de la société civile et des partis politiques en Égypte qui ont finalement défendu une vision sécülariste ne constituaient pas tant une coalition cohérente qu'un spectre éclectique de forces s'opposant à l'islamisation de l'État, en général sans être d'accord sur d'autres points. Si les Frères musulmans ont incarné la voix la plus populaire de l'islam politique, à la fois historiquement et dans les années postrévolutionnaires, il n'y a pas eu d'équivalent parmi les défenseurs d'un « État civil ». À divers moments de la période allant de février 2011 à juillet 2013, les entités suivantes ont été en prise directe avec la Confrérie et représentaient ainsi

---

1. Michelle Dunne et Amr Hamzawy, *Egypt's Secular Political Parties : A Struggle for Identity and Independence*, Washington D.C., Carnegie Endowment for International Peace, 2017, p. 3.

des partenaires potentiels dans le cadre d'un pacte : des partis d'opposition établis comme le Wasat, le Wafd et le Ghad ; des groupes nasséristes comme le Parti national unioniste progressiste ou des personnalités connues pour adhérer à l'idéologie nassériste comme Hamdeen Sabahi ; des mouvements estudiantins démocratiques et libéraux comme Kifaya et le Mouvement de la jeunesse du 6-Avril ; des réseaux diffus qui se chevauchaient, comme la Coalition de la jeunesse révolutionnaire ; des mouvements et des groupes de travailleurs, en particulier ceux qui ne faisaient pas partie de la fédération nationale sanctionnée par l'État ; des personnalités et des intellectuels libéraux comme Amr el-Shobaki ; et des personnages indépendants de l'élite bien connus du public, comme Amr Moussa et Mohamed el-Baradei. Enfin, sous le gouvernement des Frères musulmans mis en place en 2012, les syndicats égyptiens et les fédérations professionnelles – autres forces non islamistes de l'arène politique – ont également manqué l'occasion de conclure un pacte de démocratisation.

Quatrièmement, en Égypte, la révolution et ses conséquences ont dû subir la main lourde de l'armée, qui a historiquement joué un rôle beaucoup plus central dans la gestion de l'État et de l'économie – un rôle que nous allons détailler plus loin dans ce chapitre. Tandis qu'en Tunisie, Ennahda et ses rivaux sécularistes ont pu s'engager dans un espace de négociation ouvert, sans avoir à se soucier de menaces crédibles d'intervention militaire, et encore moins de pressions constantes opérées par des dirigeants militaires dictant les règles du jeu politique grâce à leur droit de veto. En Égypte, le seul véritable changement institutionnel par rapport au régime de Moubarak a été le président lui-même et son cercle d'alliés dans l'élite. Les forces armées ont servi de garantes de la stabilité politique *avant et après* le mandat de Moubarak. Pour preuve, la destitution de Moubarak, le 11 février 2011, a été suivie par la formation du Conseil suprême des forces armées (CSFA), composé de deux douzaines d'officiers supérieurs qui ont presque immédiatement revendiqué le pouvoir exceptionnel de gouverner le pays à la suite de la révolution. C'est sous les auspices du CSFA, directement ou indirectement, qu'ont eu lieu la plupart des interactions entre la Confrérie et ses antagonistes sécularistes.

Les tensions entre islamistes et sécularistes : de février 2011 à janvier 2012

Malgré les différences entre la révolution égyptienne et la révolution du Jasmin en Tunisie quant à leur mode respectif de mobilisation, la séquence égyptienne de transition est similaire à celle de la Tunisie dans son déroulement général : après la rupture révolutionnaire, il y a eu une période initiale de « lune de miel » caractérisée par un soulagement général après la fin de l'autocratie et un sentiment patriotique largement partagé, obscurcis par des désaccords difficiles et litigieux sur ce à quoi le nouveau régime politique devait ressembler. La principale différence réside dans la rapidité avec laquelle les chances du *pacting* ont diminué au cours de cette première phase en Égypte, presque immédiatement après la fin de la dictature de Moubarak.

Au cours des discussions postrévolutionnaires visant à définir les contours du nouveau régime, les islamistes, représentés par les Frères musulmans, et les sécularistes, représentés par les partisans d'un « État civil », ne sont pas parvenus à trouver de compromis sur des questions constitutionnelles essentielles et des dilemmes institutionnels. En février-mars 2011, ce dialogue, qui faisait office de premier test d'un potentiel *pacting*, s'est terminé par la mise à l'écart des sécularistes par la Confrérie qui, avec le soutien de l'armée, a organisé un référendum constitutionnel – dénoncé par ses antagonistes qui le jugeaient précipité et biaisé. La méfiance mutuelle s'est encore accentuée entre mars 2011 et la fin de l'année, quand la Confrérie est sortie largement victorieuse des premières élections parlementaires de l'après-révolution. Préférant s'en tenir à son alliance contingente avec l'armée, la Confrérie a alors écarté les forces sécularistes, malgré quelques tentatives de dialogue. L'un des premiers points de discorde concernait, comme en Tunisie, les dispositions constitutionnelles relatives au rôle de la religion. L'invocation de la *sharī'a* dans l'article 2 comme source principale de la législation nationale, et dans d'autres clauses concernant la portée de la loi islamique, a suscité une vive controverse, les sécularistes cherchant à minimiser la centralité de la *sharī'a*. Selon un conseiller islamiste, la rapidité avec laquelle les deux parties ont voulu régler ce différend a entravé toute discussion constructive : c'était « comme si nous essayions de résoudre deux cents ans de débat théologique du jour au lendemain[1] ».

Bien que le « comité des sages » et des représentants de la Confrérie aient tous deux eu des contacts tant avec les fonctionnaires de Moubarak qu'avec l'armée pendant les manifestations révolutionnaires, la phase substantielle du *pacting* potentiel demandant une interaction entre islamistes et sécularistes a eu lieu après que le CSFA a assumé l'autorité gouvernementale, le 11 février 2011. Ces réunions ont eu lieu dans divers endroits, notamment au siège du parti Wasat, dans le but de se mettre d'accord sur une feuille de route institutionnelle vers la démocratie en débattant des nouveaux principes d'une Constitution post-Moubarak qui remplacerait le document existant basé sur la Constitution de 1971[2]. Mais ces négociations ont été rompues en raison de graves désaccords sur deux questions : le rôle de la religion, en particulier de l'islam, dans l'État post-Moubarak, et le tempo de la transition en cours.

La dynamique de négociation avait débuté avec la promesse de la Confrérie de ne pas chercher à accéder au pouvoir. Le 10 février 2011, un jour avant la chute de Moubarak, les Frères musulmans ont en effet promis, par la voix de leur porte-parole Muhammad Morsi, qu'ils ne viseraient pas l'accès au pouvoir si la révolution

1. Entretien de l'auteur avec Saif al-Din Abdulfattah, l'ancien conseiller politique du président Morsi, à Istanbul, le 10 juillet 2019.

2. « Seven Years On : Why Egypt Failed to Become a Democracy », *Middle East Eye*, 12 décembre 2017.

aboutissait, pas plus qu'ils ne préconiseraient la création d'un État religieux[1]. On ignore à ce jour s'il s'agissait d'une manœuvre tactique destinée à tempérer les vives craintes d'un pouvoir islamiste ou d'un engagement politique réel fondé sur la priorité accordée à d'autres objectifs. Quoi qu'il en soit, cette annonce a donné aux défenseurs d'un « État civil » une raison éphémère de croire qu'une concorde fructueuse pourrait voir le jour. Dans les semaines suivantes, la Confrérie avait d'ailleurs continué à marteler ce message de tolérance et d'ouverture. Dans des interviews et des conférences de presse, ses dirigeants ont assuré au public égyptien qu'ils souhaitaient seulement « participer [avec d'autres à la transition politique naissante] et non dominer[2] ».

Pour leur part, beaucoup de ceux qui s'identifiaient comme des sécularistes avaient compris que, dans le paysage égyptien postrévolutionnaire, il y avait une organisation islamiste mieux implantée qu'en Tunisie, et une société beaucoup plus religieuse. Mais le dialogue sur le rôle du pluralisme religieux dans le futur cadre constitutionnel, et sur le statut des acteurs non islamistes dans l'arène politique postrévolutionnaire, paraissait toujours possible. Cependant, la dispute – épineuse mais nécessaire – sur le lien entre politique et religion a rapidement été supplantée par une question encore plus

1. « Muslim Brotherhood : "We Are Not Seeking Power" », *CNN*, 10 février 2011.

2. Beverly Milton-Edwards, *The Muslim Brotherhood : The Arab Spring and Its Future Face*, Londres, Routledge, 2016, p. 42.

sujette à controverse et, surtout, plus urgente, à savoir le tempo de la transition en cours. Très tôt, il est clairement apparu à de nombreux partisans d'un « État civil » que la Confrérie souhaitait non pas mettre en place une nouvelle Constitution, mais simplement amender la Constitution existante, ce qui lui permettrait d'organiser des élections parlementaires dans les meilleurs délais. Cela a fait naître bien des soupçons chez les sécularistes, qui se sont mis à penser que la promesse initiale de la Confrérie de ne pas chercher à accéder au pouvoir n'était que tromperie et que les islamistes n'étaient pas des partenaires dignes de confiance pour bâtir une démocratie[1]. Alors que les dirigeants de la Confrérie soutenaient qu'attendre plus longtemps permettrait au CSFA et, donc, à l'establishment militaire de faire dérailler la démocratisation, l'opposition favorable à l'« État civil » plaidait, elle, pour une délibération continue. Elle a accusé la Confrérie d'imposer des changements superficiels pour pouvoir organiser rapidement des élections et exploiter son avantage en matière d'organisation politique, sans laisser aux opposants sécularistes le temps de consolider leur position, plus faible au départ.

Plus particulièrement, les partisans d'un « État civil » ont fait valoir que le processus de réforme constitutionnelle devait être mené par une commission impartiale, qui inclurait toutes les forces de l'échiquier politique

---

1. Entretien de l'auteur avec Essam Abdelshafi, le directeur de l'Académie des relations internationales à Istanbul, à Paris, le 10 décembre 2018.

et débattrait publiquement, en profondeur et en toute transparence, des principaux différends idéologiques. Or, le 15 février 2011, le CSFA a ouvertement défié cette revendication en nommant un comité de rédaction constitutionnel composé de huit personnes qui, dans un délai de dix jours, devait proposer des modifications importantes de la Constitution. Tandis que les opposants sécularistes résistaient, et proposaient plutôt d'autres mécanismes pour rédiger une nouvelle Constitution, tels qu'un dialogue national ou un comité judiciaire, la Confrérie s'est empressée de soutenir cette initiative militaire, affirmant que tous les acteurs devaient agir vite afin de protéger les acquis de la révolution. Des signes évidents d'une collusion entre le CSFA et les islamistes sont apparus. Par exemple, le comité de huit personnes était dirigé par Tariq al-Bishry, un juriste certes respecté mais aux penchants islamistes notoires, et un autre de ses membres – Subhi Salih – était un avocat de la Confrérie. Du reste, le CSFA ne s'est pas opposé à l'annonce de la Confrérie, le 21 février 2011, qu'elle allait créer un nouveau parti politique[1].

Bien qu'il soit difficile de déterminer si la joint-venture de la Confrérie et de l'armée reposait sur un accord formel ou était seulement de nature informelle, celle-ci a eu pour résultat de mettre les sécularistes sur la défensive dès la fin février. Les partisans d'un « État civil » se sont retrouvés hors jeu dans leurs interactions avec la

---

1. C. Rosefsky Wickham, *The Muslim Brotherhood : Evolution of an Islamist Movement*, Princeton, Princeton University Press, 2013, p. 170.

Confrérie, incapables de stopper la commission constitutionnelle nommée par les militaires ou de provoquer une nouvelle vague de protestations populaires. Certes, de grandes manifestations ont éclaté le 25 février sur la place Tahrir pour marquer l'anniversaire du premier mois de la révolution, mais elles ont été réprimées par l'armée, de même que des grèves spontanées[1]. L'agitation entachée de violence sectaire s'est poursuivie jusqu'en mars.

Le 19 mars 2011, le CSFA a organisé un référendum constitutionnel, qui proposait de modifier seulement huit articles traitant principalement de la politique électorale et présidentielle[2]. Comme on pouvait s'y attendre, aucune des prérogatives ou attributions institutionnelles des forces armées n'y était remise en question ; tout aussi significativement, les articles de la Constitution traitant de l'identité de l'État, de l'autorité religieuse et de la place de l'islam, tels que l'article 2 (qui établissait la *sharīʿa* comme source principale de toute législation) ou l'article 11 (qui stipulait que le statut de la femme dans tous les domaines ne pouvait violer la jurisprudence islamique et devait être harmonisé avec ses devoirs envers la famille et la société), n'avaient pas non plus été modifiés. Il s'agissait d'articles que les partisans d'un « État civil » espéraient aborder, fût-ce incidemment, lors de la discussion avec les Frères musulmans au sujet du nouveau cadre constitutionnel. Mais la Confrérie a refusé d'envisager tout examen de

---

1. Sherif Khalifa, *Egypt's Lost Spring : Causes and Consequences*, Santa Barbara (CA), Praeger, 2015, p. 74-75.

2. *Ibid.*, p. 77.

ces questions religieuses ou d'en débattre. À l'arrivée, le résultat du référendum a surpris même les Frères musulmans : près de 80 % des électeurs ont approuvé les changements proposés, et chaque gouvernorat l'a soutenu à au moins 61 %[1].

Du côté des perdants, les partisans d'un « État civil » ont fait valoir que le référendum ne violait pas seulement l'esprit de la révolution, mais qu'il le détournait même en favorisant l'avènement potentiel d'une structure où le pouvoir serait exercé par un binôme islamistes-militaires. Ils ont également relevé que les débats sur des questions sensibles, telles que l'invocation de la *sharīʿa* dans l'article 2, avaient été si délibérément précipités qu'ils pouvaient être considérés comme inexistants[2].

Les craintes par rapport à l'armée se sont avérées fondées. Le 30 mars, le CSFA a tout simplement annulé le référendum en publiant sa propre version provisoire d'un nouveau cadre constitutionnel, qui modifiait un nombre supplémentaire d'articles tout en établissant une séquence d'événements à venir : d'abord des élections parlementaires avant la fin 2011, puis des élections présidentielles quelque temps après et, enfin, la promulgation

---

1. Jeffrey Martini et Stephen M. Worman, *Voting Patterns in Post-Mubarak Egypt*, Santa Monica (CA), RAND Corporation, 2013, p. 8.

2. Quelques activistes islamistes se sont aujourd'hui ralliés à ce point de vue. Ils concèdent en effet que la rapidité excessive des débats initiaux en février-mars 2011 – reflet de leur crainte que des débats prolongés augmentent la probabilité de leur défaite – a nourri et la polarisation et la méfiance (entretien de l'auteur avec Bilal Hisham, un jeune activiste des Frères musulmans, à Istanbul, le 11 juillet 2019).

d'une nouvelle Constitution par un comité de rédaction de cent membres issus du Parlement. Une fois de plus, la Confrérie a soutenu fermement ce diktat, tandis que les factions sécularistes s'y opposaient avec véhémence, en particulier parce que le calendrier de transition établi était si serré qu'il semblait exclure tout débat significatif sur les questions religieuses et institutionnelles, en même temps que le rôle de l'armée dans tout nouveau régime civil restait dangereusement flou.

Le schisme islamistes-sécularistes qui en a résulté s'est élargi pendant le reste de l'année 2011, la première étape dans la détérioration des relations entre la Confrérie et les défenseurs d'un « État civil ». Au cours de cette phase, la Confrérie a fait preuve d'une « assurance électorale » croissante car elle se rendait compte que, loin d'être un acteur politique minoritaire, elle pouvait en fait jouer un rôle central dans la transition qui se profilait à l'horizon[1]. Inversement, les défenseurs d'un « État civil » ont adopté une posture défensive de suspicion et de scepticisme.

Après le référendum de mars 2011, de nombreux sécularistes ont appelé à en rejeter le résultat et ont remis en question l'intégrité du processus. Cependant, certains défenseurs d'un « État civil » ont insisté sur le fait qu'un tel rejet ne ferait que délégitimer tout programme démocratique naissant – une dissonance générale qui reflétait une animosité et une méfiance profondes à l'égard d'un

1. Nathan Brown, *When Victory Becomes an Option : Egypt's Muslim Brotherhood Confronts Success*, Washington D.C., Carnegie Endowment for International Peace, 2012, p. 6-7.

mouvement islamiste perçu comme de plus en plus fort et de plus en plus allié à l'armée. Plus tard, en mai, les médias égyptiens ont publié le manifeste du Parti de la liberté et de la justice (PLJ), le nouveau parti créé par la Confrérie. Hormis son objectif affiché d'adopter une « approche islamique graduelle », le PLJ paraissait peu dangereux compte tenu de son adhésion aux lois existantes sur les partis et leur financement[1]. Cependant, ses détracteurs s'inquiétaient de la mention d'une « approche islamique », bien que la Confrérie insistât sur le terme « graduel ». En juillet 2011, le rassemblement de dizaines de milliers d'islamistes sur la place Tahrir en soutien à la Confrérie a encore renforcé l'inquiétude de certains sécularistes. Alors que la manifestation devait à l'origine être un événement ouvert à toutes les forces d'opposition pour faire pression sur le CSFA afin qu'il accélère le rythme des réformes démocratiques, les participants islamistes exigeant la *sharīʿa* ont poussé de nombreux non-islamistes à quitter les lieux.

En août 2011, un tournant s'est produit lorsque le grand cheikh de l'université Al-Azhar a rédigé une charte consultative en onze points, signée par un certain nombre de forces politiques, dont les Frères musulmans. Ce document promettait que tous les changements constitutionnels et juridiques à venir protégeraient les libertés

1. « 'Al-Masry Al-Youm' tanshur la'iha 'al-hurriyah wal-'adalah' qabla taqdimiha li-'shu'un al-'ahzab' » ['Al-Masry Al-Youm publie le Manifeste de « Liberté et Justice » avant sa soumission au (comité des) « affaires du parti »], *Al-Masry Al-Youm*, 2 mai 2011.

individuelles, mais stipulait aussi que tout nouvel État post-Moubarak ne contredirait pas les fondements islamiques du pays[1]. La charte s'abstenait de définir ou de promouvoir le sens du mot « civil » – comme dans « État civil » – par rapport à la religion. Ainsi de nombreux critiques sécularistes de la Confrérie ont-ils considéré que cet effort de création d'une coalition informelle était biaisé, étant donné l'affiliation à l'État et l'orientation islamique d'Al-Azhar. Comme l'a résumé un défenseur de l'« État civil » : « Si de nouvelles lois nécessitent le consentement d'Al-Azhar, cela signifie *ipso facto* que nous sommes dans un État religieux et non civil[2]. » Du point de vue des islamistes, il se peut que la charte d'Al-Azhar ait été vue comme un effort concerté pour dépasser le clivage idéologique qui s'aggravait avec les sécularistes, donc comme une main tendue de bonne foi. Mais, pour leurs opposants, la charte signifiait le contraire : non pas une initiative de réconciliation, mais plutôt la mobilisation d'une prestigieuse institution religieuse pour marginaliser le point de vue des sécularistes.

L'été et l'automne 2011 ont été marqués par des conflits qui ont amplifié cette atmosphère de méfiance, notamment des violences sectaires visant des églises coptes. Nombre de sécularistes ont accusé la Confrérie de les avoir orchestrées ou encouragées. Le massacre de Maspero en octobre 2011,

---

1. « In Egypt, islamists Reach Out to Wary Secularists », *The New York Times*, 21 septembre 2011.

2. « Al-Azhar Document : A Promising Step in Need of Clearer Safeguards », *Human Rights First*, 29 juin 2011.

au cours duquel des manifestants, majoritairement coptes, qui protestaient contre la démolition d'une église ont été réprimés par des forces de l'ordre, a mis en évidence la brutalité du régime postrévolutionnaire[1]. La plupart des médias égyptiens et internationaux ont présenté ce massacre – 24 morts et 212 blessés – comme la preuve d'une fracture irrémédiable entre musulmans et chrétiens dans le pays, bien que les islamistes aient condamné cette répression. Pour les critiques de la Confrérie, nonobstant le fait que c'était des agents de l'État qui avaient réprimé les manifestants coptes, la crainte d'une recrudescence de la violence religieuse nécessitait de renforcer les appels à une « Constitution séculière[2] ». En novembre 2011, des manifestations contre le CSFA ont été organisées pour réclamer une transition accélérée vers la démocratie. Une grande partie de l'opposition sécularisté a soutenu ces affrontements dans la rue, qui ont fait plusieurs morts et des centaines de blessés, alors que la Confrérie les a condamnées comme une menace à la stabilité nationale. Seuls quelques jeunes islamistes ont manifesté leur solidarité dans la rue.

Durant les mois postrévolutionnaires de 2011, les occasions manquées se sont succédé, les islamistes et les défenseurs d'un « État civil » n'ayant pas su jeter les bases d'une compréhension mutuelle. Les élections législatives de novembre 2011, qui ont donné lieu à un triomphe

---

1. S. Khalifa, *op. cit.*, p. 91-93.

2. Talal Asad, « Fear and the Ruptured State : Reflections on Egypt after Mubarak », *Social Research : An International Quarterly* 79, 2, 2012, p. 289-290.

sans précédent de l'islamisme en Égypte, ont été le point culminant de cette situation. Même si de nombreuses autres questions ont été abordées dans le débat public, notamment le statut des minorités, la crise économique et les relations extérieures, le rôle de la religion dans la politique a tellement dominé les discussions qu'il a contraint la plupart des candidats et des partis à se prononcer rapidement sur ce sujet[1]. Le PLJ et d'autres concurrents islamistes, y compris le nouveau parti salafiste Al-Nour, ont déployé une organisation et une campagne à l'échelle nationale bien plus importantes que celles des partis sécularistes. En octobre 2011, le PLJ a proposé une « charte d'honneur » de non-agression entre candidats islamistes, qui devaient, par exemple, respecter leurs affiches respectives et, même, recourir à des stratégies de coordination[2]. Aucun accord de ce type n'a été conclu par la myriade de partis sécularistes qui ont vu le jour dans la période postrévolutionnaire.

À l'issue du second tour en janvier 2012, le PLJ des Frères musulmans s'est imposé comme l'écrasant vainqueur en remportant 48 % des sièges disputés. Le parti Nour des salafistes est arrivé – une surprise – en deuxième position, avec 28 % des sièges. Loin derrière, les défenseurs

—

1. Pour plus de détails, cf. Hesham Sallam (dir.), *Egypt's Parliamentary Election, 2011-2012 : A Critical Guide to a Changing Political Arena*, Washington D.C., Tadween Publishing, 2013.

2. « Al-Nour wa-hizb al-ikhwan yawqa'an 'mithaq sharaf' » [Les partis Nour et Ikhwan signent une « charte d'honneur »], *Al-Masry Al-Youm*, 26 octobre 2011.

d'un « État civil », tels que le Wafd, le Bloc égyptien et le parti Wasat, ont obtenu, respectivement, 8 %, 6 % et 2 % des sièges parlementaires. Les partis qu'on pouvait associer à une politique libérale et l'« État civil » n'ont ainsi cumulé que 16 % du total des suffrages[1]. Par ailleurs, les représentants de la jeunesse étaient pratiquement absents, notamment les candidats directement issus de l'énorme réservoir de jeunes activistes qui avaient fait avancer la révolution sans, par la suite, parvenir à s'institutionnaliser ni à mettre en place une stratégie électorale.

Bien que dominé par les islamistes, le nouveau Parlement n'a guère tenté d'« islamiser » l'État égyptien, comme le craignaient les pourfendeurs de la Confrérie. Car, même si la collaboration avec l'armée avait contribué à l'ascension politique et au succès électoral des Frères musulmans, les liens de la Confrérie avec le CSFA, qui conservait l'autorité exécutive, se sont gravement détériorés quelques mois seulement après l'inauguration, en janvier 2012, du premier Parlement égyptien démocratiquement élu. La Confrérie et le CSFA se sont en effet publiquement opposés sur divers points : de nouvelles lois clivantes, de violents événements comme le massacre de Port Saïd, la détérioration des conditions économiques et l'interdiction controversée des ONG américaines[2].

---

1. S. Khalifa, *op. cit.*, p. 102.

2. E. Trager, *op. cit.*, p. 117-124. Le massacre de Port Saïd a eu lieu le 1er février 2021, quand – à cause d'un service d'ordre défaillant – 72 personnes ont trouvé la mort dans un stade de foot, des centaines d'autres ayant été blessées.

Enrayer la crise économique était d'ailleurs un défi de taille – amplifié par des manifestations de rue – qui accaparait le Parlement dirigé par les islamistes : elle ne cessait de s'aggraver, et se traduisait notamment par un taux de chômage élevé chez les jeunes, l'augmentation du coût de la vie et la hausse de la criminalité.

Cependant, les sécularistes ont maintenu leur position défensive : beaucoup d'entre eux ne s'étaient manifestement pas attendus à une telle victoire électorale islamiste et, en outre, celle-ci les intimidait[1]. Cette attitude a empêché tout dialogue constructif sur les nouveaux conflits qui n'ont pas tardé à se déclarer dans l'arène législative, alors que ces derniers auraient pu provoquer une « remise à plat » et une base d'entente avec les islamistes. Les querelles autour de la Constitution – un sujet aussi riche en débats et controverses qu'en Tunisie – en sont un bon exemple. L'un des principaux objectifs du nouveau Parlement était la sélection d'une assemblée constitutionnelle de cent membres chargés de rédiger la Constitution postrévolutionnaire. En mars 2012, la première version de cette instance était composée aux deux tiers d'islamistes, ce qui a conduit les défenseurs d'un « État civil » à réclamer un organe plus représentatif. Leurs attaques véhémentes imputaient à la Confrérie l'intention de « monopoliser » la politique. Le pouvoir judiciaire et le CSFA se sont également montrés méfiants à l'égard du nouvel organe. Ces pressions ont

1. N. Brown, *op. cit.*, p. 9.

finalement contraint la Confrérie à capituler. Après des mois d'escarmouches parlementaires, un nouvel organe constitutionnel a été mis en place le 12 juin 2012. Il comptait moins d'islamistes. En fait, 61 de ses membres venaient de l'extérieur de l'hémicycle, parmi eux treize syndicalistes, quatre coptes et divers universitaires et juristes indépendants. Néanmoins, de nombreux sécularistes restaient insatisfaits. Ils faisaient valoir que les islamistes étaient toujours surreprésentés et que l'ensemble du processus prouvait qu'on ne pouvait pas leur faire confiance[1].

6.3. Le deuxième manquement : l'ascension et la chute de Morsi

L'incapacité des Frères musulmans et des sécularistes à parvenir à des accords en février-mars 2011 a été le premier grand rendez-vous manqué pour le *pacting* en Égypte. Les premiers mois de la présidence Morsi, après sa victoire électorale de juin 2012, ont été le deuxième. Pendant cette période, le premier gouvernement démocratiquement élu de l'histoire moderne de l'Égypte a été porté au pouvoir mais, en même temps, les Frères musulmans et des défenseurs de l'« État civil » se trouvaient de nouveau irréconciliables sur d'autres arrangements susceptibles de permettre à la transition démocratique de progresser. La conséquence de cet échec n'a pas tant

1. M. Dunne et A. Hamzawy, *op. cit.*, p. 16.

été le coup d'État militaire de juillet 2013, qui a mis fin au régime électoral, que l'absence totale de mobilisation du camp sécularistes contre cette intervention autoritaire. Si un compromis entre islamistes et sécularistes avait été trouvé plus tôt, il aurait été beaucoup plus difficile, voire impossible, pour l'armée de s'emparer du pouvoir aux dépens des attentes populaires en matière de légitimité démocratique.

Les manquements aux promesses faites

Les relations entre islamistes et sécularistes s'étaient encore détériorées au cours des mois précédant l'élection présidentielle. Auparavant, la Confrérie s'était engagée à ne pas présenter de candidat au premier scrutin présidentiel de l'après-révolution, cédant ainsi à la fois aux demandes des sécularistes et aux pressions populaires perçues. Mais en avril 2012, mettant à profit le succès électoral du PLJ, la Confrérie a surpris le public égyptien et la communauté internationale en revenant sur sa promesse et en présentant comme candidat son numéro deux, le guide suprême adjoint Khairat al-Shater[1]. Celui-ci avait été emprisonné en 2006, puis relâché en mars 2011. Le 1er avril 2012, le CSFA l'avait gracié, lui permettant ainsi de se présenter. Mais la Commission électorale nationale a de nouveau disqualifié al-Shater, quelques semaines plus tard, en raison de condamnations pénales antérieures. La Confrérie a alors persisté en désignant

1. C. Rosefsky Wickham, *op. cit.*, p. 254.

à sa place son candidat de réserve, Muhammad Morsi, un novice au Parlement[1]. Peu connu du public égyptien, Morsi était simplement le membre le plus haut placé de la Confrérie satisfaisant les exigences constitutionnelles pour pouvoir entrer en lice pour la présidence. Ironie de l'histoire, c'était aussi Morsi qui, le 10 février 2011, avait promis publiquement que la Confrérie ne chercherait pas à prendre le pouvoir.

Pourquoi la Confrérie a-t-elle rompu sa parole et s'est-elle lancée dans l'arène présidentielle ? L'une des explications avancées invoque l'attrait du pouvoir : « L'opportunité de présenter un candidat à la présidence était tout simplement trop tentante pour s'en priver et, une fois de plus, les principes ont cédé le pas au pragmatisme intéressé[2]. » Une autre hypothèse est la recherche stratégique d'une protection, à en croire des militants islamistes présents au Caire à cette époque. Selon eux, la Confrérie aurait fortement réagi aux rumeurs inquiétantes selon lesquelles les militaires et les sécularistes soutenaient Ahmad Shafiq, le dernier Premier ministre de l'ère Moubarak dont on disait qu'il était hostile à la participation des islamistes à la vie politique[3]. Une troisième hypothèse – intrigante – est que la candidature

1. B. Milton-Edwards, *op. cit.*, p. 45.

2. Rosefsky Wickham, *op. cit.*, p. 256. Ce point de vue était partagé par Bahey Hassan, le directeur de l'Institut du Caire pour les droits de l'homme (entretien de l'auteur avec Bahey Hassan à Paris, le 15 décembre 2018).

3. Entretien de l'auteur avec Ahmad Mouhsin, ancien secrétaire de l'organisation de la jeunesse du Parti de la liberté et de la justice à Faiyum, à Istanbul, le 9 juillet 2019.

surprise d'Abdel Moneim Aboul Foutouh, un membre éminent de la Confrérie qui avait quitté l'organisation plusieurs mois avant d'annoncer, en mars, qu'il entrerait en lice comme islamiste indépendant, lui aurait forcé la main. Quoi qu'il en soit, la décision de Foutouh accrédite l'idée d'une division interne de la Confrérie au sujet de sa participation au scrutin présidentiel.

Quoi qu'il en soit du véritable calcul de la Confrérie, sa décision de finalement participer à l'élection présidentielle a troublé les sécularistes, qui y ont vu une raison de plus de se méfier d'elle et une preuve supplémentaire du manque de fiabilité des Frères musulmans dans la mise en place de la démocratie. D'ailleurs, autre ironie, c'était al-Shater qui, peu après sa libération, avait promis que la Confrérie ne présenterait pas de candidat à la présidentielle[1]. Cela étant, l'insistance de la Confrérie pour mandater, même après la disqualification d'al-Shater, un candidat bien plus obscur s'explique par deux raisons. Premièrement, la Confrérie avait acquis la conviction que revenir sur ses engagements initiaux vis-à-vis des sécularistes n'entraînerait aucune sanction importante – aucune pression ne la poussait à faire des compromis, comme cela avait déjà été le cas lors des réunions de février et mars 2011 qui s'étaient soldées par un référendum constitutionnel précipité. Deuxièmement, la Confrérie commençait à

1. Cf., par exemple, « Khairat Al Shater : The Brother Who Would Run Egypt », *Wall Street Journal*, 22 juin 2012.

réaliser qu'il existait des éléments dans l'appareil d'État égyptien – le système judiciaire, les forces armées et même des bureaucraties civiles – qui redoutaient de plus en plus la mobilisation et l'autorité politique des islamistes. Il ne s'agit pas ici de valider l'idée d'un « État profond », comme certains chercheurs l'ont fait, car cela supposerait un degré de coordination et d'organisation qui, dans les faits, n'existait pas entre ces nombreuses entités. Mais il y avait certainement des éléments civils et militaires au sein du gouvernement qui se sentaient menacés par une possible hégémonie islamiste et qui, au fil du temps, ont commencé à agir de manière concertée pour contrecarrer ce péril. À l'instar de ses pairs sécularistes, la Confrérie n'a pas systématiquement tenté d'apaiser ou de coopter ce public, ce qui lui a été préjudiciable.

Par exemple, à l'été 2012, une grande partie des médias égyptiens, tant des médias d'État que des organes indépendants, ont commencé à critiquer la Confrérie pour ses positions politiques et moralisatrices. Le PLJ étant le principal parti du Parlement chargé de rédiger une nouvelle Constitution, la Confrérie s'est également heurtée de plus en plus au CSFA en raison de ses appels incessants à la mise en place d'un cabinet civil et à la fin du mandat du CSFA. Certains dirigeants islamistes estiment que, dès le printemps et l'été 2012, le ministère de l'Intérieur s'est employé à mobiliser et à manipuler des *baltagiyyah* – des « voyous » – pour semer la discorde et la violence dans les lieux publics, augmentant ainsi le climat d'insécurité générale dans l'espoir de diriger ce sentiment contre les islamistes[1].

L'indication la plus claire de la résistance au sein de l'État est apparue en juin 2012 lorsque, après délibération, la Cour suprême constitutionnelle a décrété que le Parlement dirigé par le PLJ était invalide en raison de violations des règles de candidature. Ce verdict est intervenu quelques jours seulement après que le Parlement avait réussi à produire sa version de compromis pour une assemblée constitutionnelle. Aussitôt, le CSFA a soutenu la décision des juges de la Haute Cour – nommés sous Moubarak – en annonçant que tout le Parlement serait remplacé. Cette décision est intervenue après la publication par le ministère de la Justice d'un arrêté rétablissant certains pouvoirs d'urgence de la police civile et des services de renseignement en matière d'arrestation et de détention, un arrêté qui signalait le retour de certaines tendances autocratiques. En outre, la Cour a annulé une loi qui aurait disqualifié la candidature d'Ahmed Shafiq à la présidence.

Ce dernier verdict est arrivé à point nommé, car ces interventions judiciaires ont eu lieu au milieu du cycle des élections présidentielles. Le premier tour de scrutin, à la fin du mois de mai 2013, a vu s'affronter une douzaine de candidats majeurs ; parmi eux, Morsi a recueilli un quart des voix, suivi de près par Shafiq. Les candidats

---

1. Entretien de l'auteur avec Tarek Zomor, secrétaire général du parti Construction et Développement, à Istanbul, le 12 juillet 2019.

sécularistes associés de près ou de loin au camp favorable à l'« État civil » ont suivi avec Hamdeen Sabahi (20,7 %) et Amr Moussa (11,1 %). Abdel Moneim Aboul Foutouh, l'islamiste indépendant, a obtenu 17,5 % des suffrages. La décision de la Cour suprême constitutionnelle a permis à Shafiq d'affronter Morsi lors du second tour, qui s'est déroulé les 16 et 17 juin. Morsi a remporté de justesse ce tour âprement disputé avec près de 52 % des voix. Il est important de noter que tous les groupes sécularistes n'ont pas apporté leur soutien à Shafiq en raison de sa forte affiliation à l'ère Moubarak. Par exemple, le Mouvement du 6-Avril a publiquement soutenu Morsi, ce qui laisse à penser que bon nombre des groupes non islamistes soutenant la révolution étaient prêts à accepter un leader islamiste tant qu'il respectait les procédures démocratiques et faisait des concessions au libéralisme.

De nouvelles frictions et la consolidation de Morsi

L'ascension fulgurante de Morsi, qui est passé du statut de candidat de rechange à la présidence au statut de premier dirigeant égyptien démocratiquement élu, a représenté bien plus qu'une réussite politique pour les partisans de l'islamisme. Aux yeux des défenseurs de l'« État civil », comme pour les institutions d'État égyptiennes, les événements de juin 2012 ont transféré la domination des islamistes du pouvoir législatif, dissous, au pouvoir exécutif, achevant ainsi leur prise de pouvoir tout court. Dans les mois qui ont suivi, les actions de Morsi en tant que président ont semblé confirmer leurs craintes d'une suprématie recherchée par la Confrérie. Du point de vue de celle-ci, l'obtention de la présidence la plaçait dans une position dont elle n'avait jamais joui auparavant – le contrôle du pouvoir exécutif –, d'où ce qu'un universitaire a appelé un « double dilemme » : d'une part, l'organisation devait agir avec prudence pour ne pas déclencher de réactions excessives de la part de ses détracteurs de plus en plus nombreux et, d'autre part, en tant que mouvement islamiste, elle se devait d'appliquer le programme idéologique dont elle était porteuse et qui la chargeait de propager ses croyances et ses valeurs[1].

Alors que Morsi a inscrit son action dans les limites d'une alternance démocratique normale en choisissant de nommer de nombreux membres de son parti à des postes gouvernementaux, les opposants à l'islamisme ont pointé du doigt ses initiatives exécutives qui semblaient viser le camp sécularistе. En effet, plusieurs mesures ont, dès le départ, déchaîné des critiques anti-islamistes. Tout d'abord, en juillet 2012, Morsi a décrété que le Parlement dissous serait rétabli, prenant ainsi le contre-pied de la Cour suprême constitutionnelle. Bien qu'il n'ait pas pu annuler la décision de la Cour, il a techniquement annulé le diktat ultérieur du CSFA visant à mettre en œuvre cette dissolution. Cette décision était controversée : depuis la chute de Moubarak, le CSFA avait non seulement la haute main sur le pouvoir exécutif, mais il continuait également à exercer une influence considérable sur l'élaboration des

1. E. Trager, *op. cit.*, p. 268.

lois. Par exemple, peu après l'élection de Morsi, le CSFA avait publié une nouvelle loi lui permettant de superviser le processus de rédaction de la Constitution, et même de révoquer l'Assemblée constitutionnelle qui venait d'être sélectionnée par le Parlement. Cela a renforcé la polarisation avec les sécularistes, car de nombreux opposants à la Confrérie, tels que le Wafd, soutenaient désormais ouvertement les efforts de l'armée pour contourner les mécanismes démocratiques afin de saper le pouvoir islamiste[1].

Deuxièmement, en août 2012, Morsi a placé en cadres de réserve un grand nombre de militaires de haut rang, y compris le chef d'état-major de l'armée et son ministre de la Défense. Il a aussi substitué au pouvoir d'arbitrage du CSFA une déclaration unilatérale, qui confiait à la présidence la responsabilité des questions législatives et constitutionnelles. Cela n'a pas forcément déclenché une guerre ouverte avec l'armée ; après tout, Morsi n'a jamais exercé son pouvoir de contrôle sur le vaste budget de l'armée, ni cherché à enquêter sur ses énormes avoirs économiques, que certaines estimations évaluaient à 15 % du PIB[2]. Mais cette affaire a suscité un malaise parmi des chefs militaires, surtout face à un président de plus en plus impopulaire. Les appels au renversement de Morsi sont devenus publics à l'automne 2012, et « les généraux ont apparemment réalisé que le comportement intransigeant

---

1. M. Dunne et A. Hamzawy, *op. cit.*, p. 18.
2. Rosefsky Wickham, *op. cit.*, p. 270.

de Morsi avait catalysé une réaction brutale et que la polarisation politique du pays atteignait rapidement un point de non-retour[1] ».

Troisièmement, toujours en août 2012, Morsi s'est rendu à Téhéran pour un sommet multilatéral, marquant ainsi un changement majeur dans les relations égypto-iraniennes depuis que les deux pays avaient rompu leurs liens au début des années 1980. De toute évidence, cette visite a aussi perturbé de nombreux États arabes, notamment la plupart des royaumes du Golfe, qui considéraient l'Iran comme une menace existentielle. Ainsi l'Arabie saoudite s'est-elle sentie doublement menacée : sur le front géopolitique, du fait de ce retournement de la position anti-iranienne, et sur le front idéologique, car une organisation des Frères musulmans arrivée au pouvoir défiait sa prétention à la légitimité musulmane sunnite[2]. Or, *in fine*, la politique étrangère égyptienne n'a pas subi de réorientation radicale pendant la présidence Morsi. Par exemple, le traité de paix avec Israël est resté intact, le gouvernement de la Confrérie n'ayant jamais sérieusement remis en question son maintien.

Au contraire, en février 2013, Morsi a fait plaisir au gouvernement israélien en ordonnant l'inondation des tunnels menant à la bande de Gaza limitrophe. Bien qu'il s'agisse d'une mesure radicale ayant déjà été envisagée par le CSFA, c'est la présidence Morsi qui a finalement

1. E. Trager, *op. cit.*, p. 184.

2. Elizabeth Iskander Monier et Annette Ranko, « The Fall of the Muslim Brotherhood : Implications for Egypt », *Middle East Policy* 20, 2013, p. 118.

fermé de nombreux tunnels utilisés pour la contrebande économique et militaire par les Palestiniens de Gaza, de sorte qu'à la veille du coup d'État de juillet 2013, on estimait que 80 % d'entre eux avaient été détruits[1]. La fermeture de ces lignes de vie souterraines a été un coup dur pour les dirigeants du Hamas. Elle contredisait l'hypothèse selon laquelle deux pouvoirs islamistes voisins – la Confrérie en Égypte et le Hamas dans la bande de Gaza – allaient forcément travailler ensemble contre Israël. Néanmoins, aux yeux de nombreux observateurs, le narratif d'une prise de pouvoir islamiste en Égypte a davantage encore pris corps à l'automne.

La raison est un quatrième élément clé, qui a renforcé cette perception. En novembre 2012, frustré par des mois de résistance et de blocage judiciaire, Morsi a décrété que toutes les décisions présidentielles seraient exemptées de contrôle judiciaire jusqu'à ce que la nouvelle Constitution soit ratifiée[2]. Cette décision a suscité de vives critiques de la part de nombreux juges, dont certains ont appelé à la grève. Bien que Morsi ait justifié cette mesure par la nécessité de protéger l'Assemblée constitutionnelle d'une dissolution par un pouvoir judiciaire encore largement constitué de juges de l'ère Moubarak, de nombreux sécularistes se sont rangés du côté des juges pour dénoncer cette décision. La nouvelle Constitution a finalement été achevée par l'Assemblée et

1. « Gaza Low on Supplies after Tunnels Shut », *The Guardian*, 20 juillet 2013.

2. S. Khalifa, *op. cit.*, p. 144-149.

promulguée par Morsi en décembre. Bien que le texte fondamental ait été le fruit du travail de l'Assemblée constitutionnelle dans sa diversité, beaucoup ont vu dans cet événement une illustration de l'emprise croissante d'un gouvernement islamiste sur l'ensemble de la vie politique et publique égyptienne.

Pendant que Morsi usait ainsi pleinement de ses pouvoirs présidentiels, la Confrérie a été confrontée à une sourde résistance de la part de divers acteurs au sein de l'État – non pas, comme on l'a déjà vu plus haut, sous la forme d'une grande fronde mais, plutôt, par de multiples points de résistance qui se rejoignaient et provenaient d'éléments hostiles à l'idée d'un ordre politique islamiste. Au jour le jour, de nombreux fonctionnaires islamistes, loyaux à l'égard de Morsi, rapportaient que bien des ordres du président restaient mystérieusement sans effets en se perdant dans les méandres d'une bureaucratie chargée de les faire appliquer. Par exemple, les efforts de Morsi pour faire baisser les prix du carburant ont été contrecarrés par des entreprises publiques du secteur énergétique et des fournisseurs en position de force sur le marché, qui ont ouvertement rejeté les directives de l'exécutif visant à mieux faire comprendre de quoi étaient composés les coûts et à redistribuer la production[1]. Il y eut en retour un renforcement de l'action exécutive : alors que de plus en plus d'organes de l'État ignoraient les pressions

1. Entretien de l'auteur avec Hussein al-Kazzaz, l'ancien conseiller pour le développement économique du président Morsi, à Istanbul, le 11 juillet 2019.

présidentielles, Morsi s'est appuyé sur ses prérogatives pour donner des instructions toujours plus agressives depuis le sommet de l'État. Par voie de conséquence, de nombreux sécularistes – non seulement les défenseurs de « l'État civil », mais aussi des électeurs ordinaires – ont contesté les autorités islamistes puisque, à leurs yeux, la Confrérie et l'État égyptien étaient devenus synonymes. Ils avaient l'impression que les Frères musulmans s'étaient emparés des institutions et s'engageaient dans un grand projet d'islamisation[1] – une perception paradoxale étant donné que Morsi se heurtait en fait à des difficultés permanentes pour amener les diverses instances de l'État à jouer leur rôle sous sa direction en tant que président.

Des opportunités manquées pour rallier de nouveaux alliés

Tout au long de ce processus, le gouvernement Morsi a eu de nombreuses occasions de conclure des accords avec des secteurs clés non islamistes, au lieu de poursuivre sur la voie d'un maximalisme de plus en plus funeste. Mais les relations avec les groupes et les activistes associés à la tendance sécularistes sont restées bloquées, quand elles ne tournaient pas à l'hostilité, le dialogue devenant de plus en plus difficile, voire impossible, en raison de la perception croissante, chez les sécularistes, que les islamistes aspiraient à l'hégémonie. Par exemple, le 4 décembre 2012, des manifestants anti-Morsi se sont dirigés vers le palais

1. Entretien de l'auteur avec Bilal Hisham, un jeune activiste des Frères musulmans, à Istanbul, le 11 juillet 2019.

présidentiel en réaction à son décret constitutionnel de novembre, ce qui a entraîné des affrontements avec les forces de sécurité et a abouti au chaos dans les rues. Le lendemain, Mohamed el-Baradei, une figure de proue des défenseurs de « l'État civil », a été choisi comme coordinateur du nouveau Front du salut national (FSN), un groupe anti-islamiste[1]. Le FSN a rejeté l'offre de Morsi de discuter au palais, même celle d'une plus grande représentation des sécularistes au sein de son cabinet, et a attribué à la Confrérie la responsabilité de l'agitation sociale. Le FSN a présenté ses propres exigences, qui résumaient les frustrations et la colère de nombreux défenseurs de « l'État civil » : l'abolition du décret constitutionnel et l'arrêt de tous les travaux sur la nouvelle Constitution jusqu'à ce qu'un ensemble d'institutions plus représentatives puisse être trouvé[2].

En fin de compte, Morsi a révoqué le décret de novembre, mais pas par le dialogue ; il y a été contraint par plusieurs semaines de violences dans la rue. Les tensions ont persisté, même après l'échec du FSN à empêcher près de 64 % de l'électorat de ratifier la nouvelle Constitution à la fin décembre. Ce processus a déclenché une nouvelle série d'accusations, les défenseurs de « l'État civil » rejetant catégoriquement le texte fondamental

1. S. Khalifa, *op. cit.*, p. 151.

2. « Jabhat al-inqath : la hiwar ma' mursi qabla ilgha' al-qirarat wa-lan nalja' lil-'unf » [Front du Salut : pas de dialogue avec Morsi avant l'annulation de ses décisions, et nous n'allons pas recourir à la violence], www.dw.com, 8 décembre 2012.

qu'ils estimaient résulter de la domination et de l'exclusion islamistes, et la Confrérie reprochant aux sécularistes leur refus de respecter les règles démocratiques[1]. En 2013, il n'y avait ainsi guère de quoi persuader le public que le mouvement islamiste était digne de confiance, malgré les tentatives de ce dernier de s'ouvrir au dialogue, comme la déclaration de janvier 2013 du chef du PLJ, Saad el-Katatny, qui appelait à une plus grande coopération avec les partis sécularistes[2].

Tout au long de ces événements, il y a eu des possibilités d'alliances mais elles se sont brisées. Un exemple : le mouvement des travailleurs organisés, qui s'est appuyé sur les voix de la gauche et du socialisme. En juillet et août 2012, dans les premiers mois de la présidence Morsi, de nombreux syndicalistes avaient soutenu le nouveau président. Ils avaient salué les mesures prises en août contre l'armée – un signal, à leurs yeux, que les contraintes répressives qui avait auparavant pesé sur les travailleurs étaient désormais bien levées et que la transition démocratique était bien en cours. Mais au cours de l'hiver, de nombreux syndicalistes ont commencé à se méfier de Morsi après l'élargissement de ses pouvoirs exécutifs, qui a érodé leur confiance quant à ses promesses de

---

1. Cf. « Qiyadat al-ahzab : narfudh silq al-dustour » [La direction des partis : nous rejetons la Constitution], *Al-Masry Al-Youm*, 30 novembre 2012.

2. « 'Al-Katatny' yad'u al-hukuma al-jadida lil-tashawur ma' al-ahzab tajanubban lil-infirad bil-qirar » [Al-Katatny appelle le nouveau gouvernement à des consultations avec les partis pour éviter des décisions unilatérales], *Al-Masry Al-Youm*, 6 janvier 2013.

protection des droits des travailleurs et d'amélioration de leurs conditions d'emploi. S'est ensuivie une résurgence de grèves et de troubles dans le monde du travail, témoignant de ce fossé grandissant. Et, en effet, rien n'atteste que le gouvernement islamiste ait fait des efforts de sensibilisation pour conserver ses alliés au sein du mouvement syndical ou pour s'assurer le soutien de nouveaux groupes de travailleurs.

Autre exemple : le pouvoir judiciaire est devenu une source de conflit, les responsables de la Confrérie ayant vite conclu à une intense opposition de la part de nombreux juges. Une opposition qui s'était en effet concrétisée par la décision de la Cour suprême constitutionnelle prise en juin 2012 d'invalider le Parlement dominé par les islamistes. Or, en même temps, une bonne partie des juges adhéraient clairement aux idéaux de la révolution et la Confrérie pouvait compter sur leur soutien. Ainsi, en janvier comme en juin 2012, un certain nombre de juristes ont déclaré la victoire de la Confrérie légale bien avant que la commission électorale n'ait officiellement certifié ces résultats. En outre, lors des révocations de haut gradés militaires en août 2012, Morsi a nommé Mahmoud Mekky vice-président. Il donnait ainsi des gages aux magistrats dans la mesure où Mekky était un juriste indépendant bien connu, qui s'était souvent opposé au régime Moubarak au sujet de l'équité des élections et de questions judiciaires. Et ceci d'autant plus qu'en nommant Mekky à la vice-présidence, Morsi manquait une occasion de choisir une personnalité plus inclusive aux yeux des sécularistes, telle qu'une femme, un non-islamiste, voire un chrétien[1].

À l'instar des mouvements ouvriers, le pouvoir judiciaire, en tant qu'institution publique, est resté largement en dehors de la stratégie politique de la Confrérie. Morsi a mis en œuvre son décret présidentiel de novembre 2012 tout en sachant pertinemment qu'il susciterait une vive opposition de la part de nombreux membres du pouvoir judiciaire, que ce soient des juges idéologiquement opposés à l'islamisme ou des juges indépendants qui, comme Mekky, souhaitaient un système efficace de contrôle et de contre-pouvoir. En définitive, le gouvernement dirigé par les islamistes a rejeté les appels à revenir sur l'élargissement des pouvoirs présidentiels malgré la forte animosité, et du pouvoir judiciaire, et de la quasi-totalité des groupes sécularistes.

Les affaires économiques sont un autre vecteur de négociations politiques dont le gouvernement ne s'est pas emparé. Pendant l'année où Morsi était au pouvoir, tous les indicateurs majeurs montraient que l'économie égyptienne était en chute libre : creusement du déficit budgétaire, baisse de la valeur de la livre égyptienne, aggravation du chômage et croissance économique quasiment nulle. La Confrérie pouvait certes contenir la colère des manifestants en faisant descendre ses propres militants dans la rue, mais elle n'actionnait aucun autre levier pour résoudre ces

1. E. Trager, *op. cit.*, p. 163-164.

profonds problèmes économiques[1]. Une solution aurait pu être trouvée auprès des entrepreneurs. Dès ses débuts, le gouvernement Morsi avait d'ailleurs cherché à rassurer les investisseurs et chefs d'entreprise en leur promettant qu'il continuerait à favoriser l'initiative et l'investissement. Khairat al-Shater lui-même était perçu comme un chef d'entreprise prospère et, avec d'autres responsables de la Confrérie, il avait persuadé de nombreuses personnalités du monde économique que le gouvernement islamiste serait plus enclin aux réformes que le régime Moubarak.

Ces interactions ont pris la forme de nombreuses réunions et ouvertures, dont une rencontre remarquée à Londres entre al-Shater et un certain nombre d'hommes d'affaires égyptiens, qui avaient fui le pays après la chute de Moubarak. Toutefois, au bout du compte, la politique du gouvernement Morsi n'a pas réussi à enrayer le déclin économique du pays, qui avait commencé pendant la période Moubarak, puis s'est accéléré pendant la période islamiste. Le taux de chômage a atteint un niveau record de plus de 13 % et l'inflation galopante a encore considérablement augmenté le coût de la vie. Même si cette situation est conforme à un modèle habituellement rencontré lors de la plupart des transitions démocratiques, en ce sens que de brusques changements politiques vont souvent de pair avec une baisse de la production industrielle et une hausse de la demande, on est obligé de relever que, tout au long de la crise, le gouvernement Morsi n'a pas

1. B. Milton-Edwards, *op. cit.*, p. 47.

soutenu ses efforts pour intégrer le monde des affaires à l'élaboration de ses politiques.

L'échec et le coup d'État

Les événements qui viennent d'être évoqués se sont déroulés dans un climat d'agitation publique contre la Confrérie. En effet, des marches de protestation quotidiennes et bien d'autres manifestations anti-islamistes n'ont cessé de ponctuer la vie publique au Caire pendant la présidence de Morsi : leurs participants représentaient de nombreuses tendances sécularistes qui accusaient la Confrérie de vouloir islamiser ou « fraterniser » l'Égypte. Au début de l'été 2013, cette agitation a encore creusé le fossé entre islamistes et non-islamistes, et le coup d'État consécutif, qui a porté Abdel Fattah al-Sissi à la tête d'un régime autocratique, a été interprété par de nombreux observateurs comme une « riposte » des sécularistes après une période de marginalisation. C'est dans ce contexte que l'armée a comploté pour déposer le gouvernement ; en même temps, un nouveau mouvement social – Tamarrud –, opposé au gouvernement Morsi, s'est constitué. Les appels populaires au renversement de Morsi ont été soutenus par des manifestations de masse dont l'ampleur a dépassé la mobilisation révolutionnaire initiale. Le coup d'État du 3 juillet 2013 a donné lieu à des affrontements violents avec les partisans de la Confrérie ; ses installations et les bureaux du gouvernement ont été détruits par des foules sécularistes bénéficiant de l'inaction complice des forces de l'ordre.

Le démantèlement de la Confrérie après le coup d'État et la montée en puissance de la dictature de Sissi ont été retracés ailleurs. Il suffira donc ici de répéter que la rupture entre les islamistes et les acteurs non islamistes n'est pas à l'origine du coup d'État militaire de juillet 2013. Certes, compte tenu du pouvoir et du statut de l'armée, aucune négociation en vue d'un nouvel ordre politique n'aurait pu être menée sans elle. Mais il est également vrai qu'une alliance entre les islamistes et les sécularistes aurait contribué à uniformiser les règles du jeu et à rendre beaucoup plus difficile une intervention militaire. Une telle coalition de forces de transition aurait mobilisé davantage de ressources populaires et aurait donc bénéficié d'une plus grande influence électorale, ce qui aurait conféré une plus grande légitimité au processus politique conjointement mené. Le coup d'État a entraîné non seulement le retour de l'autoritarisme militaire, mais aussi l'éviscération des Frères musulmans, reflétant ainsi les intérêts bien ancrés de l'armée, l'acteur le plus puissant qui représentait l'« État profond » en Égypte.

Comme indiqué précédemment, le travail de sape mené par cet « État profond » contre les islamistes à partir de la victoire parlementaire de la Confrérie en janvier 2012 ne doit pas laisser penser que les forces non islamistes auraient agi de manière unifiée et coordonnée. Autrement dit, il n'y a pas eu un chef de file unique de l'« État profond » qui aurait orchestré la chute de la Confrérie. Mais de multiples foyers de défiance, et des contre-attaques de la part de divers organes et institutions, qui ont parfois représenté les désirs des activistes sécularistes au sein de la société et, dans d'autres cas, ont été l'expression de la résistance d'intérêts autoritaires qui, à la différence des partisans de l'« État civil », n'appelaient guère de leurs vœux une démocratie électorale.

Un exemple frappant de cette pression montante est le portrait sévère de l'islamisme qu'ont dressé les médias égyptiens, aussi bien les organes affiliés à l'État que les journaux, magazines et stations de radio indépendants. En effet, au printemps 2013, la plupart des médias grand public se sont engagés dans des campagnes virulentes contre Morsi, remettant en question les décisions présidentielles mais accusant aussi la Confrérie – un refrain familier – de vouloir réduire les libertés individuelles en vue d'une théocratie[1]. Ces accusations d'islamisation ont trouvé un écho parmi de nombreux groupes non islamistes, notamment des collectifs artistiques et des intellectuels de la société égyptienne qui ont lancé une nouvelle charge anti-islamiste en mai 2013. Au cours de ce mois, le ministère de la Culture, sous la direction de son nouveau titulaire Alaa Abdel-Aziz, une personnalité conservatrice favorable à l'islamisme, a annulé une représentation de l'opéra *Aïda* et limogé les directeurs

1. Les leaders des Frères musulmans, confrontés à ces campagnes de presse, n'ignoraient rien des liens unissant bon nombre des stations de radio et sites web privés à des hommes d'affaires opérant pour le compte de militaires ou pour des figures du régime Moubarak. Cf. « Qiyadiyyah ikhwaniyya tahmal al-mujtama' al-duwwali mas'uliyyah 'azl mursi » [La Confrérie attribue à la communauté internationale la responsabilité de l'isolement de Morsi], *Akhbar Al-Yawm*, 2 août 2013.

de l'Opéra du Caire, de l'Organisation générale du livre égyptien et du secteur des beaux-arts. Ces décisions ont exaspéré de nombreux membres de la société civile, qui ont alors soutenu une campagne de guérilla menée par des artistes pour occuper le ministère de la Culture[1].

Un autre exemple est le refus grandissant des employés de l'État, et notamment des fonctionnaires de police, de faire leur travail face à la contestation anti-islamiste. À maintes reprises, le gouvernement Morsi a ainsi constaté que ses directives, tant au niveau national que provincial, n'étaient pas appliquées, les fonctionnaires contestant les ordres. Lorsque les manifestations anti-islamistes ont atteint leur paroxysme le 30 juin 2013, de nombreux policiers ont tout simplement cessé de défendre les bâtiments gouvernementaux et les complexes habités par des fonctionnaires islamistes, en dépit des ordres directs qu'ils avaient reçus du gouvernement. Cela a contraint la Confrérie à mobiliser ses propres membres comme force de protection, ce qui a conduit à des affrontements plus violents encore avec les manifestants anti-islamistes et à des accusations selon lesquelles Morsi pavait la voie à un régime dictatorial. La réaction du gouvernement Morsi au refus de la police d'exercer ses fonctions était logique ; mais, en mobilisant ses militants, il a involontairement signalé aux sécularistes que les islamistes remplaçaient les serviteurs attitrés de

1. « Brotherhoodization of the Opera : Egypt's Assault on the Arts », *The Atlantic*, 7 juin 2013.

l'État, voire que la Confrérie se mettait à la place de l'État tout court.

Le coup d'État militaire et ses conséquences ont entraîné une série de nouvelles brutalités et violations des droits de l'homme dans la rue égyptienne, notamment le massacre, sur la place Raba'a en août 2013, de plus de 800 manifestants et sympathisants de la Confrérie. Cet événement, six semaines après la destitution de Morsi, a été la pire tuerie de l'histoire moderne de l'Égypte. Elle a été suivie d'une répression féroce contre la Confrérie qui a conduit de nombreux dirigeants en prison ou à se réfugier dans la clandestinité, et les jeunes militants à croire de plus en plus que la violence et la résistance radicale, plutôt qu'une participation à des changements politiques graduels, constituaient la meilleure réponse à apporter à la crise du pays[1].

Il est frappant de constater qu'une grande partie de la société égyptienne a semblé tolérer et même applaudir ce retour à la dictature en faisant sienne l'idée que la Confrérie avait « volé » la révolution[2]. Aucun grand groupe séculariste ni défenseur de l'« État civil » n'a

---

1. Annette Ranko et Justyna Nedza, « Crossing the Ideological Divide ? Egypt's Salafists and the Muslim Brotherhood after the Arab Spring », *Studies in Conflict and Terrorism* 39, 2015, p. 528-529.

2. Des journalistes critiques à l'égard des islamistes en Égypte publient régulièrement des narratifs de la vie politique postrévolutionnaire qui accusent la Confrérie à la fois de vol électoral et d'extrémisme idéologique. Cf. « Kayf saraqa al-ikhwan al-thawra ? Wa 'munhadar su'udihim' hatta suqut morsi » [Comment la Confrérie a volé la révolution ? La pente de leur ascendance jusqu'à la chute de Morsi], *Akhbar al-Yawm*, 24 janvier 2018.

publiquement critiqué le coup d'État, ni pris la défense de la Confrérie pendant la répression qui a suivi le putsch. Il n'y a pas eu non plus la moindre voix sécularise pour s'élever contre le massacre de la place Raba'a ou pour dénoncer la destruction de la Confrérie – une mesure que même le régime Moubarak n'avait jamais ordonnée et qui ramenait les relations entre l'État et les islamistes à l'époque nassérienne, quand la Confrérie était interdite. Il n'existe pas d'équivalent égyptien de la LTDH : alors que cette organisation tunisienne de défense des droits de l'homme s'est battue pour le droit d'Ennahda à exister même pendant la quasi-rupture du processus de pacte au cours de l'été 2013, en Égypte, au même moment, aucune association équivalente ni corporation de droit n'a soutenu que les islamistes devaient être inclus dans le processus politique ou, tout au moins, devaient pouvoir exister en tant que formation politique.

Que les sécularistes ne se soient pas opposés à cette campagne anti-islamiste, même lorsque la nouvelle autocratie militaire a dépassé les pires abus de Moubarak (y compris, finalement, contre les groupes sécularistes et les libéraux eux-mêmes) est révélateur. Elle entérine l'échec de la Confrérie et des sécularistes à conclure des alliances à plusieurs moments d'inflexion au cours de la période postrévolutionnaire, de janvier 2011 à juillet 2013. Elle signale par ailleurs la gravité de l'hostilité idéologique entre ces deux mouvances politiques – un fossé apparemment impossible à combler. Au contraire de ce qui s'est produit en Tunisie, le résultat a été la restauration d'un régime autoritaire.

6.4. L'échec du *pacting* en Égypte

Comme nous venons de le voir, les acteurs islamistes et sécularistes en Égypte n'ont pas su profiter des moments critiques de leur interaction pour trouver des compromis permettant la réussite d'une transition démocratique. En revanche, en Tunisie, après la rupture avec un régime autoritaire longtemps en place, la transition, malgré bien des heurts, a finalement donné naissance à un régime électoral largement apaisé d'un point de vue idéologique. À présent, il convient donc d'expliquer pourquoi la transition égyptienne n'a pas abouti au même résultat. Rétrospectivement, il est trop facile d'accuser les islamistes d'avoir refusé de faire des concessions pour apaiser leurs alliés potentiels dans le camp sécularistes en arguant qu'ils étaient prédestinés à l'échec du fait de leur idéologie intrinsèquement « superficielle et opportuniste[1] ». C'est en effet un leitmotiv dans les analyses concernant la Confrérie depuis le coup d'État de juillet 2013 : la fin prématurée de la transition démocratique serait entièrement imputable à

1. Cf. Ashraf el-Sherif, *The Egyptian Muslim Brotherhood's Failures*, Washington D. C, 2014, p. 1-2. Pour une perspective convergente d'un média égyptien, cf. « 10 Khataya lil-ikhwan khilal hukm al-murshid » [Les dix péchés d'Ikhwan pendant le gouvernement du guide spirituel (Morsi)], www.youm7.com, 30 juin 2017.

un dinosaure islamiste incapable d'avoir un projet autre que sa propre survie.

Mais cet argument passe à côté de l'essentiel : dans les processus de transition typiques, *tous* les acteurs politiques sont mus par la peur de leur destruction et la nécessité d'assurer leur survie. Avancer que la Confrérie était condamnée d'avance à saborder la transition démocratique, c'est perdre de vue l'environnement plus large dans lequel les Frères musulmans ont pris leurs décisions. Comme l'a montré l'examen du cas tunisien, les conditions créées par les forces historiques antérieures jouent un rôle crucial, dans la mesure où elles influencent la manière dont les acteurs politiques rationnels perçoivent leur environnement et évaluent les coûts de leurs choix, les bénéfices qu'ils peuvent en retirer et les objectifs qu'ils permettront d'atteindre. Le contexte institutionnel et structurel explique pourquoi les forces politiques en Égypte ont favorisé des revendications maximalistes à somme nulle par rapport à des compromis négociés. À cela s'ajoute un facteur supplémentaire : l'environnement géopolitique a introduit une incertitude de plus et a découragé des négociations entre islamistes et sécularistes en accentuant la polarisation et la méfiance.

Déséquilibre et division en factions

L'absence fondamentale de parité de pouvoir a affaibli la motivation au compromis des Frères musulmans, qui occupaient la position la plus puissante et, à l'instar des sécularistes, poursuivaient des objectifs et des stratégies qui semblaient logiques eu égard à leur objectif primordial de survie. La Confrérie s'est toujours sentie peu encline à faire des concessions majeures à ses rivaux, parce qu'elle n'avait guère à craindre sa destruction en cas de conflit prolongé avec les partisans du sécularisme. Elle était, tout simplement, l'acteur le plus important, même s'il faut reconnaître que cette supériorité écrasante risquait en même temps de lui coûter le soutien de nombreux Égyptiens. Comme l'a fait remarquer un responsable islamiste, de nombreux stratèges électoraux de la Confrérie pendant la période 2011-2012 avaient pour devise informelle « *aktbariyyah wa la aghlabiyyah* », c'est-à-dire « une majorité relative mais pas [nécessairement] une majorité absolue ». Les Frères cherchaient à s'assurer une place permanente dans la politique égyptienne, mais pas nécessairement en obtenant à eux seuls le plus grand nombre possible de voix[1].

Mais, en définitive, la Confrérie a été « coulée » par son propre poids. Bien qu'elle ait envisagé la possibilité de conclure des partenariats durables avec des forces non islamistes, elle a finalement choisi de n'en rien faire et de s'engager seule dans le jeu politique, estimant qu'elle en retirerait bien plus d'avantages. Pour la première fois dans l'histoire de l'Égypte, la Confrérie pouvait revendiquer durablement le statut d'acteur principal de la vie politique. De l'autre côté de l'équation, les sécularistes ont,

---

1. Entretien de l'auteur avec Saif al-Din Abdulfattah, l'ancien conseiller politique du président Morsi, à Istanbul, le 10 juillet 2019.

pour leur part, beaucoup trop vite abandonné les engagements initiaux en faveur du dialogue et du compromis pour chercher des moyens non institutionnels d'écarter les islamistes du gouvernement. À la fin de la présidence Morsi, cela revenait à se ranger du côté du « faiseur de rois » autocratique, à savoir l'armée, dont les islamistes avaient eux-mêmes cherché le soutien deux ans plus tôt.

Le camp sécularistе tel qu'il est décrit ici pendant la transition égyptienne n'inclut pas l'armée ni d'autres acteurs de l'« État profond », qui représentent le pouvoir de veto scellant l'échec de la transition. Comme nous le verrons plus loin, les défenseurs de l'« État civil » et les islamistes n'ont pas perçu l'armée comme la réincarnation du régime Moubarak, mais plutôt comme l'expression institutionnelle d'un État égyptien permanent, dont le pouvoir suprême pouvait être exploité pour marginaliser leurs rivaux respectifs. En effet, le coup d'État militaire n'a pas signé la victoire des défenseurs de l'« État civil » sur l'islamisme. Pour preuve : sous le régime Sissi, depuis 2013, et la Confrérie, et ses adversaires libéraux sont réprimés ; le retour de l'autocratie militariste a décimé toutes les forces qui, en 2011, réclamaient plus de démocratie. Le rôle de l'armée ne doit donc pas occulter le déséquilibre plus profond entre islamistes et sécularistes – le manque de parité de pouvoir – qui s'est manifesté au sein de la société autant qu'en politique. Comme nous l'avons déjà relevé, un accord entre islamistes et sécularistes n'aurait peut-être pas empêché l'intervention prétorienne, mais il aurait rendu la prise du pouvoir des militaires beaucoup plus difficile.

L'absence de parité entre islamistes et sécularistes après la chute de Moubarak était une réalité bien tangible. Le poids politique de la Confrérie était beaucoup plus important, en raison de sa position historique, ainsi que de sa capacité à organiser ses partisans et à transformer ses cadres en instances de pouvoir omniprésentes et très mobiles, grâce à l'activisme et à la mobilisation. En janvier 2011, au moment de la révolution, les analystes occidentaux estimaient que le groupe islamiste comptait quelque 300 000 membres et des millions de sympathisants, et avait ses racines les plus solides dans la classe moyenne urbaine[1]. Sous Moubarak, la Confrérie avait su s'adapter à des circonstances autoritaires changeantes : elle avait montré ses forces après les élections législatives de 2005, mais avait ensuite réduit sa visibilité pendant la phase de répression, pour garantir son existence légale[2]. Elle disposait également d'une infrastructure nationale de mobilisation. Par exemple, elle avait développé un processus d'adhésion qui impliquait au moins cinq ans d'endoctrinement idéologique et d'intégration sociale ; et elle était dotée d'une structure hiérarchique complexe qui, du poste de direction du *murshid* (guide spirituel) aux cellules familiales (*usrah*) très localisées, était en mesure d'atteindre les membres à une échelle véritablement nationale[3]. Son service des médias bien développé, ses

1. Steven Brooke et Shadi Hamid, « The Muslim Brotherhood's Role in the Egyptian Revolution », *CTC Sentinel* 4, 2011, p. 2.

2. C. Rosefsky Wickham, *op. cit.*, p. 120-141.

3. E. Trager, *op. cit.*, p. 48-54.

liaisons organisationnelles et ses réseaux sociaux lui ont également permis d'atteindre un large public, au-delà de la base de ses adhérents.

Cette absence de parité de pouvoir a dilué l'incertitude qui accompagne typiquement une politique postrévolutionnaire. Comme l'ont illustré les réunions entre islamistes et sécularistes en février et mars 2011, la situation n'était pas celle de deux partenaires unis par un pacte malgré des disputes incessantes. Mais ce constat laisse encore dans l'ombre une question plus fondamentale : *pourquoi* ce manque structurel de parité a-t-il existé dès le départ et, par ailleurs, pourquoi s'est-il aggravé, provoquant des tensions de plus en plus fortes au fil du temps ? L'explication que nous proposons s'appuie sur une comparaison entre l'Égypte et la Tunisie et s'articule en quatre parties. La première se concentre sur les seuls islamistes et fait valoir que la confrérie égyptienne était plus importante mais aussi plus fracturée qu'Ennahda, et qu'elle constituait de ce fait un partenaire de négociation beaucoup moins efficace. Dans la transition égyptienne, la Confrérie a été plus forte que les groupes sécularistes parce que son développement social et politique antérieur avait conféré un rôle bien plus important à la religion dans l'identité nationale. Mais, en même temps, l'islamisme égyptien était plus fracturé. Ainsi, bien que la Confrérie ait été de loin l'acteur sociétal le plus puissant à se mobiliser pendant la période postrévolutionnaire, sa taille a aussi entraîné, paradoxalement, son émiettement en de multiples ailes et factions, à travers plusieurs générations au fil des décennies de son existence ; après la révolution de 2011, ces parties n'ont pas toujours été unies dans l'action.

Religion et développement sociopolitique

L'État et la société égyptiens possédaient déjà une forte identité islamique bien avant le Printemps arabe, autrement plus importante que celle de la Tunisie. Par « identité », nous entendons une conception de soi englobant des valeurs et normes constitutives qui représentent une catégorie sociale et façonnent, également, des préférences d'ordre politique. Si l'histoire de l'islam en Égypte est, bien sûr, beaucoup trop vaste pour être résumée ici, quelques points forts qui contrastent avec la Tunisie méritent d'être relevés. L'Égypte a ainsi toujours été plus proche du cœur de la civilisation islamique, d'un point de vue géographique certes mais pas seulement. Historiquement, ce pays a joué un rôle central dans la propagation des califats. Par la suite, de solides éléments d'identité islamique ont été intégrés dans la société égyptienne pendant les longs siècles de domination ottomane, et ils ont continué à prospérer au XXe siècle. Par exemple, il existait une puissante classe auto-organisée d'oulémas qui appliquait la *sharī'a* dans toutes les sphères de la vie. Sur le plan de l'éducation, l'université Al-Azhar témoigne de l'éminence de ces oulémas et, au-delà, du rôle clé que l'Égypte a joué dans le développement de l'islam sunnite et de sa jurisprudence.

La centralité de l'identité islamique s'est maintenue au cours de la période moderne de l'histoire politique égyptienne. La fondation des Frères musulmans en 1928 n'était pas fortuite ; elle montrait que les débats sur le rôle de l'islam dans tous les aspects de la vie continuaient à animer les formations sociales en ces premières décennies du xxe siècle. En outre, contrairement au colonialisme français, qui considérait, dans le cadre de la laïcité, la religiosité dans ses territoires administrés comme une menace pour l'État, le type d'impérialisme instauré par les Britanniques dans des protectorats tels que l'Égypte était moins catégorique à ce sujet ; il y eut de l'espace pour des débats et des développements d'importance parmi les pères de l'islamisme égyptien.

Cette tendance s'est poursuivie après le coup d'État antimonarchique de 1952 et la création du nouvel État républicain sous la direction de Gamal Abdel Nasser. En effet, dire que les années d'autoritarisme nassérien ont été une période de suppression de l'islam au profit d'une nouvelle idéologie laïque est une simplification grossière. Certes, au niveau idéologique, aussi bien le nationalisme arabe que l'islamisme implantent des visions révolutionnaires qui nécessitent une reconfiguration radicale des structures, frontières et institutions de l'État postcolonial[1]. Pour autant, le régime nassérien ne cherchait pas à éliminer la religion en tant que source d'identité, mais plutôt à la subordonner afin que l'islam continue à infuser la vie publique tout en légitimant l'ordre politique. La cooptation et la

1. Cf. Adeed Dawisha, « Arab Nationalism and Islamism : Competitive Past, Uncertain Future », *International Studies Review* 2, 2000, p. 79-90.

bureaucratisation de l'université Al-Azhar illustrent cette stratégie, puisque Nasser, Sadate et Moubarak ont tous utilisé Al-Azhar pour rehausser leurs propres références islamiques et contrôler ce qu'ils percevaient comme un discours religieux radical. À cette fin, ils ont élevé leurs oulémas préférés à des postes d'autorité[1].

Pour comprendre pleinement l'évolution de l'islamisme et de la Confrérie, des nuances doivent cependant être apportées à ce tableau. D'une part, les dirigeants de la Confrérie ont soutenu l'ascension de Nasser, qui a rencontré à plusieurs reprises ses dirigeants, dont Sayyid Qutb, avant de consolider son pouvoir en 1954[2]. En effet, certains des officiers impliqués dans le coup d'État avaient des liens étroits avec les Frères musulmans qui, à l'époque, opéraient selon les convictions de leur fondateur Hassan al-Banna en privilégiant la sensibilisation (*da'wa*) plutôt que la politique *stricto sensu*[3]. Ce n'est qu'après les appels lancés par Qutb pour que la Confrérie s'affirme en politique que les Frères sont entrés dans le domaine politique et que la répression féroce a commencé, symbolisée par l'emprisonnement de Qutb et d'autres activistes. Mais

---

1. Malika Zeghal, « Religion and Politics in Egypt : The Ulema of Al-Azhar, Radical islam, and the State (1952-94) », *International Journal of Middle East Studies* 31, 1999, p. 371-399.

2. Ce lien existant entre l'État et Ikhwan n'est pas controversé, il reste au contraire à ce jour un point de référence dans les médias égyptiens. Cf., à titre d'exemple, « 'Abdel-Nasser wa-jama'at al-ikhwan » [Abdel Nasser et les Frères musulmans], *Al-Ahram*, 27 décembre 2017.

3. Andrew McGregor, *A Military History of Modern Egypt : From the Ottoman Conquest to the Ramadan War*, 2006, p. 250.

si la Confrérie a alors été désarçonnée et écartée de la scène politique, elle n'a jamais été détruite. Jusque dans les années 1960, elle est parvenue à maintenir non seulement une organisation interne cohérente, mais aussi une idéologie alternative, d'autant plus que ses idées trouvaient un nouveau souffle dans des mouvements étudiants au sein d'institutions aussi tentaculaires que l'université du Caire[1].

La décennie du régime d'Anouar el-Sadate, au cours des années 1970, a officiellement réhabilité la Confrérie en instrumentalisant l'islam. La tolérance accordée à l'organisation islamiste découlait de la stratégie du régime visant à légitimer son autoritarisme par des sources susceptibles de le différencier du régime de Nasser. Par exemple, la religion a été agressivement invoquée dans le conflit contre Israël. Cet assouplissement de la répression s'est poursuivi pendant les années Moubarak, quoique de manière incohérente. Dans les années 1990, le régime est ainsi devenu plus méfiant à l'égard de la Confrérie dans un climat d'aggravation de la violence de la part de groupes radicalisés tels que le Jihad islamique, ce qui a entraîné des mesures de répression périodiques dans des lieux dominés par la Confrérie tels que les campus universitaires, les holdings financiers et les syndicats professionnels[2]. Dans les

1. Pour plus d'informations sur la persistance de la Confrérie durant une ère de persécutions, cf. Barbara Zollner, « Prison Talk : The Muslim Brotherhood's Internal Struggle During Gamal Abdel Nasser's Persecution, 1954 to 1971 », *International Journal of Middle East Studies* 39, 2007, p. 411-433.

2. C. Rosefsky Wickham, *op. cit.*, p. 78.

années 2000, une formule autoritaire stable a été trouvée. Bien que la Confrérie soit restée exclue de la politique en tant qu'entité organisée, ses membres pouvaient se présenter à des élections en tant qu'indépendants (et parfois les gagner). Le régime reconnaissait de la sorte le large soutien populaire dont bénéficiait le groupe. Cet ancrage dans la population reposait sur plusieurs facteurs, notamment la provision de services sociaux, la force d'attraction de l'idéologie et, enfin, l'infrastructure organisationnelle serrée de la Confrérie[1].

L'histoire des relations entre l'État et les islamistes en Égypte mériterait qu'on apporte bien d'autres précisions encore mais il suffira ici de dire, en résumé, qu'en Égypte le rôle de la religion et de son expression politique, l'islamisme, contraste fortement avec le cas tunisien. Avant le Printemps arabe, d'une certaine façon, les dirigeants égyptiens s'étaient approprié l'islam et ses expressions politiques dans le cadre de leur stratégie autoritaire. En revanche, le régime de Sissi s'est complètement coupé de la Confrérie et a cherché à l'éradiquer. Dans le même temps, la Confrérie, entièrement focalisée sur l'État, a eu peu d'occasions d'interagir avec les forces civiques et sécularistes au cours de la période 2011-2013. Les contacts entre sécularistes et islamistes au sein des forces

---

1. Au début des années 2000, la Confrérie apparaissait en effet si influente à des observateurs occidentaux que nombre d'entre eux voyaient en elle le ressort le plus vraisemblable d'une révolution sociale. Cf. Sheri Berman, « Islamism, Revolution, and Civil Society », *Perspectives on Politics* 1, 2, 2003, p. 257-272.

d'opposition anti-Moubarak s'étaient bien multipliés dans les années 2000 ; les militants islamistes se souviennent notamment du fait que des éléments de leur organisation de la jeunesse avaient eu des débats stratégiques avec des militants libéraux avant les élections législatives de 2005[1]. Mais cette exposition était clairement insuffisante pour induire des négociations et une collaboration durable au lendemain de la révolution.

Un dernier mot s'impose concernant la coopération entre islamistes et sécularistes dans une perspective historique. Tout au long de son évolution et à de nombreuses occasions, la Confrérie a joint ses forces à des partenaires non islamistes au sein de l'opposition politique. Par exemple, pendant les presque trente années du règne de Moubarak, elle a souvent appuyé des groupes sécularistes – des partis d'opposition comme le Wafd, des mouvements populaires comme des réseaux de jeunes et des syndicats professionnels comme l'Association des avocats – lors d'événements majeurs tels que la contestation d'élections parlementaires ou la défense commune de la cause palestinienne[2]. Aucune de ces alliances de circonstance n'a duré en raison des divisions idéologiques, des fissures au sein des organisations participantes, de la manipulation constante ou de

1. Entretien de l'auteur avec Ahmad Mouhsin, ancien secrétaire de l'organisation de la jeunesse du Parti de la liberté et de la justice à Faiyum, à Istanbul, le 9 juillet 2019.

2. Dina Shehata, *Islamists and Secularists in Egypt : Opposition, Conflict, and Cooperation*, Londres, Routledge, 2010, p. 83-115.

la menace de répression. Mais une histoire d'alliances durables n'est ni nécessaire ni suffisante pour que des forces opposées parviennent à conclure des pactes car, du moins en principe, ces forces doivent apprendre, dans le contexte d'incertitude et de péril consécutif à une rupture autocratique, que la voie la plus viable consiste à conclure des accords assortis de garanties mutuelles. Un contexte transitoire diffère précisément de la suffocation répressive propre aux dictatures en ce que les acteurs concurrents disposent d'une liberté quasi totale pour choisir de nouveaux partenaires et s'engager dans des politiques novatrices.

La fragmentation de l'islamisme

Comme nous venons de le voir, l'islam politique en tant que force idéologique et entité corporative était bien plus enraciné en Égypte qu'en Tunisie dans les décennies antérieures au Printemps arabe. Mais cette incorporation sociétale et cette exposition à la politique signifient aussi que, bien plus qu'Ennahda, la confrérie égyptienne a souffert de divisions internes ayant miné sa capacité à agir de manière unitaire.

Sur un plan général, la présence d'un fort courant salafiste en dehors de la Confrérie en 2011-2012 a joué le même rôle que dans le cas tunisien : le salafisme organisé a servi de point d'ancrage idéologique au conservatisme pur et dur ; il a fait pression sur les islamistes traditionnels pour qu'ils agissent en conséquence. Bien que les salafistes, par l'intermédiaire de leur parti Nour, n'aient jamais eu l'organisation hiérarchique ou les ambitions politiques de la Confrérie, leurs pressions ont influencé certaines décisions. Par exemple, les salafistes ont amplifié les demandes des islamistes conservateurs au sein de la Confrérie lors des débats de début 2011 sur le rôle de la *sharīʿa* dans la Constitution, ce qui, pour les sécularistes, a créé l'illusion que tous les islamistes étaient unis dans une coalition visant à éliminer la possibilité d'un « État civil[1] ».

Il existait par ailleurs des sources *internes* de fragmentation plus importantes. La confrérie égyptienne souffrait de deux points faibles. Premièrement, alors qu'Ennahda avait bénéficié d'une brève période de tolérance avant sa répression, il était le produit de multiples oscillations historiques entre tolérance, répression et contrôle. Ses huit *murshids* (guides spirituels), à commencer par Hassan al-Banna, avaient dû constamment s'adapter pour concilier les exigences de visibilité publique avec l'impératif de survie politique[2]. À la veille du Printemps arabe, sous le régime Moubarak, la Confrérie s'était installée dans un statut semi-légal ; elle n'avait pas voix au chapitre, officiellement, mais des racines sociétales profondes. Elle n'était pas confrontée à une menace existentielle d'anéantissement comme

1. Entretien de l'auteur avec Tarek Zomor, secrétaire général du parti Construction et Développement, à Istanbul, le 12 juillet 2019.

2. « Murashidu al-ikhwan al-muslimin min al-banna illa ʿakif » [Les guides spirituels des Frères musulmans, d'al-Banna à ʿAkif], www.youm7.com, 16 janvier 2010.

Ennahda dans les années 1990 sous la répression du régime de Ben Ali. Alors qu'Ennahda a considéré le Printemps arabe comme une occasion de revenir au pays et de se reconstituer sous une direction incontestée, la Confrérie, au moment de la révolution égyptienne, était le pur produit de la politique et de l'autoritarisme égyptiens. Elle entretenait une relation symbiotique avec le régime Moubarak.

Cette symbiose prolongée a alimenté la deuxième source de fragmentation, à savoir les divisions générationnelles au sein de la Confrérie. Ennahda a bénéficié, à tout le moins pendant le processus de pacte, d'un schéma organisationnel cohérent et unitaire étant donné la rapidité avec laquelle le groupe a dû se rétablir après deux décennies d'exclusion violente. Dans ce contexte, il y avait peu de voix dissidentes vraiment audibles, et encore moins de divisions générationnelles. Le cas égyptien est différent. En raison de la longue histoire de la Confrérie, il existait au sein de l'organisation, au moment du Printemps arabe, trois grandes formations correspondant peu ou prou à des générations différentes. La plus traditionnelle d'entre elles représentait l'aile spirituelle, dont les membres s'identifiaient au fondateur, Hassan al-Banna, en mettant l'accent sur la sensibilisation (*da'wa*) et l'appel originel à rallier l'islam par le truchement de l'éducation et d'autres services publics. Généralement ouverte aux accommodements avec l'État autoritaire et conservatrice dans son orientation politique, cette aile « conservatrice-pragmatiste » avait, dans les années 1990, consolidé sa mainmise sur les principaux postes de direction spirituelle au sein de la Confrérie[1].

Mais il existait une autre formation, plus bruyante, davantage orientée vers la politique partisane et la compétition électorale. Appelée « *jeel al-wasat* », elle correspondait à la génération issue du lent dégel, sous Sadate, quand la confrérie était sortie de la répression nassérienne. Cette nouvelle génération a été particulièrement influencée par l'adhésion de nouveaux mouvements de jeunes tels que la Gama'at islamiyyah, qui a pris au sérieux les appels de Qutb à la participation politique et a cherché à réorienter la Confrérie vers une plateforme plus militante[2]. De nombreux cadres de la Confrérie qui ont joué un rôle important pendant sa brève période au pouvoir en 2012-2013 sont issus de ce groupe, notamment Essam el-Erian, Abdel Moneim Aboul Foutouh et Saad el-Katatny, le président du Parti de la liberté et de la justice et président du Parlement dirigé par le PLJ.

Enfin, à la fin des années 2000, un groupe dynamique de jeunes activistes s'est formé. Contrairement à leurs collègues plus âgés et à l'élite organisationnelle, ces jeunes de la Confrérie n'avaient connu que la tolérance prudente du régime Moubarak. Aussi ont-ils souvent été frustrés par les décisions de leurs dirigeants, qui privilégiaient la sensibilisation – ou, à défaut, le réformisme politique – à

1. Abdullah al-Arian, *Answering the Call : Popular Islamic Activism in Sadat's Egypt*, Oxford, Oxford University Press, 2014, p. 226.

2. *Ibid.*, p. 162-175.

l'action. Ce qui explique, notamment, la consigne officielle de s'abstenir de participer aux manifestations révolutionnaires à partir du 25 janvier 2011. Certains de ces jeunes ont alors agi de manière indépendante en concluant des alliances de fait avec leurs homologues sécularistes et des mouvements de jeunesse libéraux. « La vieille garde du Bureau d'orientation avait tout juste décidé d'élever la voix pour défier Moubarak tout en laissant aux *shabab* [jeunes] le soin de gagner leur place en son nom dans le nouveau narratif du Printemps arabe[1]. » Par exemple, le 28 janvier 2011, de nombreux membres de la jeune génération de la Confrérie ont défié les dirigeants en rejoignant les manifestants en première ligne sur la place Tahrir[2]. Ces jeunes, qui critiquaient ainsi ouvertement leur direction conservatrice, arguaient que, si la Confrérie en tant qu'organisation devait rester dans les limites qu'elle s'était fixées pour son action en public, les Frères, à titre individuel et en tant que citoyens égyptiens, devaient soutenir le parti ou le groupe qui semblait le mieux placé pour apporter un changement positif – et pas nécessairement le parti politique de la Confrérie[3].

Cette fragmentation n'a pas empêché les négociations, mais elle ne les a certainement pas facilitées. En raison des divisions internes, il était déjà peu probable que les représentants de la Confrérie couvrent tout le spectre des convictions de ses membres, notamment

---

1. B. Milton-Edwards, *op. cit.*, p. 47.

2. *Ibid.*, p. 38-39.

3. E. Trager, *op. cit.*, p. 69.

celles de son aile la plus jeune. Leur prise de décision était souvent lente compte tenu des exigences de délibération qui incombaient au Conseil de la Choura et, au sommet de cet organe consultatif, au *murshid* de la Confrérie. Comme l'a expliqué l'un des responsables de la Confrérie : la complexité de l'organisation interne du mouvement rendait la mobilisation populaire facile mais bien plus difficile l'introduction de nouvelles idées au niveau de l'élite[1]. Par exemple, en septembre 2012, certains conseillers de la Confrérie, à qui la transition tunisienne semblait plus prometteuse, ont exhorté la direction à former, coûte que coûte, des alliances avec les défenseurs de l'« État civil » et des partis sécularistes[2]. Le fait que ces discussions n'aient jamais atteint le niveau de la politique officielle est révélateur. Bien qu'il soit difficile de savoir ce qui aurait pu se passer si la Confrérie avait été aussi unie dans son action qu'Ennahda l'a été pendant la période de négociation, il n'en reste pas moins que ce mouvement, même s'il restait discipliné, était devenu « pluriel » en son sein et restait marqué par ses divisions internes.

—

1. « Li-awwal marra munthu thawra 25 yanayir al-ikhwan ta'tarif bi-'khatayaha' » [Pour la première fois depuis la révolution du 25 janvier, la Confrérie reconnaît ses erreurs], www.youm7.com, 30 janvier 2017. Cf. aussi A. el-Sherif, *op. cit.*, p. 12-14.

2. « Al-hurriyya wal-'adalah yabhath muwajahat al-tahaluf al-madaniyya al-sabt al-muqbil… » [Le Parti de la liberté et de la justice discute son engagement dans une alliance civile samedi prochain…], www.youm7.com, 25 septembre 2012.

6.5. L'absence de parité entre islamistes et non-islamistes

La position des Frères musulmans en Égypte était ainsi à la fois forte, en comparaison avec d'autres acteurs, et fragile du fait des fragmentations au sein du mouvement. D'autres contraintes structurelles se sont ajoutées à ce handicap pour miner les chances d'une transition pacifique – en particulier, la faiblesse de la société civile et la force de l'armée, ainsi que le contexte géopolitique. Les représentants institutionnels de la tendance sécularistes étaient bien plus faibles et moins autonomes en Égypte qu'en Tunisie du fait de leur subordination de longue date à un régime autoritaire. Qui plus est, l'armée égyptienne était tapie dans l'ombre comme une force de veto incontournable susceptible de fausser les interactions politiques, notamment de permettre aux islamistes de contourner le processus de négociation en recherchant une alliance contingente pour écraser leurs adversaires. Les pressions géopolitiques ont aussi joué un rôle dès le départ : alors que la Tunisie a bénéficié de conditions internationales permissives ayant facilité les compromis entre islamistes et sécularistes en vue d'une démocratisation, l'Égypte a souffert de l'inverse. Les acteurs extérieurs, en particulier les pays du Golfe, ont exacerbé la polarisation idéologique et réduit le terrain d'entente possible entre les différentes forces politiques.

Une société civile faible, un État fort

En dehors du fait que l'islam politique y a joué un rôle plus important en raison du passé, l'Égypte se distingue de la Tunisie postrévolutionnaire par une société civile beaucoup plus faible et, par extension, des forces politiques sécularistes incapables de contrebalancer l'influence et le pouvoir islamistes. En Égypte, les syndicats, les corporations et les partis avaient eu beaucoup de mal à sauvegarder leur indépendance et leur autonomie par rapport à un État autocratique dont le contrôle conférait aux régimes autoritaires successifs d'énormes capacités financières et coercitives, sans parler de la militarisation de ces régimes, qui les rendait inexpugnables.

Avant le Printemps arabe, les secteurs les plus forts de la société civile, en Tunisie comme en Égypte, étaient les syndicats. Mais pas de la même façon, en raison de grandes différences dans le leadership historique qu'ils avaient exercé dans l'un et l'autre pays. En Égypte, contrairement à la Tunisie, ni les syndicats ni les corporations professionnelles n'ont mené la lutte d'indépendance contre l'occupation occidentale ; il n'y a pas eu d'UGTT égyptienne et encore moins, plus tard, de Quartet à l'égyptienne. De ce fait, le syndicalisme égyptien n'a jamais eu les titres de gloire nationalistes qui auraient pu approfondir un engagement idéologique à gauche et lui aurait ainsi permis de trouver un écho à la fois auprès de ses membres et de la société dans son ensemble. En outre, les syndicats égyptiens ont été structurés différemment par la nature même du développement économique de leur pays. Pendant la période nassérienne, ils étaient aux mains de la bourgeoisie et de ceux que Nasser appelait avec mépris les capitalistes « réactionnaires ». Les syndicats rejetaient les appels socialistes du nationalisme arabe, ce qui annonçait non seulement leur future capture par les corporations mais signalait aussi, à l'époque, leur distance par rapport aux masses populaires[1].

Autre réalité historique : ces entités sociétales n'avaient presque pas d'autonomie en dehors du contrôle autoritaire de l'État. Leur faiblesse provenait du fait que, depuis la période nassériste, l'État avait coopté et subordonné les principales organisations de la société civile, les privant ainsi de toute marge de manœuvre indépendante. La Fédération égyptienne des syndicats (ETUF), l'équivalent de l'UGTT tunisienne, a été créée en 1957 en tant que bras corporatiste de l'appareil d'État[2]. Lorsque l'agitation ouvrière a éclaté au milieu des années 2000, culminant avec la grève générale de Mahalla en 2008, il est révélateur que l'ETUF n'ait ni organisé ni soutenu de tels événements, car cela serait revenu à admettre l'existence de mouvements ouvriers autogérés en dehors de son champ d'action[3]. Peu après le soulèvement de la place Tahrir, des groupes de travailleurs autonomes ont formé leur propre organisation, la Fédération égyptienne des syndicats indépendants. Mais ils ne sont pas parvenus à s'imposer au Parlement ni dans d'autres institutions[4].

---

1. Robert Bianchi, *Unruly Corporatism : Associational Life in Twentieth-Century Egypt*, Oxford, Oxford University Press, 1989, p. 91-97.

2. Marsha Pripstein Posusney, *Labor and the State in Egypt : Workers, Unions, and Economic Restructuring*, New York, Columbia University Press, 1997, p. 80-126.

3. Joel Beinin, « Egyptian Workers and January 25th : A Social Movement in Historical Context », *Social Research* 79, 2012, p. 323-348, ici p. 328-332.

4. *Ibid.*, p. 341-343.

Historiquement, les corporations professionnelles ont mieux réussi à préserver leur identité en Égypte, mais elles ont tout de même plié lorsqu'elles sont devenues des lieux de manipulation de l'État et de batailles politiques entre forces autoritaires. Par exemple, lors de sa « révolution corrective » de 1971, Sadate avait tout simplement dissous tous les conseils d'administration des organisations professionnelles afin d'écarter ses rivaux politiques. Ce n'est qu'en 1975 qu'il fut possible d'adhérer à l'une d'entre elles sans avoir adhéré au préalable à l'Union socialiste arabe, le parti corporatiste de l'ère nassérienne[1]. Sous Moubarak, les organisations professionnelles ont été le théâtre d'une nouvelle concurrence entre les affiliés au Parti national démocratique (PND) au pouvoir et les Frères musulmans, ces derniers sortant souvent vainqueurs des élections très disputées pour la direction d'une association[2].

Les partis sécularistes méritent aussi une mention en tant qu'organisations de la société civile ayant été directement aux prises avec la Confrérie au cours de la période de transition 2011-2012. Nous évoquons là des partis historiques comme le Wafd ou les Progressistes nationalistes unionistes, des entités issues de l'ère Moubarak comme le Ghad ou des créations postrévolutionnaires comme les Égyptiens libres ou le parti social-démocrate égyptien[3].

---

1. Reinhold Leenders, *The Struggle of State and Civil Society in Egypt : Professional Organizations and Egypt's Careful Steps towards Democracy*, Amsterdam, Middle East Research Associates, 1996, p. 8-9.

2. *Ibid.*, p. 19-25.

3. M. Dunne et A. Hamzawy, *op. cit.*, p. 8.

Ces organisations ont été entravées par plusieurs obstacles. Outre que la vie des partis d'opposition est déjà, presque par définition, difficile sous un régime autoritaire dirigé par un parti dominant (tel que le PND égyptien), les partis sécularistes en Égypte ont manqué de plateformes idéologiques cohérentes depuis le nassérisme, et leurs bases de soutien ont été modestes. C'est en partie pour ces raisons qu'ils se sont fracturés. En 2011-2012, ils sont souvent apparus désunis, mandatant divers représentants pour traiter avec la Confrérie à différents moments. Leurs piètres résultats aux élections parlementaires de 2011 s'expliquent par leurs coalitions sans cesse changeantes et nébuleuses, qui « ont semé la confusion parmi les électeurs » et « ont livré des segments importants de l'électorat aux Frères musulmans et aux salafistes[1] ».

D'autres forces de la société civile égyptienne, au moment du Printemps arabe, se sont caractérisées par une même incapacité à affronter le pouvoir de l'État et, à plus forte raison, à rivaliser avec la mobilisation islamiste. Au cours des deux décennies précédentes, l'effet cumulatif des lois associatives strictes, voire étouffantes, de la cooptation politique et de la menace constante de répression avait empêché les sécularistes de développer des réseaux de masse et des stratégies de mobilisation bien rodées[2]. En d'autres termes, si la société égyptienne avait produit de nombreux acteurs informels et forces civiques depuis la

1. *Ibid.*, p. 16.

2. Jason Brownlee, « The Decline of Pluralism in Mubarak's Egypt », *Journal of Democracy* 13, 2002, p. 6-14.

fin des années 2000, y compris des mouvements de jeunes et des organisations dirigées par des membres de l'élite, leur taille, leur popularité et leur visibilité avaient pâli par rapport à celles, bien plus importantes, de la Confrérie.

L'armée et le pouvoir de l'État : le « facteur veto »

Un autre facteur incontournable expliquant l'échec du *pacting* en Égypte renvoie à la robustesse du pouvoir de l'État fortement militarisé. L'armée s'est immiscée dans le processus parce que sa suprématie l'érigeait en puissance de veto, qui pouvait à elle seule faire basculer l'équilibre des pouvoirs – ce qui, au fil du temps, a incité les sécularistes et les islamistes à cesser de négocier les uns avec les autres et à faire appel aux forces armées pour obtenir un soutien. Cette situation contraste fortement avec celle de la Tunisie. Dans ce pays, le *pacting* s'est déroulé en plusieurs étapes au cours desquelles les islamistes ont affronté deux groupes sécularistes différents : tout d'abord, le CPR et Ettakatol, des forces de gauche qui partageaient avec Ennahda l'opposition à l'ancien régime ; et ensuite, après 2013, Nidaa Tounes, une faction politique plus récente qui s'appuyait sur des éléments de l'ancien régime et représentait donc non seulement des groupes anti-islamistes de l'ancienne opposition antirégime, mais aussi des éléments anti-islamistes favorables à l'ancien régime. En Égypte, à la place d'une deuxième salve d'opposition sécularistе après que le courant de l'« État civil » se fut révélé incapable de conclure des accords décisifs en 2011-2012, il y a eu une armée interventionniste.

Il est tentant de considérer les forces armées égyptiennes comme faisant partie du régime et, donc, de caractériser le *pacting* postrévolutionnaire comme une lutte entre trois adversaires : les Frères musulmans, les défenseurs de l'« État civil » et l'armée. En effet, au sens le plus large, l'armée pourrait être considérée comme une partie du régime, puisque celui de Moubarak partageait avec elle le désir d'empêcher la démocratie. Mais une autre perspective, privilégiée ici, voit l'armée égyptienne comme le fondement institutionnel de l'État et, à ce titre, comme un pilier nécessaire au régime politique quel qu'il soit, et non à un régime en particulier. Autrement dit, l'armée égyptienne a précédé le régime de Moubarak et a ensuite servi d'acteur politique puissant dont l'autorité singulière pouvait faire basculer l'équilibre du pouvoir dans n'importe quelle direction. Après son intervention en juillet 2013, l'autocratie renouvelée sous Sissi n'était pas une résurgence du système Moubarak fondé sur un parti au pouvoir et ses réseaux de patronage mais une dictature beaucoup plus centralisée et personnaliste, où la compétition électorale même en tant que façade avait été supprimée.

À partir du début du XIXe siècle, sous le règne de Muhammad Ali Pacha, au fil des conflits et des réformes à répétition, l'armée égyptienne est devenue un pilier de plus en plus central de la vie politique égyptienne. Mais son pouvoir hégémonique a véritablement commencé à se développer pendant la période d'occupation britannique qui a suivi. Comme ce fut le cas dans plusieurs autres pays arabes sous la tutelle de l'Empire britannique, la modernisation militaire entreprise au début du xxe siècle s'est caractérisée par la professionnalisation et l'expansion des forces armées afin qu'elles soient un agent de transformation sociale. Cela diffère de l'expérience coloniale française en Tunisie, où l'armée n'avait pas vocation à transformer la société, mais simplement à protéger l'intégrité territoriale. Cela a engendré, en Égypte, un corps d'officiers ne provenant ni de la paysannerie ni de l'élite des propriétaires terriens, mais d'une classe moyenne en voie d'urbanisation « profondément imprégnée d'idées nationalistes », dont les croyances naissantes allaient se cristalliser en nationalisme arabe[1]. En effet, après avoir servi sous le drapeau britannique pendant la Première Guerre mondiale, les principaux officiers sont entrés en conflit politique aussi bien avec les autorités britanniques qu'avec le roi Faruk et son élite au pouvoir[2].

Au moment de l'ascension de Nasser dans les années 1950, les personnalités exerçant la gouvernance autoritaire étaient majoritairement issues de l'armée. Après le coup d'État, son orientation nationaliste arabe et la voie historique vers la modernisation qu'elle avait empruntée lui ont permis de jouer un rôle incontesté de gardienne de l'ordre politique. Qui plus est, en dehors de la politique, l'armée allait exercer une influence extraordinaire, qui dépassait de loin l'expérience tunisienne, où

---

1. Anouar Abdel-Malek, *Egypt : Military Society – the Army Regime, the Left, and Social Change Under Nasser*, New York, Praeger, 1968, p. 44.

2. A. McGregor, *op. cit.*, p. 201-239.

l'armée était restée petite et subordonnée aux institutions du parti et du régime de Bourguiba. En Égypte, les forces armées ont non seulement formé une partie importante des classes moyennes postcoloniales à travers leur corps d'officiers, mais elles ont également fourni une grande partie de la main-d'œuvre et des compétences nécessaires à la construction de l'État postcolonial (réforme agraire, industrialisation du secteur public et refonte de l'administration[1]). Par ailleurs, l'armée a permis la militarisation de l'État, avec la création de multiples organes de sécurité dont les attributions se chevauchaient, conçus pour surveiller la société et écraser les menaces populaires.

Enfin, l'armée est devenue un acteur économique majeur, son emprise sur certains secteurs industriels s'étendant au fil de conflits tels que la guerre de Suez, l'intervention au Yémen du Nord et les guerres israélo-arabes. Le « groupe militaire », nom que certains historiens ont donné au noyau politique de l'armée à ses débuts, en est venu à contrôler une grande partie de l'appareil financier et bureaucratique, marginalisant au passage la classe traditionnelle des propriétaires terriens et la bourgeoisie intellectuelle[2]. Ainsi, en s'en tenant aux seules apparences, le règne de Moubarak a pu être caractérisé par le puissant parti sur lequel il s'appuyait, le PND, et un favoritisme de plus en plus personnalisé. Mais ce régime civil s'est simplement superposé plutôt que substitué à la

1. A. Abdel-Malek, *op. cit.*, p. 87-149.

2. *Ibid.*, p. 167-168.

base militariste de l'ordre, car l'armée est restée « centrale pour le contrôle et le pouvoir de l'État[1] ». Il est révélateur que de nombreux membres de l'élite égyptienne affiliée à l'ancien régime autoritaire aient justifié la centralité économique et politique de l'armée en la qualifiant de nécessaire au « développement populaire » et à la « souveraineté nationale[2] ».

Mais comme nous l'avons déjà souligné, la centralité de l'armée et la solidité du pouvoir de l'État en Égypte ne doivent pas laisser croire à l'existence d'un nébuleux « État profond » qui aurait été constamment à la manœuvre contre la Confrérie. À aucun moment, les éléments de l'État égyptien n'ont agi à l'unisson pour saborder la présidence Morsi et faciliter le coup d'État qui a finalement eu lieu en juillet 2013. L'on a plutôt eu affaire à divers organes et institutions qui partageaient une préférence pour un gouvernement non islamiste mais ont agi chacun à leur façon. Aussi la « politique du veto » a-t-elle pu fonctionner beaucoup plus facilement. L'armée était l'expression la plus puissante de cette vieille garde, et son leadership a été largement pris en compte dans toutes les discussions politiques au cours de la période de transition après février 2011. De l'avis de toutes les parties, l'armée était un « faiseur de rois » ; pourvue d'une

---

1. Imad Harb, « The Egyptian Military in Politics : Disengagement or Accommodation ? », *Middle East Journal* 57, 2, 2003, p. 269-290, ici p. 285.

2. « 'An al-nishat al-iqtisadi lil-jaysh wa-hassatihi fi-natij al-mahli » [Sur l'activité économique de l'armée et sa quote-part du PNB], *Al-Masri Al-Youm*, 8 octobre 2016.

influence historique considérable, elle jouait aussi un rôle échappant à tout contrôle dans l'économie et pouvait, en outre, agir de manière autonome pour écraser toute expérience politique. Par exemple, Qutb al-Arabi, l'ancien directeur de la communication du président Morsi, rapporte que les agents de liaison de l'armée approchaient fréquemment Morsi et d'autres responsables de la Confrérie en leur promettant qu'ils soutiendraient le camp islamiste et assureraient ainsi leur survie – tout en faisant les mêmes promesses aux défenseurs de l'« État civil[1] ». Cette situation contraste fortement avec celle de la Tunisie, où l'armée avait été affaiblie par le régime de Ben Ali et ne constituait pas une menace crédible d'intervention politique – ni les islamistes ni les sécularistes ne la considéraient comme un contrepoids à exploiter contre l'adversaire.

L'omniprésence de cette menace de veto en Égypte a eu pour effet de réduire l'incertitude nécessaire à la réussite des politiques de pacte. Elle a récompensé les objectifs à somme nulle en encourageant chaque acteur en compétition à « jouer le tout pour le tout » et à poursuivre des buts maximalistes – marginalisation, voire élimination des concurrents. En 2011-2012, quand les Frères musulmans ont commencé à interagir avec les sécularistes, ils étaient déjà le camp le plus fort ; en plus, ils disposaient d'un raccourci vers la victoire tactique : la possibilité

1. Entretien de l'auteur avec Qutb al-Arabi, l'ancien directeur de communications du président Morsi, à Instanbul, le 9 juillet 2019.

de s'allier avec les militaires, ce qui leur permettrait de contourner, voire d'abandonner, toutes les promesses qu'ils avaient faites aux défenseurs de l'« État civil ». C'est du moins la perception qui prévalait parmi de nombreux acteurs politiques égyptiens au cours de ce processus.

Par exemple, de nombreux sécularistes au sein du courant de l'« État civil » étaient convaincus que la Confrérie avait conclu une vraie alliance avec l'armée, à un haut niveau, dans le but d'éliminer toute opposition démocratique libérale ; ils avançaient comme preuve le fait que le président Morsi avait, davantage encore que Moubarak, concédé à l'armée le droit de juger des dissidents civils devant des tribunaux militaires[1]. D'autres Égyptiens ont mis en avant le silence flagrant de la Confrérie au sujet de la répression exercée par les forces de sécurité après la révolution, notamment lors des violents affrontements dans le quartier de la rue Muhammad-Mahmoud au centre du Caire en novembre 2011. À leurs yeux, cela prouvait que les islamistes et les planificateurs militaires étaient de mèche[2].

Avec le recul, on se rend compte qu'aucune coalition stable n'existait en Égypte et que l'armée elle-même agissait de façon inconstante pour saboter le processus de transition. Par exemple, en 2011-2012, le CSFA considérait la Confrérie à la fois comme une menace contre

---

1. Entretien de l'auteur avec Bahey Hassan, le directeur de l'Institut du Caire pour les droits de l'homme, à Paris, le 15 décembre 2018.

2. Entretien de l'auteur avec Essam Abdelshafi, le directeur de l'Académie pour les relations internationales à Istanbul, à Paris, le 10 décembre 2018.

laquelle il fallait se mobiliser et comme une « force stabilisatrice » parce qu'en donnant des gages au camp islamiste sous forme d'appâts politiques et institutionnels, le CSFA croyait pouvoir inciter ses dirigeants à calmer l'ardeur des cadres[1]. Autrement dit, le Conseil suprême des forces armées considérait la Confrérie comme un outil à son service, tout comme il allait plus tard instrumentaliser les sécularistes en amplifiant leur mécontentement pour justifier sa prise de pouvoir.

Au lendemain de la révolution en Égypte, la façon dont les protagonistes de la transition se percevaient mutuellement a amplifié leur méfiance réciproque. En Tunisie, la faiblesse de l'armée empêchait celle-ci de compter comme entité régalienne susceptible de soutenir efficacement l'un ou l'autre acteur de la transition, contraignant ainsi Ennahda et ses rivaux à négocier et à faire des compromis pour échapper à l'éventualité d'une destruction mutuelle – il n'y avait pas d'issue facile. Tandis qu'en Égypte, l'existence d'une trappe par laquelle les acteurs pensaient pouvoir échapper aux promesses qu'ils avaient faites, et sortir du processus en cours, a sapé la transition. Finalement, la présence de l'armée a effectivement permis aux sécularistes de « faire défection » en sortant du jeu démocratique et, à leur manière, de faire pencher l'équilibre du pouvoir aux

1. Patrick Haenni, « The Reasons for the Muslim Brotherhood's Failure in Power », dans *Egypt's Revolutions : Politics, Religion, and Social Movements* (dir. : Bernard Rougier et Stéphane Lacroix), Londres, Palgrave Macmillan, 2016, p. 31-32.

dépens des islamistes – ils ont pesé de tout leur poids dans la balance, depuis les premiers efforts du CSFA pour limiter les pouvoirs présidentiels après l'élection de Morsi jusqu'à leur mobilisation finale pour soutenir le coup d'État militaire. Par exemple, le Front du salut national a ouvertement appelé l'armée à intervenir, dès janvier 2013, après avoir rejeté les appels au dialogue de Morsi du mois précédent. Le FSN affirmait que c'était là le seul moyen de préserver l'Égypte alors que l'instabilité économique et politique s'aggravait[1].

Des pressions géopolitiques

L'environnement géopolitique a aussi eu un impact sur les chances de réussite de la transition en Égypte. Le pays a en effet été le lieu principal de confrontation des riches royaumes rentiers du Golfe, chacun cherchant à imposer sa propre vision d'un ordre régional post-Printemps arabe. Ces courants géopolitiques croisés ont ajouté de fortes tensions à la transition politique et ont encore réduit ses chances de succès. La Tunisie, elle, était relativement isolée des courants régionaux et des compétitions stratégiques qui ont affecté le Moyen-Orient pendant et après le Printemps arabe. Ennahda et les sécularistes pouvaient négocier sans avoir à subir de trop importantes pressions diplomatiques ou financières de la part de puissances extérieures, en dehors d'un intérêt occidental grandissant à voir s'achever la transition démocratique.

—

1. M. Dunne et A. Hamzawy, *op. cit.*, p. 20-21.

Les principales confrontations au Caire n'ont pas été provoquées par des puissances occidentales – généralement méfiantes mais complices des développements postrévolutionnaires –, mais par des pays du golfe Arabique. Par exemple, les États-Unis ont adopté une position neutre. Bien que des critiques aient accusé l'administration Obama d'approuver l'islamisme puisqu'elle n'avait pas témoigné d'opposition à la victoire parlementaire du Parti de la liberté et de la justice, suivie du triomphe de Morsi aux élections présidentielles, force est de constater que les choses n'ont guère changé dans les relations américano-égyptiennes, que ce soit sous Moubarak, Morsi ou Sissi, en termes d'engagement diplomatique, d'aide publique au développement et d'assistance militaire[1]. D'après un analyste égyptien, le président Morsi aurait même cru, lors du coup d'État militaire de juillet 2013, que l'Occident, y compris les États-Unis, défendrait son gouvernement parce qu'il était démocratiquement élu[2].

Des pressions autrement plus fortes ont été exercées par certains pays du Golfe. Compte tenu du choc provoqué par le soulèvement bahreïni en 2011 et des efforts déployés pour l'étouffer, plusieurs royaumes du Golfe, à savoir l'Arabie saoudite, les Émirats arabes unis et le Bahreïn lui-même, sont devenus les hérauts de la

1. Pour une critique de cette politique, cf. Anne Pierce, « US "Partnership" with the Egyptian Muslim Brotherhood and its Effect on Civil Society and Human Rights », *Global Society* 52, 2014, p. 68-86, ici p. 77-78.

2. Entretien de l'auteur avec Bahey Hassan, le directeur de l'Institut du Caire pour les droits de l'homme, à Paris, le 15 décembre 2018.

contre-révolution pendant le Printemps arabe. Déjà idéologiquement hostile à la Confrérie, cette coalition dirigée par l'Arabie saoudite s'est opposée à la percée démocratique en Égypte, qu'elle assimilait à une percée islamiste dans un grand pays arabe. Ce bloc contre-révolutionnaire a donc critiqué la Confrérie avant son accession au pouvoir et pendant le temps qu'elle l'a exercé, créant ainsi un climat d'hostilité diplomatique et de pressions extérieures. Des collaborateurs du président Morsi affirment détenir la preuve que d'importantes subventions d'origine saoudienne et émiratie ont été versées à des journaux et sites web anti-islamistes presque immédiatement après l'élection de leur candidat[1]. Et ce n'est sans doute pas une coïncidence si, après le coup d'État de juillet 2013, de nombreux partis et factions sécularistes ont rencontré le ministre des Affaires étrangères des Émirats arabes unis, le cheikh Abdullah bin Zayed al-Nahyan, qui a alors loué le mouvement anti-Morsi pour son rôle dans le renversement de la Confrérie[2].

Trois pays se sont opposés à cette coalition contre-révolutionnaire. Le premier était le Qatar, sous la direction de l'émir Hamad bin Khalifa al-Thani, qui a ouvertement soutenu la Confrérie et salué son accession

---

1. Entretien de l'auteur avec Qutb al-Arabi, l'ancien directeur de communications du président Morsi, à Istanbul, le 9 juillet 2019.

2. « 'Sabahi' yuhayyi mawqif al-imirat min '30 yunio' khilal liqaa'hi ma' wazir kharijiyat » [Sabahi salue la position prise par l'EAU au sujet du « 30 juin » lors de sa rencontre avec leur ministre des Affaires étrangères], *Al-Masri Al-Youm*, 5 août 2013.

au pouvoir ; puis, dans une moindre mesure, la Turquie et l'Iran[1]. Les flux d'aide étrangère reflètent ces choix antagonistes : le Qatar a subventionné l'Égypte pendant la présidence Morsi à hauteur de 8 milliards de dollars sous forme de dons et de prêts, le dernier versement de 3 milliards de dollars ayant été annoncé en mai alors que la crise économique et l'instabilité politique atteignaient leur paroxysme[2] ; de son côté, la coalition dirigée par l'Arabie saoudite a déversé des ressources massives après le coup d'État de juillet 2013 pour soutenir l'autocratie restaurée sous la férule de l'armée.

L'autre grand antagoniste de la coalition contre-révolutionnaires était la Turquie. Bien que les liens directs entre, d'un côté, le président turc Recep Tayyip Erdoğan et son parti islamiste au pouvoir et, de l'autre, le président Morsi et la Confrérie restent difficiles à cerner, on constate que les deux pays se sont engagés dans un partenariat de plus en plus étroit impliquant des échanges commerciaux, des exercices navals communs, des liens diplomatiques et initiatives conjointes. Certains observateurs ont suggéré que le partenariat turco-égyptien signalait un ordre régional entièrement nouveau, bâti par des régimes islamistes populaires et, donc, pétri de religiosité[3]. Une conclusion sans doute mieux fondée

---

1. Iskander Monier et Ranko, *op. cit.*, p. 119.

2. « Qatar's Aid to Egypt Raises Fears on Motives », *Wall Street Journal*, 17 mai 2013.

3. « Growing Ties between Egypt, Turkey May Signal New Regional Order », *Los Angeles Times*, 13 novembre 2012.

consisterait à dire qu'en raison de certaines similitudes idéologiques entre ces deux gouvernements, leurs pays ont cherché à conclure une alliance stratégique naturelle pour faire contrepoids au bloc dirigé par l'Arabie saoudite. Il est à ce titre révélateur qu'Erdoğan ait condamné le coup d'État de juillet 2013, réaffirmant que Morsi était le président légitime de l'Égypte et exigeant sa restauration au pouvoir.

D'un point de vue analytique, ces tensions géopolitiques ont sapé le *pacting* égyptien de plusieurs manières. Tout d'abord, elles ont exacerbé la polarisation : l'intensification de la campagne menée contre la Confrérie par de puissants acteurs régionaux a creusé le fossé entre islamistes et sécularistes. Elle a également mis les islamistes au pied du mur et les a incités à rechercher rapidement une alliance avec l'armée afin de surmonter les obstacles. Enfin, les sécularistes égyptiens n'ont pas bénéficié d'un bailleur de fonds étranger ni d'une visibilité internationale susceptible de relancer le processus du *pacting* sous la présidence Morsi. En Tunisie, le Quartet, qui est intervenu dans le processus politique à la fin 2013, l'a fait avec le soutien massif de l'Occident, ce qui a augmenté les enjeux du processus de négociation, temporairement bloqué, et a incité tous les acteurs à le perpétuer. En revanche, en Égypte, aucun des principaux défenseurs de l'« État civil » n'a bénéficié d'un tel soutien ni d'une visibilité comparable auprès du grand public occidental.

Conclusion : les implications du pacting *manqué*

Ce chapitre a exploré le cas de l'Égypte postrévolutionnaire et, en particulier, les premières années ayant suivi le renversement du régime Moubarak. Il a mis en évidence l'échec du *pacting* entre les Frères musulmans et leurs rivaux sécularistes, en insistant sur deux moments clés : la rupture initiale du dialogue en février-mars 2011, puis la présidence Morsi. L'étude montre que les choix de ces acteurs se sont éloignés à plusieurs reprises de la feuille de route censée mener à une démocratisation négociée, les opportunités de dialogue et de compromis ayant été gaspillées au profit d'une préférence pour le maximalisme. L'échec de ces négociations doit être compris à la lumière des contraintes structurelles et des conditions prévalant en Égypte, différentes de celles ayant marqué le contexte postrévolutionnaire tunisien, à savoir la religiosité de l'État et de la société, la faiblesse de la société civile sécularisté, la puissance de l'État (et, notamment, de l'armée), la fragmentation de la Confrérie, et certains obstacles géopolitiques.

Le retour à une perspective macro-analytique permet deux constats importants. D'abord, l'Égypte et la Tunisie sont en effet comparables à bien des égards, même dans le cadre de la théorie du *pacting*. Les deux pays ont été marqués par des degrés élevés de polarisation et de diversité normative à la suite du Printemps arabe. Mais, ensuite, la parité de pouvoir observée entre Ennahda et ses opposants sécularistes en Tunisie n'existait pas en Égypte. Au lieu d'être dans des positions de force relativement équivalentes, les islamistes et les sécularistes égyptiens se trouvaient sur un terrain d'incertitude en constante évolution, façonné par une armée puissante et des influences géopolitiques. Dans ce contexte, aucun des deux protagonistes n'a estimé qu'il était politiquement judicieux de s'engager pleinement dans une stratégie de compromis où les coûts, les avantages et les intérêts pourraient être soigneusement répartis dans un cadre commun. Ils ont estimé que le pacte n'était pas une stratégie viable et, à terme, gagnante.

7
Conclusions

Ce livre a proposé une thèse novatrice sur la démocratisation au Moyen-Orient et en Afrique du Nord (MENA). Il a démontré que les sociétés à majorité musulmane offrent un contexte unique pour théoriser le changement politique. Il a ressuscité la théorie du *pacting*, ce mécanisme par lequel une transition démocratique peut être mise en œuvre pendant les moments d'incertitude suivant la chute d'une autocratie. Il a appliqué cette théorie à la Tunisie et à l'Égypte, l'analyse historique de ces deux cas ayant permis de découvrir la combinaison de facteurs contingents et de conditions de fond susceptible de faciliter la réussite de transitions, notamment grâce aux accords conclus entre des forces politiques et religieuses concurrentes. Étudier la Tunisie et l'Égypte pendant les années consécutives au Printemps arabe a été un choix pertinent dans la mesure où les deux pays se sont engagés dans des transitions de régime en 2011, après l'effondrement quasi simultané de leurs régimes autocratiques. Leurs résultats divergents au cours des années qui ont suivi, ainsi que les conséquences respectives de la compétition entre islamistes et forces non islamistes, mettent en exergue l'importance que notre travail revêt pour les spécialistes de la démocratisation, de la politique au Moyen-Orient et de l'islam.

Si l'analyse des cas tunisien et égyptien développée ici est originale, les principaux apports de cet ouvrage sont d'ordre théorique. Premièrement, pour les spécialistes de la religion et de l'islam, il aborde de manière inédite la question des possibilités démocratiques du monde musulman, en particulier de la région MENA. Cela étant, nous ne faisons l'apologie de rien. Notre analyse ne présuppose pas que la démocratie est inévitable, ni que les musulmans doivent embrasser les valeurs démocratiques à un niveau spirituel. En effet, nous sommes conscients que théologiens et juristes continueront d'exprimer leurs désaccords autour des traditions, des valeurs et des expressions de l'islam : c'est une caractéristique immuable de la foi que de susciter la discussion. L'élément central de notre argument est que la vie politique ne peut pas attendre que ces batailles d'interprétation soient résolues. D'ailleurs, un consensus sur ces questions religieuses n'est pas nécessaire pour que la démocratie émerge en milieu islamique. Tout ce qu'il faut, ce sont des accords pragmatiques entre les acteurs politiques, y compris ceux qui affirment parler au nom de l'islam, pour minimiser les conflits et élaborer de nouvelles règles de procédure pendant les périodes de transition. Comme nous l'expliquerons plus loin, cette insistance à souligner que la politique doit précéder la théologie crée également une phase unique de développement religieux, où des percées théologiques peuvent advenir *moyennant* des négociations politiques.

Deuxièmement, les théories des transitions « pactées » sont d'un intérêt considérable pour une meilleure compréhension des régimes politiques modernes. Des transitions démocratiques peuvent s'enclencher lorsque les élites politiques en lutte pour le pouvoir acceptent de ne pas être d'accord et fond des compromis sur des questions clés moyennant des négociations pour garantir au minimum leur droit collectif à survivre et à participer à la vie politique. Dans des contextes où règnent la parité de pouvoir, la polarisation idéologique et la diversité normative, les concessions mutuelles caractéristiques des processus de pacte sont préférables à la pire des options, à savoir la poursuite de la lutte, une guerre civile et le risque de disparition politique. Bien sûr, comme le livre l'a clairement rappelé, savoir si une démocratie naissante se consolidera ou pas est un autre problème, auquel les Tunisiens sont encore confrontés en 2024. Mais, plus fondamentalement, il importe de déterminer comment la démocratie peut se cristalliser *en premier lieu* grâce à l'existence d'un processus de pacte pendant les épisodes de conflits politiques houleux qui suivent une rupture autoritaire. Ces conflits, en particulier au Moyen-Orient, tourneront probablement autour du fossé séparant ceux qui prétendent représenter la religion en politique – les islamistes – et ceux qui rejettent la religion en politique, les sécularistes. Le *pacting* est un des moyens pour sortir du blocage que constitue le face-à-face de ces deux camps adverses.

Le débat suscité par cette proposition de démocratie « pactée » aura une incidence sur de futures recherches académiques, de même que sur l'avenir des systèmes politiques de la région MENA. Pour mieux apprécier ces implications il convient maintenant de détailler comment les conclusions de ce livre pourraient influencer les recherches sur la région MENA, les études de politique comparée et les études islamiques.

7.1. L'exceptionnalisme autoritaire dans son contexte historique

Des milliers de pages ont été noircies pour échafauder des théories, débattre et argumenter sur les raisons pour lesquelles la démocratie reste si rare dans le monde islamique, et en particulier dans la région MENA[1]. De nombreux observateurs prétendent depuis longtemps que cette région fait figure d'« exception » en raison de

---

1. Cf. Michael C. Hudson, « Obstacles to Democratization in the Middle East », *Contention* 5, 2, 1996, p. 81-105 ; Marsha Pripstein Posusney et Michele Penner Angrist, *Authoritarianism in the Middle East : Regimes and Resistance*, Boulder, Lynne Rienner Publishers, 2005 ; Ellen Lust, *Structuring Conflict in the Arab World : Incumbents, Opponents, and Institutions*, New York, Cambridge University Press, 2005 ; Sean Yom, « Understanding the Durability of Authoritarianism in the Middle East », *Arab Studies Journal* 13-14, 2-1, 2005-2006, p. 227-233 ; Oliver Schlumberger (dir.), *Debating Arab Authoritarianism : Dynamics and Durability in Nondemocratic Regimes*, Stanford, Stanford University Press, 2007 ; Larry Diamond et Marc Plattner (dir.), *Democratization and Authoritarianism in the Arab World*, Baltimore (MD), Johns Hopkins University Press, 2014 ; et Joseph Sassoon, *Anatomy of Authoritarianism in the Arab Republics*, New York, Cambridge University Press, 2016.

son héritage islamique. Sans vouloir s'immiscer dans ce débat intellectuel important, et à ce jour non tranché, l'hypothèse développée tout au long de ce travail est que le langage de l'exceptionnalisme n'est pas pertinent pour expliquer pourquoi la démocratie est restée hors d'atteinte. Les difficultés de la démocratisation sont plutôt le reflet des *paramètres structurels* de la politique dans ces pays – et non d'un paradigme culturel, d'un état d'esprit enraciné dans la collectivité ou de la force inexorable de l'Histoire. Ces paramètres sont à l'origine des circonstances singulières qui déterminent comment des acteurs humains adeptes de doctrines ou d'idéologies apparemment incompatibles rivalisent pour le pouvoir dans des conditions d'incertitude.

Cela ne veut pas dire que l'Histoire n'a pas d'importance. Le contexte historique peut fournir des indices cruciaux sur la manière dont certains de ces paramètres structurels, les plus importants pour l'interaction politique dans les pays de la région MENA, ont été façonnés au fil du temps. Comme beaucoup d'autres régions, le Moyen Orient et l'Afrique du Nord ont connu des épisodes traumatisants d'occupation impériale. Les dernières décennies de la domination coloniale, lorsque le régime ottoman a cédé la place à l'hégémonie européenne, y ont été les plus traumatisantes. Les États modernes y ont pris forme entre le début et le milieu du XXe siècle sous l'impulsion de cartographes, d'administrateurs et de bureaucrates européens. La démocratie n'est pas advenue dans les sociétés et régimes issus de ce processus rapide et hautement perturbateur, ni dans la plupart des autres territoires sortant de l'ombre du colonialisme occidental. Ainsi, à l'aube de la période postcoloniale, la région MENA s'est retrouvée avec une large gamme de régimes expérimentaux et de nouvelles structures de gouvernement dirigés par des élites différentes. Les divers détenteurs du pouvoir – des généraux, des rois, des populistes – ont tous cherché à consolider leur assise en reconfigurant les nouveaux États selon leur propre vision de l'autoritarisme. Quant aux membres de la société civile, ils sont nombreux à avoir soutenu ces dirigeants qui promettaient de forger des systèmes politiques nouveaux, et semblaient désireux de donner la parole aux populations marginalisées et de mettre en chantier la création de nouvelles institutions nationales. Ils ont été déçus par les politiques dictatoriales qui ont suivi. En outre, certains des premiers régimes politiques ont rapidement été balayés par des coups d'État, l'instabilité donnant finalement naissance à des régimes illibéraux et à la base encore plus réduite, comme dans les États du parti Baas (Parti socialiste de la résurrection arabe), en Syrie et en Irak.

Il faudrait toute une bibliothèque pour abriter les travaux universitaires relatifs aux institutions et à la vie politique de l'autoritarisme postcolonial dans la région MENA[1]. Il est cependant possible, et surtout nécessaire, de résumer à grands traits cette seconde moitié

—

1. Cf. Lisa Anderson, « Absolutism and the Resilience of Monarchy in the Middle East », *Political Science Quarterly* 106, 2, 1991, p. 1-15 ; Jill Crystal, « Authoritarianism and Its Adversaries in the Arab World », *World Politics* 46,

du XXe siècle, une longue période d'ossification politique rompue par le Printemps arabe. Dans la plupart des pays de la région MENA soumis à une gouvernance non démocratique, celle-ci s'exerçait au moyen d'outils coercitifs bien connus : répression de la dissidence, entretien d'un climat de peur, cooptation, propagande, mobilisation contrôlée. Pendant la guerre froide, les autocraties régionales ont aussi profité de la situation géopolitique. L'Union soviétique et les parrains occidentaux, comme les États-Unis, ont cherché chacun de leur côté à consolider les positions de leurs alliés locaux afin de priver la superpuissance adverse de nouveaux atouts. Par le biais d'interventions militaires, de l'aide économique et de la couverture diplomatique, les soutiens extérieurs ont renforcé les remparts des dictatures, frappant d'anathème les voix et les mouvements démocratiques qui tentaient de s'y développer. Pour l'Occident, ce sont des intérêts stratégiques plus larges, dont la sécurisation du pétrole arabe, qui ont primé. Une autre manifestation de cette ingérence géopolitique a été le soutien quasi inconditionnel à Israël.

La fin de la guerre froide et la chute du mur de Berlin ont brièvement suscité l'espoir de voir se terminer cette longue période d'hibernation, notamment parce que la fin de la lutte entre les superpuissances était censée faire disparaître les réseaux clientélistes de soutien international aux dictatures de la région MENA. Pourtant, les

---

2, 1994, p. 262-289 ; et Nazih Ayubi, *Overstating the Arab State : Politics and Society in the Middle East*, Londres, I. B. Tauris, 1996.

efforts timides de libéralisation politique déployés par de nombreux régimes sont restés bien en deçà des attentes en matière de démocratisation – une amorce de démocratisation aurait au minimum supposé que les rois et les présidents non élus perdent leur pouvoir suprême au profit de personnalités désignées par le verdict des urnes. En outre, si l'ère de la bipolarité s'est achevée, une nouvelle est advenue, caractérisée par une hégémonie américaine incontestée, qui a perpétué un contexte géopolitique incitant les parrains occidentaux à poursuivre le soutien diplomatique, économique et militaire à leurs alliés autoritaires. Enfin, si ces alliances avaient besoin d'être justifiées, la montée en puissance d'al-Qaida et les attaques terroristes du 11 septembre 2001 ont répondu à cet impératif, les États-Unis comme les autres Occidentaux recherchant la coopération et la stabilité des autocraties régionales pour mener de nouvelles guerres dans toute la région MENA.

La décennie antérieure au Printemps arabe a été caractérisée par deux tendances convergentes qui, ensemble, ont soutenu l'illibéralisme. Premièrement, la destruction de l'Irak et le programme néoconservateur mené par les États-Unis pour transformer la région MENA en une zone prétendument plus démocratique n'ont fait que mettre en lumière l'hypocrisie de ce plan. Les pressions occidentales en faveur d'un changement de régime ont été très sélectives, touchant de manière disproportionnée les autocraties qui résistaient à l'hégémonie américaine, comme l'Iran et l'Irak. La plupart des autres régimes, en particulier ceux qui s'approchaient le plus de réformes démocratiques, comme le Maroc et la Jordanie, ont été stratégiquement choyés. De plus, les dégâts collatéraux de la prétendue « guerre mondiale contre le terrorisme », l'encouragement des alliés régionaux à participer à des « *extraordinary renditions* », à pratiquer la torture de détenus et d'autres actes criminels, ont détruit la crédibilité de toute promotion de la démocratie venant de l'Occident. Cela a également récompensé les éléments les plus rétrogrades de ces dictatures et a renforcé leur pouvoir.

Parallèlement, de nombreuses autocraties de la région MENA ont mis au point un nouvel outil de légitimation du pouvoir : elles se sont réapproprié les normes islamiques dans le but de contrecarrer la popularité croissante des mouvements islamistes[1]. S'appuyant sur l'échec des régimes autoritaires de la période postcoloniale qui promettaient la prospérité en échange de la loyauté, et catalysés par des événements majeurs comme la révolution iranienne, les mouvements sociaux islamistes des années 1990 et 2000 en étaient venus à représenter dans de nombreux pays une alternative crédible aux systèmes politiques contrôlés par des dirigeants vieillissants. De nombreux régimes ont répondu en commençant à s'approprier des valeurs, un langage et des arguments tirés de l'islamisme pour tenir un double langage. Ils affirmaient aux partenaires occidentaux et aux partisans sécularistes

---

1. Hicham Alaoui, « The Split in Arab Culture », *Journal of Democracy* 22, 1, 2011, p. 5-16.

de leurs propres sociétés que le gradualisme – autrement dit une attitude réformatrice modérée procédant par paliers – était un pilier de l'islam authentique, tout en promettant implicitement aux islamistes qu'ils agiraient en tant que gardiens de la tradition islamique et excluraient la pensée libérale occidentale de la sphère publique musulmane.

Ce long arc de développement historique est celui de l'autoritarisme, mais le qualifier d'« exceptionnel » reviendrait à utiliser ce qualificatif de manière si littérale qu'il en perdrait tout sens. Si aucune autre région du monde n'a connu cette configuration unique d'événements nationaux et de pressions internationales, beaucoup ont suivi un chemin qui les a, *in fine*, aussi menés à la stagnation autocratique. En outre, les dictatures qui ont émergé dans la région MENA à la suite de cette séquence historique n'étaient pas plus despotiques que les autres.

Malgré cela, il a fallu le Printemps arabe pour convaincre de nombreux observateurs que la région MENA n'était ni exceptionnelle dans son autoritarisme, ni étrangère aux aspirations démocratiques qui caractérisaient les soulèvements révolutionnaires dans d'autres régions. Le Printemps arabe a représenté une rupture historique qui a élargi les frontières de la dissidence, qui a mobilisé de jeunes citoyens pour le changement et qui a confronté des autocrates à des crises de légitimité sans précédent. Dans certains pays, dont la Tunisie et l'Égypte, des dictateurs de longue date ont même perdu le pouvoir, la mobilisation des masses ayant eu raison de la résistance et de la répression orchestrées par les régimes en place.

7.2. Islam, démocratie et sécularisme

Les soulèvements populaires du Printemps arabe ont fait voler en éclats les stéréotypes selon lesquels les sociétés moyen-orientales seraient passives et éviscérées par l'autoritarisme. Ils ont aussi mis en lumière la question centrale qui imprègne ces stéréotypes et qui est au cœur de cet ouvrage : l'islam et la démocratie sont-ils « compatibles » ? Comme nous l'avons vu au chapitre 2, ce débat sur la compatibilité a une longue généalogie scientifique, qui touche à la fois aux études religieuses et à la politologie. Des versions plus anciennes de cette interrogation reposaient sur des préjugés orientalistes prêtant aux musulmans et à l'islam une mystérieuse essence qui en faisaient un « Autre » civilisationnel par rapport à l'individu occidental. Aujourd'hui, même débarrassée de ces préjugés culturels, la question continue d'être véhiculée sous une forme crue et manifestement simpliste. Le fait même de se demander si les musulmans sont « prêts » pour la démocratie ou capables d'apprendre les pratiques démocratiques présuppose une vision téléologique du progrès humain dans laquelle la démocratie libérale occidentale représente l'apogée de la modernité politique – toute société incapable de l'atteindre étant, de fait, considérée comme ataviquement arriérée et traditionnelle. Cette conception ethnocentrique des « prérequis » de la démocratie est depuis longtemps contestée dans le monde académique.

Cependant, compte tenu de l'urgence et de la popularité de cette question, il paraît nécessaire de lui apporter une réponse en recourant à son propre lexique[1]. Il y a trois réponses possibles. La première : l'islam et la démocratie sont intrinsèquement incompatibles et, par conséquent, tous les musulmans pieux rejetteront les institutions démocratiques et la participation politique. Deuxième réponse : l'islam et la démocratie sont naturellement compatibles et les sociétés musulmanes adopteront inévitablement la démocratie pour améliorer leur fonctionnement. Troisième réponse : la coexistence de l'islam et de la démocratie au sein d'une arène politique ou d'une société est une question d'interprétation.

Comme ce projet l'a clairement montré, la première option est empiriquement fausse. Elle suppose une incompatibilité qui contredirait les expériences démocratiques confirmées observées dans des pays à majorité musulmane comme, par exemple, l'Indonésie. La deuxième hypothèse souffre du même problème : elle repose sur des caractéristiques essentialistes. Or il est impossible de formuler des généralisations universelles sur l'« adéquation » entre deux notions conceptuelles concurrentes. L'une est la vaste et riche tradition religieuse qui se manifeste dans

1. En effet, il suffit de lancer une recherche sur Google Scholar à propos de la compatibilité de l'islam avec la démocratie pour obtenir des dizaines de milliers de résultats depuis le Printemps arabe. La question reste, pour le meilleur ou pour le pire, prédominante dans le débat public mondial.

d'innombrables lieux et sous d'innombrables formes dans le monde entier. L'autre est l'ensemble complexe d'institutions et de règles politiques connu sous le nom de « démocratie », qui n'est apparu que récemment pour caractériser une grande partie de l'Occident.

La démocratie peut-elle devenir le cadre d'organisation de la gouvernance dans la région MENA ? C'est une question qui doit être « interprétée ». Auparavant, il faut rappeler les contours de ce travail. Les débats interprétatifs jouent un rôle central dans la production d'idées, la mise à l'épreuve des limites et l'élaboration d'innovations conceptuelles. Néanmoins, les victoires interprétatives ne suffisent pas à produire des résultats politiques sur le terrain. Par exemple, de nombreux penseurs et hommes d'État musulmans ont invoqué l'argument intellectuel qu'une réflexion religieuse suffisante, une évolution doctrinale et une enquête herméneutique amèneraient naturellement les communautés musulmanes à accepter la démocratisation. En d'autres termes, la théologie – ou, dans le lexique occidental, la « réforme religieuse » sinon la « Réformation » – serait la condition préalable à la démocratie musulmane. Le problème de ce point de vue est que la réflexion théologique n'offre aucune indication concrète susceptible de guider l'action politique. Non seulement de nombreux universitaires et oulémas engagés dans cette aventure intellectuelle sont aujourd'hui liés à des intérêts étatiques, mais leurs débats abstraits s'avèrent souvent peu pertinents pour des acteurs politiques ou civiques confrontés à des exigences bien éloignées des questions purement théologiques comme élaborer des textes de loi, rédiger des Constitutions, mettre en place des règles ou organiser des élections.

Ainsi l'analyse devrait-elle prendre aussi en compte les questions pragmatiques, en particulier la manière dont les agents politiques devraient s'engager pour adopter, adapter ou reconfigurer des pratiques démocratiques dans le contexte musulman. Dans cette optique, l'évolution religieuse et le changement doctrinal continueront nécessairement à se produire au sein de l'islam, mais en tant que produit de la politique, et non comme son catalyseur. Comme nous le verrons plus loin, la causalité peut être inversée : ce n'est plus la théologie qui change les résultats politiques, mais les actions politiques qui peuvent changer la théologie.

Dans le même ordre d'idées, nous devons également prêter attention au processus par lequel la religion et la politique se sont adaptées et ont entamé un dialogue dans des environnements institutionnels spécifiques. Cela permet de relever une différence notable entre les contextes historiques des expériences islamique et occidentale, à savoir la notion de sécularisme et sa relation avec la démocratie. Comme nous l'avons vu au chapitre 2, l'imbrication entre l'autorité religieuse et le pouvoir politique a toujours été très différente dans la tradition islamique et en Occident. Dans l'islam sunnite en particulier, la religion n'a jamais soutenu l'autorité politique comme elle l'a fait à l'époque classique en Europe, malgré de multiples tentatives opérées par des souverains musulmans. Ce n'est qu'à l'ère des États souverains modernes que les dirigeants politiques ont tenté de monopoliser et de s'approprier la sphère religieuse pour légitimer leur pouvoir. Pourtant, ils ont échoué. La montée de l'islamisme et d'autres mouvements religieux distincts du pouvoir étatique le prouve.

L'Occident quant à lui, ainsi que l'a exposé le chapitre 2, a connu trois voies différentes de sécularisation alliant compromis et apprentissages politiques, chacune à des moments différents de l'Histoire : à savoir la Réforme protestante, le modèle américain et la laïcité française. Il est tentant de considérer que les sécularismes issus de ces modèles d'adaptation politico-religieux sont des mécanismes d'évolution démocratique transposables dans des sociétés non occidentales dotées de leurs propres traditions religieuses. Or il est impossible d'insérer ces modèles institutionnels dans de nouveaux environnements car les pratiques démocratiques ne s'épanouissent pas lorsqu'elles sont imposées d'en haut, mais seulement lorsqu'elles naissent sur place et sont en osmose avec les exigences sociales, économiques et spirituelles de la société locale.

Par conséquent, construire la démocratie dans la région MENA ne saurait se résumer à ériger des pares-feux à l'occidentale entre instances religieuses et organes gouvernementaux, à l'instar de ce qu'ont élaboré le droit civil français ou la jurisprudence constitutionnelle américaine. Il faut plutôt chercher à incorporer des aménagements capables de garantir un niveau minimal d'autonomie politique pour permettre aux intervenants de faire les choix les plus appropriés concernant leurs institutions de gouvernement, *indépendamment* du contexte. L'argument théorique exposé dans le chapitre 2, qui sous-tend l'ensemble de notre travail, est que la démocratie nécessite ce qu'Alfred Stepan a appelé des « tolérances jumelles[1] » entre la sphère religieuse et le pouvoir politique. Dans les contextes chrétien ou musulman, cela signifie que la religion et la politique doivent respecter chacune l'autonomie de l'autre. Les autorités religieuses ne peuvent pas mettre leur veto aux décisions des élus, qui, en tant que vainqueurs d'élections équitables et concurrentielles, détiennent le pouvoir légitime de prendre des décisions pour la société ; à l'inverse, les responsables politiques élus – quelle que soit leur popularité – ne peuvent pas restreindre les croyances ou pratiques religieuses tant qu'elles ne portent pas atteinte aux droits constitutionnels d'autrui[2].

Par ailleurs, les partis religieux peuvent participer pleinement aux élections démocratiques et leur présence doit être tolérée et acceptée par leurs antagonistes, qui ne peuvent pas éliminer la représentation de la foi dans les processus politiques. En contrepartie, même les acteurs religieux les plus dévots – tels que les islamistes ou, autre exemple, les chrétiens évangéliques de la « droite

1. Alfred Stepan, « Religion, Democracy, and the "Twin Tolerations" », *Journal of Democracy* 11, 4, 2000, p. 37-57.

2. Comme nous l'avons vu plus haut, alors que les limites et la signification du constitutionnalisme évoluent continuellement dans les contextes démocratiques, ce principe des « tolérances jumelles » impose la charge de la justification aux acteurs religieux et politiques qui cherchent à rompre cet équilibre et à contraindre l'autre.

religieuse » aux États-Unis – doivent accepter la présence et la concurrence de groupes non religieux, y compris ceux qui souscrivent à la version la plus stricte de la pensée sécularisté occidentale et nient donc les valeurs implicites de leur doctrine.

Bien sûr, ce principe des « tolérances jumelles » ne fera pas l'unanimité. Certains diront que de tels arrangements circonscrits entre religion et politique ne font que déguiser une pensée occidentalo-centriste qui tenterait de passer pour universaliste. Inversement, d'autres resteront rétifs à l'idée de permettre à des voix religieuses d'intervenir dans les questions politiques, y compris en se présentant aux élections voire en constituant un gouvernement en cas de victoire. Mais il existe deux contre-arguments. Premièrement, s'il est nécessaire de se débarrasser des préjugés occidentaux condescendants tels que les véhiculent l'orientalisme, la théorie de la modernisation ou d'autres constructions intellectuelles, il est à la fois prématuré et illogique de réfuter toutes les leçons apportées par l'expérience occidentale. D'un point de vue philosophique, l'idée d'un sécularisme politique avancée ici est moins une vision normative qu'une condition préalable minimale, destinée à réduire la propension aux conflits dans tous les contextes, et non à promouvoir un point de vue ou une opinion en particulier. Deuxièmement, la séparation effective de l'autorité religieuse et du pouvoir politique n'est pas une pratique purement occidentale. Comme nous l'avons vu au chapitre 2, elle apparaît à plusieurs reprises dans l'histoire de l'islam classique, les communautés musulmanes cherchant à adapter la sacralité de leur foi au caractère profane de la gouvernance publique. Appliquer la tradition islamique à la vie politique n'a jamais été un acte uniforme et autonome ; il s'agit plutôt d'un effort organique en constante évolution qui a été défini, puis redéfini, à travers le temps et l'espace. Bref, le respect mutuel entre la religion et la politique est inscrit dans le répertoire de l'islam et dans sa tradition historique.

7.3. La démocratie pactée

Comme en atteste ce livre, cette nouvelle approche en faveur d'une démocratisation de la région MENA exige d'abord de tenir compte de sa trajectoire historique. Il faut ensuite engager des débats sur la compatibilité de la démocratie avec l'islam, et enfin saisir l'importance qu'il y a pour le pouvoir politique et les acteurs religieux à se tolérer mutuellement afin de pouvoir coexister. Si ces arguments peuvent avoir une résonance philosophique, la mise en place de régimes démocratiques est une autre affaire. C'est là que la théorie de la transition « pactée » entre en jeu, venant combler cette lacune empirique et illustrer comment les forces politiques peuvent commencer à faire les compromis et parvenir à s'entendre assez pour rendre effectifs ces prémisses. La théorie du *pacting* est née de l'expérience de la Troisième Vague de démocratisation en Europe du Sud et en Amérique latine mais a été largement ignorée par les théoriciens des transitions de régime. Cette négligence des spécialistes de la politique comparée s'explique par le fait que d'autres modes de transition ont mieux rendu compte de la démocratisation dans d'autres régions du monde à partir des années 1990. Mais le contexte particulier de la région MENA appelle à la redécouverte du *pacting*.

Au fond, la démocratie « pactée » décrit un processus politique dans lequel des élites en conflit, enfermées dans une impasse, choisissent de négocier les unes avec les autres pour en sortir. Les accords initiaux impliquent, pour chacune des parties, de renoncer temporairement aux exigences les plus inacceptables par l'autre, de manière à ce que les fondements d'un nouveau système de gouvernance puissent être mis en place et que le pire, notamment la destruction mutuelle, soit évité. Il est ainsi possible de désamorcer les rivalités les plus fortes entre concurrents, de surmonter la paralysie politique et de transformer des combats sans vainqueur en avancées positives. Les dirigeants en compétition qui chercheraient dans l'absolu à imposer leur volonté et à éliminer leurs adversaires finissent par comprendre que l'incertitude institutionnalisée générée par des procédures démocratiques, notamment des élections compétitives et l'instauration de l'État de droit, est non seulement la norme la plus objectivement juste, mais aussi l'option la « moins pire », parce qu'elle garantit leur survie et leur offre la possibilité d'exercer leur leadership politique – à défaut de le leur garantir.

Bien entendu, la démocratie ne se matérialise pas instantanément. Les transitions requièrent des accords à répétition, négociés au cordeau, dans lesquels les exigences légales sont assouplies, les Constitutions débattues, les directives électorales arrêtées et les résultats du vote respectés, même s'ils sont évidemment difficiles à encaisser pour les perdants. Les élites doivent s'habituer à la pratique démocratique. En outre, un processus de pacte n'est pas un acte unique à durée limitée dans le temps. Comme le montre le cas de la Tunisie, il arrive que différentes factions dominent successivement la scène politique au cours d'une transition, de sorte que différents groupes peuvent occuper le rôle de négociateur au fur et à mesure que la nouvelle démocratie se met en place. Le *pacting* ne garantit pas non plus la survie démocratique à long terme, car les facteurs associés à la consolidation d'une jeune démocratie sont différents de ceux qui déterminent son émergence. Les compromis entre Ennahda et le CPR et Ettakatol, puis Ennahda et Nidaa Tounes, ont été nécessaires à l'enracinement de la démocratie postrévolutionnaire en Tunisie. Mais l'incapacité des gouvernements suivants à s'attaquer aux causes plus profondes du mécontentement social – le manque de justice économique, la corruption politique – a clairement permis aux forces réactionnaires de reprendre le contrôle de l'État, ce qui a malheureusement conduit à la période de recul démocratique que l'on connaît aujourd'hui.

L'absence de garanties à long terme pour la survie de la démocratie ne doit pas remettre en cause le bien-fondé du processus de pacte au moment de sa conception postrévolutionnaire. Le *pacting* met l'accent sur les capacités d'adaptation d'acteurs politiques devant réagir à l'incertitude de leur environnement et faire une série de choix rationnels. Ainsi que nous l'avons vu au chapitre 3, la démocratisation peut émerger par le biais d'autres mécanismes, comme cela a été le cas dans une grande partie du bloc post-soviétique, où les nouveaux régimes démocratiques ont été imposés par le bas en raison de la rapidité avec laquelle des oppositions unies ont discrédité les régimes communistes. Dans la région MENA, le *pacting* est plus approprié en raison de la manière dont les soulèvements populaires tels que le Printemps arabe tendent à « réinitialiser » l'arène politique en balayant les titulaires autoritaires du pouvoir. Dans les autocraties ouvertes, le changement politique peut advenir par des moyens électoraux ou des campagnes de protestation et de mobilisation s'inscrivant dans la durée ; au contraire, dans les régimes autoritaires fermés de la région MENA, le changement risque bien davantage de se faire par des sursauts de révolte collective, dont le corollaire est que les vestiges du système autoritaire ont amplement l'occasion de se reconstituer et même de participer ultérieurement au processus de pacte.

Toutefois, comme nous l'avons soutenu tout au long de ce livre, le *pacting* ne s'impose pas *ipso facto* dès lors que des forces politiques sont en désaccord. Son intérêt devient plus manifeste lorsque certaines conditions générales sont réunies, ce qui permet aux acteurs politiques de mieux saisir la logique du compromis. Ces conditions sont la polarisation idéologique, la parité de pouvoir et la diversité normative.

Compte tenu des clivages profonds qui opposent les islamistes aux non-islamistes, la polarisation idéologique caractérise une grande partie de la région MENA. Comme nous l'avons vu dans les premiers chapitres, pendant des décennies, les mouvements islamistes de nombreux pays se sont posés en adversaires pérennes du pouvoir autoritaire. Pourtant, en dépit de leur statut d'opposants, ils ont eux-mêmes été vivement critiqués, à la fois par les partisans des régimes autocratiques et par les groupes sécularistes et de gauche de la société civile. Cette polarisation extrême découle de visions incompatibles de la politique qui se traduisent par une profonde méfiance réciproque. Pour gouverner, les islamistes veulent seulement actualiser les normes doctrinales et les pratiques religieuses qui, selon eux, permettront de libérer les croyants. En revanche, les non-islamistes veulent un système qui empêche la mise en œuvre de politiques islamistes, voire qui interdise carrément la participation des islamistes à la vie politique au nom de la protection de leur vision des droits et des libertés.

Le deuxième facteur de facilitation du *pacting* est la parité de pouvoir : aucun acteur politique ne peut triompher de son concurrent parce qu'il possède plus de ressources (réserves financières, capacités de coercition, bases populaires…) lui permettant de remporter une victoire facile. Si une force politique est beaucoup plus puissante que l'autre, l'incitation à accepter des concessions disparaît. La parité garantit qu'en l'absence de pactes, l'impasse et le conflit perdureront. Cela illustre bien la situation de nombreux pays de la région MENA, où les mouvements islamistes sont bien implantés.

La troisième condition de base est la diversité normative, c'est-à-dire une répartition pluraliste des intérêts au sein de l'éventail politique. Lorsqu'il y a diversité normative, il n'y a pas d'alternative démocratique évidente au régime en place ; il n'y a pas de « chevalier blanc » ou d'idéal unitaire auquel toute la société puisse se rallier dans sa vaste majorité – comme dans le cas des « révolutions de Velours » qui ont renversé les régimes communistes à partir de 1989. Il existe plutôt une multiplicité de prétendants qui, tous, promettent la libération de la société grâce à leur leadership. C'est *à travers* leurs interactions dans le cadre du *pacting*, et non grâce au leadership univoque d'une seule faction ou grâce au charisme d'un sauveur national, que la démocratie peut émerger sans démocrates[1].

Plus ces trois conditions se trouvent équitablement réunies, plus la probabilité que les acteurs politiques s'engagent dans un processus de pacte est élevée. L'étude des cas tunisien et égyptien le confirme. Les transitions dans ces deux pays, à partir de 2011, ont mis aux prises, dans un cas comme dans l'autre, des acteurs islamistes et leurs antagonistes sécularistes. Mais les facteurs contextuels différaient sur un point essentiel : il n'y avait pas de parité de pouvoir en Égypte. Les islamistes y étaient

1. L'idée d'une « démocratie sans démocrates » a été développée dans le fameux ouvrage coordonné par Ghassan Salamé : *Democracy without Democrats ? The Renewal of Politics in the Muslim World*, Londres, I. B. Tauris, 1994.

de loin l'acteur le plus puissant et avaient donc moins de raisons de négocier, cependant que l'armée égyptienne, ultime maître du jeu, altérait constamment les règles dans l'arène politique – jusqu'à l'investir entièrement.

7.4. Les cas de la Tunisie et de l'Égypte

Dans les chapitres 4 à 6, nous avons appliqué la théorie du pacte à l'étude approfondie des cas tunisien et égyptien pour montrer comment des différences dans les conditions de départ ont abouti à des résultats divergents. Le choix de la Tunisie et de l'Égypte pour notre enquête s'imposait pour plusieurs raisons : toutes deux étaient dirigées, avant le Printemps arabe, par des présidents autoritaires qui, par l'intermédiaire de leurs partis au pouvoir, avaient monopolisé l'État depuis les années 1980 ; toutes deux ont connu les premiers grands soulèvements du Printemps arabe ; et toutes deux ont vu des soulèvements de masse pacifiques renverser leurs dirigeants, ce qui a donné l'occasion à des forces d'opposition soudainement reconstituées de se disputer le pouvoir. En outre, dans les deux pays, les principaux adversaires étaient des mouvements islamistes jouissant d'une grande popularité et des groupes sécularistes aux idéologies diverses, mais qui rejetaient tous l'idée que les islamistes puissent participer à une compétition pour le pouvoir et le gouvernement.

Compte tenu du succès rapide de sa transition démocratique, la Tunisie témoigne d'un *pacting* réussi, le mouvement islamiste Ennahda et divers partis sécularistes étant parvenus à s'entendre sur des compromis suffisants pour cimenter les fondements constitutionnels d'une gouvernance démocratique. Comme nous l'avons vu dans le chapitre 4, la dynamique politique a été façonnée non seulement par l'incertitude des années consécutives au Printemps arabe, mais aussi par des développements historiques antérieurs qui ont doté le pays d'une société civile bien mobilisée, d'un appareil militaire affaibli, d'un sens partagé (bien que souvent contesté) de l'identité nationale, d'un État républicain cohérent et unitaire et d'un mouvement islamiste relativement récent.

Ce legs historique a joué un rôle important, à partir de 2011, pour générer une extrême polarisation idéologique, une parité de pouvoir entre islamistes et sécularistes, et une diversité normative. Mais comme nous l'avons vu dans le chapitre 5, ces circonstances n'ont pas suffi pour qu'Ennahda et ses opposants sécularistes – les partis CPR et Ettakatol en 2011-2012, et Nidaa Tounes par la suite – puissent faire des choix faciles. Mais une crainte partagée de la violence collective et du chaos politique, le soutien occidental et ce que nous avons appelé l'« habituation », ont tout de même conduit ces mouvements opposés en tout à former des gouvernements de coalition pour faire avancer le processus démocratique. Certes, le CPR, Ettakatol et Nidaa Tounes n'étaient pas des partis sécularistes interchangeables, ni Ennahda un courant islamiste monolithique. Mais, par souci d'économie analytique, nous les considérons ici comme jouant un rôle fonctionnellement similaire de rivaux tenaces ayant appris à se tolérer mutuellement faute d'alternative viable – bien que, dans l'absolu, leur préférence eût été d'éliminer complètement la concurrence.

Le chapitre 6, qui a étudié le cas de l'Égypte, a montré comment des différences de développement historique et de conditions structurelles peuvent rendre le *pacting* beaucoup plus difficile à mettre en œuvre. L'analyse a révélé que l'incapacité des Frères musulmans et du courant représentant la société civile à conclure des accords de partage du pouvoir n'était pas simplement le résultat de leur méfiance et de leur hostilité réciproques. La polarisation idéologique et la diversité normative ne faisaient pas défaut. Mais l'absence de parité politique a voué leurs négociations à l'échec. Car les Frères musulmans bénéficiaient d'un soutien populaire bien plus grand que leurs adversaires sécularistes, même s'ils n'avaient pas participé pleinement à la révolution. La société civile égyptienne était faible et désorganisée, et les pressions géopolitiques exercées par l'Arabie saoudite et d'autres acteurs régionaux allaient dans le sens d'une opposition à toute avancée démocratique. En outre, l'armée égyptienne est restée l'arbitre ultime du pouvoir politique et l'ancrage institutionnel de l'État, même après la chute de Moubarak.

Par conséquent, les Frères musulmans ont entamé le processus de transition politique sans avoir grand intérêt au compromis. En outre, même lorsque des négociations et des concessions ont été envisagées, les Frères musulmans et les partisans d'un État sécularistes ont été constamment incités à renoncer au processus de négociation lors des phases clés – de la rédaction de la Constitution à l'organisation de nouvelles élections – et à s'aligner sur les intérêts de l'armée. Si les islamistes et les sécularistes avaient eu des poids équivalents, et si l'armée égyptienne – moins un partenaire de *pacting* qu'un élément rigide de l'État laissé en place lors de la transition – avait été plus faible, un autre type de démocratie aurait pu voir le jour. Un tel régime démocratique aurait encore été marqué par une forte représentation des islamistes, mais il aurait aussi permis aux voix des partis et des élites sécularistes de se faire entendre. Un gouvernement fondé sur différentes composantes du soutien public aurait alors pu résister aux efforts militaristes visant à reprendre le pouvoir et à restaurer l'autoritarisme, comme cela s'est produit en juillet 2013.

7.5. Mettre la théorie en mouvement

En résumé, la Tunisie et l'Égypte présentent une fascinante asymétrie de résultats : un *pacting* réussi en Tunisie a été à l'origine d'une nouvelle démocratie, tandis qu'un *pacting* raté en Égypte s'est soldé par un coup d'État militaire. Bien sûr, un observateur cynique pourrait avancer qu'une telle application théorique ne vaut que pour la Tunisie et l'Égypte – autrement dit que l'argument a peu de validité en dehors de nos deux études de cas. Mais nous soutenons que notre argument en faveur du *pacting* peut être transposé à d'autres pays de la région MENA possédant un contexte général (conditions de départ, choix effectués, résultats obtenus…) sinon équivalent, du moins comparable à celui des deux pays étudiés.

Comme tous les modèles de démocratisation, le *pacting* requiert des conditions facilitant sa mise en œuvre qui n'existent pas toujours et partout[1]. Lorsque le contexte n'est pas propice, les acteurs politiques peuvent ne pas avoir l'espace ni la motivation nécessaires pour s'engager dans des négociations. Par exemple, dans le cas de la République islamique d'Iran, à moins d'un effondrement institutionnel complet de l'ensemble de l'État, des accords entre élites pour bâtir un ordre plus démocratique risqueraient d'échouer. Le pouvoir tutélaire des autorités religieuses et la nature totalitaire de la répression autocratique ont en effet donné naissance à un régime dont on peut dire qu'il est aussi militarisé que théocratique. En même temps, la société reste dynamique et mobilisée. Par conséquent, les élites (notamment composées des leaders de la société civile et du clergé chiite modéré), souvent considérées comme l'avant-garde du changement politique, n'ont aucune chance de pouvoir élaborer seules de nouvelles règles démocratiques, si des structures de l'État ancien sont encore en place. En outre, les mesures coercitives imposées par le régime sont devenues si étouffantes depuis le Mouvement vert de 2009 qu'une grande partie

1. Voir, par exemple, Philippe Schmitter et Terry Lynn Karl, « The Conceptual Travels of Transitologists and Consolidologists : How Far to the East Should They Attempt to Go ? », *Slavic Review* 53, 1, 1994, p. 173-185 ; et Valerie Bunce, « Rethinking Recent Democratization : Lessons from the Postcommunist Experience », *World Politics* 55, 2, 2003, p. 167-192.

de la société pourrait souhaiter non pas une transition négociée, mais plutôt un renversement général de l'État et des classes qui le soutiennent. L'effondrement du communisme en 1989 a provoqué des processus de remplacement analogues.

Dans les zones de conflit où la violence s'est intensifiée et a dégénéré en guerre fratricide, le *pacting* démocratique a tout aussi peu de chances de s'avérer efficace. Dans la Libye et le Yémen d'aujourd'hui, par exemple, ainsi que dans la Syrie de ces dix dernières années, la contestation politique entre des forces concurrentes a été amplifiée par des interventions extérieures et des ingérences géopolitiques. La violence a éviscéré les institutions de l'État et détruit l'État de droit. Dans ces contextes où l'autorité de l'État central se désintègre sous l'effet d'une guerre interne, les élites politiques représentant les factions rivales ne craignent pas la violence collective, puisqu'elles y participent déjà. Le chaos sanglant des guerres civiles témoigne en réalité de ce qui se produit lorsque le pacte politique échoue et que les pays implosent. Bien sûr, les guerres civiles peuvent donner lieu à une médiation, et les conflits violents peuvent être résolus par des accords de paix ressemblant au *pacting*, quand les élites en guerre cherchent à mettre fin à l'anarchie et à sortir de la crise « par le haut », comme lors des accords de Taif qui ont mis fin en 1989 à la guerre civile libanaise. Mais ces pactes ne sont pas démocratiques : leur but est d'interrompre l'effusion de sang, et non d'instaurer des institutions participatives nouvelles qui comblent le fossé entre les rivaux.

Ainsi, la démocratisation par le *pacting* ne convient pas à toutes les situations politiques. Mais elle s'applique certainement à d'autres cas que la Tunisie et l'Égypte, dès lors qu'il y existe un espace viable pour un compromis et qu'aucune violence endémique n'a encore englouti la vie politique. Cela vaut, par exemple, pour les monarchies de la région MENA[1], où les transitions de régime pourraient emprunter l'une des deux voies suivantes. La première serait une révolution républicaine, qui renverserait les monarques, ainsi que toutes les institutions et tous les symboles liés à la monarchie, au bénéfice d'une alternative radicalement nouvelle et antimonarchiste. Mais, de la Révolution française à la Révolution russe en passant par la Révolution iranienne, ces ruptures violentes aboutissent généralement à des régimes autoritaires encore plus répressifs. Reste l'autre voie : un modèle négocié grâce au *pacting*, comme cela a été le cas dans de nombreuses monarchies constitutionnelles, qu'il s'agisse des cas européens classiques (Royaume-Uni, Suède, Pays-Bas, Espagne, etc.) ou d'exemples plus récents, comme le Bhoutan, ou le royaume du Tonga où, en 2024, la

1. Il existe une abondante littérature sur le monarchisme dans la région MENA, bien qu'elle n'ait pas encore intégré les enseignements de la transitologie, étant donné la longévité de ces régimes. Cf., par exemple, Lisa Anderson, *op. cit.*, p. 1-15 ; Michael Herb, *All in the Family : Absolutism, Revolution, and Democracy in the Middle Eastern Monarchies*, Albany, State University of New York Press, 1999 ; Sean Yom et F. Gregory Gause III, « Resilient Royals : How Arab Monarchies Hang On », *Journal of Democracy* 23, 3, 2012, p. 74-88 ; et André Bank, Thomas Richter, et Anna Sunik, « Long-Term Monarchical Survival in the Middle East : A Configurational Comparison, 1945-2012 », *Democratization* 22, 1, 2015, p. 179-200.

transition est encore en cours. Dans ces transitions, les monarchies subissent une perte de légitimité à la suite d'une crise populaire et deviennent partie prenante du processus de *pacting* dans le but de préserver leur rôle symbolique au sein de la nation, alors que d'autres acteurs et d'autres élites instaurent une nouvelle gouvernance légitimée par des élections.

Ce type de transitions « pactées » est donc envisageable dans les royaumes de la région MENA comme le Maroc, la Jordanie et les monarchies du Golfe, avec plusieurs réserves. Premièrement, les islamistes joueront certainement un rôle dans tout processus de compromis, car ils représentent une force sociale et politique importante. Deuxièmement, lorsqu'ils seront acculés au changement, ces régimes monarchiques auront déjà été contraints d'accepter de ne plus être les seuls architectes de leurs systèmes politiques. Ils pourront alors soit contribuer à structurer les mécanismes organisant les rapports entre partis et élites en compétition, aidant ainsi à dessiner le système postmonarchique, ou bien choisir de prendre immédiatement du recul et se retirer de la vie politique, en s'engageant par exemple à ne pas essayer, plus tard, de reprendre le contrôle du pouvoir et de rétablir l'absolutisme royal. Ce dernier cas de figure correspond à celui de l'Égypte où, comme nous l'avons vu au chapitre 6, les principaux éléments du régime Moubarak sont revenus à la fin du gouvernement islamiste pour contribuer à sa chute.

Un tel changement démocratique moyennant le *pacting* entre des forces non monarchistes ne peut cependant se produire que si les crises qui chassent les détenteurs du pouvoir royal sont exemptes de violence et laissent un espace suffisant à la société civile, aux voix islamistes et aux partis politiques pour mener à bien le processus d'élaboration de nouveaux cadres constitutionnels et de nouvelles règles électorales. Les possibilités d'un tel changement pacifique s'amenuisent si une trop grande partie de la population, désillusionnée, s'avère trop vindicative vis-à-vis de la monarchie.

En tant que modèle de transition démocratique, le *pacting* offre ainsi un cadre prometteur pour certains pays – mais certainement pas pour *tous* les pays. Il aide des rivaux farouchement opposés à conclure des accords de base pour réduire leur défiance mutuelle et l'intensité de leurs conflits, et permet de construire les fondements d'une politique démocratique en période d'incertitude. Ce modèle, qui n'est ni parfait ni universel, mais *viable*, a fonctionné en Tunisie et pourrait également réussir dans d'autres contextes.

7.6. Le changement théologique *par* la pratique politique

Une dernière implication de ce travail concerne la relation entre religion et politique dans des contextes islamiques. Le *pacting* entre islamistes et acteurs sécularistes lors d'une transition peut conduire à la démocratie, comme le montre le cas de la Tunisie. Mais il y a une condition *sine qua non* à cet acte politique fondateur : le changement théologique. Autrement dit, la politique devient le lieu et le moteur de la production de nouvelles pratiques et croyances nourrissant le débat islamique. Alors que les débats d'interprétation antérieurs exigeaient souvent des penseurs qu'ils modifient la doctrine religieuse pour la rendre plus perméable à la démocratie et à d'autres notions politiques liées à ce système de gouvernance, l'argument avancé ici est que l'inverse a plus de chances de se produire. Conformément à la logique suivante : les forces islamistes, contraintes d'accepter des choix et des arrangements institutionnels qu'elles auraient auparavant rejetés, justifieront leurs accommodements avec les groupes sécularistes – y compris leurs concessions sur les exigences religieuses, comme renoncer à imposer la *sharīʿa* dans les questions constitutionnelles – en réévaluant et en révisant leur doctrine. En d'autres termes, la dure réalité des négociations avec les non-islamistes et l'apprentissage du compromis vont amener les groupes islamistes à modifier leurs positions religieuses.

Il s'agit là d'un mécanisme puissant et créatif de changement théologique. Un exemple en a été fourni en mai 2016, quand la démocratie tunisienne s'est stabilisée grâce au maintien au pouvoir de la coalition formée par Ennahda et Nidaa Tounes. La direction d'Ennahda, emmenée par Rachid Ghannouchi, a alors annoncé qu'elle séparerait explicitement les activités spirituelles et religieuses du mouvement de sa fonction de parti politique. Cela signifie que les dirigeants du parti ne pouvaient plus occuper de postes au sein des associations spirituelles et de bienfaisance du mouvement, ni prononcer de sermons dans les mosquées. Les plus cyniques sont restés sceptiques, affirmant qu'Ennahda ne faisait que changer de « label » en renonçant à l'islam politique pour se parer d'une nouvelle appellation, « démocrates musulmans ». Mais la plupart des observateurs ont bien décelé un changement profond dans la pensée et la doctrine du mouvement[1].

En effet, cela a marqué un changement majeur dans la logique interne d'un groupe islamiste dont l'idéologie fondatrice exigeait que des voix religieuses occupent des positions politiques et que les institutions politiques soient perméables et même saturées par les impératifs de la piété. Dans sa version stéréotypée, l'islamisme est présenté comme un ensemble rigide et inflexible de diktats conservateurs qui rejettent tout engagement dans la modernité et le pragmatisme. Or, dans le contexte tunisien, l'islamisme tel qu'il a été redéfini par la direction spirituelle d'Ennahda lors d'un congrès, et diffusé ensuite auprès de la masse de ses militants, a insisté sur une division fonctionnelle au cœur de sa doctrine, un changement qui est en grande partie le produit d'une adaptation pragmatique à la politique moderne. Bien que toujours attaché à la promotion de l'*akhlāq* (morale), de la *tarbiya* (éducation religieuse) et d'autres composantes de l'idéal islamiste, Ennahda allait désormais se conformer au *takhassus* (spécialisation) de

1. Hanna Pfeifer, « The Normative Power of Secularism. Tunisian Ennahda's Discourse on Religion, Politics, and the State (2011-2016) », *Politics and Religion* 12, 3, 2019, p. 478-500.

ses fonctions afin de mieux répondre aux besoins des Tunisiens et à la politique démocratique[1]. Pour de nombreux observateurs, une telle habituation représentait plus qu'une manœuvre tactique. Elle était le signe d'une « refondation » de l'islamisme tunisien, qui s'éloignait des slogans idéologiques pour embrasser une nouvelle vision de « l'islamisme civique » – comprenant nécessairement la distinction entre ce qui était fixe (*al-thābit*), comme la primauté de la tradition républicaine tunisienne, et ce qui était modifiable (*al-mutaghayyir*) dans l'évolution d'une force sociale authentiquement tunisienne[2].

À coup sûr, des groupes anti-islamistes resteront incrédules par rapport à la sincérité de ce changement et préféreront dépeindre tous les islamistes comme des calculateurs qui nourrissent en catimini de futures ambitions théologiques. Pourtant, dans le contexte de l'islam politique en Tunisie, le tableau est probablement différent. Certes, Ennahda n'a pas renoncé à considérer l'islamisme comme sa matrice. Mais le parti ne s'est pas contenté d'entretenir des relations démocratiques avec toute une série de groupes sécularistes et d'accepter de leur être confronté lors d'élections. Il a aussi reconnu de manière pragmatique et *radicale* que son propre cadre doctrinal devait

1. Maza Meddeb, « Ennahda's Uneasy Exit from Political Islam », *Working Paper of the Carnegie Middle East Center*, septembre 2019.

2. Larbi Sadiki, « Tunisia's Ennahda : Islamists Turning the Learning Curve of Democracy and Civic Habituation », dans *The Politics of Islamism* (dir. : John L. Esposito, Lily Zubaidah et Rahim Naser Ghobadzadeh), Cham (Suisse), Springer Nature, 2018, p. 87-126.

changer pour mieux refléter ses exigences politiques. En tant qu'idéologie, l'islamisme a toujours été fondé sur la croyance inébranlable qu'il fallait superposer au présent politique une image idéalisée de traditions religieuses passées promettant le salut. Or il existe désormais un mouvement islamiste ouvert à l'idée que son présent politique exige une modification des traditions d'organisation et des normes fondatrices.

L'avenir nous dira si un tel changement des fondements religieux de la mobilisation islamiste tient la distance. Mais le seul fait qu'il advienne, et qu'on puisse s'interroger sur sa durabilité, valident déjà la possibilité d'une transformation de la théologie par la politique. Cet aspect sera déterminant pour l'avenir de la politique tunisienne, alors qu'Ennahda se mobilise à nouveau dans un contexte de recul démocratique et d'une nouvelle phase d'incertitude.

7.7. De futurs horizons

Bien que ce livre se présente d'abord comme une théorie sur la démocratie « pactée » dans la région MENA, il ouvre aussi deux nouvelles pistes théoriques qui, espérons-le, seront reprises par d'autres chercheurs.

La première interroge le lien entre la phase initiale du *pacting* et la survie à long terme du régime qui voit le jour grâce au *pacting*. Le *pacting* facilite la création de régimes démocratiques. Mais, une fois en place, les nouvelles démocraties sont confrontées à une litanie de défis, dont l'exploration reste un champ d'investigation prometteur pour de futures études au-delà du présent travail. À l'évidence, il serait à cet égard particulièrement intéressant de continuer à étudier le cas de la Tunisie : il faudrait essayer de comprendre pourquoi la démocratie a connu de sérieux problèmes, compte tenu du caractère prometteur des accords initiaux. Si l'échec de la consolidation démocratique en Tunisie ne doit pas faire ombrage au succès de la transition elle-même, il n'en reste pas moins qu'il laisse planer comme une menace sur une grande partie de la réflexion concernant le sort de la démocratie dans le monde arabe.

Il serait ainsi pertinent de s'assurer que les engagements initiaux de respecter la compétition électorale et de tolérer l'existence de l'opposition perdurent. Non seulement en Tunisie, mais aussi dans les démocraties d'autres pays. Ces dernières années, la montée de nouveaux mouvements populistes a mis à rude épreuve l'engagement des dirigeants élus à respecter les garanties institutionnelles qui encadrent leur pouvoir. Ces partis populistes et leurs dirigeants s'appuient sur une participation démocratique censément plus « directe » tout en tirant leur mandat de la responsabilité verticale, c'est-à-dire de la légitimité acquise par la victoire dans les urnes – mais au prix de la responsabilité horizontale, c'est-à-dire des freins, des contre-pouvoirs et des contraintes imposés aux détenteurs du pouvoir exécutif par d'autres branches et institutions du système politique. Les démocraties « pactées » sont particulièrement exposées au danger par leur nature élitiste – car le *pacting* est fondamentalement une affaire d'élites. Or, du fait de leur visibilité et de leur prééminence, les élites politiques engagées dans les transitions « pactées » deviennent une cible facile pour les mouvements populistes, qui peuvent dénoncer leur « élitisme » pour marquer des points. Pourtant, une fois au pouvoir, les populistes subvertissent souvent eux-mêmes la démocratie en vidant de leur substance les institutions de l'État et en s'arrogeant tous les droits au motif qu'ils ont remporté les élections.

Le populisme a progressé dans le monde entier au cours de la dernière décennie. Il n'est pas inconcevable, comme le montre le cas tunisien, que dans les nouvelles démocraties de la région MENA, le mécontentement social puisse mobiliser les populations autour d'une certaine forme de populisme dans l'espoir de bousculer l'élite politique et la démocratie « pactée ». Déterminer si ces régimes démocratiques naissants peuvent ou non résister à ces nouveaux défis reste une tâche importante pour de futurs chercheurs. En effet, le populisme représente une menace particulièrement grave si l'on considère qu'il peut être la forme idéologique sous laquelle se produirait une éventuelle régression autocratique, ou un retour en arrière consécutif à une transition. Une grande partie de son carburant populaire, comme son orientation antiélite et la mobilisation d'une base refusant tout leader ou n'acceptant que « le » leader charismatique, tend à se manifester le plus fortement au milieu des problèmes économiques et sociaux qui frappent souvent les nouvelles démocraties.

C'est au cours de ces périodes que les démagogues populistes peuvent émerger.

La seconde piste offerte à de nouvelles recherches nous ramène à la relation entre religion et politique. Dans les années à venir, la religiosité et la piété seront des facteurs incontournables à prendre en compte pour comprendre les dynamiques politiques de la région MENA. Peu de gens s'attendent à ce que la sécularisation de la société par le biais d'un désengagement de la foi et de la spiritualité s'y produise bientôt. Il convient toutefois de revenir sur ce point de vue. La montée de l'islamisme et une grande partie du soutien qu'il a reçu au fil du temps découlent des confrontations avec les puissances occidentales et de leur ingérence dans la vie de nombreuses nations musulmanes. Le recours à la religion comme forme de résistance à l'hégémonie n'est pas un phénomène islamique ; l'Irlande et la Pologne, par exemple, ont toutes deux vu des communautés catholiques se mobiliser autour de la foi en réponse à une domination extérieure. Bref, les islamistes sont là pour longtemps. Même dans les pays où ils ont été réprimés, comme en Égypte, les braises de leur credo organisationnel sont encore chaudes.

À partir de là, un horizon de réflexion fascinant se dessine si l'on s'interroge sur les chances réelles de réussite d'une future vague de mobilisation islamiste. Dans le monde globalisé d'aujourd'hui, les jeunes ont un accès sans précédent aux outils technologiques et aux sources d'information qui, du moins en apparence, s'étendent bien au-delà des sphères religieuses. Par ailleurs, les images et les souvenirs de la domination occidentale cèdent la place, du fait du recul des intérêts occidentaux, à l'affirmation de puissances régionales et, plus généralement, d'autres acteurs internationaux. Dans ce contexte, la religiosité a diminué parce que les conditions fondatrices associées à son essor antérieur se sont dissipées. Si les sociétés musulmanes des prochaines générations suivent cette tendance, il conviendra de se demander si la ligne de fracture islamisme-sécularisme restera aussi importante qu'elle l'est aujourd'hui dans la lutte pour la démocratie. Cela déterminera, inéluctablement, dans quelle mesure des régimes démocratique pourront être issus de transitions « pactées ».

REMERCIEMENTS

Ce livre représente l'aboutissement d'une période intense de ma vie, dédiée à mon doctorat et à un engagement très enrichissant au sein d'une communauté de collègues, activistes et praticiens. À tous, je leur dois beaucoup.

L'université d'Oxford m'a accueilli à bras ouverts pour mes études doctorales. John Miles, le responsable de la formation au TORCH (The Oxford Research Centre for the Humanities), a repoussé les limites à mon apprentissage de nouvelles méthodes et compétences ; ses leçons très didactiques m'ont aidé à développer des techniques d'écriture et de taxonomie plus succinctes. J'ai aussi grandement bénéficié de ma participation aux séminaires d'Afifi al-Akiti au Centre d'études islamiques ; sa connaissance de l'islam sunnite et de la jurisprudence musulmane est inégalée. De son côté, Diarmaid MacCulloch m'a éclairé sur l'histoire chrétienne et son passé ecclésiastique fort complexe.

Le St. Antony's College et la Faculté des études orientales ont été pour moi des foyers intellectuels chaleureux. Jane Kruz, l'administratrice du troisième cycle d'études orientales, et Caroline Davis, la gestionnaire de ce programme au *College*, m'ont apporté à chaque tournant un soutien et une assistance administrative très appréciés. La supervision initiale de mes recherches a été assurée, jusqu'à son départ en novembre 2017, par Tariq Ramadan. Michael Willis a été mon directeur de thèse attitré et m'a guidé avec un soin minutieux à travers toutes les étapes de recherche, de rédaction, d'édition et de révision de mon doctorat. Eugene Rogan a garanti un espace sécurisé et structuré pour mes études, en dépit des pressions extérieures – fortes et malsaines – qui ont été exercées sur lui. Walter Armbrust m'a fourni de précieux conseils et commentaires sur ma thèse, notamment en ce qui concerne la politique égyptienne. Laurence Whitehead, du Nuffield College, a bien voulu servir d'examinateur interne pour la soutenance orale, tandis que Thomas Pierret, de l'université d'Aix-Marseille/CNRS/IREMAM, a servi d'examinateur externe. Tous deux ont émis des commentaires incisifs, des suggestions critiques et prodigué d'abondants encouragements. Enfin, George Joffé, de l'université de Cambridge, m'a servi de mentor bien qu'il rayonne largement au-delà de l'Oxfordshire ; il m'a, en particulier et avec une disponibilité infiniment généreuse, poussé à réfléchir aux points de recoupement entre la science politique comparée et le Moyen-Orient.

Dans les dernières années de mon doctorat, j'ai eu la chance de pouvoir passer du temps au Weatherhead Center for International Affairs de l'université de Harvard. Tout comme à ceux d'Oxford, je voudrais ici témoigner ma reconnaissance à mes nombreux collègues de cette institution. Michèle Lamont, alors la directrice du Weatherhead Center, m'a d'abord accueilli, en 2016, en tant que chercheur invité. Puis, elle et la nouvelle directrice, Melani Cammett, ont supervisé mon intégration au centre en tant que chercheur associé. Michelle Eureka, la responsable administrative du Waterhead Center, m'a aidé à m'intégrer à cette communauté de chercheurs et de spécialistes en sciences sociales. Theodore Gilman, son directeur exécutif, n'a pas ménagé ses efforts pour que je m'engage aussi dans tous les autres réseaux et pôles de recherches de Harvard. Pour leur part, Michelle Nicholasen, productrice de contenu à l'œil aiguisé, a souvent fait appel à mon expertise sur des questions relatives au monde arabe, et Kathleen Moloney, la responsable du Weatherhead Scholars Program, a veillé à ce que tous les chercheurs – invités ou associés – collaborent dans le cadre d'une programmation très efficace.

En dehors du Weatherhead Center, j'ai grandement bénéficié de l'offre abondante du réseau d'études sur le Moyen-Orient de Harvard. Dans ce cadre, j'ai été particulièrement impressionné par Jocelyn Cesari, dont l'expertise dans la comparaison des trajectoires historiques de l'islam et du christianisme, ainsi que la compétence dans la reconnaissance du pluralisme et de la diversité du canon islamique, ont fécondé les séminaires. Je dois également remercier Nebil Husayn, dont les cours ont mis en lumière bien des nuances dans notre passé islamique commun, de même que la vaste étendue de la tradition chiite. Baber Johannsen, une autorité reconnue en matière de droit islamique, m'a accueilli dans ses séminaires fort instructifs qui ont approfondi mes connaissances de la *sharī'a*, du *fiqh* et du développement de la jurisprudence islamique, en particulier en Transoxiane.

Tout au long de mon travail de terrain sur la politique en Tunisie et en Égypte, j'ai été redevable à d'innombrables militants, intellectuels et dirigeants. Certains ont accepté des entretiens formels, et m'ont autorisé à leur attribuer nommément leurs propos, tandis que d'autres, pour des raisons hélas aisément compréhensibles, n'ont pu converser avec moi qu'à l'abri des regards. Les contributions et idées de tous ont grandement enrichi mes connaissances. Je reste aussi profondément ému et inspiré par leur courage pour faire progresser la démocratie, face à des menaces autoritaires.

Bien que je le cite en dernier, Larry Diamond n'est sûrement pas celui envers qui ma dette sur le front des études soit la moins importante. Larry a été un mentor et un collègue toujours disponible pour depuis que j'ai commencé à suivre son enseignement à Stanford il y a un quart de siècle. Depuis lors, il n'a cessé de me prodiguer des conseils académiques en même temps qu'il a plaidé avec passion pour une plus grande démocratisation dans le monde et mené des recherches dans ce sens. Il est pour moi une figure impressionnante autant qu'un ami très cher.

Sur le plan personnel, j'ai aussi bénéficié de nombreux soutiens indéfectibles, surtout de la part des membres de ma famille. Leur empreinte ne saurait être effacée ni de ce travail ni de ma vie. Ils méritent bien plus de reconnaissance que ne sauraient l'exprimer des mots de remerciements.

En premier lieu, je voudrais citer ma mère, la princesse Lamia al-Solh. Bien des décennies après m'avoir élevé à Rabat, elle est venue à Oxford pour être auprès de moi lors de ma soutenance de thèse – un événement dont le hasard a voulu qu'il ait lieu juste avant que la pandémie de Covid ne nous plonge tous dans l'immobilisme forcé.

Ma femme, Malika, mérite des éloges sans bornes pour avoir « tenu notre forteresse » tout au long de mes études à Oxford. Depuis toujours, elle est le point d'ancrage émotionnel et moral incontesté de notre famille. Elle a inlassablement veillé à ce que tout reste en bon ordre malgré les voyages ardus et les exigences inattendues que la vie nous a imposés.

Nos filles, Faizah et Haajar, ont toujours été présentes dans mon esprit, malgré la séparation physique que mes études et mon travail de terrain ont souvent entraînée pour nous. Je compte parmi les plus beaux accomplissements de ma vie d'avoir su partager avec elles ma joie et ma passion d'apprendre. Que Faizah soit ici spécialement remerciée pour la grande patience dont elle a fait preuve quand elle a été ma colocataire pendant un an à Cambridge, dans le Massachusetts ; elle s'est très bien occupée de moi pendant une période critique de recherches et d'écriture.

Ma cousine maternelle, Faiza al-Solh, mérite également des remerciements particuliers pour avoir été une force proche et positive tout au long de cette entreprise universitaire. Elle est la digne fille de sa mère, ma défunte tante Alia.

Enfin, je voudrais aussi remercier Bledi (Ben) Gashi, qui a bien voulu me conduire dans l'Oxfordshire, et Abdul Rhaman Shajakhan, qui était à mes côtés à Oxford et à Cambridge (MA). Tous deux ont été prodigues de leur temps pour me rendre la vie infiniment moins compliquée.

BIBLIOGRAPHIE

Chapitre 1. Le champ de l'étude

COLLIER, David, « Understanding Process Tracing », *PS : Political Science and Politics* 44, 4, 2011.

GEORGE, Alexander, et BENNETT, Andrew, *Case Studies and Theory Development in the Social Sciences*, Cambridge (MA), MIT Press, 2005.

GLASIUS, Marlies, BARTMAN, Jos, DALMASSO, Emanuela, *et al.*, *Research, Ethics and Risk in the Authoritarian Field*, New York, Palgrave, 2018.

MAHONEY, James, « Strategies of Causal Inference in Small-N Analysis », *Sociological Research and Methods* 28, 4, 2000.

SCHMITTER, Philippe, et KARL, Terry Lynn, « The Conceptual Travels of Transitologists and Consolidologists : How Far to the East Should They Attempt to Go ? », *Slavic Review* 53, 1, 1994.

SLATER, Dan, et ZIBLATT Daniel, « The Enduring Indispensability of the Controlled Comparison », *Comparative Political Studies* 46, 10, 2013.

TRIPP, Aili Mari, « Transparency and Integrity in Conducting Field Research on Politics in Challenging Contexts », *Perspectives on Politics* 16, 3, 2018.

WALDNER, David, « What Makes Process Tracing Good ? Causal Mechanisms, Causal Inference, and the Completeness

Standard in Comparative Politics », dans *Process Tracing : From Metaphor to Analytic Tool* (dir. : Andrew Bennett et Jeffrey Checkel), Cambridge, Cambridge University Press, 2015.

Yom, Sean, « From Methodology to Practice : Inductive Iteration in Comparative Research », *Comparative Political Studies* 48, 5, 2015.

Chapitre 2. Histoire, sécularisme et islam

Abou el-Fadl, Khaled (dir.), *Islam and the Challenge of Democracy*, Princeton (NJ), Princeton University Press, 2004.

Al-Fassi, Allal, *Maqasid al-Shari'a al-islamiyyah wa-makarimha*, Le Caire, Dar Al-Kalima Lil-nashr Wal-tawzi, 2014.

Al-Mawardi, *Ordinances of Government* (traduit par Wafaa Wahba), Reading (UK), Garnet Publishing, 2000.

Al-Raisouni, Ahmad, *Maqasid al-maqasid : al-ghayat al-'ilimiyyah wal-'amaliyyah al-maqasid al-Shari'a*, Le Caire, Dar Al-Kalima Lil-nashr Wal-tawzi, 2014.

Almond, Gabriel, Appleby, R. Scott, et Sivan, Emmanuel, *Strong Religion : The Rise of Fundamentalisms Around the World*, Chicago, University of Chicago Press, 2003.

Asad, Talal, *Formations of the Secular : Christianity, Islam, Modernity*, Stanford (CA), Stanford University Press, 2003.

Ashur, Ibn, *Treatise on Maqasid al-Shari'ah*, Londres, International Institute of Islamic Thought, 2006.

Audi, Robert, *Democratic Authority and the Separate of Church and State*, New York, Oxford University Press, 2011.

Berger, Peter, *The Social Reality of Religion*, Londres, Faber and Faber, 1967.

Berman, Sheri, « Islamism, Revolution, and Civil Society », *Perspectives on Politics* 1, 2, 2003.

BERNARD-MAUGIRON, Nathalie, et BRAS, Jean-Philippe, *La Charia*, Paris, Dalloz, 2015.

BHARGAVA, Rajeev, « Introduction », dans *Secularism and Its Critics* (dir. : Rajeev Bhargava), Oxford, Oxford University Press, 1998.

BLAYDES, Lisa, *Elections and Distributive Politics in Mubarak's Egypt*, New York, Cambridge University Press, 2010.

BROWN, Nathan, *When Victory Is Not an Option : Egypt's Muslim Brotherhood Confronts Success*, Washington D.C., Carnegie Endowment for International Peace, 2012.

BRUCE, Steve, *God is Dead : Secularization in the West*, Hoboken (NJ), Wiley-Blackwell Publishers, 2002.

BURGAT, François, *Face to Face with Political Islam*, 2e édition, Londres, I. B. Tauris, 2003.

BUTTERWORTH, Charles, « Political Islam : The Origins », *Annals of the American Academy of Political and Social Science* 524, 1992.

CAMMETT, Melani, et JONES LUONG, Pauline, « Is There an Islamist Political Advantage ? », *Annual Review of Political Science* 17, 2014.

CASANOVA, José, *Public Religions in the Modern World*, Chicago, University of Chicago Press, 1994.

—, « The Secular, Secularizations, and Secularisms », dans *Rethinking Secularism* (dir. : Craig Calhoun, Mark Juergensmeyer et Jonathan Vanantwerpen), Oxford, Oxford University Press, 2011.

CLARK, Janine, *Islam, Charity, and Activism : Middle-Class Networks and Social Welfare in Egypt, Jordan, and Yemen*, Bloomington, Indiana University Press, 2004.

COFMAN WITTES, Tamara, « Three Kinds of Movements », *Journal of Democracy* 19, 3, 2008.

COULSON, Noel, *A History of Islamic Law*, Édimbourg, Edinburgh University Press, 1964.

DAWISHA, Adeed, « Arab Nationalism and Islamism : Competitive Past, Uncertain Future », *International Studies Review* 2, 3, 2000.

DEKMEJIAN, R. Hrair, *Islam in Revolution : Fundamentalism in the Muslim World*, 2e édition, Syracuse (NY), Syracuse University Press, 1995.

DEUTSCH, Karl W., « Social Mobilization and Political Development », *The American Political Science Review* 55, 3, 1961.

FELDMAN, Noah, *After Jihad : America and the Struggle for Islamic Democracy*, New York, Farrar, Straus, and Giroux, 2004.

—, *Divided by God : America's Church-State Problem – And What We Should Do About It*, New York, Farrar, Straus, and Giroux, 2005.

FILALI-ANSARY, Abdou, « The Challenge of Secularization », *Journal of Democracy* 7, 2, 1996.

FULLER, Graham, « Islamists and Democracy », dans *Uncharted Journey : Promoting Democracy in the Middle East* (dir. : Thomas Carothers et Marina Ottaway), Washington D.C., Carnegie Endowment for International Peace, 2005.

GELLNER, Ernest, *Muslim Society*, Londres, Cambridge University Press, 1981.

GIBB, H. A. R, *Mohammedanism : A Historical Survey*, Londres, Oxford University Press, 1968.

GILL, Anthony, « Religion and Comparative Politics », *Annual Review of Political Science* 4, 2001.

GOLDBERG, Ellis, « Smashing Idols and the State : The Protestant Ethic and Egyptian Sunni Radicalism », *Comparative Studies in Society and History* 33, 1, 1991.

HAARSCHER, Guy, *La Laïcité*, Paris, PUF, coll. « Que sais-je ? », 1996.

HALLAQ, Wael, « Was the Gate of Ijtihad Closed ? », *International Journal of Middle East Studies* 16, 1, 1984.

—, « From Regional to Personal Schools of Law ? A Reevaluation », *Islamic Law & Society* 8, 2001.

—, *Sharia : Theory, Practice, Transformations*, Cambridge, Cambridge University Press, 2009.

Hamzawy, Amr, et Ottaway, Marina, « Islamists in Politics : The Dynamics of Participation », dans *Getting to Pluralism* (dir. : Marina Ottaway et Amr Hamzawy), Washington D.C., Carnegie Endowment for International Peace, 2009.

Hodgson, Marshall G. D, *The Venture of Islam*, vol. 1 : *The Classical Age of Islam : Conscience and History in a World Civilization*, Chicago, University of Chicago Press, 1974.

Hourani, Albert, *A History of the Arab Peoples*, Cambridge (MA), Harvard University Press, 1991.

—, *Arabic Thought in the Liberal Age : 1798-1939*, Cambridge, Cambridge University Press, 1982.

Inglehart, Ronald, et Welzel, Christian, *Modernization, Cultural Change, and Democracy : The Human Development Sequence*, New York, Cambridge University Press, 2005.

Kedourie, Elie, *Democracy and Arab Political Culture*, Washington D.C., Washington Institute for Near East Peace, 1992.

Kramer, Gudrun, « Islamist Notions of Democracy », *Middle East Report* 183, 1993.

Kurzman, Charles (dir.), *Modernist Islam, 1840-1940 : A Sourcebook*, Oxford, Oxford University Press, 2002.

Langohr, Vickie, « Of Islamists and Ballot Boxes : Rethinking the Relationship Between Islamists and Electoral Politics », *International Journal of Middle East Studies* 33, 4, 2001.

Lerner, Daniel, *The Passing of Traditional Society : Modernizing the Middle East*, New York, Free Press, 1958.

Lewis, Bernard, *Islam and the West*, New York, Oxford University Press, 1993.

—, *The Crisis of Islam : Holy War and Unholy Terror*, New York, The Modern Library, 2003.

Lipset, Seymour Martin, *Political Man : The Social Bases of Politics*, Garden City (NY), Anchor Books, 1963.

Mann, Michael, « The Autonomous Power of the State : Its Origins, Mechanisms, and Results », *European Journal of Sociology* 25, 2, 1984.

Martin, David, *A General Theory of Secularization*, Oxford, Blackwell Publishers, 1978.

Martin, William, *With God on Our Side : The Rise of the Religious Right in America*, New York, Broadway Books, 1996.

Masoud, Tarek, *Counting Islam : Religion, Class, and Elections in Egypt*, New York, Cambridge University Press, 2014.

Meddeb, Abdelwahab, *The Malady of Islam* (traduit par Pierre Joris et Ann Reid), New York, Basic Books, 2003.

Moosa, Ebrahim, « Colonialism and Islamic Law », dans *Islam and Modernity : Key Issues and Debates* (dir. : Muhammad Khalid Masud, Armando Salvatore et Martin van Bruinessen), Édimbourg, Edinburgh University Press, 2009.

Parsons, Talcott, *The Social System*, New York, Free Press, 1951.

Peters, Rudolph, *Crime and Punishment in Islamic Law : Theory and Practice from the Sixteenth to the Twenty-First Century*, Cambridge, Cambridge University Press, 2005.

Ramadan, Tariq, *Radical Reform : Islamic Ethics and Libération*, Oxford, Oxford University Press, 2009.

—, *Introduction à l'éthique islamique*, Paris, Presses du Châtelet, 2015.

Rawls, John, *Political Liberalism*, New York, Columbia University Press, 1993.

ROSEFSKY WICKHAM, Carrie, *Mobilizing Islam : Religion, Activism, and Political Change in Egypt*, New York, Columbia University Press, 2002.

ROY, Olivier, *The Failure of Political Islam* (traduit par Carol Volk), Camridge (MA), Harvard University Press, 1994.

SACHEDINA, Abdulaziz, *The Islamic Roots of Democracy Pluralism*, New York, Oxford University Press, 2001.

SAVORY, R. M., *Introduction to Islamic Civilisation*, Cambridge, Cambridge University Press, 1976.

SCHACHT, Joseph, *An Introduction to Islamic Law*, Oxford, Oxford University Press, 1964.

SCHWEDLER, Jillian, « Can Islamists Become Moderates ? Rethinking the Inclusion-Moderation Hypothesis », *World Politics* 63, 2, 2011.

SHEPARD, William, « Islam and Ideology : Towards a Typology », *International Journal of Middle East Studies* 19, 3, 1987.

SIVAN, Emmanuel, « The Islamic Resurgence : Civil Society Strikes Back », *Journal of Contemporary History* 25, 3, 1987.

STEPAN, Alfred, « Religion, Democracy, and the "Twin Tolerations" », *Journal of Democracy* 11, 4, 2000.

—, « The Multiple Secularisms of Modern Democratic and Non-Democratic Régimes », dans *Rethinking Secularism* (dir. : Craig Calhoun, Mark Juergensmeyer et Jonathan Vanantwerpen), Oxford : Oxford University Press, 2011.

TAYLOR, Charles, *A Secular Age*, Cambridge (MA), Harvard University Press, 2007.

TESSLER, Mark, « The Origins of Political Support for Islamist Movements : A Political Economy Approach », dans *Public Opinion in the Middle East : Survey Research and the Political Orientation of Ordinary Citizens* (dir. : Mark Tessler), Bloomington, Indiana University Press, 2011.

THIEMANN, Ronald, *Religion in Public Life : A Dilemma for Democracy*, Washington D.C., Georgetown University Press, 1996.

TIBI, Bassam, *The Challenge of Fundamentalism : Political Islam and the New World Disorder*, Berkeley (CA), University of California Press, 1998.

TROELTSCH, Ernst, *Protestantism and Progress : The Significance of Protestantism for the Rise of the Modern World* (traduit par W. Montgomery), Boston, Beacon Press, 1958.

VOLL, John, « Relations Among Islamist Groups », dans *Political Islam : Revolution, Radicalism, or Reform ?* (dir. : John Esposito), Boulder (CO), Lynne Rienner Publishers, 1997.

WARE, Lewis, « State and Society Under Islam », *The Wilson Quarterly* 13, 4, 1989.

WEBER, Max, *The Protestant Ethic and the Spirit of Capitalism* (traduit par Talcott Parsons), New York, W. W. Norton, 2009 [1930].

WEINER, Myron (dir.), *Modernization : The Dynamics of Growth*, New York, Basic Books, 1966.

WILSON, Bryan, *Religion in Secular Society*, Londres, C.A. Watts, 1966.

ZAKARIA, Fareed, « Islam, Democracy, and Constitutional Liberalism », *Political Science Quarterly* 119, 1, 2004.

ZUBAIDA, Sami, *Law and Power in the Islamic World*, Londres, I. B. Tauris, 2004.

Chapitre 3. Une théorie des pactes démocratiques

ACEMOGLU, Daron, et ROBINSON, James, *Economic Origins of Dictatorship and Democracy*, New York, Cambridge University Press, 2006.

ARAS, Bülent, et FALK, Richard, « Authoritarian "Geopolitics" of Survival in the Arab Spring », *Third World Quarterly* 36, 2, 2015.

Arat, Zehra, « Democracy and Economic Development : Modernization Theory Revisited », *Comparative Politics* 21, 1, 1988.

Baloyra, Enrique (dir.), *Comparing New Democracies : Transition and Consolidation in Mediterranean Europe and the Southern Cone*, Boulder (CO), Westview, 1987.

Bank, André, « Comparative Area Studies and the Study of Middle East Politics after the Arab Uprisings », dans *Comparative Area Studies : Methodological Rationales and Cross-Regional Applications* (dir. : Ariel I. Ahram, Patrick Köllner et Rudra Sil), Oxford, Oxford University Press, 2018.

Beissinger, Mark, « Structure and Example in Modular Political Phenomena : The Diffusion of the Bulldozer/Rose/Orange/Tulip Revolutions », *Perspectives on Politics* 5, 2, 2007.

Bellin, Eva, « The Robustness of Authoritarianism in the Middle East : Exceptionalism in Comparative Perspective », *Comparative Politics* 36, 2, 2004.

Bratton, Michael, et Van de Walle, Nicolas, « Neopatrimonial Regimes and Political Transitions in Africa », *World Politics* 46, 4, 1994.

Brownlee, Jason, *Democracy Prevention : The Politics of the US-Egyptian Alliance*, New York, Cambridge University Press, 2012.

Brumberg, Daniel, « The Trap of Liberalized Autocracy », *Journal of Democracy* 13, 4, 2002.

Bunce, Valerie, « Rethinking Recent Democratization : Lessons from the Postcommunist Experience », *World Politics* 55, 2, 2003.

Burton, Michael, Gunther, Richard, et Higley, John, « Elites and Democratic Consolidation in Latin America and Southern Europe : An Overview », dans *Elites and Democratic Consolidation in Latin America and Southern Europe* (dir. : John Higley et Richard Gunther), New York, Cambridge University Press, 1992.

CAMMETT, Melani, et JONES LUONG, Pauline, « Is There an Islamist Political Advantage ? », *Annual Review of Political Science* 17, 2014.

CAPOCCIA, Giovanni, et KELEMEN, Roger Daniel, « The Study of Critical Junctures : Theory, Narrative, and Counterfactuals in Historical Institutionalism », *World Politics* 59, 2007.

CAROTHERS, Thomas, « The End of the Transition Paradigm », *Journal of Democracy* 13, 1, 2002.

—, *Critical Mission : Essays on Democracy Promotion*, Washington D.C., Carnegie Endowment for International Peace, 2004.

—, « The "Sequencing" Fallacy », *Journal of Democracy* 18, 1, 2007.

CLARK, Janine, *Islam, Charity, and Activism : Middle-Class Networks and Social Welfare in Egypt, Jordan, and Yemen*, Bloomington (IN) Indiana University Press, 2004.

COFMAN WITTES, Tamara, « Three Kinds of Movements », *Journal of Democracy* 19, 3, 2008.

COX, Michael, IKENBERRY, G. John, et INOGUCHI, Takashi (dir.), *American Democracy Promotion : Impulses, Strategies, and Impacts*, Oxford, Oxford University Press, 2000.

DAWISHA, Karen, et PARROTT, Bruce (dir.), *The Consolidation of Democracy in East-Central Europe*, New York, Cambridge University Press, 1997.

DEUTSCH, Karl W., « Social Mobilization and Political Development », *The American Political Science Review* 55, 3, 1961.

DI PALMA, Giuseppe, *To Craft Democracies : An Essay on Democratic Transitions*, Berkeley (CA), University of California Press, 1990.

DIAMOND, Larry, *Developing Democracy : Toward Consolidation*, Baltimore (MD), Johns Hopkins University Press, 1999.

—, « Thinking About Hybrid Régimes » *Journal of Democracy* 13, 2, 2002.

Diamond, Larry, Fukuyama, Francis, Horowitz, Donald, et Plattner, Marc, « Reconsidering the Transition Paradigm », *Journal of Democracy* 25, 1, 2014.

Diamond, Larry, Linz, Juan, et Lipset, Seymour Martin, « Introduction : Comparing Experiences with Democracy », dans *Politics in Developing Countries : Comparing Experiences with Democracy* (dir. : Larry Diamond, Juan Linz et Seymour Martin Lipset), Boulder (CO), Lynne Rienner Publishers, 1992.

Ekiert, Grzegorz, et Hanson, Stephen (dir.), *Capitalism and Democracy in Central and Eastern Europe : Assessing the Legacy of Communist Rule*, New York, Cambridge University Press, 2003.

Encarnación, Omar G., « Labor and Pacted Democracy : Post-Franco Spain in Comparative Perspective », *Comparative Politics* 33, 3, 2001.

Entelis, John, « The Democratic Imperative vs. the Authoritarian Impulse : The Maghrib State Between Transition and Terrorism », *Middle East Journal* 59, 4, 2005.

Feldman, Arnold S., et Hurn, Christopher, « The Experience of Modernization », *Sociometry* 29, 4, 1966.

Fishman, Robert M., « Rethinking State and Regime : Southern Europe's Transition to Democracy », *World Politics* 42, 3, 1990.

Gasiorowski, Mark J., « Economic Crisis and Political Regime Change : An Event History Analysis », *American Political Science Review* 89, 4, 1995.

Grzymala-Busse, Anna, *Rebuilding Leviathan : Party Competition and State Exploitation in Post-Communist Democracies*, New York, Cambridge University Press, 2007.

HADENIUS, Axel, et TEORELL, Jan, « Cultural and Economic Prerequisites of Democracy : Reassessing Recent Evidence », *Studies in Comparative International Development* 39, 4, 2005.

HAFERKAMP, Hans, et SMELSER, Neil J. (dir.), *Social Change and Modernity*, Berkeley (CA), University of California Press, 1992.

HAGGARD, Stephan, et KAUFMAN, Robert, *The Political Economy of Democratic Transitions*, Princeton, Princeton University Press, 1995.

—, « Democratization during the Third Wave », *Annual Review of Political Science* 19, 2016.

HAGOPIAN, Frances, « "Democracy by Undemocratic Means" ? Elites, Political Pacts, and Regime Transition in Brazil », *Comparative Political Studies* 23, 2, 1990.

HAGOPIAN, Frances, et MAINWARING, Scott (dir.), *The Third Wave of Democratization in Latin America : Advances and Setbacks*, Cambridge, Cambridge University Press, 2005.

HAMZAWY, Amr, et OTTAWAY, Marina, « Islamists in Politics : The Dynamics of Participation », dans *Getting to Pluralism* (dir. : M. Ottaway et A. Hamzawy), Washington D.C., Carnegie Endowment for International Peace, 2009.

HATAB, Shimaa, « Democratization from a Cross-Regional Perspective : How Can Game Theoretical Models of Latin American Transitions Inform the Arab Region ? », *APSA-MENA Workshops Alumni E-Newsletter* 3, 2017.

HIGLEY, John, et BURTON, Michael, « The Elite Variable in Democratic Transitions and Breakdowns », *American Sociological Review* 54, 1, 1989.

—, *Elite Foundations of Liberal Democracy*, Lanham (MD), Rowman and Littlefield, 2006.

HUNTINGTON, Samuel P., *The Third Wave : Democratization in the Late Twentieth Century*. Norman (OK), University of Oklahoma Press, 1991.

HYDE, Susan, *The Pseudo-Democrat's Dilemma : Why Election Observation Became an International Norm*, Ithaca, Cornell University Press, 2011.

INGLEHART, Ronald, et WELZEL, Christian, *Modernization, Cultural Change, and Democracy : The Human Development Sequence*, New York, Cambridge University Press, 2005.

INKELES, Alex, « Making Men Modern : On the Causes and Consequences of Individual Change in Six Countries », *American Journal of Sociology* 75, 1963.

KARAKOÇ, Jülide (dir.), *Authoritarianism in the Middle East : Before and After the Arab Uprisings*, Londres, Palgrave Macmillan, 2015.

KARL, Terry L., « Dilemmas of Democratization in Latin America », *Comparative Politics* 23, 1, 1990.

KARL, Terry L., et SCHMITTER, Philippe, « Modes of Transition in South and Eastern Europe and South and Central America », *International Social Science Journal* 128, 1991.

KOPSTEIN, Jeffrey, et REILLY, David, « Geographic Diffusion and the Transformation of the Postcommunist World », *World Politics* 53, 1, 2000.

KRAMER, Gudrun, « Islamist Notions of Democracy », *Middle East Report* 183, 1993.

LANGOHR, Vickie, « Of Islamists and Ballot Boxes : Rethinking the Relationship Between Islamists and Electoral Politics », *International Journal of Middle East Studies* 33, 4, 2001.

LEVITSKY, Steven, et WAY, Lucan, *Competitive Authoritarianism : Hybrid Regimes After the Cold War*, New York, Cambridge University Press, 2010.

LINDBERG, Staffan, *Democracy and Elections in Africa*, Baltimore (MD), The John Hopkins University Press, 2006.

LIPSET, Seymour Martin, « Some Social Requisites of Democracy : Economic Development and Political Legitimacy », *American Political Science Review* 53, 1, 1959.

LUST-OKAR, Ellen, *Structuring Conflict in the Arab World : Incumbents, Opponents, and Institutions*, New York, Cambridge University Press, 2005.

LUST-OKAR, Ellen, et ZERHOUNI, Saloua (dir.), *Political Participation in the Middle East*, Boulder (CO), Lynne Rienner, 2008.

MALLOY, James, et SELIGSON, Mitchel (dir.), *Authoritarians and Democrats : Regime Transition in Latin America*, Pittsburgh, University of Pittsburgh Press, 1987.

MASOUD, Tarek, « Has the Door Closed on Arab Democracy ? », *Journal of Democracy* 26, 1, 2015.

—, *Counting Islam : Religion, Class, and Elections in Egypt*, New York, Cambridge University Press, 2014.

MCFAUL, Michael, « The Fourth Wave of Democracy and Dictatorship : Noncooperative Transitions in the Postcommunist World », *World Politics* 54, 2, 2002.

—, « The Missing Variable : The "International System" as the Link between Third and Fourth Wave Models of Democratization », dans *Democracy and Authoritarianism in the Post-Communist World* (dir. : Valerie Bunce, Michael McFaul et Kathryn Stoner-Weiss), New York, Cambridge University Press, 2010.

MØLLER, Jørgen, et SKAANING, Svend-Erik, « The Third Wave : Inside the Numbers », *Journal of Democracy* 24, 4, 2013.

MUNCK, Gerardo L., et SKALNIK LEFF Carol, « Modes of Transition and Democratization : South America and Eastern Europe in Comparative Perspective », *Comparative Politics* 29, 3, 1997.

NORTON, August (dir.), *Civil Society in the Middle East*, Leyde, Brill, 1995-1996, 2 vol.

O'DONNELL, Guillermo, et SCHMITTER, Philippe, *Transitions from Authoritarian Rule : Tentative Conclusions about Uncertain Democracies*, Baltimore (MD), The Johns Hopkins University Press, 1986.

ODINIUS, Daniel, et KUNTZ Philipp, « The Limits of Authoritarian Solidarity : The Gulf Monarchies and Preserving Authoritarian Rule During the Arab Spring », *European Journal of Political Research* 54, 2015.

OTTAWAY, Marina, *Democracy Challenged : The Rise of Semi-Authoritarianism*, Washington D.C., Carnegie Endowment for International Peace, 2003.

PEVEHOUSE, Jon, *Democracy from Above : Regional Organizations and Democratization*, New York, Cambridge University Press, 2005.

POAST, Paul, et URPELAINEN, Johannes, « How International Organizations Support Democratization : Preventing Authoritarian Reversals or Promoting Consolidation ? », *World Politics* 67, 2015.

PRZEWORSKI, Adam, *Democracy and the Market : Political and Economic Reforms in Eastern Europe and Latin America*, New York, Cambridge University Press, 1991.

ROSTOW, W. W. (dir.), *The Economics of Take-Off Into Sustained Growth*, New York, St. Martin's, 1963.

RUSTOW, Dankwart, « Transitions to Democracy : Toward a Dynamic Model », *Comparative Politics* 2, 3, 1970.

SCHEDLER, Andreas, « Measuring Democratic Consolidation », *Studies in Comparative International Development* 36, 1, 2001.

SCHMITTER, Philippe, et KARL, Terry Lynn, « Civil Society East and West », dans *Consolidating the Third Wave Democracies : Themes and Perspectives* (dir. : Larry Diamond, Marc F. Plattner, Yun-Han Chu et Hung-Mao Tien), Baltimore (MD), The Johns Hopkins University Press, 1997.

Schneider, Ben Ross, « Democratic Consolidations : Some Broad and Sweeping Arguments », *Latin American Research Review* 30, 2, 1995.

Schwedler, Jillian, « Can Islamists Become Moderates ? », dans *World Politics* 63, 2, 2011.

Share, Donald, « Transitions to Democracy and Transition through Transaction », *Comparative Political Studies* 19, 4, 1987.

Shin, Doh Chull, « On the Third Wave of Democratization : A Synthesis and Evaluation of Recent Theory and Research », *World Politics* 47, 1, 1994.

Skrede Gleditsch, Kristian, et Ward, Michael, « Diffusion and the International Context of Democratization », *International Organization* 60, 4, 2006.

Stepan, Alfred, et Linz, Juan, « Democratization Theory and the "Arab Spring" », *Journal of Democracy* 24, 2, 2013.

Valbjørn, Morten, et Volpi, Frédéric, « Revisiting Theories of Arab Politics in the Aftermath of the Arab Uprisings », *Mediterranean Politics* 19, 1, 2013.

Walker, Christopher, « What Is "Sharp Power" ? », *Journal of Democracy* 29, 3, 2018.

Waterbury, John, « Democracy without Democrats ? The Potential for Political Liberalization in the Middle East », dans *Democracy without Democrats ? The Renewal of Politics in the Muslim World* (dir. : Ghassan Salamé), Londres, I. B. Taurus, 1994.

—, « Fortuitous By-Products », *Comparative Politics* 29, 3, 1997.

Willis, Michael J., « Political Parties in the Maghrib : Ideology and Identification. A Suggested Typology », *Journal of North African Studies* 7, 3, 2002.

Yom, Sean, « Civil Society and Democratization in the Arab World : Critical Views from the Middle East », *Middle East Review of International Affairs* 9, 4, 2005.

—, « Understanding the Arab Spring : One Region, Several Puzzles, and Many Explanations », *Government and Opposition* 50, 4, 2015.

—, *From Resilience to Revolution : How Foreign Interventions Destabilize the Middle East*, New York, Columbia University Press, 2016.

Chapitre 4. La Tunisie : développement et formation de l'État

Article de presse

« Tunisie : les propos “effrayants” d'Alliot-Marie suscitent la polémique », *Le Monde*, 13 janvier 2011.

Monographies et articles de revues académiques

'Abdelrahim, Hafiz, « Al-istilzam wal-ta'zib aliyyah li-tahlil al-nasq al-siyasi al-tunisi fi-itar dawlat al-bina' al-watani min khilal al-namat al-'alaqi bayna bourguiba wa-'adhadihi » [Patronage et clientélisme comme mécanisme d'analyse de la structure politique tunisienne dans le cadre de la construction de l'État-nation à travers le schéma relationnel entre Bourguiba et ses partisans], dans *Al-Sulta wal-aliyyat al-hukm fi 'asr bourguiba bi-tunis wal-bilad al-arabiyyah* [Pouvoir et mécanismes de gouvernance pendant l'ère de Bourguiba en Tunisie et dans le monde arabe] (dir. : Abdeljelil Temimi), Tunis, Temini Foundation, 2003.

Abu al-Lawz, Abd al-Hakim, « Alaqat al-harikat al-islamiyyah ma' al-anzhimah al-siyasiyyah : al-hala al-tunisiyyah, 1981-1991 » [La relation entre les mouvements islamistes et les régimes politiques : le cas tunisien, 1981-1991], *Al-Majalla al-arabiyyah lil-'ulum al-siyasiyyah* [*Journal arabe de science politique*] 22, 2009.

Al-Hilah, Muhammad, « Bourguiba wal-islam » [Bourguiba et l'islam], dans *Bourguiba, Bourguibiyun Wa-binaa' Al-Dawla Al-Wataniyya* [Bourguiba, Bourguibists, et la construction de l'État national] (dir. : Abdeljelil Temimi), Tunis, Temimi Foundation, 2001.

Al-Mansar, Adnan, *Dawlat al-bourguiba : fusul fil-idiyulujiyya wal-mumarasah, 1956-1970* [L'État de Bourguiba : chapitres sur l'idéologie et la pratique, 1956-1970], Tunis, Amal Éditions, 2007.

Alexander, Christopher, « Back from the Democratic Brink : Authoritarianism and Civil Society in Tunisia », *Middle East Report* 205, 1997.

Allani, Alaya, « The Islamists in Tunisia between Confrontation and Participation : 1980-2008 », *Journal of North African Studies* 14, 2, 2009.

Anderson, Lisa, *The State and Social Transformation in Tunisia and Libya, 1830-1980*, Princeton, Princeton University Press, 1987.

Bellin, Eva, « Tunisian Industrialists and the State », dans *Tunisia, the Political Economy of Reform*, Brandeis University, 1991.

—, *Stalled Democracy : Capital, Labor, and the Paradox of State-Sponsored Development*, Ithaca (NY), Cornell University Press, 2002.

Benstead, Lindsay, et Reif, Megan, « Polarization or Pluralism ? Language, Identity, and Attitudes toward American Culture among Algeria's Youth », *Middle East Journal of Culture and Communication* 6, 1, 2013.

Bou Nassif, Hicham, « A Military Besieged : The Armed Forces, the Police, and the Party in Bin Ali's Tunisia, 1987-2011 », *International Journal of Middle East Studies* 47, 2015.

Boulby, Marion, « The Islamic Challenge : Tunisia since Independence », *Third World Quarterly* 10, 2, 1988.

Brooks, Risa, « Abandoned at the Palace : Why the Tunisian Military Defected from the Ben Ali Regime in January 2011 », *Journal of Strategic Studies* 36, 2, 2011.

Brown, L. Carl, « Bourguiba and Bourguibism Revisited : Reflections and Interpretation », *Middle East Journal* 55, 1, 2001.

Camau, Michel, *L'Exception tunisienne : variations sur un mythe*, Tunis, IRMC, 2018.

Camau, Michel, et Geisser, Vincent, *Le Syndrome autoritaire. Politique en Tunisie de Bourguiba à Ben Ali*, Paris, Presses de Sciences Po, 2003.

Charfi, Mounir, *Les Ministres de Bourguiba (1956-1987)*, Paris, L'Harmattan, 1989.

Charrad, Mounira, *States and Women's Rights : The Making of Postcolonial Tunisia, Algeria, and Morocco*, Berkeley (CA), University of California Press, 2001.

Chomiak, Laryssa, « The Making of a Revolution in Tunisia », *Middle East Law and Governance* 3, 2011.

Dakhlia, Jocelyne, *Tunisie. Le pays sans bruit*, Paris, Actes Sud, 2011.

Dazey, Margot, et Zederman, Mathilde, « Oppositions islamistes à distance : mobilisations tunisiennes et égyptiennes en France (1990-2016) », *Revue française de science politique* 67, 5, 2017.

Degorge, Barbara, « The Modernization of Education : A Case Study of Tunisia and Morocco », *The European Legacy : Towards New Paradigms* 7, 5, 2002.

Disney, Nigel, « The Working Class Revolt in Tunisia », *MERIP Reports* 67, 1978.

Duwaji, Ghazi, *Economic Development in Tunisia : The Impact and Course of Government Planning*, New York, Frederick Praeger, 1967.

Entelis, John, « Reformist Ideology in the Arab World : The Cases of Tunisia and Lebanon », *The Review of Politics* 37, 4, 1975.

GEYER, Georgie Ann, *Tunisia : A Journey Through a Country That Works*, Northhampton (MA), Stacey International, 2004.

GRAMI, Amel, « Gender Equality in Tunisia », *British Journal of Middle Eastern Studies* 35, 3, 2008.

GREEN, Arnold, « Political Attitudes and Activities of the Ulama in the Liberal Age : Tunisia as an Exceptional Case », *International Journal of Middle East Studies* 7, 2, 1976.

GREWAL, Sharan, « A Quiet Revolution : The Tunisian Military After Ben Ali », *Regional Insight of Carnegie Endowment for International Peace*, 24 février 2016.

HAHN, Lorna, « Tunisia Pragmatism and Progress », *Middle East Journal* 16, 1, 1962.

HAMDI, Mohamed Elhachmi, *The Politicisation of Islam : A Case Study of Tunisia*, Boulder (CO), Westview Press, 1998.

HAWKINS, Simon, « Who Wears Hijab with the President : Constructing a Modern Islam in Tunisia », *Journal of Religion in Africa* 41, 1, 2011.

HIBOU, Béatrice, « Domination and Control in Tunisia : Economic Levers for the Exercise of Authoritarian Power », *Review of African Political Economy* 33, 2008.

—, *La Force de l'obéissance*, Paris, La Découverte, 2006.

HUREWITZ, J. C., *Middle East Politics : The Military Dimension*, Boulder (CO), Westview Press, 1982.

JEBNOUN, Noureddine, « In the Shadow of Power : Civil-Military Relations and the Tunisian Popular Uprising », *Journal of North African Studies* 19, 3, 2014.

JONES, Richard, « La crise des naturalisations de 1933 : analyse française et réponse tunisienne », *Revue d'histoire maghrébine* 7-8, 1977.

JULIANDI, Budi, « Wakaf dan politik di Tunisia », *Ahkam* 15, 2, 2015.

KERROU, Mohamed, *La Fondation du nouvel État en Tunisie*, thèse de doctorat dirigée par Lucien Siorat, université de Toulouse-1, 1987.

KHIARI, Sadri, *Tunisie, le délitement de la cité. Coercition, consentement, résistance*, Paris, Karthala, 2003.

LAROUSSI, Houda, « Politiques publiques et "bonne gouvernance en Tunisie" », *Mondes en développement* 145, 2009.

MARZOUKI, Nadia, « From People to Citizens in Tunisia », *Middle East Report* 259, 2011.

MASRI, Safwan, *Tunisia : An Arab Anomaly*, New York, Columbia University Press, 2017.

McCARTHY, Rory, « Re-thinking Secularism in Post-Independence Tunisia », *Journal of North African Studies* 19, 5, 2014.

MICAUD, Charles, *Tunisia : The Politics of Modernization*, New York, Praeger, 1964.

MOHSEN-FINAN, Khadija, et VERMEREN, Pierre, *Dissidents du Maghreb depuis les indépendances*, Paris, Belin, 2018.

MOORE, Clement Henry, *Tunisia since Independence : The Dynamics of One-Party Government*, Berkeley (CA), University of California Press, 1965.

MOUDOUD, Ezzeddine, *Modernization, the State, and Regional Disparity in Developing Countries : Tunisia in Historical Perspective, 1881-1982*, Boulder (CO), Westview Press, 1989.

MURPHY, Emma, *Economic and Political Change in Tunisia : From Bourguiba to Ben Ali.* Londres, Palgrave Macmillan, 1999.

PENNER ANGRIST, Michele, « The Expression of Political Dissent in the Middle East : Turkish Democratization and Authoritarian Continuity in Tunisia », *Comparative Studies in Society and History* 41, 4, 1999.

—, *Party Building in the Modern Middle East*, Seattle (WA), University of Washington Press, 2006.

—, « Understanding the Success of Mass Civic Protest in Tunisia », *Middle East Journal* 67, 2013.

PERKINS, Kenneth, « "The Masses Look Ardently to Istanbul" : Tunisia, Islam, and the Ottoman Empire, 1837-1931 », dans *Islam and Secularism in North Africa* (dir. : John Ruedy), Londres, Palgrave Macmillan, 1996.

RADWAN, Samir, JAMAL, Vali, et GHOSE, Ajit Kumar, *Tunisia : Rural Labour and Structural Transformations*, Londres, Routledge, 1991.

RIVLIN, Benjamin, « The Tunisian Nationalist Movement : Four Decades of Evolution », *Middle East Journal* 6, 2, 1952.

ROSSI, Pierre, *Bourguiba's Tunisia*, Tunis, Kahia, 1967.

RUDEBECK, Lars, *Party and People : A Study of Political Change in Tunisia*, Uppsala, Almqvist and Wiksells, 1967.

SADIKI, Larbi, « The Search for Citizenship in Ben Ali's Tunisia : Democracy versus Unity », *Political Studies* 50, 2002.

SALEM, Norma, *Habib Bourguiba, Islam, and the Creation of Tunisia*, Londres, Croom Helm, 1984.

STRICKLAND, Patrick, et VERGHESE, Nouri, « Tunisia's Nidaa Tounes : Nostalgia for a Past That Never Was ? », *Middle East Eye*, 10 novembre 2014.

TESSLER, Mark, et KEPPEL, Mary, « Political Generations », dans *Change in Tunisia* (dir. : Russell Stone et John Simmons), Albany (NY), State University of New York Press, 1976.

TIBI, Bassam, « Trade Unions as an Organizational Form of Political Opposition in Afro-Arab States : The Case of Tunisia », *Orient* 24, 4, 1979.

WALTZ, Susan, *Human Rights and Reform : Changing the Face of North African Politics* Berkeley (CA), University of California Press, 1995.

WARE, Lewis, *Tunisia in the Post-Bourguiba Era : The Role of the Military in a Civil Arab Republic*, Maxwell (AL), Air University Press, 1986.

—, « Ben Ali's Constitutional Coup in Tunisia », *Middle East Journal* 42, 4, 1988.

WEBB, Edward, « The "Church" of Bourguiba : Nationalizing Islam in Tunisia », *Sociology of Islam* 1, 2013.

ZEDERMAN, Mathilde, « The Hegemonic Bourguibist Discourse on Modernity in Post-revolutionary Tunisia », *Middle East Law and Governance* 8, 2-3, 2016.

ZEGHAL, Malika, « Public Institutions of Religious Education in Egypt and Tunisia : Contrasting the Post-Colonial Reforms of the Al-Azhar and the Zaytuna », dans *Trajectories of Education in the Arab World Legacies and Challenges* (dir. : Osama Abi-Mershed), Londres, Routledge, 2009.

ZUSSMAN, Mira, *Development and Disenchantment in Rural Tunisia : The Bourguiba Years*, Boulder (CO), Westview Press, 1992.

Entretien avec l'auteur

Mohamed Kerrou, professeur de sciences politiques à l'université de Tunis-El Manar, à Florence, le 6 décembre 2018.

Chapitre 5. Le pacte tunisien : un compromis entre islamistes et sécularistes

Articles de presse

« À la une : "Politique : seul contre tous ?" », *Réalités*, 13 janvier 2013.

« Al-baji qa'id al-sibsi akthar ma'ruf yalih rashid al-ghannoushi » [Al-Baji Qa'id al-Sibsi est plus connu que Rachid Ghannouchi], *Essahafa*, 28 mars 2011.

« Al-Ghannoushi : sahih an khuruj al-nahda min al-hukm afdhal hadiyyah lil-nahda » [Ghannouchi : Il est vrai que quitter le gouvernement est le meilleur cadeau pour Ennahda], *Assabah,* 31 janvier 2014.

« Al-khawf al-siyasi wal-harb al-ahliyyah al-mumkina » [La peur politique et l'éventualité d'une guerre civile], *Alchourouk*, 7 janvier 2013.

« Ba'd 'taghazzul' al-ghannoushi bi-qa'id al-sibsi : tariq al-tahalluf » [Après la « pirouette » Al-Ghannouchi avec Caid Essebsi : le chemin de l'alliance], *Alchourouk,* 27 décembre 2013.

« Ghadhab 'aarim fil-jihat wa haraq li-ba'dh maqarrat al-nahda » [Colère intense dans les régions et incendie de certains sièges d'Ennahda], *Essahafa,* 7 février 2013.

« Ghannoushi yufassir asbab 'itimad al-fasl al-awwal min dustour 59 » [Al-Ghannouchi explique les raisons de l'adoption de l'article premier de la Constitution de 1959], *Assabah*, 26 mars 2012.

« L'opinion laïque et le tandem Nidaa-Ennahda », *La Presse*, 29 septembre 2015.

« Les outsiders d'Ennahda », *La Presse*, 4 novembre 2011.

« Que se sont dit Rachid Ghannouchi et Béji Caïd Essebsi à Paris ? », *Jeune Afrique*, 20 août 2013.

« Sana ba'd al-thawra : illa ayn yattajih al-mashad al-siyasi fi tunis » [Un an après la révolution : où en est la scène politique ?], *Alchourouk*, 30 décembre 2011.

« Sélim ben Abdesselem : le dissident d'Ettakatol », *Leaders*, 24 janvier 2013.

« Southern Tunisians Protest Economic Marginalisation », *Al-Jazeera*, 29 avril 2015.

« Tahdhir al-jaysh min tikraar ma hadatha fi misr » [Mettre en garde l'armée contre la répétition de ce qui s'est passé en Égypte], *Essahafa*, 13 juillet 2013.

« Tunisia Unity Government Stirs Crisis in Leading Party », *Al-Jazeera*, 20 février 2015.

« Tunisia : Labour and the Capital », *Al-Jazeera*, 15 février 2013.

« Tunisian Protesters Demand islamic State », *Al-Arabiya*, 27 mars 2012.

« Une réunion en vue de la formation d'une instance de salut national », *La Presse*, 29 juillet 2013.

Monographies et revues académiques

ALEXANDER, Christopher, *Tunisia : From Stability to Revolution in the Maghreb*, Londres, Routledge, 2016.

ANTONAKIS-NASHIF, Anna, « Contested Transformation : Mobilized Publics in Tunisia between Compliance and Protest », *Mediterranean Politics* 21, 1, 2016.

AYEB, Habib, « Social and Political Geography of the Tunisian Revolution : The Alfa Grass Revolution », *Review of African Political Economy* 38, 2011.

BEN SALEM, Maryam, « The National Dialogue, Collusive Transactions, and Government Legitimacy in Tunisia », *The International Spectator* 51, 1, 2016.

BERMEO, Nancy, « Myths of Moderation : Confrontation and Conflict during Democratic Transitions », *Comparative Politics* 29, 3, 1997.

BIDHIYAFI, Mundhar, *Al-islamiyun wal-hukm : tajribah harakat al-nahdha fi tunis baina istihiqaqat al-thawre wa mutatallabat al-dawla* [Les islamistes et le gouvernement : l'expérience d'Ennahda en Tunisie entre les mérites de la révolution et les exigences du gouvernement], Tunis, Waraqa Li-nashr, 2014.

BÖCKENFÖRDE, Markus, « From Constructive Ambiguity to Harmonious Interpretation : Religion-Related Provisions in the Tunisian Constitution », *American Behavioral Scientist* 60, 8, 2016.

BOUBEKEUR, Amel, « Islamists, Secularists, and Old Regime Elites in Tunisia : Bargained Competition », *Mediterranean Politics* 21, 1, 2016.

—, *The Politics of Protest in Tunisia. Instrument in Parties' Competition vs. Tool for Participation.* Berlin, Stiftung Wissenschaft und Politik, 2015.

BRODY-BARRE, Andrea G, « The Impact of Political Parties and Coalition Building on Tunisia's Democratic Future », *The Journal of North African Studies* 18, 2, 2013.

BROOKS, Risa, « Abandoned at the Palace : Why the Tunisian Military Defected from the Ben 'Ali Regime in January 2011 », *Journal of Strategic Studies* 36, 2, 2011.

BURWELL, Frances, HAWTHORNE, Amy, MEZRAN, Karim, et MILLER, Elissa, *A Transatlantic Strategy for a Democratic Tunisia.* Washington D.C., Atlantic Council, 2016.

CAVATORTA, Francesco, « Salafism, Liberalism, and Democratic Learning in Tunisia », *Journal of North African Studies* 20, 5, 2015.

CHARRAD, Mounira, « Progressive Law : How It Came About in Tunisia », *Transnational Law and Contemporary Problems* 24, 2, 2015.

CHOMIAK, Laryssa, « The Making of a Revolution in Tunisia », *Middle East Law and Governance* 3, 2011.

CHOUIKHA, Larbi, « L'Instance supérieure indépendante pour les élections et le processus électoral tunisien : un témoignage de l'intérieur », *Confluences Méditerranée* 82, 3, 2012.

EL-KHAWAS, Mohamed, « Tunisia's Jasmine Revolution : Causes and Impact », *Mediterranean Quarterly* 23, 4, 2012.

FREYBURG, Tina, et RICHTER, Solveig, « Local Actors in the Driver's Seat : Transatlantic Democracy Promotion under

Regime Competition in the Arab World », *Democratization* 22, 3, 2015.

Gana, Alia, et Van Hamme, Gilles, « Ébauche de sociologie électorale des élections d'octobre 2011 », dans *Élections et territoires en Tunisie. Enseignements des scrutins post-révolution (2011-2014)* (dir. : Alia Gana et Gilles Van Hamme), Tunis, IRMC, 2016.

Gobe, Eric et Chouikha, Larbi, « Is the Tunisian Political Transition in Danger ? », *IEMed Yearbook 2013*, Barcelone, IEMed, 2013.

Grewal, Sharan, « A Quiet Revolution : The Tunisian Military after Ben Ali », *Regional Insight of Carnegie Endowment for International Peace*, 24 février 2016.

Guazzone, Laura, « Ennahda Islamists and the Test of Government in Tunisia », *The International Spectator* 48, 4, 2013.

Haggard, Stephan, et Kaufman, Robert, *The Political Economy of Democratic Transitions*, Princeton, Princeton University Press, 1995.

Hanieh, Adam, « Shifting Priorities or Business as Usual ? Continuity and Change in the post-2011 IMF and World Bank Engagement with Tunisia, Morocco and Egypt », *British Journal of Middle Eastern Studies* 42, 1, 2015.

Jamal, Amal, et Kensicki, Anna, « A Theory of Critical Junctures for Democratization : A Comparative Examination of Constitution-Making in Egypt and Tunisia », *Law and Ethics of Human Rights* 10, 1, 2016.

Kartas, Moncef, « Foreign Aid and Security Sector Reform in Tunisia : Resistance and Autonomy of the Security Forces », *Mediterranean Politics* 19, 3, 2014.

Klaas, Brian, et Dirsus, Marcel, « The Tunisia Model : Did Tunis Win the Arab Spring ? », *Foreign Affairs*, 23 octobre 2014.

LAMONT, Christopher, et BOUJNEY, Héla, « Transitional Justice in Tunisia : Negotiating Justice During Transition », *Croatian Political Science Review* 49, 5, 2013.

LEFÈVRE, Raphaël, « Tunisia : A Fragile Political Transition », *Journal of North African Studies* 20, 2, 2015.

LUTTERBECK, Derek, « Tool of Rule : The Tunisian Police Under Ben Ali », *Journal of North African Studies* 20, 4, 2015.

MARKS, Monica, « Youth Politics and Tunisian Salafism : Understanding the Jihadi Current », *Mediterranean Politics* 18, 1, 2013.

—, « Convince, Coerce, or Compromise ? Ennahda's Approach to Tunisia's Constitution », *Brookings Doha Center Analysis Paper* 10, 2014.

MARZOUKI, Nadia, « Tunisia's Rotten Compromise », *Middle East Research and Information Project Online*, 10 juillet 2015.

MCCARTHY, Rory, « Protecting the Sacred : Tunisia's Islamist Movement Ennahda and the Challenge of Free Speech », *British Journal of Middle East Studies* 42, 4, 2015.

MERONE, Fabio, « Salafism in Tunisia : An Interview with a Member of Ansar al-Shari'ā », *Jadaliyya*, 11 avril 2013.

—, « Enduring Class Struggle in Tunisia : The Fight for Identity beyond Political Islam », *British Journal of Middle Eastern Studies* 42, 1, 2015.

MERONE, Fabio, et CAVATORTA, Francesco, « Ennahda : A Party in Transition », *Jadaliyya*, 25 mars 2013.

MURPHY, Emma, « The Tunisian Elections of October 2011 : A Democratic Consensus », *The Journal of North African Studies* 18, 2, 2013.

NACHI, Mohamed, « The Construction of Religion as a "Public Problem" : The Emergence of Islam in the Public Space during

Tunisia's Transition to Democracy (2011-2014) », *Social Science Information* 55, 4, 2016.

Netterstrøm, Kasper Ly, « The Islamists' Compromise in Tunisia », *Journal of Democracy* 26, 4, 2015.

Perez, Déborah, « Mythes fondateurs et fabrique du politique dans l'hémicycle : le débat identitaire à l'Assemblée nationale constituante tunisienne », dans *Élections et territoires en Tunisie. Enseignements des scrutins post-révolution (2011-2014)* (dir. : Alia Gania et Gilles Van Hamme), Tunis, IRMC, 2016.

Pickard, Duncan, « Challenges to Legitimate Governance in Post-Revolution Tunisia », *Journal of North African Studies* 16, 4, 2011.

Quamar, Muhammad Muddassir, « Tunisia : Presidential and Parliamentary Elections, 2014 », *Contemporary Review of the Middle East* 2, 3, 2015.

Rowsell, Nicole, « Tunisia : Foundations of Democratic Compromise », *Adelphi Series* 55, 2015.

Sadiki, Larbi, « Tunisia's Ennahda : Islamists Turning the Learning Curve of Democracy and Civic Habituation », dans *The Politics of Islamism* (dir. : John L. Esposito, Lily Zubaidah et Rahim Naser Ghobadzadeh), Cham (Suisse), Springer Nature, 2018.

Seeth, Amanda, « Islamist-Secular Cleavages at Tunisia's Universities », *International Higher Education* 85, 2016.

Sofi, Mohammad Dawood, « Ḥizb al-Nahḍah : From Revolution to Government and to a Second Referendum », *Contemporary Arab Affairs* 8, 3, 2015.

Stepan, Alfred, « Tunisia's Transition and the Twin Tolerations », *Journal of Democracy* 23, 2, 2012.

Wolf, Anne, « An Islamist "Renaissance" ? Religion and Politics in Post-Revolutionary Tunisia », *Journal of North African Studies* 18, 4, 2013.

—, *Political Islam in Tunisia : The History of Ennahda*, Oxford, Oxford University Press, 2017.

World Values Survey Wave 6 (2010-2014), Stockholm, World Values Survey Association, 2018 [URL : https://www.worldvaluessurvey.org/WVSDocumentationWV6.jsp].

Yacoubi, Imen, « Sovereignty from Below : State Feminism and Politics of Women against Women in Tunisia », *Arab Studies Journal* 24, 1, 2016.

Zeghal, Malika, « Competing Ways of Life : Islamism, Secularism, and Public Order in the Tunisian Transition », *Constellations* 20, 2, 2013.

—, « Constitutionalizing a Democratic Muslim State without Sharīʿa : The Religious Establishment in the Tunisian 2014 Constitution », dans *Shari'a Law and Modern Muslim Ethics* (dir. : Robert Hefner), Bloomington (IN), Indiana University Press, 2016.

Zemni, Sami, « The Extraordinary Politics of the Tunisian Revolution : The Process of Constitution Making », *Mediterranean Politics* 20, 1, 2015.

—, « From Revolution to Tunisianité : Who Is the Tunisian People ? », *Middle East Law and Governance* 8, 2016.

Entretiens avec l'auteur

Mustapha ben Ja'far, ancien président de l'Assemblée nationale constituante tunisienne, entretien téléphonique, le 5 février 2018.

Rachid Ghannouchi, leader d'Ennahda, à Tunis, le 19 mai 2014 et le 29 mars 2013.

Mohamed Kerrou, professeur de sciences politiques à l'université de Tunis-El Manar, à Paris, le 27 juillet 2017 (premier entretien) et à Florence, le 6 décembre 2018 (deuxième entretien).

Aziz Krichen, membre du CPR et ancien conseiller du président, entretien téléphonique, le 2 février 2018.

Lilia Labidi, ancienne ministre des Affaires féminines, à Tunis, le 27 juillet 2017.

Moncef Marzouki, ancien président de la Tunisie, entretien téléphonique, le 9 février 2018.

Khayam Turki, ancien chef adjoint d'Ettakatol, entretien téléphonique, le 4 février 2018.

Chapitre 6. Le cas de l'Égypte : un pacte manqué

Articles de presse

« 10 Khataya lil-ikhwan khilal hukm al-murshid » [Les dix péchés d'Ikhwan pendant le gouvernement du guide spirituel (Morsi)], www.youm7.com, 30 juin 2017.

« 'Abdel-Nasser wa-jama'at al-ikhwan » [Abdel Nasser et les Frères musulmans], *Al-Ahram*, 27 décembre 2017.

« 'Al-Arian yanqal bayan 'al-ikhwan' qabla al-thawra bi-6 ayam » [Al-Arian fait part de la déclaration de la Confrérie six jours avant la révolution], *Al-Masry Al-Youm*, 21 janvier 2013.

« 'Al-Katatny' yad'u al-hukuma al-jadida lil-tashawur ma' al-ahzab tajanubban lil-infirad bil-qirar » [Al-Katatny appelle le nouveau gouvernement à des consultations avec les partis pour éviter des décisions unilatérales], *Al-Masry Al-Youm*, 6 janvier 2013.

« 'Al-Masry Al-Youm' tanshur la'iha 'al-hurriyah wal-'adalah' qabla taqdimiha li-'shu'un al-'ahzab' » [Al-Masry Al-Youm publie le Manifeste de « Liberté et Justice » avant sa soumission au (comité des) « affaires du parti »], *Al-Masry Al-Youm*, 2 mai 2011.

« Al-Azhar Document : A Promising Step in Need of Clearer Safeguards », *Human Rights First*, 29 juin 2011.

« Al-hurriyya wal-'adalah yabhath muwajahat al-tahaluf al-madaniyya al-sabt al-muqbil… » [Le Parti de la liberté et de la justice discute son engagement dans une alliance civile samedi prochain…], www.youm7.com, 25 septembre 2012.

« Al-Nour wa-hizb al-ikhwan yawqa'an 'mithaq sharaf' » [Les partis Nour et Ikhwan signent une « charte d'honneur »], *Al-Masry Al-Youm*, 26 octobre 2011.

« 'An al-nishat al-iqtisadi lil-jaysh wa-hassatihi fi-natij al-mahli » [Sur l'activité économique de l'armée et sa quote-part du PNB], *Al-Masri Al-Youm*, 8 octobre 2016.

« Brotherhoodization of the Opera : Egypt's Assault on the Arts », *The Atlantic*, 7 juin 2013.

« Gaza Low on Supplies After Tunnels Shut », *The Guardian*, 20 juillet 2013.

« Growing Ties between Egypt, Turkey May Signal New Regional Order », *Los Angeles Times*, 13 novembre 2012.

« In Egypt, Islamists Reach Out to Wary Secularists », *The New York Times*, 21 septembre 2011.

« Jabhat al-inqath : la hiwar ma' mursi qabla ilgha' al-qirarat wa-lan nalja' lil-'unf » [Front du Salut : pas de dialogue avec Morsi avant l'annulation de ses décisions, et nous n'allons pas recourir à la violence], www.dw.com, 8 décembre 2012.

« Kayf saraqa al-ikhwan al-thawra ? Wa 'munhadar su'udihim' hatta suqut morsi » [Comment la Confrérie a volé la révolution ? La pente de leur ascendance jusqu'à la chute de Morsi], *Akhbar al-Yawm*, 24 janvier 2018.

« Khairat Al Shater : The Brother Who Would Run Egypt », *Wall Street Journal*, 22 juin 2012.

« Li-awwal marra munthu thawra 25 yanayir al-ikhwan ta'tarif bi-'khatayaha' » [Pour la première fois depuis la revolution du 25 janvier, la Confrérie reconnaît ses erreurs], www.youm7.com, 30 janvier 2017.

« Murashidu al-ikhwan al-muslimin min al-banna illa 'akif » [Les guides spirituels des Frères musulmans, d'al-Banna à 'Akif], www.youm7.com, 16 janvier 2010.

« Muslim Brotherhood : "We Are Not Seeking Power" », CNN, 10 février 2011.

« Qatar's Aid to Egypt Raises Fears on Motives », *Wall Street Journal*, 17 mai 2013.

« Qiyadat al-ahzab : narfudh silq al-dustour » [La direction des partis : nous rejetons la Constitution], *Al-Masry Al-Youm*, 30 novembre 2012.

« Qiyadiyyah ikhwaniyya tahmal al-mujtama' al-duwwali mas'uliyyah 'azl mursi » [La Confrérie attribue à la communauté internationale la responsabilité de l'isolement de Morsi], *Akhbar Al-Yawm*, 2 août 2013.

« 'Sabahi' yuhayyi mawqif al-imirat min '30 yunio' khilal liqaa'hi ma' wazir kharijiyat » [Sabahi salue la position prise par l'EAU au sujet du « 30 juin » lors de sa rencontre avec leur ministre des Affaires étrangères], *Al-Masri Al-Youm*, 5 août 2013.

« Seven Years On : Why Egypt Failed to Become a Democracy », *Middle East Eye*, 12 décembre 2017.

Monographies et articles de revues académiques

Abdel-Malek, Anouar, *Egypt : Military Society – the Army Regime, the Left, and Social Change under Nasser*, New York, Praeger, 1968.

Al-Arian, Abdullah, *Answering the Call : Popular Islamic Activism in Sadat's Egypt*, Oxford, Oxford University Press, 2014.

Asad, Talal, « Fear and the Ruptured State : Reflections on Egypt after Mubarak », *Social Research : An International Quarterly* 79, 2, 2012.

BEININ, Joel, « Egyptian Workers and January 25th : A Social Movement in Historical Context », *Social Research* 79, 2012.

BERMAN, Sheri, « Islamism, Revolution, and Civil Society », *Perspectives on Politics* 1, 2, 2003.

BIANCHI, Robert, *Unruly Corporatism : Associational Life in Twentieth-Century Egypt*, Oxford, Oxford University Press, 1989.

BROOKE, Steven, et HAMID, Shadi, « The Muslim Brotherhood's Role in the Egyptian Revolution », *CTC Sentinel* 4, 2011.

BROWN, Nathan, *When Victory Becomes an Option : Egypt's Muslim Brotherhood Confronts Success*, Washington, D.C., Carnegie Endowment for International Peace, 2012.

BROWNLEE, Jason, « The Decline of Pluralism in Mubarak's Egypt », *Journal of Democracy* 13, 2002.

DAWISHA, Adeed, « Arab Nationalism and Islamism : Competitive Past, Uncertain Future », *International Studies Review* 2, 2000.

DUNNE, Michelle, et HAMZAWY, Amr, *Egypt's Secular Political Parties : A Struggle for Identity and Independence*, Washington D.C., Carnegie Endowment for International Peace, 2017.

EL-SHERIF, Ashraf, *The Egyptian Muslim Brotherhood's Failures*, Washington D.C., Carnegie Endowment for International Peace, 2014.

HAENNI, Patrick, « The Reasons for the Muslim Brotherhood's Failure in Power », dans *Egypt's Revolutions : Politics, Religion, and Social Movements* (dir. : Bernard Rougier et Stéphane Lacroix), Londres, Palgrave Macmillan, 2016.

HARB, Imad, « The Egyptian Military in Politics : Disengagement or Accommodation ? », *Middle East Journal* 57, 2, 2003.

ISKANDER MONIER, Elizabeth, et RANKO, Annette, « The Fall of the Muslim Brotherhood : Implications for Egypt », *Middle East Policy* 20, 2013.

KHALIFA, Sherif, *Egypt's Lost Spring : Causes and Consequences*, Santa Barbara (CA), Praeger, 2015.

LEENDERS, Reinhold, *The Struggle of State and Civil Society in Egypt : Professional Organizations and Egypt's Careful Steps towards Democracy*, Amsterdam, Middle East Research Associates, 1996.

MARTINI, Jeffrey, et WORMAN, Stephen M., *Voting Patterns in Post-Mubarak Egypt*, Santa Monica (CA), RAND Corporation, 2013.

MCGREGOR, Andrew, *A Military History of Modern Egypt : From the Ottoman Conquest to the Ramadan War*, Londres, Praeger, 2006.

MILTON-EDWARDS, Beverley, *The Muslim Brotherhood : The Arab Spring and Its Future Face*, Londres, Routledge, 2016.

PIERCE, Anne, « US "Partnership" with the Egyptian Muslim Brotherhood and its Effect on Civil Society and Human Rights », *Global Society* 52, 2014.

PRIPSTEIN POSUSNEY, Marsha, *Labor and the State in Egypt : Workers, Unions, and Economic Restructuring*, New York, Columbia University Press, 1997.

RANKO, Annette, et NEDZA, Justyna, « Crossing the Ideological Divide ? Egypt's Salafists and the Muslim Brotherhood after the Arab Spring », *Studies in Conflict and Terrorism* 39, 2015.

ROSEFSKY WICKHAM, Carrie, *The Muslim Brotherhood : Evolution of an Islamist Movement*, Princeton, Princeton University Press, 2013.

SALLAM, Hesham (dir.), *Egypt's Parliamentary Election, 2011-2012 : A Critical Guide to a Changing Political Arena*, Washington D.C., Tadween Publishing, 2013.

SHEHATA, Dina. *Islamists and Secularists in Egypt : Opposition, Conflict, and Cooperation*, Londres, Routledge, 2010.

TRAGER, Eric, *Arab Fall : How the Muslim Brotherhood Won and Lost Egypt in 891 Days*, Washington D.C., Georgetown University Press, 2016.

ZEGHAL, Malika, « Religion and Politics in Egypt : The Ulema of Al-Azhar, Radical islam, and the State (1952-94) », *International Journal of Middle East Studies* 31, 1999.

ZOLLNER, Barbara, « Prison Talk : The Muslim Brotherhood's Internal Struggle during Gamal Abdel Nasser's Persecution, 1954 to 1971 », *International Journal of Middle East Studies* 39, 2007.

Entretiens avec l'auteur

Essam Abdelshafi, directeur de l'Académie des relations internationales à Istanbul, à Paris, le 10 décembre 2018.

Qutb al-Arabi, ancien directeur de communications du président Morsi, à Instanbul, le 9 juillet 2019.

Saif al-Din Abdulfattah, ancien conseiller politique du président Morsi, à Istanbul, le 10 juillet 2019.

Hussein al-Kazzaz, ancien conseiller pour le développement économique du président Morsi, à Istanbul, le 11 juillet 2019.

Bahey Hassan, directeur de l'Institut du Caire pour les droits de l'homme, à Paris, le 15 décembre 2018.

Bilal Hisham, un jeune activiste des Frères musulmans, à Istanbul, le 11 juillet 2019.

Ahmad Mouhsin, ancien secrétaire de l'organisation de la jeunesse du Parti de la liberté et de la justice à Faiyum, à Istanbul, le 9 juillet 2019.

Tarek Zomor, secrétaire général du parti Construction et Développement, à Istanbul, le 12 juillet 2019.

Chapitre 7. Conclusions

ALAOUI, Hicham, « The Split in Arab Culture », *Journal of Democracy* 22, 1, 2011.

—, « De l'Algérie au Soudan, un nouveau souffle pour les printemps arabes », *Orient XXI*, 9 juillet 2019.

Anderson, Lisa, « Absolutism and the Resilience of Monarchy in the Middle East », *Political Science Quarterly* 106, 2, 1991.

Ayubi, Nazih, *Overstating the Arab State : Politics and Society in the Middle East*, Londres, I. B. Tauris, 1996.

Bank, André, Richter, Thomas, et Sunik, Anna, « Long-Term Monarchical Survival in the Middle East : A Configurational Comparison, 1945-2012 », *Democratization* 22, 1, 2015.

Bunce, Valerie, « Rethinking Recent Democratization : Lessons from the Postcommunist Experience », *World Politics* 55, 2, 2003.

Crystal, Jill, « Authoritarianism and Its Adversaries in the Arab World », *World Politics* 46, 2, 1994.

Diamond, Larry, et Plattner, Marc (dir.), *Democratization and Authoritarianism in the Arab World*, Baltimore (MD), Johns Hopkins University Press, 2014.

Herb, Michael, *All in the Family : Absolutism, Revolution, and Democracy in the Middle Eastern Monarchies*, Albany, State University of New York Press, 1999.

Hudson, Michael C., « Obstacles to Democratization in the Middle East », *Contention* 5, 2, 1996.

Lust, Ellen, *Structuring Conflict in the Arab World : Incumbents, Opponents, and Institutions*, New York, Cambridge University Press, 2005.

Meddeb, Maza, « Ennahda's Uneasy Exit from Political Islam », *Working Paper of the Carnegie Middle East Center*, septembre 2019.

Pfeifer, Hanna, « The Normative Power of Secularism. Tunisian Ennahda's Discourse on Religion, Politics, and the State (2011-2016) », *Politics and Religion* 12, 3, 2019.

Pripstein Posusney, Marsha, et Penner Angrist, Michele (dir.), *Authoritarianism in the Middle East : Regimes and Resistance*, Boulder, Lynne Rienner Publishers, 2005.

Sadiki, Larbi, « Tunisia's Ennahda : Islamists Turning the Learning Curve of Democracy and Civic Habituation », dans *The Politics of Islamism* (dir. : John L. Esposito, Lily Zubaidah et Rahim Naser Ghobadzadeh), Cham (Suisse), Springer Nature, 2018.

Salamé, Ghassan, *Democracy without Democrats ? The Renewal of Politics in the Muslim World*, Londres, I. B. Tauris, 1994.

Sassoon, Joseph, *Anatomy of Authoritarianism in the Arab Republics*, New York, Cambridge University Press, 2016.

Schlumberger, Oliver (dir.), *Debating Arab Authoritarianism : Dynamics and Durability in Nondemocratic Regimes*, Stanford, Stanford University Press, 2007.

Schmitter, Philippe, et Karl, Terry Lynn, « The Conceptual Travels of Transitologists and Consolidologists : How Far to the East Should They Attempt to Go ? », *Slavic Review* 53, 1, 1994.

Stepan, Alfred, « Religion, Democracy, and the "Twin Tolerations" », *Journal of Democracy* 11, 4, 2000.

Yom, Sean, « Understanding the Durability of Authoritarianism in the Middle East », *Arab Studies Journal* 13-14, 2005-2006.

Yom, Sean, et Gause III, F. Gregory, « Resilient Royals : How Arab Monarchies Hang On », *Journal of Democracy* 23, 3, 2012.

TABLE DES MATIÈRES

#lisez! engagé
www.lisez.com
Pour plus d'information :
Imprimé sur du papier issu de forêts gérées durablement.

Achevé d'imprimer par
Normandie Roto Impression s.a.s. à Lonrai
N° d'impression : 2404988
M18186/01

Imprimé en France